国家社科基金
GUOJIA SHEKE JIJIN HOUQI ZIZHU XIANGMU
后期资助项目

《陳氏禮記集說補正》整理與研究

Arrangement and Study of Supplementary and Correction for Chen's Liji Jishuo

張琪 著

國家圖書館出版社

圖書在版編目（CIP）數據

《陳氏禮記集説補正》整理與研究/張琪著. — 北京 : 國家圖書館出版社，2022.6

ISBN 978-7-5013-7377-2

Ⅰ.①陳⋯　Ⅱ.①張⋯　Ⅲ.①《禮記》—研究　Ⅳ.①K892.9

中國版本圖書館CIP數據核字（2021）第221154號

書　　名　《陳氏禮記集説補正》整理與研究
著　　者　張　琪　著
責任編輯　潘肖薔
責任校對　劉鑫偉

出版發行　國家圖書館出版社（北京市西城區文津街7號　　100034）
　　　　　（原書目文獻出版社　北京圖書館出版社）
　　　　　010-66114536　63802249　nlcpress@nlc.cn（郵購）
網　　址　http://www.nlcpress.com
印　　裝　北京科信印刷有限公司
版次印次　2022年6月第1版　2022年6月第1次印刷

開　　本　710×1000（毫米）　1/16
印　　張　26.5
字　　數　461千字
書　　號　ISBN 978-7-5013-7377-2
定　　價　98.00圓

國家社科基金後期資助項目
出版説明

　　後期資助項目是國家社科基金設立的一類重要項目，旨在鼓勵廣大社科研究者潛心治學，支持基礎研究多出優秀成果。它是經過嚴格評審，從接近完成的科研成果中遴選立項的。爲擴大後期資助項目的影響，更好地推動學術發展，促進成果轉化，全國哲學社會科學工作辦公室按照"統一設計、統一標識、統一版式、形成系列"的總體要求，組織出版國家社科基金後期資助項目成果。

全國哲學社會科學工作辦公室

《〈陳氏禮記集説補正〉整理與研究》序

　　明末清初，時值政權鼎革之際，學術風氣由喜談心性之虛玄向崇尚考據之徵實轉變，崇實黜虛，力挽頹波，影響所及，經學研究呈現如下特點：一是朱彝尊編纂《經義考》，清理經學著作；二是毛晉等校刻《十三經注疏》，開啓清人經學研究之先河；三是徐乾學、納蘭成德校訂《通志堂經解》，彙編宋元以來經學文獻；四是古學興起，審視宋明經學，“事必稽核，言必典據”，閻若璩《尚書古文疏證》、陳啓源《毛詩稽古編》、惠周惕《詩説》、題名納蘭成德《陳氏禮記集説補正》等著作問世，“古義彬彬，於斯爲盛”！

　　元陳澔《禮記集説序》曰：“蓋欲以坦明之説，使初學讀之即瞭其義，庶幾章句通則藴奧自見。”陳澔之書，專爲初學者作，明初官修經解《禮記大全》則以陳書爲主。《大全》流通不廣，陳書用以取士，誦習相沿，備受重視，官私書坊，不斷刊刻，或爲十六卷，或爲十卷，或爲三十卷，乘時射利，廣爲流布。然朱彝尊詆陳書爲“兔園册子”，《四庫全書總目》稱陳書“於初學之士，固亦不爲無益”，較之孔穎達《禮記正義》，有莛楹之别。《陳氏禮記集説補正》成書於清初，四庫館臣稱其“因陳澔《禮記集説》舛陋太甚，乃爲條析而辨之，凡澔所遺者謂之‘補’，澔所誤者謂之‘正’。皆先列經文，次列澔説，而援引考証，以著其失。……徵引繁富……綜核衆論，原委分明，凡所指摘，切中者十之八九”，表揚有加。《陳氏禮記集説補正》的作者究竟是誰？爲什麼要撰寫此書？想要補正陳書什麼内容？與《禮記注疏》《禮記集説》比較有何特點？在經學和《禮記》研究史上，如何評價此書？衆説不一，值得探討。

　　古典文獻研究，一要勤奮，二看心細，三重實踐，四貴思考，四者結合，纔能有成。前來學禮堂攻讀古典文獻學碩博士學位者，主攻方向多爲禮學文獻，在引導學生閱讀基本典籍《禮記注疏》《儀禮注疏》《周禮注疏》之外，要求每位學生整理一部禮學文獻，從句讀標點、版本校勘開始，一則提升閱讀古籍之水平，二則培養整理古籍之能力，讓學生明白古籍整理與文獻研究的關係。賢弟中若瞿林江於《禮記要義》、張琪於《陳氏禮記集説補正》、井超於《禮記注疏校勘記》、侯婕於《撫本禮記鄭注考异》等，都是先整理，後研究，從查閲目録、考查版本，到標點斷句、版本校勘、撰寫校記，循序漸進，在整理的基礎上，完成學位論文。

張琪秉性沉穩，爲人謙和，喜書法，習篆刻。二〇一一年考入南京師範大學文學院古典文獻學專業，隨吾攻讀碩博士學位。六年期間，先後參與標點《禮記注疏》《禮記義疏》，整理《陳氏禮記集説補正》《禮書》，在整理基礎上撰寫碩士學位論文"《陳氏禮記集説補正》研究"和博士學位論文"陳祥道《禮書》研究"。二〇一七年九月，張琪進入浙江大學古籍所博士後流動站，師從賈海生教授從事禮學研究，以"《陳氏禮記集説補正》整理與研究"爲題申報國家社科基金後期資助項目，獲准立項（18FTQ007）。此後，對整理稿和碩士論文修改完善，繕寫定稿，名爲《〈陳氏禮記集説補正〉整理與研究》。書稿分爲上、下編，上編是《陳氏禮記集説補正》點校稿，以《通志堂經解》本爲底本，用文淵閣《四庫全書》本對校，參校《禮記注疏》《禮記集説》等文獻，斷句校勘，凡有校改，出校記説明；下編是《陳氏禮記集説補正》研究，用六章篇幅，考作者，查版本，明體例，斷是非，平議《陳氏禮記集説補正》學術價值，整理研究，相輔相成，相得益彰。書稿即將由國家圖書館出版社出版，對於經學、禮學和清代學術研究，或有裨益。張琪囑序，略寫數語，叙述緣起，弁於簡端。

二〇二二年正月初十王鍔書於桂香書屋。

目　録

上編　《陳氏禮記集説補正》點校

下編　《陳氏禮記集説補正》研究

上編

《陳氏禮記集説補正》點校

納蘭性德　撰

整理説明

一、此次整理《陳氏禮記集説補正》以清康熙年間刊刻之《通志堂經解》本（簡稱通志堂本）爲底本，以文淵閣《四庫全書》本（簡稱《四庫》本）爲對校本。

二、在整理過程中，對個別異體字進行了統一處理，如"扵""於"統一作"於"。避諱字直接改爲規範繁體字；形近之誤字，如己、已、巳之類，直接改正，一律不出校記説明。

三、《陳氏禮記集説補正》之標點，主要使用頓號、逗號、分號、句號、冒號、問號、感嘆號、引號、書名號、專名號（＿＿＿）等十種。引號之使用，以不超過三層爲標準。

四、書名號用以標明書名、篇名、樂舞名。文中注、疏等文字，無論確指某書或泛指，一律不加書名號。

五、專名號用以標明人名、地名、朝代名、民族名和國名等。姓氏和名連稱者，姓氏和名分別加專名號。如"鄭氏玄"，"鄭氏"和"玄"分別加專名號。

六、通志堂本《陳氏禮記集説補正》原版文字，每卷卷首題作"禮記陳氏集説補正卷第某"，此次整理，改爲更爲常用的"陳氏禮記集説補正卷某"。各卷首又有作者姓名"納蘭成德"四字，此次整理，全部刪除。

七、原版文字經文與"集説"部分相連成段，整理時依照原例。經文和"竊案"部分低二格起行。"集説"二字依照底本，用雙魚尾號【 】括起來，以方便區分。

八、此次整理務求做出一個方便使用的定本，故整理中底本誤而對校本不誤者，則依據對校本文字直接在原文中改正，并出校勘記説明。若底本不誤而對校本誤者，則不出校勘記説明。兩版本之完整校勘成果，可參看下編第二章之《通志堂本與〈四庫〉本〈補正〉校勘札記》一節。

九、此次整理對《補正》所有引文一一核查了原文，依據核查之原文改正底本錯誤，并出校勘記説明。核查原文所使用各主要文獻之版本如下①：

---

① 按：以下所列文獻都是至少被徵引兩次以上者，少於兩次者尚多，不再羅列。諸文獻以經、史、子、集爲序排列。

1.《禮記正義》《儀禮注疏》《春秋左傳正義》等"十三經":阮元校刻《十三經注疏(附校勘記)》本,中華書局1980年影印。

2.《大戴禮記》:方向東《大戴禮記匯校集解》本,中華書局,2008年。

3.(宋)陳祥道《禮書》:元至正七年(1347)福州路儒學刻本。

4.(宋)衛湜《禮記集説》:影印文淵閣《四庫全書》本,臺灣商務印書館,1986年。

5.(元)陳澔《禮記集説》:影印文淵閣《四庫全書》本,臺灣商務印書館,1986年。

6.(元)吳澄《禮記纂言》:影印文淵閣《四庫全書》本,臺灣商務印書館,1986年。

7.(明)郝敬《禮記通解》:《續修四庫全書》本,上海古籍出版社,2002年。

8.(清)徐乾學《讀禮通考》:影印文淵閣《四庫全書》本,臺灣商務印書館,1986年。

9.(漢)司馬遷《史記》:點校本二十四史修訂本,中華書局,2014年。

10.《國語》:國家圖書館藏宋刻宋元遞修本。

11.《孔子家語》:《四部叢刊》影印明嘉靖間黃魯曾覆宋本,上海商務印書馆,民國十一年(1922)影印。

12.(漢)班固《白虎通義》:影印文淵閣《四庫全書》本,臺灣商務印書館,1986年。

13.(宋)項安世《項氏家説》:影印文淵閣《四庫全書》本,臺灣商務印書館,1986年。

十、此次點校參考了部分前輩、同儕之點校成果,借鑒其長處,改進其不足。這些成果包括:萬久富整理《禮記集説》(南京:鳳凰出版社,2010年)、金曉東點校《禮記集説》(上海:上海古籍出版社,2016年)、陳士銀點校《禮記陳氏集説補正》(合肥:安徽教育出版社,2020年)。

陳氏禮記集説補正卷一

曲禮上

毋不敬，儼若思，安定辭。【集説】程子曰："心定者，其言安以舒。"劉氏曰："篇首三句，如曾子'所貴乎道者三'。毋不敬，則'動容貌，斯遠暴慢矣'；儼若思，則'正顏色，斯近信矣'；安定辭，則'出辭氣，斯遠鄙倍矣'。"

竊案："毋不敬"者，無時無處而不敬，即《中庸》所謂戒慎、恐懼，兼動静而言也。惟敬，故寂而静之時，儼然若有思，而容爲德容。感而動之時，安然定其辭，而言爲德言。劉氏乃以"動容貌"三者强相配合，失其旨矣。安者，安重之意。定者，一定而不游移。皆以辭言。程子謂"心定者，其言安以舒"，不可援爲此記之訓。

很毋求勝，分毋求多。【集説】況求勝者未必能勝，求多者未必能多。

竊案："毋求勝""毋求多"，乃不忮不求，懲忿窒欲之事。"毋求多"即與"毋苟得"相似。財利者，人所最易惑者也，故再言之。陳氏乃云求勝未必勝，求多未必多，却不免計校得失。若是，則可以必勝、必多，將不難爲之矣。

立如齊。【集説】疏曰："雖不齊，亦當如祭前之齊。"

竊案：祭前有散齊、致齊，人皆知之，不知祭時齊敬之容，亦齊也，故《中庸》云"齊明盛服，以承祭祀"。此記"立如齊"，乃祭時之齊，非祭前之齊。蓋祭前主祭者齊於適寢，有坐亦有立，祭時齊於廟中，有立而無坐，故立以祭時之齊爲法。鄭氏謂立如齊，"磬且聽也。齊，謂祭祀時"，其義精矣。孔氏亦云"立者，謂祭之日立於神前時，非祭前齊戒之齊。人之倚立，雖不祭祀，必須磬折屈身，如祭時之齊也"。陳氏引疏文而改爲祭前，誤矣。

夫禮者，所以定親疏，決嫌疑，別同异，明是非也。【集説】引疏曰：五服之内，大功以上，服麤者爲親；小功以下，服精者爲疏。若妾爲女君期，女君爲妾，若報之則太重①，降之則有舅姑爲婦之嫌，故全不服，是決嫌也。孔子之喪，門人疑所服，子貢請若喪父而無服，是決疑也。本同今异，姑、姊妹是也；本异今同，世母、叔母及子婦是也。得禮爲是，失禮爲非。若主人未小斂，子游裼裘而吊，得禮是也；曾子襲裘而吊，失禮非也。

竊案：禮指五禮，不特喪禮爲然。疏以喪禮明之，謂餘可類推耳。《集説》惟引喪以釋之，近陋。

禮不逾節，不侵侮，不好狎。【集説】逾節則招辱，侵侮則忘讓，好狎則忘敬。

竊案：孔氏云："禮所以辨尊卑，別等級，使上不逼下②，下不僭上，故云禮不逾越節度也。"永嘉周氏亦云："禮者，分而已矣。居下而犯上則逾上之節，居上而逼下則逾下之節，是不知上下之分也。"然細繹不逾節之義，殆專爲犯上越分而言。乃《集説》反謂"逾節則招辱"，一似所謂恭過於禮者，失之遠矣。

禮聞取於人，不聞取人。禮聞來學，不聞往教。【集説】引朱子曰："取於人者，爲人所取法也；取人者，人不來而我引取之也。來學往教，即其事也。"

竊案：黄氏玉巖《日録》云："記者兩舉'禮聞'，似不專明一事。注當云枉己者，未有能正人者，故禮聞取於人，不聞取人。師嚴然後道尊，道尊然後民知敬學，故'禮聞來學，不聞往教'。"又曰："取於人，若伊尹之三聘於成湯，傅説之爰立於高宗之類；取人，若韓愈之三上相書，張師德之兩及相門之類。"

涖官行法。【集説】分職以涖官，謹守以行法。

竊案：涖官行法，涖官府之事而行其法也。今以分職、謹守分屬，殊無意義。

鸚鵡能言，不離飛鳥；猩猩能言，不離禽獸。【集説】禽者，鳥獸之通名。鳥不可曰獸，獸亦可曰禽，故鸚鵡不曰獸，而猩猩則通曰禽

_____

① "報"字原訛作"服"，《四庫》本同，據《禮記正義》改。
② "逼"字原訛作"過"，《四庫》本同，據《禮記正義》改。

也。

　　竊案：此本<u>孔</u>疏也。然《周禮》"禽作六摯"，《易》"從禽""失前禽"，及《月令》"戮禽"，皆省文單舉，非與飛鳥對舉者也。《爾雅》"二足而羽謂之禽，四足而走謂之獸"，故《孟子》曰："麒麟之於走獸，鳳凰之於飛鳥。"然則以走獸對飛鳥，其稱不易矣。此記鸚鵡曰飛鳥，猩猩自當曰走獸，<u>盧植</u>本正作"走獸"，可正俗本之訛。

　　大上貴德，其次務施報。【集說】大上，帝皇之世，但貴其德足及人。其次，三王之世。

　　竊案：《魏志》博士<u>馬貽</u>云："大上立德，謂三皇五帝之世，以德化民。其次報施，謂三王之世，以禮爲治也。"先儒之說，大抵如此，而《集說》仍之，不如<u>長樂 劉氏</u>所云"大上者，致極之稱，全德之人自得而已，繫其人不繫其時"爲得解。且二帝之時，如館甥饗<u>舜</u>，迭爲賓主，群后四朝，則五年一巡守以荅之，安在其無施報邪？

　　雖負販者，必有尊也。【集說】負者事於力，販者事於利。

　　竊案：負販恐當作一事。鬻販之人，背每有所負，不必有事力、事利之分。

　　戶外有二屨。【集說】古人脫屨在戶外，客雖衆，脫屨於戶內者，惟長者一人。言有二屨，則并戶內一屨爲三人矣。

　　竊案：此本<u>熊氏</u>說也。禮，賓主敵體，則二屨在戶外，《鄉飲酒》云"賓主皆降，脫屨於堂下"是也。若尊卑不同，則長者一人脫屨於戶內，《少儀》云"排闥脫屨於戶內者，一人而已矣"是也。此記云"戶外有二屨"，不言戶內有一屨，則室內祇二人，明矣。何以知其必有長者一人，而共爲三人乎？或曰："離坐離立，毋往參焉，若二人在內，聞言則入，是離坐而往參之，故知必三人也。"曰："禮所謂離坐毋往參者，謂同在室內，坐各有位，見人有兩兩并坐者而往參之，恐干人之私，故君子戒之，非謂戶內有二人，在外者聞言亦不得入也。"

　　拾級聚足。【集說】拾級，涉階之級也。

　　竊案：此本<u>鄭氏</u>說也。<u>鄭氏</u>注《投壺》云"拾，更也"，此注又云"拾當爲涉"，一字不宜有二訓。<u>呂氏</u>曰："拾，更也。射者拾發，投壺者拾投，踊者拾踊，皆更爲之也。拾級者，左右足更上也。"其說甚善，<u>陳</u>

氏何舍之而取鄭乎?

奉席如橋衡。【集説】如橋之高，如衡之平。

竊案：橋衡從注、疏，作一事爲是。鄭氏曰："横奉之，令左昂右低，如有首尾然。橋，井上欄桿，衡上低昂。"孔氏疏之曰："所奉席之頭①，令左昂右低，如橋之衡。衡，横也。左尊，故昂；右卑，故垂也。但席舒則有首尾，卷則無首尾。此謂卷席奉之法，故注云'如有首尾'。言'如有'，則實無首尾也。"若《集説》，則橋作"橋梁"之橋，衡作"權衡"之衡，分爲二事矣。不知古人但有杠梁之目，如"徒杠輿梁""淇梁""澤梁""無逝我梁""造舟爲梁"之類，未有以梁爲橋者。紂之鉅橋，蓋積粟之倉，而非橋梁也。足知橋謂欄桿，衡謂欄桿横於井上。古"衡""横"字通用，非必權衡而後謂之衡也。

席間函丈。【集説】疏曰："席之制，三尺三寸三分寸之一。"則兩席并中間空地共一丈。

竊案：《文王世子》云："凡侍坐於大司成者，遠近間三席。"席之制，三尺三寸三分寸之一。則三席共一丈。間，猶容也。函，亦容也。故鄭氏注此記云"容丈，足以指畫"，注《世子》云"容三席，則得指畫分明，所謂函丈也"。孔氏亦云"中間相去，使容一丈之地，足以指畫"，未嘗云"兩席并中間空地共一丈"。蓋曰函曰間，但指中間空地而言，非并兩席計之共成一丈也。陳氏改之，非其質矣。或曰："丈，王肅作'杖'，言古人講説，用杖指畫，故使容杖。"其義亦通。

容毋怍。【集説】劉氏曰："將就席，須詳緩而謹容儀，毋使有失而可愧怍。"

竊案：怍者，愧赧不安之貌，如劉更始羞怍，俛首刮席，不敢視郎吏之比，非謂有失而可愧怍。故鄭氏云："怍，顔色變。"孔氏云："初來就席，顔色宜莊，不得變動也。"

虚坐盡後，食坐盡前。【集説】古者席地，而俎豆在其前。盡後，謙也；盡前，恐汙席也。

---

① "之"字，《四庫》本同，《禮記正義》作"席"。

竊案：孔疏云："虚坐，謂非飲食坐也。盡後，不敢近前，以爲謙也，《玉藻》云'徒坐，不盡席尺'是也。食坐，謂飲食坐也。古者地鋪席，而俎豆陳於席前之地，若坐近後，則濺汙席，故盡前也，《玉藻》云'讀書、食，則齊，豆去席尺'是也。"其説可謂明暢。陳氏不分解虚坐、食坐，但云"古者席地而俎豆在其前"，即繼之云"盡後，謙也"，似謙不敢近食矣，不亦混而無辨乎？此類甚多，姑舉一以例之。

冠毋免。【集説】免音問。喪有喪冠，吉有吉冠，非當免之時，不可免。

竊案：禮固有喪冠曰免者，《檀弓》"免焉""五世祖免"是也。人情惡凶好吉，非當吉之時而吉冠者，有之矣，未有非當喪之時而喪冠者也。何必著之禮文，以垂戒乎？鄭氏曰："免，去也。"孔氏云："免，脱也。冠常著在首，不可脱也。"豈不直捷而好爲改作乎？若程氏《演繁露》謂喪無免制，而凡記中言免者，皆作"免去"之免，則又非矣。

故買妾不知其姓，則卜之。【集説】卜其吉凶。

竊案：此承上文"取妻不取同姓"而言。則卜者，卜其是同姓與否，故鄭注無文，從可知也。熊氏云："卜者，卜吉凶。既不知其姓，但卜吉，則取之。"失經旨矣。陳氏從之，何邪？或謂"卜而同姓則凶，异姓則吉"，此亦爲先儒文過之辭。

賀取妻者。【集説】作記者因俗之名稱賀。

竊案：昏禮不賀，人之序也。故嫁女之家，三夜不息燭，思相離也；取婦之家，三日不舉樂，思嗣親也。俗人稱賀，失禮意矣。記者將以先王之典示後世，豈可苟徇俗稱？陳氏既不能正其失，奈何又從爲之辭？

葱渫處末。【集説】渫，烝葱。

竊案：此鄭注也。郝氏敬曰："葱渫處末，'渫'與'渫'通作'泄'。《易》云'井渫不食'，古字借作'屑'，《内則》'屑桂與薑'①，《既夕禮》云'甕三，醷、醢、屑'是也②。"而注曰"烝葱"，非矣。

---

① "桂與薑"原訛作"薑與桂"，《四庫》本同，據《禮記正義》改。

② "既夕禮"原訛作"士喪禮"，據《四庫》本改。"醷"字原訛作"醢"，據《四庫》本改。

客若降等，執食興辭。【集説】不敢當主賓之禮，故食至則執之以起，而致辭於主人。

竊案：此注非不是，而興辭之故，則未能深明也。凡飲食之禮，臣於君則降食於堂下，《公食大夫禮》云"賓左擁簠粱，右執涪以降"是也。若賓主相敵，無欲降之理，《公食大夫禮》云"大夫相食，賓執粱與涪之西序端"是也。惟大夫於卿，則欲降而不降。此記云"客若降等，執食興辭"，鄭注謂"辭者，辭主人之臨己食，若欲食於堂下然"是也。陳氏但言"不敢當主賓之禮"，而不深明其故，則所謂"致辭於主人"者，何爲乎？

父母有疾，冠者不櫛。【集説】不櫛，不爲飾也。

竊案：《儀禮》"疾者齊，養者皆齊"，通冠與未冠者而言也。此記所陳養父母疾之法，皆齊之事，亦兼有童子在內，非獨冠者爲然。不櫛止言冠者，以別於童子也，故方氏曰："冠者有時而不櫛，可也。童子無冠不櫛，則不可。"《集説》不爲分疏，則下文"行不翔"云云，似專屬冠者，而童子不與，失其義矣。

言不惰。【集説】不惰，不及他事也。疏謂"惰，訛不正之言"。

竊案：不及他事，本藍田 呂氏之説。鄭氏謂"憂不在私好"，疏以爲惰者，"言語戲劇，華飾文辭，故鄭云'不私好'"，謂華好也。要之，不惰祇是憂勤而不懈惰，非但不及他事及爲華好也。

水潦降，不獻魚鱉。【集説】水涸魚鱉易得，不足貴，故不獻。

竊案：此記"水潦降"與《左傳》"水潦方降"同，謂天降下水潦，非水涸也。惟水潦盛昌，則魚鱉豐足，不必獻之，以饒益其多，故鄭注云"不饒多也"。《集説》反謂水涸而魚鱉多，失記意矣。然盧植、庾蔚、孔穎達等并以爲天降水潦，魚鱉難得，則又誤解鄭注"不饒多"之意。

獻鳥者佛其首。【集説】佛，謂捩轉其首。

竊案：此王肅之説，不如鄭注爲長。鄭氏云："佛，戾也，蓋爲小竹籠以冒之，恐其啄害人也。"

獻田宅者操書致。【集説】呂氏曰："古者田宅皆屬於公，非民所得有。而此云獻者，或上所賜予，可爲己有者，如采地之屬，故可獻歟？"

竊案：先王之世，田皆公田，宅皆公宅，臣民固不得私相獻遺。即采地授之君公，傳之先祖，亦非己可擅以予人者。此蓋周末亂世之禮，漢儒雜採而記之耳。黃氏《日録》曰："《春秋》譏以祊易許，爲無君親也。"呂氏言采地可獻，何居？

進矛戟者前其鐓。【集説】疏曰："鐓如矛戟柄尾平底。"

竊案：鄭注："平底曰鐓，取其鐓地。"① 孔疏之曰："鐓爲矛戟柄尾，平底如鐓。柄，下也。"今《集説》改云"鐓如矛戟柄尾平底"，恐誤。

執禽者左首。【集説】禽，鳥也。

竊案：此"執禽"之"禽"，與前"獻鳥"之"鳥"不同，即《周禮》所謂"以禽作六摯，卿羔，大夫鴈，士雉，庶人鶩，工、商雞"是也。故下文繼之云"飾羔鴈者以績"，不可專以鳥釋之。《士相見禮》云"摯，冬用雉，夏用腒，左頭奉之"，即執禽左首之謂也。

毁瘠不形。【集説】疏曰："居喪許羸瘦，不許骨露見。"骨爲形之主，故謂骨爲形。

竊案：鄭氏云"形，謂骨見"，故疏云"不許骨露見"，蓋皆以見訓形，非以骨訓形也。而陳氏又云"骨爲形之主，故謂骨爲形"，何歟？

急繕其怒。【集説】呂氏曰："急，迫之也。繕，言作而致其怒。"

竊案：《左傳》："征繕以輔孺子。"杜氏云："繕，治也。"《莊子》"繕性"亦訓爲治，故柳子厚詩云："繕性何由熟？"此"急繕其怒"，謂以四宿指正四方，又標招摇其中，而舉之於上，使戎陣整肅，急治士卒之怒，以同敵王愾耳。鄭氏讀"繕"作"勁"，呂氏不從，謂"繕，修也"，得其義矣。《集説》采呂氏之説，而削"繕"字之訓，不知何意也。

大夫之所有公諱。【集説】大夫則諱其先君也。

竊案：公諱，謂公家之諱。人於大夫之所，止得避公家之諱，不得避大夫之諱，所以然者，尊君諱也。若兼爲大夫諱，則君諱不尊，而國有二上矣。故《玉藻》云"於大夫所，有公諱，無私諱"，謂無大夫私家之諱

---

① "地"字原訛作"也"，《四庫》本同，據《禮記正義》改。

也。注、疏甚明，陳氏諱大夫先君之説，非是。

臨文不諱。【集説】不因避諱而改行事之語，蓋恐有誤於承用也。

竊案：臨文不諱，鄭氏云："爲其失事正。"孔氏引何胤之説，謂"臨文謂執禮文行事時也。若有所諱，則并失事正，故不諱"。此《集説》取以爲解者也。然經意實不然，蓋謂爲文章時不避君親之諱耳，如箕子爲武王陳《洪範》曰"邦其昌"，周公作頌曰"克昌厥後""駿發爾私"，孔子作《春秋》，書同盟、書壬申、書黑肱、書庚午、書宋公之類是也。陸菊隱元輔曰："唐人最嚴於諱，以'世'爲'代'，以'民'爲'人'，以'治'爲'理'，而昌黎作文獨不諱，凡遇'世''治'等字，皆正言之，深合禮意。"

大功、小功不諱。【集説】大功以下，恩輕服殺，故亦不諱。

竊案：《集説》所云，尚有當詳辨者。案《雜記》"卒哭而諱，王父母、兄弟、世父、叔父、姑姊妹、子與父同諱"，在父爲王父母者，在子則爲曾祖父母，其服小功。在父爲世父、叔父、姑者，在子爲從祖、祖姑，其服亦小功。在父爲姊妹者，在子爲姑，其服期與大功。子與父同諱，則大功、小功皆有所諱也。何以《曲禮》云不諱？蓋諱者，以父之諱而諱之；不諱者，不與父同諱者也。故熊氏云："大功亦諱，小功不諱。若小功與父同諱，則亦諱之。"《集説》初無分晰，不免疏漏矣。

外事以剛日，内事以柔日。【集説】甲、丙、戊、庚、壬爲剛，乙、丁、己、辛、癸爲柔。先儒以外事爲治兵，然巡守、朝聘、盟會之類，皆外事也。内事如宗廟之祭、冠昏之禮，皆是。

竊案：《左傳》"國之大事，在祀與戎"，是以治兵、致祭，皆稱有事。崔靈恩云"外事指用兵之事，内事指宗廟之祭"，是矣。故鄭注惟以甲午治兵徵剛日。又案《春秋》"壬午大閲"，是治兵皆以剛日可見矣。"春正月己卯烝""夏五月丁丑烝""夏五月乙酉吉禘於莊公""八月丁卯大事於太廟，躋僖公"，是祭宗廟皆以柔日可見矣。《集説》乃以巡守、朝聘、盟會之類皆爲外事，冠昏之禮皆爲内事，似覺非是。陸菊隱曰："隱公夏五月辛酉，會齊侯，盟於艾。九月辛卯，及莒人盟於浮來。桓公夏四月丁未，及鄭伯盟於越，其他盟會用柔日，當不可勝數。故先儒但以兵祭言之，必有所據也。"

凡卜筮日，旬之外，曰"遠某日"，旬之内，曰"近某日"。【集説】疏曰："今月下旬筮來月上旬，是旬之外日也。主人告筮者曰'欲問遠某日'，此大夫禮。士賤職褻，時至事暇，可以祭，則於旬初即筮旬内之日，主人告筮者曰'用近某日'。天子、諸侯有雜祭，或用旬内，或用旬外，其辭皆與此同。"

竊案：黄氏《日録》云："案凡卜筮日，謂天子、諸侯、大夫、士。凡卜筮吉日，以行内外、事者，非祇謂大夫、士也，非但謂卜日行祭也。觀上文言内事、外事，下文言喪事、吉事，可見矣。又十日謂之旬，一月有上、中、下旬，何必今月下旬筮來月上旬，而後謂旬之外也？疏家謬矣。"

曰："爲日，假爾泰龜有常。"【集説】"爲"字，去聲讀。爲卜吉日，故曰爲日。

竊案：馬氏云："布席謂之爲席，擇日謂之爲日，以其有所爲故也。"作平聲讀爲是，注、疏亦然。

定猶與也。【集説】疏曰："《説文》：猶，獸名。與，亦獸名。二物皆進退多疑，人之多疑者似之，謂之猶與。"

竊案：《説文》云：猶，玃屬。豫，象之大者。而"與"與"豫"通，故疏以爲二獸。然《爾雅》但有猶名，《離騷》云"心猶豫而狐疑"，亦以猶、豫對言，未嘗謂豫爲獸也。蓋猶獸多疑慮，健登木，每聞人聲，輒豫上樹，久之無人，然後下，須臾又上，如此非一。隴西又謂犬子爲猶，人行，每豫在前，待人不至，又反而迎候，故凡遲疑不決者爲猶豫是也。至《老子》"與兮若冬涉川，猶兮若畏四鄰"，則與"儼兮""焕兮"云云并舉，注家并不作獸解。

君命召，雖賤人，大夫、士必自御之。【集説】御讀爲迓，迎也。

竊案：《詩·召南》"百兩御之"，《春秋傳》"跛者御跛者，眇者御眇者"，皆迓也。故鄭氏謂"御"當爲"迓"，而陳氏本之。然上文皆言乘車之禮，而此類記之，則御當如字讀。張子曰："御謂御車，奉君命而召，雖所召者賤，使者當親御之。"方氏曰："自御，爲之僕也。"其説允矣。

國中以策彗卹，勿驅，塵不出軌。【集説】彗，音遂。卹，蘇没反。勿，音没。引疏曰："入國不馳，故不用鞭策，但取竹帶葉者爲杖，形如埽帚，故云策彗，微近馬體搔摩之。邮勿，搔摩也。行緩，故塵埃不飛揚出軌外也。"

　　竊案：此節當以"國中以策彗邮"爲句，"勿驅"爲句，"塵不出軌"爲句。策，馬杖也。彗，埽之也。"邮"與"恤"同，撫邮之意。蓋車行國中，宜徐不宜疾，故但以馬策埽馬背，若有不忍鞭筆而撫邮之之意，此之謂"以策彗邮"。"勿驅"者，勿以策策馬，令疾行也。"塵不出軌"者，馬行不疾，則車塵不遠，故不出軌。<u>陳氏</u>沿注、疏之説，誤矣。然<u>孔</u>疏猶"驅"字句絶，今人讀屬下句，其誤加甚。馬可言驅，塵安可言驅乎？是以<u>郝氏</u>深非之。<u>與可 熊氏</u>云以彗爲竹帚，未安。馬有策可也，若入國旋添竹帚，馬上何從得此？蓋用策如用彗，但搔摩之而不加鞭，撫邮之而不必驅。

陳氏禮記集説補正卷二

曲禮下

君子行禮，不求變俗。祭祀之禮，居喪之服，哭泣之位，皆如其國之故，謹修其法而審行之。【集説】言卿大夫有徙居他國者，行禮之事，不可變其故國之俗，皆當謹修其典法，而審慎以行之。

竊案：此鄭氏説也，諸儒多從之。此乃誤認"如其國之故"一語，遂謂人臣去國者，不變其故國之俗，與下文"去國三世"混爲一事，殊非本義。此君子蓋指在位者言，不求變俗，不改其舊俗也。特言喪祭者，尤人情所不忍變也。《王制》云"修其教，不易其俗"，《左傳》封魯，因商奄之民①；封康叔於殷墟，啓以商政；封唐叔於夏墟，啓以夏政。皆因其舊俗也，豈得以下章之説爲此章之説乎？李氏及廣安 游氏、廬陵 胡氏皆常以注義爲非，今即其説而引伸之。

席蓋、重素、袗絺綌，不入公門。【集説】席，所以坐卧。蓋，所以蔽日與雨。

竊案：鄭注："席蓋，載喪車也。《雜記》曰：'士輤，葦席以爲屋，蒲席以爲裳帷。'"孔氏疏之曰："輤，喪車邊牆也，在上曰屋，在邊曰裳帷。士喪車用葦席爲上屋，蒲席爲邊牆也。舉士爲例，卿大夫喪車亦不得入。"又曰："席蓋，喪車蓋也。臣有死於公宮，可許將柩出門，不得將喪車凶物入也。車比棺爲緩，宜停外也。"愚案鄭、孔席蓋之説，與下"重素"正爲一類。《集説》易爲席與蓋，非是。卿大夫朝畢，在公門內聽事，豈容不敷席而坐？又豈容不以蓋蔽雨日乎？

公事不私議。【集説】馬氏曰："季氏使冉有訪田賦於仲尼，仲尼不對，而私於冉有，何也？季氏用田賦，非孔子所能止，其私於冉有，豈得已哉。"

竊案：公家之事，當與同列議於公朝，不可與家臣謀於私室。若冉有退朝之晏，而曰"有政"，是公事私議也，故孔子譏之。若田賦之訪而私

---

① "民"字原訛作"人"，《四庫》本同，據《春秋左傳正義》改。

於<u>冉有</u>，此因訪而私論其事理，豈謀議之謂哉？<u>馬氏</u>以爲不得已，誤矣。

國君春田不圍澤，大夫不掩群，士不取麛卵。【集説】君、大夫位有等降，故所取各有限制。此與《王制》文異。<u>方氏</u>曰："用大者取愈廣。"

竊案：<u>黄氏</u>《日録》云："此言春蒐之禮，隨分而嚴其制者，正以廣其仁也。《司馬》中春，教振旅，遂以蒐。蒐，搜也。春時鳥獸字乳，搜取其不孕者，故不圍澤。群聚則多，而有孕者存，故不掩群。麛，獸子之通名。卵，鳥卵也。以方向生育，故不取。夫此三者，皆因其分之尊卑而定其取之限制，以義而制其仁也。故<u>鄭</u>注曰：'生乳之時，重傷其類。'"最爲得經之意矣。而<u>陳氏</u>特以位言之，且謂與《王制》文異，何也？至<u>方</u>氏曰"用大者取愈廣"，然則何爲而不圍澤也？其説謬矣。

告喪，曰"天王登假"。【集説】假，音遐，乃遠邈之義。登遐，言其所升高遠，猶《漢書》稱"大行"。行乃"循行"之行，去聲，以其往而不返，故曰"大行"也。

竊案：登假有三説：<u>鄭氏</u>謂"登，上也。假，已也。上已者，若仙去云爾"，以"已"訓"假"，未詳何據。<u>吕氏</u>讀"假"爲"格"，引《易》"王假有廟"、《詩》"來假來享"爲證，謂其精神升於於天，義亦可通，然終不若升遐之説爲明切也。<u>吴幼清</u>曰："登猶言升陟，'假'與'遐'同，尊之，弗敢言其死，但言其升陟於遐遠之處，猶言其登天也。"陳注與之略同，可謂允矣。又引《漢書》"大行"比儗之，則非也。周公作謚法，大行受大名，小行受小名。王者崩，臣子尊之，不敢褻慢，將以大名崇之，故曰"大行皇帝"，非往而不返之謂也。或曰《詩》"假以溢我"，《左傳》作"何以恤我"①，"何"之爲"假"聲之轉也。登假云者，言其神靈恍惚，升於無何有之鄉云爾。此又一説，姑備之。

措之廟，立之主，曰帝。【集説】<u>吕氏</u>曰："考之禮經，未有以帝名者。《史記》<u>夏</u>、<u>殷</u>之王皆以帝名，疑<u>殷</u>人祔廟稱帝。<u>遷</u>據《世本》，當有所考，至<u>周</u>有謚，始不名帝。"

竊案：《易》稱"帝乙歸妹"，《書》稱"自<u>成湯</u>至於<u>帝乙</u>"，是<u>殷</u>王

---

① "我"字原訛作"來"，據《四庫》本、《春秋左傳正義》改。

稱帝之明證也，則祔廟固稱帝矣。但《禮記》，後儒采輯之書，則間雜秦、漢之禮，未可知耳。

天子未除喪，曰"予小子"。生名之，死亦名之。【集説】鄭氏曰："生名之曰'小子王'，死亦曰'小子王'也。晋有小子侯，是僭號也。"吕氏曰："《春秋》書'王子猛卒'，不言小子，臣下之稱與史策之辭异也。"

竊案：鄭、吕二説，心嘗疑之，陸菊隱曰："《春秋》景王崩，悼王未逾年，入於王城，不稱天王而稱王猛，所謂'生名之'也。死不稱天王崩，而稱王猛，所謂'死亦名之'也，非稱小子王之謂。小子王者，天子在喪之稱號，其得謂之名乎？"可正二説之誤。

天子建天官，先六大，曰大宰、大宗、大史、大祝、大士、大卜，典司六典。【集説】此六大者，天官之屬也。

竊案：黄氏《日録》云："天子建天官，先六大。六大者何？統之者，大宰也，《周禮》天官冢宰是也，其屬則大史、大祝、大卜，《周禮》皆屬春官。至大宗、大卜二屬，又不見於周，然必天官之屬也。"鄭、孔以與《周禮》不合，皆指爲殷禮，誤矣。故陳氏以爲臆説，其意以爲周禮也。但以大宰爲天官之屬，則其説與《周禮》益背矣。惟葉氏曰："大宰，王者所賴以治國也，故建官特先之。其屬則大宗、大史、大祝、大卜。"精於《周禮》矣。大宗、大士二屬，君子當缺疑而不講也。六典，《周禮》：一曰治典，二曰教典，三曰禮典，四曰政典，五曰刑典，六曰事典。此六典者，大宰統其綱於上，而大宗以下五屬，則舉其目者也。

死曰薨。【集説】薨之爲言顨也，幽晦之義。

竊案：下文"天子死曰崩，諸侯曰薨"，鄭氏云："自上傾壞曰崩。薨，傾壞之聲。"孔氏疏之曰："崩者，譬若天形墜壓，四海必覩，王者登假，率土咸知也。薨者，崩之餘聲，聲遠劣於形壓。諸侯之死，知者亦狹也。"是以薨爲傾壞之聲，而非幽晦之義也。今以《詩》"螽斯羽，薨薨兮"及"蟲飛薨薨""度之薨薨"考之，或謂飛聲，或謂衆聲，則鄭、孔之説良是。若以幽晦釋之，當從"顨"，而不從"薨"矣。

諸侯使人使於諸侯，使者自稱曰"寡君之老"。【集説】寡君之老，唯上大夫可稱，見《玉藻》。

竊案：《玉藻》云：“上大夫曰‘下臣’，擯者曰‘寡君之老’，下大夫自名，擯者曰‘寡大夫’。”此《集説》所本也。然彼分上下大夫，此但云“使人使於諸侯”，則無別矣。彼云擯者之辭，此云自稱，則非擯矣。記者所聞，或有不同，恐未可混而爲一也。孔氏於下文“列國之大夫，使者自稱曰‘某’”，疏曰：“卿爲使在他國，與彼君言則稱名；若與彼臣民言，自稱曰‘寡君之老’。”以釋此文，庶幾近之。

諸侯皇皇。【集説】皇皇，壯盛顯明之貌。
竊案：鄭注《聘禮》云：“皇皇，莊盛也。”疏援以爲説，今《集説》曰“壯盛”，恐轉寫之誤。

列國之大夫，入天子之國曰“某士”，自稱曰“陪臣某”，於外曰“子”，於其國曰“寡君之老”，使者自稱曰“某”。【集説】某，名也。若爲使在他國，與彼君語，則稱名也。
竊案：此用孔疏説也。然不云以私事而使，則與上文“使者自稱曰‘寡君之老’”相違矣。孔氏曰：“案《玉藻》上下大夫於他國擯，皆無稱名之事。”又云：“大夫私事使，私人擯，則稱名。注云私事使，謂以君命私行，非聘也。若晉韓穿來言汶陽之田，彼以私事使，稱名。此文使自稱曰‘某’，稱名，與彼相當，故鄭知使謂使人於諸侯也。”如此説經，則前後無窒礙。今但舉大略而不別白言之，能免學者之疑乎？

天子不言出，諸侯不生名，君子不親惡。諸侯失地，名；滅同姓，名。【集説】疏曰：“君子不親惡者，謂孔子書經，見天子大惡，書出以絶之；諸侯大惡，書名以絶之。君子不親此惡，故書‘出’‘名’以絶之也。”吕氏曰：“賢者貴者，皆謂之君子。天子無外，安得而言出？然而言出者，德不足以君天下，而位號存焉耳。諸侯不生名，惟死而告終，然後名之。然有生名者，德不足以名君子，而位號存焉耳。故天子不言出，諸侯不生名，皆謂君子不親惡故也。”陳氏曰：“言出，所以外之；生名，所以賤之。《春秋》書‘天王出居於鄭’，譏之也；書‘以蔡侯獻舞歸’，以其失地也；書‘衛侯燬滅邢’，以其滅同姓也。夫天子之言出，諸侯之生名，皆有大惡，在所棄焉，君子所以不親也。然《春秋》書天王居於某地者二，而不言出，諸侯失地而奔者十五，滅同姓者三，而有不生名者，莫非出居而事有異同？莫非失地、滅同姓而罪有輕重故也？蓋諸侯義莫大於保國，仁莫大於親親。不能保國而至於失地，不能親親而至於滅同姓，其名之也宜矣。”

竊案：此節記文與《集説》三説皆有可疑，臨川吳氏論之詳矣，其説曰：“此一節蓋前儒説《春秋》之辭，而記禮者録之。然《春秋》書天王居凡三，居於皇，居於狄泉，不書出者，未離天子之國也。居於鄭，書出者，已去天子之國矣。謂天子不言出，非也。諸侯失地，皆當名，雖去國，而未失其國，則不名也。亦有小國之君，其名無可考而不名者。衛侯燬滅邢，蓋因下文有衛侯燬卒，而傳寫者誤衍一‘燬’字，非以其滅同姓而特名之。謂諸侯滅同姓，名，非也。君子不親惡，若依注、疏之説，褊迫刻薄，有害於教。”吕氏謂君子之人不親爲惡，凡天子書出，諸侯生而書名者，皆親爲惡之人，不可以爲君子。欲捄注、疏之失，而亦不免支離。

醫不三世，不服其藥。【集説】吕氏曰：“醫三世，治人多，用物熟矣。”

竊案：此本注、疏“父子相承至三世”之説也。夫醫之爲術，固有父祖子孫傳業而精者，然或有非世傳而自得於心，或有傳非其人，雖三世亦無足取者，此解未可廢之也。孔疏載一説云：“三世者，一曰《黃帝針灸》，二曰《神農本草》，三曰《素女脉訣》，又云《夫子脉訣》。若不習此三世之書，不得服食其藥。”嘗歎今之庸醫，抄撮成方，不讀三書，以致殺人者多矣。宋景濂有云：“古之醫師必通三世之書，非是不可以言醫，故記禮者有云‘醫不三世，不服其藥’也。傳經者既明載其説，復斥其非，而以父子相承三世爲言，何其惑歟？夫醫之爲道，必志慮淵微，機穎明發，然後可與於斯，雖其父不能，必傳其子也。世之索醫者，不問其通書與否，見久於其業者，則瞀瞀焉從之，人問其故，則曰‘是記禮者云爾也’，其可乎哉？”

聞之始服衣若干尺矣。【集説】若，如也，未定之辭。數始於一，而成於十，“干”字從一從十，故言若干，謂或如一，或如十，凡數之未定者皆可言。顏注《食貨志》云：“干，箇也，謂當如此箇數。”意亦近之。

竊案：“若干”之説有四：以“箇”釋“干”，謂當如此箇數者，顏氏之説也；以“求”釋“干”，謂“事不定，當如此求之”者，孔氏之説也；以“數”釋“干”，謂“方約其數之多少”者，方氏之説也；以“從一從十”釋“干”，謂“或如一，或如十”者，陳氏之説也。皆以意爲説，未見其必然。古來相傳之語，有可略説而不可詳求者，此類是也。故君子於其所不知則闕之。吕氏曰：“若干者，數未定之辭，古有是語，如數射箅曰‘若干純’之類，其義未聞。”極得闕疑之意。

雞曰翰音。【集説】翰，長也，雞肥則鳴聲長。
竊案：雞之鳴也，必振其羽，是爲翰音，非肥而聲長之謂。

雉曰疏趾。兔曰明視。【集説】雉肥則兩足開張，兔肥則目開而視明。
竊案：趾者，足趾，非足也。雉之趾本疏，非因肥而足始開。兔者，望月而生，故其視明，亦非因肥而際始明也。

藁魚曰商祭。【集説】藁，乾也。商，度也，度其燥濕之宜。
竊案：《周禮·廠人》：“凡祭祀，共其魚之鱐薧。”又，禮，夏宜腒鱐，則祭用藁魚，亦必於夏可知，此有定制，何煩商度。陸菊隱曰：“商者，傷也，言其枯藁死傷，全無生氣云爾。”

稷曰明粢。【集説】明則足以交神。

稻曰嘉蔬。【集説】“蔬”與“疏”同，立苗疏則茂盛嘉美。
竊案：明粢者，言其精鑿之至，如有光明也。凡畦畛而種，待水而生者，皆曰蔬。稻特其嘉者，故曰嘉蔬。《集説》以爲明足交神，苗疏嘉美，未當。

四足曰“漬”。【集説】吕氏曰：“獸，能動之物，腐敗則死矣。漬，謂其體腐敗漸漬也。”
竊案：人與禽獸皆能運動，死則皆腐敗，何獨於四足之死言漬乎？《春秋傳》曰：“大災者何？大漬也。”牛馬之屬，其一死，則餘者更相染漬而死，故謂之漬。注、疏之説較吕氏爲長。

在朝言禮，問禮對以禮。【集説】朝廷之上，凡所當言者，皆禮也，一問一對，必稽於禮。
竊案：鄭氏曰：“於朝廷無所不用禮。”孔氏曰：“朝事既重，謀政不輕，殷勤戒之，言及問對，則宜每事稱禮也。”《集説》本之，然一事而分爲三條，未免支離。吳氏曰：“在朝議禮，問此一禮則對以此一禮。”其説爲當。

庶人之摯匹。【集説】匹，讀爲鶩，鶩音木。

竊案：《周禮》“以禽作六摯”“庶人執鶩”，此記云“庶人之摯匹”，故鄭氏以匹爲鶩，而《釋文》依注，匹作鶩，音木。朱子注《孟子》“力不能勝一匹雛”云：“‘匹’字本作‘鳴’，鴨也，從省，作匹。《禮記》説匹爲鶩，是也。”然祇從匹音，不從木音。陳注猶仍《釋文》之誤。

陳氏禮記集説補正卷三

檀弓上

公儀仲子之喪，檀弓免焉。【集説】公儀，氏。仲子，字。魯之同姓也。檀弓以仲子舍孫而立庶子，故爲過禮之免以吊而譏之。

竊案：鄭注以公儀仲子爲魯同姓者，蓋因魯公族有公鳥、公若，又有公儀休爲相，以仲子與休同氏而同稱公，且意下文子服伯子即子服景伯，故云蓋魯同姓。"蓋"者，疑辭，未敢質言也。今《集説》直云"魯之同姓"，非先儒傳疑之意。郝氏曰："凡免冠而皆布於首曰免，與'絻'通，自五服以至朋友，新喪皆絻，禮也。"而《集説》曰"故爲非禮之免"，非也。

季武子成寢，杜氏之葬在西階之下，請合葬焉，許之。入宮而不敢哭。武子曰："合葬，非古也，自周公以來，未之有改也。吾許其大而不許其細，何居？"命之哭。【集説】劉氏曰："成寢而夷人之墓，不仁也；不改葬而又請合焉，亦非孝也；許其合而又命之哭焉，矯僞以文過也。且寢者，所以安其家，乃處其家於人之冢上，於汝安乎？墓者，所以安其先，乃處其先於人之階下，其能安乎？皆不近人情，非禮明矣。"

竊案：如劉氏之説，非禮明矣，何取而記之？故張子曰："自伯禽至於武子，多歷年所，豈容城中有墓？此必是殯，欲取其柩以歸，合葬也。"山陰陸氏則曰："請遷於外而合葬之，先儒謂杜氏之葬從外來，就武子之寢合葬，不近人情。然《晏子春秋》云：'景公成路寢之臺，逢於阿、盆成逆後喪，并得附葬景公寢中。'則是古來多有此事，不獨杜氏葬於季武子之寢也。"張子以爲城中無墓，恐非。且記文明説杜氏之葬在西階之下，何得乃謂之殯？意者請遷於外而合葬，如陸氏之説，殆未可知，姑存以備考。

子上之母死而不喪，門人問諸子思曰："昔者子之先君子喪出母乎？"曰："然。""子之不使白也喪之，何也？"子思曰："昔者吾先君子無所失道，道隆則從而隆，道汙則從而汙，伋則

安能！爲伋也妻者，是爲白也母；不爲伋也妻者，是不爲白也母。"故孔氏之不喪出母，自子思始也。【集説】禮，爲出母齊衰杖期，而爲父後者無服，心喪而已。伯魚、子上皆爲父後，禮當不服者，而伯魚乃期而猶哭，夫子聞之曰："甚。"而後除之，此賢者過之之事也。子思不使白喪出母，正欲用禮耳。而門人以先君子之事爲問，則子思難乎言伯魚之過禮也，故以聖人無所失道爲對，謂聖人之聽伯魚喪出母者，以道揆禮而爲之隆殺也。

竊案：張子、朱子皆以不喪出母爲正禮，而孔子令伯魚喪出母爲行權，心每疑之，嘗讀吾師徐先生健菴所著《讀禮通考》，然後知喪出母爲禮之正，而記禮者誌其變禮之始，不得反以夫子爲行權也。《通考》曰："玩經傳所言，爲出母之喪者，父在則齊衰杖期。父殁，嫡子爲父後，嫌於不祭，則無服。若衆子，則雖父没，猶得爲出母服。伯魚母死與子上母死皆當父在之時，則齊衰杖期，固其禮矣。伯魚服過期而猶哭，故夫子甚之，明乎不及期則哭之可也。子上母死而不喪，則齊衰杖期之禮廢矣。子思道隆、道汙之説，先儒皆不能無疑而從，而爲之辭者，朱子曰：'出母既得罪於祖，則不得入祖廟，不喪出母，禮也。'是不分父在父没、衆子嫡子，而皆以爲不當服矣。陳澔曰：'禮，爲出母齊衰杖期，而爲父後者無服。伯魚、子上皆爲父後，禮當不服。'是謂嫡子宜無服，而不思嫡子於父在時猶有服也。伯魚父在而服期，爲合於禮，則子上父在而不服爲非禮，明甚。然則先儒何所據而斷從子思之言，爲能守禮之常者乎？且道即禮也，解之者曰：'聖人以道揆禮，而於道之所加隆者則從而隆之，於道之所當降殺者則從而殺之。'是禮全無定準，一聽道之轉移。聖人用道，恐不如是之模棱。前却使人皆得以其意爲重輕，而令守禮之學者，亦將漫無所依據也。大抵《戴禮》所記多駁雜，如孔氏再世出妻，子思母嫁，皆不可信。後世定禮，不分嫡子衆子，皆齊衰杖期以喪其出母，所以緣人情之不得已而變通之者，於古制亦無害。如子上之事之有無，皆不可知，其不可援以爲據也，明矣。"

又案：草廬吳氏云："子上雖有父在，而不得爲出母服者，蓋子思兄死時，使其子續伯父，主祖與曾祖之祭，既主尊者之祭，則不敢服私親也。此禮所未有，子思以義起之者。"又云："子思有兄，則支子爾，子上則繼禰之宗子也。古禮有奪宗，謂宗子死，無後，則非宗子者代之主祭也。然以支子奪宗子，不若以繼禰之宗，進而爲繼祖、繼曾祖之宗者爲順。或曰：'不立後而但奪宗，可乎？'曰：'禮，惟大宗無子者不立後，而但奪宗也。'"吾友姜西溟宸英嘗駁之曰："使子上主尊者之祀，而不敢服其私親，則不但不當服出母之喪，亦當降服於其父矣。今但以續伯父主祭，爲不服出母之證，於義安乎？《傳》曰'天子建國，諸侯奪宗'，謂諸侯爲一國之主，雖非宗子，亦得移宗於己，此所謂奪宗也。禮，自大夫以下，支子不祭，或宗子有故而代攝之，祭則必告於宗子；宗子爲士、庶，大夫以上牲祭於宗子之家，祝稱'孝子某爲介子某薦其嘗事'。宗子有罪適他國者，庶子爲大夫，其祭也，祝亦如之。而禮有降等，庶子無爵而居者，望墓爲壇，以時祭。宗子死，稱名，不言孝。凡禮言庶子代宗子祭者，如是而已，皆不得謂之奪。若宗子無後者，則必爲之立後，而繼大宗者，必繼其禰，未有越禰而直繼其曾祖、祖者。《喪服傳》曰'爲人後者爲其父母，報'[①]，言繼禰也。禮，惟大宗無子爲立後，非大宗則不立後。不言非大宗不立後，而但奪宗，爲此説者，所以祖述'濮議'，縱一時之辨，不知其下貽末世議禮小人之口實，其爲刺謬，豈不甚哉！且子上誠爲伯父後，則子思不當云'爲伋也妻者，爲白也母'矣。設使子上既不後伯父，又不後其私親，天下有無父之人則可也。古者士惟一廟，以祭其禰，而祭祖於其禰之廟。子上，士也，不祭禰，不立其禰之廟矣，雖有曾祖、祖之祭，不知其將安設，此尤理之不可通者也。然則爲子上者宜何居？曰：'自有孔子之禮在矣。'記言之'孔氏之不喪出母，自子思始'，志變禮也。明其爲變禮，從而强爲之辭者，皆後儒之過也。"此辨吳氏之謬，而與先生之言足相發明，故并録之。

又案：孔子年十九娶宋亓官氏女，明年生子，適魯昭公賜之二鯉，孔子榮君之賜，因以名之。至六十六而亓官夫人卒，則無出妻之事可知。聖門禮義之宗，豈有不能刑於而三世出妻者？其爲異學詆毀無疑也。

孔子曰："拜而后稽顙，頹乎其順也；稽顙而后拜，頎乎其至也。三年之喪，吾從其至者。"【集説】朱子云："拜而后稽顙，先以兩手伏地如常，然後引首向前叩地也。稽顙而后拜者，開兩手而先以首扣地，郤交手如常也。"

竊案：朱子《周禮太祝九拜辨》皆取注、疏爲説，此其一節也。吳幼清則以《周禮》九拜約之爲三：一曰拜，先跪兩膝著地，次拱兩手到地，乃俯其首，不至於地，其首懸空，但與腰平，荀子所謂"平衡曰拜"是也，《周禮》謂之"空首"，《尚書》謂之"拜手"，與凡經、傳、記單言

---

① "報"字原訛作"衰"，《四庫》本同，據《儀禮注疏》改。

拜者，皆謂此拜也。此拜之正也，故得專“拜”之名。二曰頓首，先兩膝
著地，次兩手到地，乃俯其首，下至於手。此拜之加重者。三曰稽首，兩
膝著地，兩手到地，仍俯其首，下至於地，在手之前，首下腰高，如衡之
頭低尾昂，荀子所謂“下衡曰稽首”是也。此拜之最重者。頓首亦手下腰
高，然頓首首但至手，稽首首直至地，比之頓首，其首彌下，故“下衡”
二字，特於稽首言之。稽顙即是稽首，以其爲凶禮，故易首爲顙，以別於
吉禮云爾。凡喪之再拜者，先作空首一拜，後作稽首一拜，則曰拜而後稽
顙。九拜中此名吉拜，輕喪之拜用此。先作稽首一拜，後作空首一拜，則
曰稽顙而後拜。九拜中此名爲凶拜，重喪之拜用此。末世重喪之拜亦如輕
喪，故夫子正之曰：“三年之喪，吾從其至者。”“吾從”二字，與《論語》
所言“吾從周”“吾從下”“吾從先進”意同。

　　又案：《士喪禮》：吊者入，升自西階，東面，主人進中庭，吊者致
命，主人哭拜，稽顙，成踊。有襚者則將命，擯者出請，入告，主人待於
位，擯者出告，須以賓入，賓入中庭，北面致命，主人拜稽顙。疑若先拜
而後稽顙者，然孔疏言拜稽顙者，爲拜之時先稽顙，非拜而後稽顙也。《喪
大記》每拜稽顙，與《士喪禮》同。且《檀弓下》云“秦穆公使人吊公子
重耳，重耳稽顙而不拜”，示未爲後也。若爲後，當稽顙而後拜矣。周末
文勝，習《儀禮》之讀而昧其義，誤以拜稽顙爲先拜，故孔子正之如此。

**喪三年以爲極。亡則弗之忘矣。故君子有終身之憂，而無一
朝之患。故忌日不樂。**【集說】既葬曰亡。雖已葬而不忘其親，所以爲
終身之憂，而忌日不樂也。《祭義》曰：“君子有終身之喪，忌日之謂也。”
冢宅崩毀，出於不意，所謂一朝之患。惟其必誠必信，故無一朝之患也。
或曰：“殯葬皆一時事，於此一時不謹，則有悔。惟其誠信，故無此一時
不謹之患。”

　　竊案：上節“必誠必信”，言孝子慎終之禮。此節言孝子追遠之情，
本不相屬，《集說》以誠信解“無一朝之患”，恐非是。蓋孝子有終身之
喪，有終制之喪。有終身之喪，故親雖已亡，而三年之外，其心恒戚戚
然，念其親而未嘗忘。有終制之喪，故三年以爲限極，不至常毀滅性。有
一朝之患，而惟忌日致其哀也。孔氏、吳氏大意亦如此。

　　又案：《中庸》曰：“事亡如事存。”朱子云：“既葬則反而亡焉。”故
《集說》亦以既葬解“亡”字。然亡對死言，則有始死、既葬之分，單舉
則死後無形聲影響之通稱也。

孔子少孤，不知其墓，殯於五父之衢。人之見之者，皆以爲葬也。其愼也，蓋殯也。問於郰曼父之母，然後得合葬於防。【集説】顏氏之死，夫子成立久矣，聖人人倫之至，豈有終母之世，不尋求父葬之地，至母殯而猶不知父墓乎？且母死而殯於衢路，必無室廬，而死於道路者，不得已之爲耳。聖人禮法之宗主，而忍爲之乎？馬遷爲野合之誣，謂顏氏諱而不告，鄭注因之，以滋後世之惑，其不然審矣。

竊案：《家語》叔梁紇娶於魯之施氏，生女九人，無男。其妾生孟皮，病足。叔梁紇曰：「雖有九女而無適，是無子也。」乃求昏於顏氏，顏氏有三女，小曰徵在，顏父問三女曰：「郰大夫雖父祖爲卿士，然先聖之裔也，今其人身長九尺，武力絶倫，吾甚貪之，雖年長性嚴，不足爲疑，三子孰能爲之妻？」二女莫對，徵在進曰：「從父所制，將何問焉？」父曰：「即爾能矣。」遂以妻之。禱於尼丘之山，生孔子。則馬遷、鄭玄野合之云，可謂至誣。而孔氏以不備禮爲野合，亦屬曲説，陳氏辨之當矣。但謂無少孤，不知其墓，殯於五父之衢之事，則非也。蓋古者墓而不墳，坎其中而踐其土。葬者，藏也，使人弗見而已，故既葬則去之，亦無墓祭。周公制禮，始以爵等爲丘封之度，而《冢人》亦有「祭墓爲尸」之文。叔梁紇，殷人，葬從殷禮，墓無封識，葬後人不知，子孫亦無展省之禮。孔子少而母徵在死，則不知其父墓，理或有之。且三月而葬，士庶之禮。三月以後，既不可以違禮而弗葬，又未知父墓所在，則葬期不可預定，故不殯於家而殯於野。蓋在野則雖久而未葬，亦未害也。郰曼父之母與孔母相厚善，故獨能知其墓而以告孔子。然問此母之時，與殯己母之時，非必在一時也。第相去久近，不可考耳。觀孔子之不知父墓，則知周公制禮，墓有封識，且設官掌之，子孫亦常展省，夫婦又皆合葬，其視古禮之簡質不侔矣。此孔子所以從周合葬而封之，崇四尺也。

人之見之者，皆以爲葬也。其愼也，蓋殯也。【集説】人見柩行於路，皆以爲葬。然以引觀之，殯引飾棺以輤，葬引飾棺以柳翣，此則殯引爾。

竊案：鄭注云：「愼，當爲『引』，禮家讀然，聲之誤也。孔子是時以殯引，不以葬引。」《集説》本之，而爲此解。然不若如字讀之爲允。山陰陸氏曰：「愼，讀如字。」張子曰：「孔子殯母於五父之衢，其殯周愼，有如葬然，故人之見者皆以爲葬也。其周愼實是殯，故曰『其愼也，蓋殯也』。」臨川吳氏曰：「人見將殯出外，皆以爲正葬。其禮又甚謹愼，與正葬同，雖甚謹愼如葬，蓋但是殯，而非葬也。『蓋』者，記人度孔子之心，欲得訪求父墓所在，而舉以合葬也。其時非不訪求，人皆不能知，故且權殯也。”

又案：孔子喪母，時年十七，至合葬於防，在東西南北宦游之時，已在數年之後，故有門人爲之修墓。張子謂孔子葬母，時年十七，安得已有門人？似猶考之未詳。

有虞氏瓦棺，夏后氏塈周，殷人棺椁，周人牆置翣。【集説】瓦棺，始不衣薪也。塈周，或謂之土周。塈者，火之餘燼。蓋冶土爲甎①，而四周於棺之坎也。殷世始爲棺椁，周人又爲飾棺之具，蓋彌文矣。

竊案：此注、疏舊説也。然案《易傳》云：“古之葬者厚衣之以薪，後世聖人易之以棺椁。”説者以後世聖人爲黄帝、堯、舜。《孟子》亦言：“古者棺椁無度，中古棺七寸，椁稱之。”則是上古之時已有棺椁矣。今謂有虞氏始以瓦棺易衣薪，夏后氏始以土塈周於棺，有椁之象，殷人始以木爲棺椁，易瓦棺、塈周，與《易傳》《孟子》不合。吳氏謂此記之説，未可盡信，當矣。

又案：《管子·弟子職》篇云：“左手秉燭，右手正塈。”鄭注以“正”爲“折”。陸德明曰：“即，燭頭燼也。”孔穎達曰：“折燭之炎燼名之曰塈，故鄭氏知塈是火熟者。”今《集説》但謂“塈者，火之餘燼”，而不引《管子》“折塈”爲證，學者亦未易明也。

夏后氏尚黑，大事斂用昏，戎事乘驪，牲用玄。殷人尚白，大事斂用日中，戎事乘翰，牲用白。周人尚赤，大事斂用日出，戎事乘騵，牲用騂。【集説】禹以治水之功得天下，故尚水之色。湯以征伐得天下，故尚金之色。周之尚赤，取火之勝金也。大事，喪事也。驪，黑色。翰，白色。《易》曰：“白馬翰如。”騵，赤馬而黑鬛尾也。

竊案：三代所尚色不同，先儒亦多異説，鄭氏謂夏后氏尚黑，“以建寅之月爲正，物生色黑”。殷人尚白，“以建丑之月爲正，物牙色白”。周人尚赤，“以建子之月爲正，物萌色赤”。此與緯書注同，不足據也。陳氏謂夏以治水得天下，故尚水之色，此猶可通。至謂湯以征伐得天下，故尚金之色，周克殷而取火之勝金，故尚赤，則是秦皇、李斯以水勝火而尚黑之見，非帝王應順之意矣。甚矣，其失經旨而誤天下後世也。惟吳幼清謂：

① “冶”字原訛作“治”，據《四庫》本、《禮記正義》《禮記集説》改。

"夏以金德王而色尚黑，黑，水之色。水者，金之所生也。周以木德王而色尚赤，赤，火之色。火者，木之所生也。夏、周之道先親親，故以我所生而相者爲所尚。殷以水德王而色尚白，白，金之色。金者，水之所從生也。殷道先尊尊，故以我所從生而休者爲所尚。"其言差爲有理，然三代所尚物色，祇是隨時損益，以新天下之耳目，一天下之心志而已，其實無甚取義。諸儒紛紛，皆不免臆説也。

又案：戎事乘翰，以乘驪、乘騵例之，則翰宜爲白馬之名，故鄭注云"翰，白馬名"，而陸氏《釋文》亦云"翰字又作鶾"。今《集説》但云白色，疏矣。且鄭氏注《易》"白馬翰如"云："翰，猶幹也，見六四。適初未定，欲幹而有之。"朱子則謂如飛翰之疾，非馬之白色也。從"鶾"爲是。

晉獻公將殺其世子**申生**，公子**重耳**謂之曰："子蓋言子之志於公乎？"世子曰："不可，君安**驪姬**，是我傷公之心也。"曰："然則蓋行乎？"世子曰："不可。君謂我欲弑君也。天下豈有無父之國哉！吾何行如之？"使人辭於狐突曰："**申生**有罪，不念**伯氏**之言也，以至於死。**申生**不敢愛其死。雖然，吾君老矣，子少，國家多難，**伯氏**不出而圖吾君，**伯氏**苟出而圖吾君，**申生**受賜而死。"再拜稽首乃卒。是以爲恭世子也。【集説】申生自經而死，陷父於不義，不得爲孝，但得諡"恭"而已。

竊案：**驪姬**誣**申生**以弑君，**重耳**勸其自明與出奔，皆不從，而自縊，與梁餘子養所謂"死而不孝，不如逃之者"相反，故鄭氏以來，皆以**申生**陷父於不義爲不孝，而《集説》本之。能知**申生**心事，而論之得其平者，惟臨川吳氏而已，其言曰："**申生**之事父，有承順，無違逆。孝子之事親，一如仁人之事天，豈敢私有其身而避禍逃死哉？故張子《訂頑》亦嘉**申生**之無所逃而待烹也。世之議者，咎**申生**不合不去，而陷父於不義。**申生**縱去，父必殺之，而後**奚齊**可立，豈一去而能免陷父於不義乎？去則有背棄君父以逃死之罪，而陷父不義之罪自若也。**申生**固云'棄父之命，惡用子矣'，又云'死不可避，吾將伏以俟命'，**申生**之自處，可爲得子道之正，未容輕議也。設使**申生**出奔，**獻公**必謂其結援鄰國，以圖他日納己也，非如**鄭**之使盜殺子臧，必如**晉**之以幣錮欒盈，至此則負不孝之罪大矣。但一出奔，即是彰父之惡，不待其身被殺，而後爲陷父於惡。長樂陳氏謂孝子之事親，有言以明己，**申生**可以言而不言，此乃孝子事親之常法。**申生**之所遇，則非常也，豈言之所能自明者哉？予嘗謂屈原之忠、**申生**之孝，皆賢者過之之事。屈原過於忠，忠而過者也；<u>申生</u>過於孝，孝而過者也。其行雖未合乎中庸，其心則純然天理之公，略無人欲之私。<u>申生</u>但知順父之爲孝，<u>屈原</u>但知憂國之爲忠，而一身之死生不計。世之議者，其何足以知<u>申生</u>之心哉？”斯言得之矣。

士之有誄，自此始也。【集説】士雖周爵，卑不應謚。<u>莊公</u>以義起，遂誄其赴敵之功以爲謚焉。

竊案：誄者，哀死而述其行之辭，如<u>哀公</u>誄<u>孔子</u>之類，非必有謚也。古之人讀誄而定謚，而<u>鄭</u>注遂解誄爲謚，《集説》仍之，誤矣。

細人之愛人也以姑息。【集説】“姑息”二字無解。

竊案：<u>鄭</u>注：“息，猶安也。姑息言苟且安息也。”<u>孔</u>疏：“不顧道理，且相寧息。”《集説》無解，想同之也。然以“姑”爲“姑且”之姑，以“息”爲“安息”之息，殊無所據。案《尸子》云：“紂棄黎老之言而用姑息之語。”注：“姑，婦女也。息，小兒也。”其義始明。<u>楊慎</u>《丹鉛録》亦辨之。

始死，充充如有窮。【集説】心形充屈。

竊案：<u>陳</u>氏從<u>孔</u>疏，以“心形充屈”解“充充”二字，其義未明。<u>吳</u>氏謂“滿悶填塞之意”，庶幾近之。

爾毋從從爾，爾毋扈扈爾。【集説】從從，高也。扈扈，廣也。言爾髽不可太高，不可太廣。

竊案：此解本注、疏，非不是，但未明其所以爾。案<u>孔</u>疏：“從從是高之貌狀，故《楚辭·招隱》云‘山氣龍嵸兮石嵯峨’，則龍嵸是高也。扈扈，猶廣也，《爾雅·釋山》云‘卑而大扈’，<u>郭</u>云：‘扈是廣貌也。’”又云：“期之髽稍輕，自有常法^①，毋得太高、太廣，如斬衰之高廣也。”如此，文義方白。

南宮絛之妻。【集説】絛妻，夫子兄女也。

竊案：<u>南宮絛</u>即<u>孔子</u>弟子<u>南宮适</u>，以兄女妻之者也，故<u>孔子</u>教絛妻爲

---

① “法”字原訛作“在”，《四庫》本同，據《禮記正義》改。

髦。後所載“南宮敬叔反必載寶而朝”，《集説》敬叔即魯大夫孟僖子之子仲孫閲也，嘗失位去魯，後得反，載寶而朝，欲行賂以復其位。其爲兩人也，明矣。《世本》言：“仲孫獲生南宮縚。”鄭氏云：“南宮縚，孟僖子之子南宮閲也，字子容，其妻孔子兄女。”《論語》注以南宮适爲南宮敬叔，先儒皆無異議，《集説》亦未有所辨。獨近世王麟州 世懋深非之，其言曰：“案《孔子弟子傳》，南宮适字子容，而述《論語》二條以實之，初未嘗云是孟僖子之子、孟懿子之兄，而《索隱》注遽云是孟僖子之子仲孫閲，《論語》注遽云是敬叔、孟懿子之兄。史無其文，可疑一也。适見《家語》，一名縚，是适已有二名矣。而《左傳》孟僖子云‘必屬説與何忌於夫子’，《索隱》又云仲孫閲，是又二名。天下豈有一人而四名者乎？可疑二也。孔子在魯，族姓頗微，而南宮敬叔，公族元士，遣從孔子時定已娶於强宗矣，豈孔子得以兄女妻之？可疑三也。《禮記·檀弓》載：‘南宮敬叔反必載寶而朝，孔子曰：“喪不如速貧之爲愈也。”’若而人豈能抑權力而伸有德，謹言行而不廢於有道之邦邪？可疑四也。愚以南宮敬叔之與南容曠然二人矣，後世孟浪者合而一之耳。”其言殊辨，殆不可易也。

陳氏禮記集説補正卷四

檀弓上二

孔子既祥，五日彈琴而不成聲，十日而成笙歌。【集説】引孔子事，以見餘哀未忘也。

竊案：吳氏謂："成者，樂曲之一終。聲者，曲調之聲也。不成聲，謂不終曲也。祥終可以彈琴矣，然猶有餘哀，故彈之不終一曲而又廢也。十日之後則不但彈琴終曲，吹笙而歌亦終曲矣，哀情之殺以漸也。"然近日玉巖 黃氏疑之，蓋以上文"魯人朝祥暮歌"章觀之，可見祥後逾月禪訖方可歌。聖人喪親，縱不敢越中道，亦宜如定制，豈有祥未逾月，但五日而即彈琴，十日而成笙歌，不又將爲子路所笑乎？《集説》以爲"餘哀未忘"，而不察《記》文之自相背戾。惟鄭玄略識此意，故於"既祥"下注云："逾月且异旬也。祥亦凶事，用遠日^①。五日彈琴，十日笙歌，除由外也^②。"是以既祥爲逾月且异旬，故合正禮。但據本文是言祥祭之後，五日彈琴，十日笙歌，鄭注雖爲曲解，未免啓千古不決之疑，當闕以俟知者。

死而不吊者三：畏、厭、溺。【集説】方氏曰："戰陣無勇，非孝也，其有畏而死者乎？"應氏曰："爲國而死於兵，亦無不吊之理。若齊莊於杞梁之妻，未嘗不吊也。"愚聞見理不明者，多自經於溝瀆，此真爲死於畏矣。或謂鬬很亡命曰畏。

竊案：戰陣無勇，奔北而死，固謂之畏。見理不明，自經溝瀆，亦謂之畏。若鬬很亡命，《書》所謂"憝不畏死"者，豈得謂之畏乎？齊 杞梁之死戰，非有畏而亡也，力不支也，不可入此例。又案慈湖 楊氏曰："畏死於兵，壓死於巖牆，溺死於水，非不吊也，不忍爲吊辭，不忍言之也。使孔子果死於匡，則亦可不吊乎？屈原之死，亦可不吊乎？而先儒謂之賤而不吊，此乃固陋，執言失意，人心所不安也。"愚案楊氏此説與應氏説相類，皆誤認《記》文之意，蓋畏、壓、溺三者，皆謂死非正命，非如孔

---

① "用"字原訛作"先"，《四庫》本同，據《禮記正義》改。

② "除由外"原訛作"由外除"，《四庫》本同，據《禮記正義》改。

子之畏匡、屈原之沈汨羅者也。昔宗魯事孟縶，齊豹欲攻之，宗魯不告，及孟摯被殺而死，宗魯亦死之。琴張欲往吊，孔子止之曰："齊豹之盗，而孟縶之賊，女何吊焉？"是死不合禮者，君子所不吊也。故應、楊二氏之説，皆未盡也。惟游氏謂"古之君子欲正人之過失，不專恃乎刑罰。异其衣冠，使生有所愧；死而不吊，使死有所憾。於是人有所愧恥而不麗於罪惡"。此説較長。

《白虎通義》曰："有不吊三何？爲人臣子，常懷恐懼，深思遠慮，志在全身，今乃畏、厭、溺死，用爲不義，故不吊也。《禮·曾子記》曰：'大辱加於身，皮體毁傷，即君不臣，士不友，祭不得爲昭穆之尸，食不得昭穆之牲，死不得葬昭穆之域也。'"

行道之人皆弗忍也。【集説】行道之人皆有不忍於親之心，然而遂除之者，以先王之制，不敢違也。

竊案："行道"有兩説：鄭氏謂"行道，猶行仁義"。臨川吳氏本之，謂"稍知率性之道而行之者，其性必過厚，故以禮制其情，則皆有所不忍也"。方氏、胡氏則以爲"行道之人"與《孟子》所謂"行道之人弗受"同。《集説》雖不分別言之，應是從鄭注之説，然而謬矣。

太公封於營丘，比及五世，皆反葬於周。【集説】太公雖封於齊，而留周爲太師，故死而遂葬於周。子孫不敢忘其本，故亦自齊而反葬於周，以從先人之兆。五世親盡而後止也。

竊案：太公五世反葬之説，心常疑之，顧寧人炎武云："太公，汲人也，聞文王作，然後歸周。史之所言，已就封於齊矣，其復入爲太師，薨而葬於周，事未可知。使其有之，亦古人因薨而葬不擇地之常爾，《記》以首丘喻之，亦已謬矣。乃云'比及五世，皆反葬於周'，夫齊之去周二千餘里，而使其已化之骨，跋履山川，觸冒寒暑，自東徂西，以葬於封守之外，於死者爲不仁。古之葬者，祖於庭，塴於墓，反哭於其寝，故曰'葬日虞，弗忍一日離也'。使齊之孤重趼送葬，曠日淹時，不獲遵五月之制，速反而虞，於生者爲不孝。且也入周之境而不見天子則不度，離其喪次而以衰絰見則不祥，若其孤不行而使卿攝之則不恭，勞民傷財則不惠。此數者，無一而可。禹葬會稽，其後王不從，而殽之南陵有夏后皋之墓，豈古人不達禮樂之義哉？體魄則降，知氣在上，故古之事其先人於廟而不於墓，聖人所以知幽明之故也。然則太公無五世反葬之事，明矣。"

始死之奠，其餘閣也與?【集説】閣所以庋置飲食，蓋以生時庋閣上所餘脯醢爲奠也。

竊案：此注、疏説也。山陰 陸氏則曰："閣其餘者，幸其更生，若有待焉爾。如先儒説，以其閣之餘奠，不惟於文不安，亦大夫七十而後有閣，則大夫死有無閣者矣。"

小功不爲位也者，是委巷之禮也。【集説】委，曲也。曲巷猶言陋巷，細民居於陋巷。

竊案："委"當如"原委"之委，水上流之發處爲原，下流之聚處爲委。言至此窮盡，無復可去。委巷猶云窮巷，窮巷之人，見小聞寡，無所知識。

古者冠縮縫，今也衡縫。故喪冠之反吉，非古也。【集説】疏曰："縮，直也。殷尚質，吉凶冠皆直縫。直縫者，辟積襵少，故一一前後直縫之。衡，橫也。周尚文，冠多辟積，不一一直縫，但多作襵而并橫縫之。若喪冠質，猶疏辟而直縫，是與吉冠相反。時人因言古喪冠與吉冠反，故記者釋之云'非古也'，止是周世如此耳。古則吉凶冠同直縫也。"

竊案：此《集説》取孔疏，本亦可通。而衛氏《集説》復載陳、黃二説。長樂 陳氏曰："一幅之材，順經爲辟積則少而質，順緯爲辟積則多而文。順經爲縮縫，順緯爲橫縫。古者吉凶之冠皆縮縫，今吉冠橫縫，而喪冠縮縫，是喪冠與吉反矣，故記者譏之。"長樂 黃氏曰："斯蓋作記之人，指亂世之禮不本周公之制，謂古之喪冠直縫，吉冠橫縫，而衰世喪冠亦皆橫縫，失禮無別，故歎之曰'喪冠之反吉，非古'。是後之喪冠反同吉冠，爲非古。正文患喪冠無別，注義患喪冠與吉冠异制，誤辨其旨。"疑黃説爲長。

冉子攝束帛乘馬而將之。【集説】攝，貸也。

竊案：鄭注："攝，猶貸也。"孔疏："孔子之使未至，貸之束帛乘馬而行禮。"此《集説》所本也。然以"貸"訓"攝"，於義未當。愚謂"攝"猶"攝祭""攝王""攝位"之攝，江陵 項氏曰："攝，代也。孔子之賻贈未至，冉有爲之代出束帛乘馬是也。"

兄弟，吾哭諸廟；父之友，吾哭諸廟門之外；師，吾哭諸寢；朋友，吾哭諸寢門之外；所知，吾哭諸野。【集説】馬氏曰："兄弟，出於祖而内所親者，故哭之廟；父友，聯於父而外所親者，故哭之廟門外；師以成己之德，而其親視父，故哭諸寢；友以輔己之仁，而其親視兄弟，故哭之寢門之外；至於所知，又非朋友之比，皆汎交之者也。”

竊案：馬氏之説皆順文立解，而不究孔子之哭位與周禮異，似尚爲疏略。兄弟之喪，周禮哭於寢，不哭諸廟，故《雜記》云“有殯，聞遠兄弟之喪，哭之側室”。若無殯，當哭諸正寢。師之喪，周禮哭諸廟門外，不哭諸寢，《奔喪》云“師，哭諸廟門外”是也。由兄弟與師推之，則父之朋友、所知，亦必不同，可知矣。今云兄弟哭諸廟，師哭諸寢，蓋孔子所定也，故孔疏皆指爲殷禮。又案吳幼清曰：“孔子惡野哭者，而此云所知哭諸野，彼之野蓋謂國門外之郊野，此之野蓋謂稍遠於寢門外空間之地，無室屋處，非郊野之野也。”或謂哭不以禮謂之野，孔子所惡，蓋指“呼滅”“野哉”之類，而豈哭諸野之謂乎？

使西河之民疑女於夫子。【集説】張子曰：“子夏不推尊夫子，使人疑夫子無以异於子夏，非如曾子推尊夫子，使人知尊聖人也。”

竊案：“疑女於夫子”，諸解不同。注、疏謂不稱其師，自爲談説，辨慧聰睿，絶異於人，使西河之人疑女道德與夫子相似。皇氏謂疑子夏是夫子之身。李氏謂子夏得聖人之一體而未得其全，故行有不合於聖人之道，則人將疑夫子之道於子夏。人之疑聖人，子夏之過也，非謂疑子夏若夫子爲子夏之過也。吳氏謂“疑”當讀如“擬”，謂比擬於夫子也。後篇“疑於君”“疑於臣”、《易·文言》“陰疑於陽”并同。蓋合張子説，凡四家，而皇氏最爲紕繆。蓋子夏，魏人，居在西河之上，西河之民無容不識，而言是魯國孔氏，不近人情矣。張子謂“使人疑夫子無以异於子夏”，是疑夫子於女，非疑女於夫子也。李氏之説似乎稍鑿。吳氏改“疑”作“擬”，亦屬不必。惟注、疏得之。《集説》舍孔而引張，何也？

衰，與其不當物也，寧無衰。【集説】疏曰：“物，謂升縷及法制長短幅數也。”

竊案：長樂 黄氏曰：“此謂人服齊衰而心貌無哀戚之實，其云‘寧無衰’者，謂若人但謹服衰而心貌忻悦者，寧如不服衰也。蓋言‘物’者，謂哀戚心貌之實也。何以驗之？《左傳》載晉平公有卿佐之喪，而奏樂飲宴，膳夫屠蒯入諫，罰其嬖叔曰：‘汝爲君目，將司明也。服以將禮，禮以行事，事有其物，物有其容。今君之容非其物也，而汝不見，是不明也。’以此驗之，物者，心貌之實，以稱其服，若‘介胄則有不可犯之色’

之類也。蓋哀戚者，喪禮之實也；齊衰者，制度外飾之容。若但服衰在身而無哀戚，豈得合禮而爲孝哉？”其言至切，優於注、疏遠矣。以“實”訓“物”，如《易·家人》所云“言有物”之物。

齊衰不以邊坐。【集説】疏曰：“喪服宜敬，坐起必正，不可著衰而偏倚也。”

竊案：以邊坐爲偏倚，舊説相承如此。橫渠 張子則曰：“有喪者專席而坐也，故齊衰不以邊坐。”

遇舊館人之喪。【集説】舊館人，舊時舍館之主人也。

竊案：鄭注“舊館人”謂“前日君所使舍己”。孔疏曰：“知非舊所經過主人者，若是經過主人，當云‘遇舊主人之喪’，故禮稱皆云‘主人’。《左傳》云‘以爲東道主’，又云‘昔我主於趙氏’，皆稱主人爲主。今云館人，明置館舍於己，故以爲君所使舍己者。”《集説》殊未分明。

遇於一哀而出涕。【集説】舊説謂主人見孔子來而哀甚，是以厚恩待孔子，故孔子爲之賻。然上文既曰“入而哭之哀”，則又何必迂其説而以爲遇主人之哀乎？

竊案：注、疏是也，果如陳氏之云，則“遇”字無謂。蓋此“遇”字謂遇主人之哀，與上“遇主人之喪”之遇同，不得謂遇己之哀也。若疑“一哀”之哀與上“入而哭之哀”不相應，則出涕獨不可謂之哀乎？夫子於司徒敬子之喪，主人不哀而哭不盡聲，則此遇主人之哀，因而出涕，從可知矣。

顏淵之喪，饋祥肉，孔子出，受之；入，彈琴而后食之。【集説】彈琴而後食者，蓋以和平之聲，散感傷之情也。

竊案：此本鄭注散哀之意，未爲失理。蓋送死有已，復生有節，《喪服四制》曰：“祥之日，鼓素琴，告民有終也。”子夏、子張除喪而見孔子，皆予之琴，亦教以節哀之道。於親喪且如是，況師之於弟，若喪子而無服者乎？孔子彈琴散哀，正合中制。然程子及吳氏疑之，程子曰：“受祥肉彈琴，殆非聖人舉動，使其哀未忘，則‘子於是日哭則不歌’，不飲酒食肉以全哀，況彈琴乎？使其哀已忘，則何必彈琴？”臨川 吳氏曰：“所饋祥肉，謂斬衰、再期、大祥之祭肉也。設使孔子自爲其衆子服期，一期後亦不止樂矣，況喪顏淵如喪子而無服者乎？顏淵之死已兩期，孔子每日彈琴，乃其常事。蓋此日彈琴適在受此祥肉之後，食此祥肉之先，人不悟，以爲孔子彈琴散哀，而後食顔淵之祥肉，故記者云然。而鄭氏以散哀釋之，其實孔子不爲散哀而彈琴也。程子説是。"然祥有大祥、小祥，此祥肉必是期年小祥之祭肉，孔子哀猶未忘，故彈琴散哀，而後食之。若大祥，則不必然矣。吳氏解爲大祥祭肉，故因程子之説而疑之，未敢遽以爲是也。

孔子蚤作，負手曳杖，消摇於門，歌曰："泰山其頹乎！梁木其壞乎！哲人其萎乎！"既歌而入，當户而坐。子貢聞之，曰："泰山其頹，則吾將安仰？梁木其壞，哲人其萎，則吾將安放？夫子殆將病也！"遂趨而入。夫子曰："賜，爾來何遲也？夏后氏殯於東階之上，則猶在阼也；殷人殯於兩楹之間，則與賓主夾之也；周人殯於西階之上，則猶賓之也。而丘也，殷人也。予疇昔之夜，夢坐奠於兩楹之間。夫明王不興，而天下其孰能宗予？予殆將死也。"蓋寢疾七日而没。【集説】夢坐於兩楹之間，而見饋奠之事，知是凶徵者，以殷禮殯在兩楹間，孔子以殷人而享殷禮，故知將死也。又自解夢奠之占，云今日明王不作，天下誰能尊己，而使南面坐於尊位乎？此必殯之兆也。自今觀之，萬世王祀，亦其應矣。

竊案：《集説》不過順文爲解，吳氏則於此多致疑焉，其言曰："澄竊詳此文所載，事辭皆妄。聖人德容，始終如一，至死不變，今負手曳杖，消摇於門，盛德之至，動容周旋中禮者不如是，其妄一也。聖人樂天知命，視死生如晝夜，豈自爲歌辭以悲其死，且以哲人爲稱，又以泰山、梁木爲比？若是他人悲聖人之將死而爲此歌辭則可，聖人自爲歌辭而自稱自比乃若是？其妄二也。聖人清明在躬，志氣如神，生死固所自知，又豈待占夢而後知其將死哉？其妄三也。蓋是周末七十子以後之人撰造爲之，欲表明聖人之豫知其死，將以尊聖人，而不知適以卑之也。記者無識，而采取其言，《記》文既妄，而諸家解尤謬，不足論也。"

孔子之喪，二三子皆絰而出。群居則絰，出則否。【集説】吊服加麻者，出則變之。今出外而不免絰，所以隆師也。群者，諸弟子相爲朋友之服。

竊案：《集説》本之鄭注，於理可通，而張子、陸氏更有二説。山陰陸氏曰："二三子，蓋謂七十子知師之深者也。孔子之徒三千，群者，不在七十子之列者也，其服孔子如此。"張子曰："群居則絰，出則否，喪常師之禮也。絰而出，特厚於孔子也。”吳氏曰：“鄭、陸二説不同，然皆當斷‘群’字爲一句，疑未安。竊意記者先記孔門弟子爲師之特禮，又記凡爲師與朋友吊服加麻之常禮於後，以表出不釋経者之爲特而非常也。張子説是。”愚則於陸説有取焉。蓋此節祇言孔門喪聖師之禮有等差，非兼言諸弟子相爲及凡爲師之常禮也。二三子之情親而誼重者，則絰而出，以隆師。群弟子之情疏而誼輕者，居則絰，出則不絰。各以情誼爲隆殺也。如門人三年治任，子貢獨居三年之類耳。“群”字未嘗不可句讀，若“群居”相連，下“則経”二字又與“出則否”不相對矣。

喪禮，與其哀不足而禮有餘也，不若禮不足而哀有餘也。祭禮，與其敬不足而禮有餘也，不若禮不足而敬有餘也。【集説】有其禮而無其財，則禮或有所不足，哀敬則可自盡也。

竊案：孔氏云：喪禮有餘，謂明器衣衾之屬多也[1]；祭禮有餘，謂俎豆牲牢之屬多也。故此所謂禮，陳氏以用財當之，其實凡所行節文皆是，不當專指用財。

主人既祖，填池。【集説】填，音奠。池，音徹。劉氏曰：“葬之前一日，曾子往吊，時主人已祖奠矣，曾子至，主人榮之，遂徹奠，推柩而反向内以受吊。所以徹奠者，奠在柩西，欲推柩反之，故必先徹而後可旋轉也。”

竊案：“填池”改作“奠徹”，《集説》取鄭注也。案廬陵 胡氏作如字讀，曰：“池以竹爲之，衣以青布，喪行之飾，所謂‘池視重霤’是也。填，謂懸銅魚以實之，謂將行也。鄭改爲‘奠徹’，未詳。”吳幼清曰：“胡氏不改‘填池’二字，則‘填’當爲陟刃切，‘填’猶云安頓也，謂已安頓棺飾之池而將行也。但考之士禮，填池在朝祖後，階下載柩之時，今二字在‘既祖’之下，則亦可疑，未敢必以不改字爲是。”愚案，如胡、吳之説，則池者，柳車之池也。生時既屋，有重霤以行水，死時柳車亦象宮室，而於車覆鼈甲之下，牆帷之上，織竹爲之，形如籠，衣以青布，以承鼈甲，名之爲池，以象重霤，此所謂“填池”者。胡氏謂“懸銅魚以實之”是也，不必以朝祖後載柩時爲疑。郝氏曰：“‘填池’本謂填起柩前柳池，使見棺行禮也，而變作‘奠徹’，非。”山陰 陸氏則云：“池，殯坎

---

[1] “衾”字原訛作“裳”，《四庫》本同，據《禮記正義》改。

也。既祖則填之，故曰'主人既祖，填池'。《孔叢子》曰'埋柩謂之殔，殔坎謂之池'是也。"是又一説。要之，改字者非矣。

多矣乎！予出祖者。【集説】多猶勝也。曾子聞之，方悟己説之非，乃言子游所説出祖，勝於吾之所説出祖也。

竊案：此鄭、孔舊説也。應氏則曰："'出祖'謂主人也。'予'者，親之之辭。'多矣乎'者，不欲深指其失也。君子行禮，雖不可寡，亦豈可多乎？"吳氏曰："'多矣乎'，猶言其贅也。'祖者'，行之始，柩既出而爲行始矣，豈可再入而反宿乎？此禮之所無，故爲贅而謂之'多矣乎'也。"愚案，應氏之説，草廬取之，然以"予"爲親主人之辭，則有未安者。"多矣乎！予出祖者"，蓋自悔其於出祖之事多此一吊，使主人至於反柩受吊，違喪事有進無退之禮也。《集説》固不明，而吳氏亦未爲當也。

曾子襲裘而吊，子游裼裘而吊。曾子指子游而示人曰："夫夫也，爲習於禮者，如之何其裼裘而吊也？"主人既小斂，袒、括髮，子游趨而出，襲裘、帶、絰而入。曾子曰："我過矣！我過矣！夫夫是也。"【集説】方氏曰："曾子徒知喪事爲凶，而不知始死之時尚從吉，此所以始非子游而終善之也。"

竊案：張子曰："曾子、子游同吊异服，必是去有先後，故不得同議，各守所聞而往也。曾子襲裘而吊，先進於禮樂也。子游亦儘有守文處，如裼裘而吊，必是守文也。曾子、子游皆聖門高弟，其分契與常人殊，若使一人失禮，必面相告，豈有私指示於人而不告之也？此段義可疑。"玉巖黃氏亦云："曾子、子游同門執友，既是同時往吊，豈不議其服之所宜而往？縱或至有先後，乃見子游之失，胡不明以相正，乃私指以示人而揚其失？子游既知曾子之非，胡爲亦不以告，乃至主人小斂，趨出易服而入，以暴其過哉？此事俱可疑。"又云："此經多是子游而非曾子，劉氏謂此篇疑子游門人所記，意或然也。蓋子游以文學名，想當時必有傳授，其徒欲推之而爲之辭如此，非實事也。曾子之質，雖爲魯鈍，然專用心於内，學極誠愨，隨事精察而力行之，故卒聞一貫之旨。其在孔子之傳，唯顏、曾獨得其宗，當時穎悟，莫如子貢，猶不能及，豈其所見每每差失，而又屢出於子游之下，而不見正於他賢，何哉？前章與此章并闕之可也。"愚案，張子、黃氏之説，可正《集説》之誤。然謂此經多是子游而疑其門人所記，似未必然。蓋弟子當爲其師諱過，觀"汰哉，叔氏！專以禮許人"之譏，其非言游門人所記也，明矣。

子夏既除喪而見，予之琴，和之而不和，彈之而不成聲，作而曰："哀未忘也，先王制禮而弗敢過也。"子張既除喪而見，予之琴，和之而和，彈之而成聲，作而曰："先王制禮，不敢不至焉。"【集説】均爲除喪，而琴有和、不和之异者，蓋子夏是過之者，俯而就之，出於勉强，故餘哀未忘而不能成聲。子張是不至者，跂而及之，故哀已盡而能成聲也。

　　竊案：夫子曰："師也過，商也不及。"商惟不及，恪信夫子，故篤實近厚，而其情有所過。師惟過，好爲苟難，故高虚近薄，而其情有所不及。今《集説》反言子夏是過之者，故餘哀未忘，子張是不至者，故哀已盡，何其與聖人之言乖違也？山陰陸氏又謂師過商不及，今其除喪如此，蓋學之力。李氏又謂夫子之言，言其學道也。子夏惟情之過，故於學爲不及；子張惟情之不及，故於學爲過。皆曲説也。《家語》及毛公《詩傳》皆言子夏喪畢，夫子與琴，援琴而弦，衎衎而樂；閔子騫喪畢，夫子與琴，援琴而弦，切切而哀。與此言子夏、子張者不同。孔氏謂疑當以彼爲正，蓋子夏喪親無异聞，而子騫至孝，孔子所稱也。熊氏又謂子夏居父母之喪异，故不同。二説未詳孰是。

陳氏禮記集説補正卷五

檀弓上三

司寇惠子之喪，<u>子游</u>爲之麻衰，牡麻絰。<u>文子</u>辭曰：“子辱與<u>彌牟</u>之弟游，又辱爲之服，敢辭。”<u>子游</u>曰：“禮也。”<u>文子</u>退，反哭。<u>子游</u>趨而就諸臣之位。<u>文子</u>又辭曰：“子辱與<u>彌牟</u>之弟游，又辱爲之服，又辱臨其喪，敢辭。”<u>子游</u>曰：“固以請。”<u>文子</u>退，扶適子南面而立，曰：“子辱與<u>彌牟</u>之弟游，又辱爲之服，又辱臨其喪，<u>虎</u>也敢不復位！”<u>子游</u>趨而就客位。【集説】辭服者，辭其服也。次言“敢辭”者，辭其立於臣位也。此時尚未喻<u>子游</u>之意，及<u>子游</u>言“固以請”，則<u>文子</u>覺其譏矣，於是扶適子正喪主之位焉，而<u>子游</u>之志達矣。趨就客位，禮之正也。

竊案：<u>惠子</u>舍適立庶，<u>子游</u>爲之牡麻絰，又趨而就臣位，皆有意義，而《集説》不言。<u>馬氏</u>曰：“死喪之威，致哀戚者，惟兄弟而已。若朋友，皆在他邦而無宗族兄弟，乃得施親親之恩，相爲袒免。<u>檀弓</u>之免、<u>子游</u>之牡麻絰，皆非在他邦者也，而其服有過焉，以爲<u>仲子</u>之舍孫、<u>惠子</u>之立庶，而父兄不能正，是猶無親也。<u>檀弓</u>、<u>子游</u>雖有朋友之道，欲正而不可得，故重爲之服，以視其親，言唯親則有可正之恩。就臣之位，所以視其臣，言唯臣則有可正之義。”此説發明殊確，可謂得其微矣。

主人深衣、練冠，待於廟，垂涕洟。【集説】待而不迎，受吊之禮也。

竊案：《士喪禮》始死爲君出，小斂以后爲大夫出，是受吊有迎賓之禮。今待於廟而不迎者，必是同等，故异於君、大夫。《集説》固非矣。疏曰：“以除喪受吊，故不迎。或曰此非己君之命，以敵體待之，故不迎。”恐非也。夫始喪猶迎君，小斂以後猶迎大夫，而謂除喪反不迎賓，有是禮乎？且外君雖不同於己君，而稱臣稱名初不异，苟有使來，亦未可待之以敵也。

將軍<u>文氏</u>之子，其庶幾乎！亡於禮者之禮也。【集説】<u>文氏</u>之子，其近於禮乎！雖無此禮而爲之禮。又引疏曰：“庶幾堪行乎無於禮文之禮也。"

　　竊案：陳氏前之所云，是以"其庶幾乎"爲句，"亡於禮者之禮也"爲句，後引孔疏，又似作一句讀。兩説無定，當以孔疏爲正。

　　五十以伯仲。【集説】朱子曰："《儀禮》賈公彦疏云'少時便稱伯某甫，至五十，乃去某甫而專稱伯仲'，此説爲是。如今人於尊者不敢字之，而曰幾丈之類。"

　　竊案：孔疏曰："《士冠禮》二十已有'伯某甫''仲叔季'，此云'五十以伯仲'，二十之時，雖云伯仲，皆配某甫而言，五十之時，直呼伯仲耳。"賈公彦《儀禮·士冠禮》疏則云："某甫者，若云尼甫、嘉父也。伯、仲、叔、季，若兄弟四人，則依次稱之。夏、殷質則稱仲①，周文則稱叔，若管叔、蔡叔是也。殷質，二十造字之時，便兼伯、仲、叔、季稱之；周文，造字時未呼伯仲，至五十乃加而呼之。故《檀弓》云：'幼名，冠字，五十以伯仲，周道也。'若孔子始冠，但字尼甫，至年五十乃稱仲尼是也。"朱子作《儀禮經傳通解》，既采賈疏，又引《檀弓》孔疏，而曰與此賈疏不同，疑孔説是。今《集説》乃誤以孔疏爲賈疏，亦踈莽甚矣。

　　掘中霤而浴，毀竈以綴足，及葬，毀宗躐行，出於大門，殷道也。【集説】疏云："中霤，室中也。死而掘室中之地作坎，以床架坎上，尸於床上浴，令浴汁入坎也。死人冷强，足辟戾不可著屨，故用毀竈之甓連綴死人足，令直可著履也。"又曰："毀宗，毀廟也。殷人殯於廟，至葬柩出，毀廟門西邊牆，而出於大門。行神之位，在廟門西邊，當所毀宗之外。生時出行，則爲壇幣告行神，告竟，車躐行壇上而出，使道中安穩如在壇。今向毀宗廟處出，仍得躐行此壇，如生時之出也。"學於孔子者，行之效殷禮也。

　　竊案：《集説》取注、疏而删其言周禮與殷道别者，使人不知殷、周之所以爲异，疏矣。鄭氏曰："周人浴不掘中霤，葬不毀宗躐行。"孔氏謂："周人浴不中霤者，用盤承浴汁也②。《喪大記》：'浴水用盆，沃水用枓。'沐用瓦盤也。周殯於正寢，至葬而朝廟，從正門出，不毀宗也。故《士喪禮》不云'躐行'也。周綴足用燕几，亦不毀竈綴足，鄭但舉首末言之，

---

① "稱"字原訛作"積"，《四庫》本同，據《儀禮注疏·校勘記》改。下"稱叔"之"稱"同。

② "用"字原訛作"周"，據《四庫》本、《禮記正義》改。

則中從可知。"

謀人之邦邑，危則亡之。【集說】應氏曰："國危而身不可獨存，焉得而不亡。"

竊案：《集說》應氏之云與長樂 陳氏同，臨川 吳氏駁之曰："亡，謂去其位也。陳祥道解'亡'字與鄭异，謂社稷亡則與亡，爲人臣殫忠致命而已。其言深足警乎人臣。然國亡，則臣身當與俱亡。今方危，則他人固有能安之者，去位足矣，何至遽殞其身哉？且如陳解，則'死''亡'二字無別。"吳氏之說蓋亦本之鄭注，注云："言亡者，雖避賢，非義退。"則先儒已有亡去之說。但朱子注《論語》云："君子見危授命，則仕危邦者無可去之義。在外則不入可也。"由是觀之，則亡去之說，亦未必愈於陳、應二氏。昔元兵下宋，執政曾淵子、文翁、倪普及侍從、臺諫等棄位逃去，太皇太后詔曰："我朝三百餘年，待士大夫以禮。吾與嗣君，遭家多難，爾小大臣未嘗有出一言以捄國者[①]，吾何負於汝哉？今内而庶僚畔，官離次，外而守令委印棄城。耳目之司既不能爲糾擊，二三執政又不能倡率群工。方且表裏合謀，接踵宵遁，平日讀聖賢書自謂，謂何乃於此時作此舉措？縱偷生田里，何面目對人言語？他日死，何以見先帝？"學者觀此詔，則知見危授命不可易矣。姑存吳說，以備參考。

吾子樂之，則瑗請前。【集說】劉氏曰："伯玉之請前，蓋始從行於文子之後。及聞文子之言，而惡其將欲奪人之地，自爲身後計，遂譏之曰'吾子樂之，則我請前行以去子矣'，示不欲與聞其事也。"

竊案："請前行以去子"，語覺太峻，不似伯玉中和氣象。吳文正曰："前，猶云豫先也。請前，請爲豫定其所。若徇其意，實譏非之。"愚謂以"豫先"解"前"字，亦非本旨。蓋是時伯玉從後請前者，若徇其意，而請前行，以觀斯丘耳，風刺之言，深於正諫。

弁人有其母死而孺子泣者，孔子曰："哀則哀矣，而難爲繼也。夫禮，爲可傳也，爲可繼也，故哭踊有節。"【集說】孺子泣者，其聲若孺子，無長短高下之節也。聖人制禮，使人可傳可繼，故哭踊皆有其節。若無節，則不可傳而繼矣。

---

① "小大"原訛作"小"，《四庫》本作"衆"，據《宋季三朝政要》改。

竊案：《集説》之云，未爲不是，但《檀弓》與《雜記》异，而不爲別白，亦踈漏矣。《雜記》"曾申問於曾子曰：'哭父母有常聲乎？'曰：'中路嬰兒失其母，何常聲之有？'"孔疏云："曾子所言，是始死之時，悲哀志懣，未可爲節。此之所言，在襲斂之日，可以制禮，故哭踊有節也。"較《集説》爲勝。

扶君，卜人師扶右，射人師扶左。君薨以是舉。【集説】卜，音僕。君疾時，僕人之長扶其右體，射人之長扶其左體。此二人皆平日贊正服位之人，故君既薨，遇遷尸則仍用此人也。方氏釋"師"爲"衆"，應氏以"卜人"爲卜筮之人。

竊案："卜"與"師"俱有二解：以"卜"爲"僕"者，鄭氏據《周禮》"大喪，與僕人遷尸"之文也；以"卜"爲如字者，應氏本《釋文》前儒之説①，且據《禮記》"卜筮皆在左右"之文而知之也。以"師"爲"長"者，陸氏以爲僕人之長，即太僕也；以"師"爲"衆"者，方氏以扶君舉尸，固非二人所能勝，二官各下大夫爲之，且有小臣上下之士，非一也。吳文正斷之曰："《周官》馭者亦名爲僕，蓋人君生時在車，則僕人在右少前，射人在左，與君最親近，未嘗暫相離。故疾則二官扶右扶左，薨則二官舉尸，皆生時每日親近之人。卜人雖曰在左右，然不如僕人之親近，且與射人非儔類。案陸氏《經典釋文》，前儒已有讀'卜'如字，而以爲卜人醫師者，皆不若鄭注以卜爲僕者之審。"蓋古者暬御僕從，罔非正人；綴衣虎賁，則皆吉士。俾之扶疾而舉尸，所謂不死於婦人之手也。《集説》存方、應二説，贅矣。"師"字，《釋文》解爲長者，是。方氏云衆者，非。

從母之夫、舅之妻，二夫人相爲服，君子未之言也。或曰：同爨緦。【集説】從母，母之姊妹。舅，母之兄弟。從母夫於舅妻無服，所以禮經不載。時偶有甥至外家，見此二人相依同居者有喪，而無文可據，於是或人爲"同爨緦"之説以處之。此亦原其情之不可已，而極禮之變焉耳。

竊案：此條乃據甥而言相爲服，故曰從母之夫，又曰舅之妻也。若果二人自相爲服，在男子則當曰妻兄弟之婦，在女子則當曰夫姊妹之夫矣。

---

① "説"字，《四庫》本作"釋"。

且從母之夫與舅之妻，以情而言，則無恩，以義而言，又當避嫌，乃以同
爨之故得相爲服，失經甚矣，何取而記之？張子曰："此是甥自幼居於從
母之家，或舅之家，孤穉恩養，直如父母，不可無服，所以爲此服也。非
是從母之夫與舅之妻相對爲服。"吳氏亦曰："禮，爲從母服小功五月，而
從母之夫則無服；爲舅服緦麻三月，而舅之妻則無服。時有妻之姊妹之子
依從母家同居者，又有夫之甥依舅家同居者，念其鞠育之恩，故一爲從母
之夫服，一爲舅之妻服。二夫人，謂妻之姊妹之子與從母之夫也，謂夫之
甥與舅之妻也。見其二家有此二人者相爲服，然禮之所無，故曰'君子未
之言也'。又記或人之言，以爲有同居而食之恩，則雖禮之所無，而可以
義起此服也。張子義是，注、疏非也。"《集説》亦擇之不精矣。

曾子與客立於門側，其徒趨而出。【集説】其徒，門弟子也。

竊案：鄭注以徒爲客之旅者，近是。今作門弟子，則"客"字爲無著
矣。然吳氏以下文"吾父死"爲客之言，恐亦未然。

南宮敬叔反，必載寶而朝。【集説】敬叔嘗失位去魯，後得反，載
寶而朝，欲行賂以求復位也。

竊案：鄭注但言載其寶來朝於君，不言所以載寶之故，《集説》遂有
"欲行賂以求復位"之説。然上文"死欲速朽"，爲桓魋自爲石椁發，即就
死而言，則此載寶而朝，亦當就喪而言。若行賂復位，則隔一層矣。故吳
文正曰："必載寶而朝者，蓋前時委棄家財而去，在外無可資用，今再反
國，懲艾前事，故嘗以寶貨隨身。雖每日朝君，車上亦載寶貨，倘被君放
逐而出，則有寶貨，不至貧乏也。"《家語》："南宮敬叔以富得罪於定公，
奔衛，衛侯請復之，載其寶玉以朝。夫子聞之，曰：'若是其貨也，喪不
如速貧之愈也。'子游侍，曰：'敢問何謂？'孔子曰：'富而不好禮，殃
也。敬叔以富喪矣，而又弗改，吾懼其有後患也。'敬叔聞之，驟如孔氏，
而後循禮施散焉。"則載寶之非行賂，可知矣。

**昔者夫子失魯司寇，將之荆，蓋先之以子夏，又申之以冉有，
以斯知不欲速貧也。**【集説】將適楚而先使二子繼往者，蓋欲觀楚之可
仕與否，而謀其可處之位歟？

竊案：孔子之出處，進禮退義，故雖欲得君行道，而必不肯自輕。所
謂"先之以子夏，又申之以冉有"者，已爲可疑，況考之《史記・世家》，
孔子失魯司寇在定十四年，之楚在哀六年，其間年月相去甚遠，又有適

衛、適宋、適鄭、適陳、遷蔡等事，何得云失魯司寇，將之荆？其事尤可疑也。孔氏謂哀六年，孔子之荆，是失魯司寇之後，非謂失司寇之年即之荆。是亦不得其説，從而爲之辭。惟何氏 孟春云：“孔子之欲仕，非爲富也，爲行道也。欲富而瞰且趨焉，以求利於蠻夷之國，非孔子之所爲也。《檀弓》所載，蓋傳聞之謬者。”得之矣。

仲憲言於曾子。【集説】仲憲，孔子弟子原憲也。

竊案：此鄭注説也。然原憲名憲，字思。今加“仲”於“憲”，是以名爲字矣。此必當時之人有字爲仲憲者，或姓仲名憲，爲子路之族，亦未可知。而鄭注誤指爲原憲也。

公孫木。【集説】公孫木，衛 公叔文子之子。

竊案：《春秋》定十四年，衛 公叔戌來奔。又案《世本》衛獻公生成子當，當生文子拔，拔生朱。是文子之子名戌，亦名朱。而《記》獨作木者，蓋“戌”與“朱”聲相近，故《世本》誤“戌”爲“朱”，“朱”與“木”形相近，故《檀弓》又誤“朱”爲“木”也。鄭氏云：“‘木’當爲‘朱’，《春秋》作‘戌’。”詳矣。《集説》漫不致辨，何歟？

又案：《檀弓》云：“公叔文子卒，其子戌請謐於君。”則公孫木或别是一人，不應一人所記，又誤“戌”爲“木”也。更詳之。

子思之母死於衛，柳若謂子思曰：“子，聖人之後也。四方於子乎觀禮，子蓋慎諸！”子思曰：“吾何慎哉！吾聞之：有其禮，無其財，君子弗行也；有其禮，有其財，無其時，君子弗行也。吾何慎哉！”【集説】柳若，衛人。伯魚卒，其妻嫁於衛。有其禮，謂禮所得爲者。然無財，則不可爲。禮，時爲大，有禮有財，而時不可爲，則亦不得爲之也。

竊案：《集説》所云，諸儒相沿舊説也。或以“吾何慎哉”，詞氣輕忽，不似子思平日戒慎之學，而《集説》未解，今以臨川 吳氏一説通之。吳氏曰：“禮，父在，爲嫁母齊衰期；父没，爲父後者則不服。其時子思父伯魚久没，祖仲尼亦没，而其已嫁之母死於衛，子思將爲之服。柳若疑子思不當服此嫁母，故戒之謹慎，依禮而行，毋或厚於情而逾於禮。時子思嫁母之家蓋貧，子思雖欲備禮而不可逾喪主，故其心歉然，以爲不得盡禮於其母。柳若所謂慎者，防其或過耳。子思之歉，則恨其有所不及也。子思謂吾之於母，禮所得爲，財亦能備，而時弗可行，方恨不及於禮，何事須慎防其過於禮乎？故曰‘吾何慎哉’。”其言似得理，惟所云<u>孔白</u>接續主祭之説，不免鑿空。<u>姜子 西溟</u>已辨之矣。至若<u>馬氏</u>直貶<u>子思</u>爲不慎，且謂聖人之後而能慎之，不失爲君子。<u>廬陵 胡氏</u>又以爲<u>子思</u>習於禮，未嘗不慎，曰“吾何慎哉”，言其慎久矣。二説不同，要皆未曉<u>柳若</u>與<u>子思</u>所言“慎之”之意也。

古者不降，上下各以其親。<u>滕伯文</u>爲<u>孟虎</u>齊衰，其叔父也；爲<u>孟皮</u>齊衰，其叔父也。【集説】疏曰：“<u>滕國</u>之伯名<u>文</u>，爲<u>孟虎</u>著齊衰之服者，<u>虎</u>是<u>文</u>之叔父也。又爲<u>孟皮</u>著齊衰之服者，<u>文</u>是<u>皮</u>之叔父也。言<u>滕伯</u>上爲叔父，下爲兄弟之子，皆著齊衰也。”

竊案：<u>周</u>之<u>滕國</u>，其君侯爵，《春秋》降而爲子，今曰<u>滕伯</u>，必是<u>周</u>以前諸侯，故<u>鄭</u>注云：“<u>伯文</u>，<u>殷</u>時<u>滕</u>君也。爵爲伯，名<u>文</u>。”<u>孔</u>疏不言<u>殷</u>時，以注已明耳。《集説》引疏而不引注，使讀者不明矣。又案<u>吳氏</u>云：“‘其叔父也’二句文同，不應異議。注、疏以上‘其’字爲<u>滕伯</u>，下‘其’字爲<u>孟皮</u>，不若<u>馬氏</u>以二‘其’字爲二<u>孟</u>者，疑是。”<u>馬氏</u>曰：“<u>唐</u>、<u>虞</u>、<u>夏</u>、<u>殷</u>之時，其禮猶質，故天子、諸侯以少長相及，不降上下。<u>滕伯文</u>乃二<u>孟</u>之叔父也，於其兄弟之子且不降，則爲諸父及昆弟可知矣。至<u>周</u>則立子以適不以長，故莫嚴於貴貴之際，一爲之君，則諸父昆弟皆不得以其戚戚之。若大夫爲世父母、叔父母子、昆弟、昆弟之子爲士者，猶降而爲大功也，而況天子諸侯之爲君。”愚謂<u>馬氏</u>以兩“其”爲一，勝注、疏多矣。然以爲指二<u>孟</u>，則非也。蓋指<u>滕伯</u>耳。當云<u>孟虎</u>、<u>孟皮</u>爲<u>滕伯</u>叔父，而<u>滕伯</u>皆爲之齊衰，不以己諸侯之貴而降其旁尊，則凡上下之親可知矣。或謂<u>周</u>無貴貴之禮，非也。既云“古者不降”，則今降可知矣。

<u>子蒲</u>卒，哭者呼<u>滅</u>。【集説】<u>滅</u>，<u>子蒲</u>之名。復則呼名，哭豈可呼名也！

竊案：<u>鄭</u>注云：“<u>滅</u>，蓋<u>子蒲</u>名。”“蓋”者，疑辭，本無所據，未敢質言也。《集説》則疑事而質矣。<u>應氏</u>曰：“<u>滅</u>，疑非名，但以死有滅絶之義。呼而哭之，然不敬甚矣，故<u>子臯</u>曰‘野’。”

縣棺而封。【集説】封，音窆。縣棺而封，謂以手懸繩而下之，不設碑繂也。

竊案：<u>鄭</u>注云：“封當爲窆，窆，下棺也。《春秋傳》作‘塴’。”《集説》取之。然《易傳》“古之葬者，不封不樹”，此《記》亦言‘<u>孔子</u>葬<u>防</u>，封之，崇四尺’，門人葬孔子，‘三斬板而已封’。封皆指築土爲墳而言。則此亦當如字讀，謂以手縣繩下棺，而築土爲墳耳，不必改字而後通也。

司徒旅歸四布。【集説】疏曰：“送終既畢，賵布有餘，其家臣司徒承主人之意，使旅下士歸還四方賵主人之泉布。《左傳》‘叔孫氏之司馬鬷戾’，是家臣亦有司徒、司馬也。”

竊案：疏所云乃熊氏説也。皇氏又謂獻子有餘布歸之於君，君歸之於四方。吳氏曰：“侯國三卿，魯之季孫，上卿，司徒也。其下二大夫，一如王朝之小宰，一如王朝之小司徒。叔孫，亞卿，司馬也。其下一大夫，如王朝之小司馬。《左傳》所謂‘叔孫之司馬鬷戾’，是仲孫，下卿，司空也。其下二大夫，一如王朝之小司寇，一如王朝之小司空。夫子仕魯，爲司空、司寇，即仲孫氏之司空、司寇也。家臣之賤，應無稱司徒、司馬者。熊氏説非。皇氏謂歸之君，而君使司徒歸之者，亦非。但如鄭注云‘旅下士也，司徒使下士歸四方之賵布’，是矣。案《周官》‘諸大夫之喪，宰夫使其旅帥有司而治之’，宰夫者，冢宰之下大夫也。季孫，魯國上卿，實兼冢宰之職。司徒乃季孫之下大夫，故其旅得爲孟獻子之家治喪也。”

子夏問諸夫子曰：“居君之母與妻之喪？”“居處、言語、飲食衎爾。”【集説】君母、君妻雖皆小君，皆服齊衰，不杖期，然恩義俱淺矣，故居其喪則自處如此。衎爾，和適之貌。此章以文勢推之，“喪”下當有“如之何？夫子曰”字，舊説謂記者之略，亦或闕文歟？又否則“問”當作“聞”。

竊案：玉巖 黃氏云：“鄭注‘爲小君惻隱不能至’，此説是也。蓋小君主義重而恩輕也。惟其義重，故須爲服；惟其恩輕，故容得和適也。陳注謂恩義則淺矣，此大失也。夫先王制服，祇有二道，有以恩服者，有以義服者，二者之外，更無他道。今曰‘恩義俱淺’，然則何從而爲之服哉？不幾於畏而哭之之謂乎？至陸氏又曰：‘喪雖輕，惻隱不至則有之，未有居之樂者。子夏失問，故不答。’此又一義也，學者詳之。”愚謂黃氏駁《集説》“恩義俱淺”，當矣，引陸氏“夫子不荅”之説，非也。依《集説》闕文爲是。

君復於小寢、大寢、小祖、大祖、庫門、四郊。【集説】疏曰：“前曰廟，後曰寢，室有東西廂曰廟，無東西廂，有室，曰寢。小寢者，高祖以下寢也，王侯同。大寢，天子始祖之寢，諸侯太祖之寢也。小祖者，高祖以下廟也，王侯同。大祖者，天子始祖之廟，諸侯太祖之廟也。"馬氏曰："寢，所居處之地；祖，所有事之地；門，所出入之地；郊，所嘗至之地。"今案馬氏以小寢、大寢爲燕寢、正寢，與舊説异。

竊案：復者，所以招魂復魄。魂氣雖無所不之，而始死之時，必在生時熟習之地，故先復之於燕寢、正寢，生時所居處之地；次復之於群廟、太廟，生時所有事之地；又次復之於庫門、四郊，生時所出入經歷之地。《記》言自有次第，不可混也。言小祖、大祖，自足以該廟中之寢，何用兩言之乎？馬氏之説較注、疏爲優。方氏謂"復必於寢廟者，以人死必反本也"，亦仍舊誤。

朝奠日出，夕奠逮日。【集説】方氏曰："朝奠以象朝時之食，夕奠以象夕時之食，孝子事死如事生也。"

竊案：方氏之説似是而非，若云"事死如事生"，則生時不但朝夕二食而已，更有午食，何以日中不奠？故不如鄭注爲精。鄭氏曰："陰陽交接，庶幾遇之。"吳氏申之曰："陰闇陽明，日出者，由闇而明，陰交接陽也。及日將入，由明而闇，陽交接陰也。奠者，所以聚死者之神。死而神混於天地陰陽之中，故於天地陰陽交接之際求之。"

菆塗龍輴以椁。【集説】疏曰："菆，叢也。菆塗，謂用木叢棺而四面塗之也。龍輴，殯時用輴車載柩，而畫轅爲龍也。以椁者，此叢木象椁之形也。"

竊案：廬陵 胡氏曰："菆塗龍輴以椁，畫龍於輴車之轅以殯之，又菆聚椁材以周輴而塗之。先儒云以椁如椁也，恐非。"臨川 吳氏曰："菆木以周龍輴，即所謂椁也。鄭氏謂之如椁者，釋此'椁'字所以名爲椁之義。蓋椁猶郭也，外城周於内城者爲郭，故外棺周於内棺者亦名爲椁，其義如外城之郭也①。鄭意則是，而立文不明，是致胡氏之惑。"今案《集説》又仍疏文，而不爲改定，則是以"以椁"爲象椁之形，而非真椁矣。

未仕者不敢税人。【集説】税人，以物遺人也。

竊案："税人"之税當作"祱"。郝氏曰："税與祱同，贈死者衣服也。未仕者則衣服不備，不敢祱人。而謂以物遺人，非也。"

---

① "郭"字原訛作"椁"，據《四庫》本改。

陳氏禮記集記補正卷六

檀弓下一

使人立於門外，告來者，狎則入哭。【集說】門外之人以來吊者告，若是交游習狎之人，則徑入哭之。

竊案：孔疏：“妻之昆弟爲父後者死，哭之適室，門內有哭，則鄉里聞之，必來相吊，故使人出門外語來吊者，述所哭之由。若吊人與此亡者曾相識狎習，則入與共哭。”今《集說》謂告來者爲以來吊者告，謂狎爲與生者交游習狎之人，皆誤。

子張死，曾子有母之喪，齊衰而往哭之。或曰：“齊衰不以吊。”曾子曰：“我吊也與哉？”【集說】以喪母之服而哭朋友之喪，逾禮已甚。又引劉氏曰：“曾子嘗問三年之喪，吊乎？夫子曰：‘君子禮以飾情，三年之喪而吊哭，不亦虛乎？’既聞此矣，而又以母喪吊友，必不然也。”

竊案：三年之喪不吊哭者，謂不吊泛常之人也。曾子之齊衰而往哭子張者，情親誼厚，所謂知死者傷，而非知生者吊也，故曰“我吊也與哉”。劉氏輕肆訾毀，過矣。後儒復多從之，皆於《曾子問》之文考之未詳耳。

齊穀告王姬之喪，魯莊公爲之大功。或曰：“由魯嫁，故爲之服姊妹之服。”或曰：“外祖母也，故爲之服。”【集說】齊襄公夫人王姬卒，在魯莊之二年，赴告於魯，其初由魯而嫁，魯君爲之服出嫁姊妹大功之服，禮也。

竊案：魯主王姬服之如內女，雖自《穀梁》以來有此說，然嘗疑古無此禮，故《春秋》書“王姬卒”以譏之。石林葉氏亦云：“王姬之服，《檀弓》所不能決，是以設爲疑辭。且服稱情而爲之者也，莊公於王姬厚矣，如不共戴天之仇何？”《集說》乃以禮許之，未敢以爲然也。

復，盡愛之道也，有禱祠之心焉。【集說】行禱五祀而不能回其生，又爲之復，是盡其愛親之道，而禱祠之心猶未忘於復之時也。

竊案：鄭注：“復，謂招魂，且分禱五祀，庶幾其精氣之反。”山陰陸氏駁之曰："鄭謂分禱五祀，是直禱耳。"清江 劉氏曰："禱祠猶願幸。《史記》云：'此禱祠而求也。'"《集說》兼用兩說，遂以爲"行禱五祀而不能回其生，又爲之復，猶未忘禱祠之心"，誤矣。凡禱祠者，冀其神之來格也。復者，冀其神之來復。如禱祠然，故曰"有禱祠之心"，非未忘行禱五祀之心也。

奠以素器，以生者有哀素之心也。唯祭祀之禮，主人自盡焉爾。豈知神之所饗，亦以主人有齊敬之心也。【集説】方氏曰："《士喪禮》有'素俎'，《士虞禮》有'素几'，皆其哀而不文故也。喪葬凶禮，故若是。至於祭祀之吉禮，則必自盡以致其文焉。然主人之自盡，亦豈知神之所饗必在於此乎？且以表其心而已耳。"

竊案：注、疏"奠以素器"句，謂葬前。"祭祀之禮"，謂虞後，以《士虞禮》不用素器故也①。吳氏亦云："虞以前，親喪未久②，奠而不謂之祭，其奠也，非不敬其親也，哀心特甚，無心於飾，故用素器。虞以後，親喪漸久，卒袝祥禫，雖猶在喪制之中，然已是祭祀之禮。其祭祀也，非不哀其親也，敬心加隆，非如初喪之素器也。"愚以此章前後考之，皆言喪禮，則此祭祀之禮，指虞後卒袝祥禫爲合，《集説》竟以爲祭祀之吉禮，非矣。

歠主人、主婦、室老，爲其病也，君命食之也。【集説】疏曰："親喪歠粥之時，主人、主婦、室老，此三人并是大夫之家貴者，爲其歠粥病困之故，君必命之食疏飯也。若士喪，君不命也。《喪大記》言主婦食疏食，謂既殯之後。此主婦歠者，謂未殯前。"

竊案：《問喪》云："鄰里爲之糜粥以飲食之。"蓋謂士以下。此言君命食之，謂大夫以上也。親喪，三日不食，過此恐致滅性。惟士則鄰里勸其食糜粥，大夫以上，則君以糜粥命之食，故曰"歠主人、主婦、室老"。歠，使之歠粥也。《集説》引疏云"爲其歠粥病困，故君命食疏飯"，是以食之與歠分爲二矣，故吳氏駁之。

又案：《喪大記》雖云大夫之喪，妻妾疏食水飲，然主人、室老、子姓皆食粥，故曰三年之喪，饘粥之食，至既葬，然後疏食水飲耳。豈得據《大記》一端，遂廢通喪之禮乎？

---

① "用"字原訛作"同"，據《四庫》本改。
② "親"字原訛作"視"，《四庫》本同，據《禮記纂言》改。

君臨臣喪，以巫、祝、桃、茢，執戈，惡之也，所以异於生也。喪有死之道焉，先王之所難言也。【集説】君使臣以禮，死而惡之，豈禮也哉？然人死，斯惡之矣，故喪禮實有惡死之道焉，先王之所不忍言也。

竊案：《喪大記》："大夫之喪，將大殮，君往，巫止於門外，祝先入。"又《士喪禮》："大殮而往，巫止於廟門外，祝代之。小臣二人執戈先，二人後。"直言巫出，無桃、茢之文，故清江劉氏曰："君臨臣喪，以桃、茢先，非禮也。周之末造也，君臣之義，非虛加之也，寄社稷焉爾，寄宗廟焉爾，寄人民焉爾。故君有慶，臣亦有慶。君有戚，臣亦有戚。臣疾，君親問之。臣死，君親哭之。所以致忠愛也。若生也而用，死也而棄；生也而厚，死也而薄；生也而愛，死也而惡，是忘生背死也。禍莫甚於背死而忘生，背死而忘生，則不足以託六尺之孤，寄百里之命。施之於人者，不變於存亡，然後人之視其亡猶存矣。則夫桃、茢，胡爲乎諸臣之廟哉？或曰：'於記有之，宜若禮然。'曰：'否，是亦周末之記也。'"劉氏之云與《喪大記》《士喪禮》正合。吳氏謂"用桃、茢非薄其臣，禮則固然，未可輕訾"，恐未然也。

曾子曰："國無道，君子恥盈禮焉。國奢則示之以儉，國儉則示之以禮。"【集説】曾子主權，有子主經，是以二端之論不合。

竊案：齊國奢侈，晏子浣衣濯冠，儉於身，可也。遣車一乘，豚肩不掩豆，儉於親，不可也。曾子美其恭敬，是矣；而不譏其儉於喪祭，非也。有子譏其儉於喪祭，是矣；而不取其矯奢以儉，非也。《集説》謂"曾子主權，有子主經"，經、權豈有二道哉？吳氏又謂"曾子言禮之本，故以其恭敬而謂之知禮；有子言禮之文，故以其儉不中禮而謂之焉知禮。二子之言皆是"，猶似未盡也。

斯子也，必多曠於禮矣夫！【集説】以爲賢人必知禮矣，至死而覺其曠禮，故歎恨之。

竊案：此解曠禮未明。吳氏曰："曠於禮，謂其曠廢居室之禮，而溺於燕私好內之情，非謂其疎薄於朋友諸臣之禮也。"頗分曉。

人喜則斯陶，陶斯咏，咏斯猶，猶斯舞，舞斯愠，愠斯戚，戚斯歎，歎斯辟，辟斯踊矣。品節斯，斯之謂禮。【集説】此言樂極生哀之情，但"舞斯愠"一句終是可疑，今且據疏。劉氏欲於"猶斯舞"之下增一"矣"字，而删"舞斯愠"三字，今亦未敢從。又引疏曰：
"此凡九句，首末各四句，是哀樂相對。中間'舞斯愠'一句，是哀樂相
生。"又引孫氏曰："當作'人喜則斯陶，陶斯咏，咏斯猶，猶斯舞，舞斯
蹈矣；人悲則斯愠，愠斯戚，戚斯歎，歎斯辟，辟斯踊矣。'蓋自喜至蹈，
凡六變，自悲至踊，亦六變。"

竊案：陸氏《釋文》云："此喜怒哀樂相對。本或於'愠斯戚'上有
'舞斯愠'一句，并注皆衍文。"而孔疏亦云："鄭諸本亦有無'舞斯愠'
一句者。"則劉氏欲删去此三字，不爲無據矣。《集説》不從，而主樂極生
哀之説，何耶？至於孫氏於"舞"下加"蹈"，"愠"上加"悲"，雖屬對
整齊，未免添設。此與鄭又一本所云"舞斯蹈，蹈斯愠"，王本所云"人
喜則斯循，循斯陶"，總屬誤加耳。

咏斯猶，猶斯舞。【集説】引疏曰："咏歌不足，漸至動摇身體，乃
至起舞，足蹈手揚，樂之極也。"

竊案："猶"字，《集説》依注、疏讀爲摇，謂身體動摇也。吳氏則以
猶爲手動，舞爲足蹈。手之摇動，"陽舒之氣爲樂，而形於手容者也"。以
足蹈地，"陽舒之氣爲樂，而形於足容者也。凡言舞而兼言蹈，則動手爲
舞，舉足爲蹈。此言舞而先言摇，則摇即手之舞，舞即足之蹈也"。愚以
爲皆不然，摇者，因咏歌而首動摇。舞雖是手動，而足蹈亦該其中矣。廬
陵 胡氏曰："猶，若所謂'君子蓋猶猶'之猶。"郝氏曰："猶，合也。凡
歌必有節以合之，如今人唱則拍板拊手之類。乃作摇讀，非也。未有歌而
摇者。"并存之以備考。

**陳太宰嚭使於師，夫差謂行人儀曰："是夫也多言，盍嘗問
焉。"**【集説】引石梁 王氏曰："是時吳亦有太宰嚭，如何？"

竊案：鄱陽 洪氏曰："嚭乃吳 夫差之宰。陳遣使者，正用行人，則儀
乃陳臣也。記禮者簡策差互，更錯其名，當云'陳行人儀使於師，夫差使
太宰嚭問之'。忠宣公作《春秋詩》引斯事，亦嘗爲之辨正。"臨川 吳氏
謂洪氏正千載之訛而從其説，遂於《纂言》兩易二人之名，而石梁 王氏
之疑可釋矣。孔疏云："此太宰嚭與吳太宰嚭名號同而人異。"天下同姓名
者間有，烏得吳、陳一時皆有太宰嚭耶？

知悼子卒。【集説】知悼子，晋大夫，名罃。

竊案：知悼子名盈，若罃，自是武子，非悼子也。《左傳》昭公九年

夏四月，晋荀盈如齊逆女，還，六月卒於戲陽，殯於絳。未葬，晋侯飲酒樂，膳宰屠蒯趨入云云，公説，徹酒。初，公欲廢知氏而立其外嬖，爲是惎而止。秋八月，使荀躒佐下軍以説焉。則知悼子爲荀盈明矣。故鄭注云："悼子，晋大夫荀盈，魯昭公九年卒。"今《集説》之名罃，以悼子爲武子，不應紕繆至此。

子、卯不樂。【集説】蕡言桀以乙卯日死，紂以甲子日死，謂之疾日，故君不舉樂。

竊案：鄭注："紂以甲子死，桀以乙卯亡，王者謂之疾日，不以舉樂爲吉事，所以自戒懼。"孔氏疏之曰："案《尚書》'時甲子昧爽，武王朝至於商郊'，又《史記》云'兵敗，紂自焚而死'，是紂甲子死也。案昭十八年二月乙卯，周毛得殺毛伯，過而代之。萇弘曰：'毛得必亡，是昆吾稔之日也。'《詩》云：'韋、顧既伐，昆吾、夏桀。'昆吾與桀同誅。昆吾既乙卯而亡，明桀亦以乙卯被放。"此《集説》所本也。然鄭謂桀以乙卯亡，孔謂桀以乙卯被放，非言其死於乙卯也。《集説》改爲桀以乙卯死，誤矣。又案《漢書》翼奉説與賈達異。張晏云："子刑卯，卯刑子，相刑之日，故以爲忌。而云夏、殷亡日，不推湯、武以興乎？"鄭司農注《春秋》亦云："五行，子卯自刑。"

至於今，既畢獻，斯揚觶，謂之"杜舉"。【集説】故記者云"至今晋國行燕禮之終，必舉此觶"。

竊案：鄭氏云："畢獻，獻賓與君。"孔氏云："知獻賓與君者，蓋杜蕡此事主爵在燕禮之初，賓主既入，得杜蕡之言，不可即廢，唯獻君與賓，燕事則止。"然則所謂"既畢獻，斯揚觶"者，燕禮獻君、獻賓之後，於斯揚觶，非燕禮既終也。《集説》不免考之未審也。

啜菽飲水，盡其歡。【集説】無解。

竊案：陸氏《釋文》："菽，大豆也。王云：'熬豆而食曰啜。'"孔氏疏云："以菽爲粥，以常啜之。飲水，更無餘物，以水而已。"《集説》於王、孔之義，未有折衷，故略之與？又案臨川吳氏云："澄嘗食於北方至貧者之家，不惟無飯，亦無粥，但以豆煮湯，每人所食，約豆一掌所掬，雜以米一二十粒，煮湯一盂，攪起啜之，而以療飢，始悟古所謂啜菽者蓋如此。無蔬菜可羹，但熟煮白水飲之，故啜菽飲水爲至貧者之家。孔《疏》謂以豆爲粥，非也。"

又案:《家語》載子路親在之時，嘗食藜藿之食。爲親負米二百里之外，孔子稱其生事盡力，則於菽水盡歡之孝，蓋克允蹈之矣。

季康子之母死，公輸若方小，斂，般請以機封。【集説】公輸，氏。若，名。爲匠師。方小，年尚幼也。斂，下棺於椁也。般、若之族素多技巧，見若掌斂事而年幼，欲代之而試用其巧技也。

竊案:此注、疏説也。郝氏則云:“般，公輸若名。稱般者，自請之辭。若方與小斂，因自請他日葬時，已爲機以封，不用碑綍也。乃以公輸若、般爲兩人，以‘方小’爲句，謂若爲匠師，年幼，般爲若族人而掌窆事者，非也。”

過墓則式，過祀則下。【集説】墓與祀，人所易忽，而能加之敬，則無往而不用吾敬矣。

竊案:孔氏謂:“墓，他家墳壟。祀，謂神位有屋樹者。居無事，主於恭敬，故或式、或下也。他墳尚然，則己先祖墳墓當下也。”《集説》不言墓祀爲他墳神位，失分曉矣。

陳氏禮記集説補正卷七

檀弓下二

爲懿伯之忌，不入。【集説】劉氏曰："《左傳》注云：忌，怨也。敬叔先有怨於懿伯，故不欲入滕，以惠伯之言而入。《傳》言叔弓之有禮也。此疏云：敬叔嘗殺懿伯，爲其家所怨，恐惠伯殺己，故不敢先入，惠伯知其意而開釋之。記惠伯之知禮也。二説不同，而皆可疑。如彼注言，禮，椒爲之避仇怨，則當時受命之日辭行以禮之，不當及郊而後辭入也。如此疏言，恐惠伯殺己而難之，則魯之遣使而使其仇爲之副，不恤其相仇以棄命害事，亦非善處也。且叔弓爲正使，得仇怨爲介，而不請易之，非計之得也。又同使共事，而常以仇敵備之，而往反於魯、滕之路，亦難言也。使椒果欲報仇，則其言雖善，安知非誘我耶？而遂入，又非通論也。案《左傳》云'及郊，遇懿伯之忌'，此作'爲'，二字雖異，而皆先言及郊，而後言忌，可見是及郊方遇忌也。或者'忌'字祇是忌日，懿伯是敬叔從祖，適及滕郊而遇此日，故欲緩，至次日乃入，故惠伯以禮曉之，曰：公有公利，無私忌。乃先入，而叔弓亦遂入焉。此説固可通，然亦未知然否，闕之可也。"

竊案：孔子言居兄弟之仇，奉君命而使，雖遇之不鬥。叔父之親與昆弟等，則魯使惠伯爲敬叔介，固有是理。但敬叔殺懿伯事既不見書傳，不如作忌日解爲直捷也。劉氏辨之當矣。又曰"未知然否"，何耶？

天子龍輴而椁幬，諸侯輴而設幬，爲榆沈，故設撥。三臣者廢輴而設撥，竊禮之不中者也。【集説】舊説以撥爲綍，未知是否。天子之殯，用輴車載柩，而畫轅爲龍。椁幬者，叢木爲椁形而覆幬其上，前言"加斧於椁上"是也。諸侯輴而設幬，則有輴而無龍，有幬而無椁也。榆沈，以水浸榆白皮之汁以播地，取其引車不澀滯也。今三家廢輴不用，而猶設撥，是徒有竊禮之罪，而非有中用之實者也。方氏曰："爲輴之重也，故爲榆沈以滑之；欲榆沈之散也，故設撥以發之。無輴則無所用沈，無所用沈，則無所用撥。三臣既知輴之可廢，而不知撥之不必設，是竊禮之不中者也。撥雖無所經見，然以文考之，爲榆沈故設撥，則是以手撥榆沈而灑於道也。先儒以爲綍，失之矣。"今案方説如此，亦未知其是否，闕之可也。

竊案：舊說以撥爲紼，以榆沈爲水浸榆白皮汁以播地，方氏又謂以手撥榆沈而灑於道，陳氏皆疑之，而未有定解，當取陸氏、吳氏說補之。山陰陸氏云："諸侯無帾，設幬而已。先儒謂亦累木爲帾，特不題湊，非是。榆性堅忍中車①，所謂'不剥不沐，十年成轂'是也。然以性沈難轉，亦所載沈也，故設撥。撥雖不可知，然謂之撥，則以撥輴者也。鄭氏謂撥爲紼，非是。"臨川吳氏云："榆，木名，蓋以爲輴車之輪轂者。沈猶重也，木性本重，所載又重，爲難轉動，故殯設撥以撥其輪。大夫殯用輁軸，其轉動甚易。既不用輴，則撥無所施，徒爲虛器，實無所用，蓋僭竊君禮而不中事宜者也。"二說實相發明，優於諸家矣。

仕而未有禄者，君有饋焉曰"獻"，使焉曰"寡君"。違而君薨，弗爲服也。【集說】《王制》云："位定然後禄之。"蓋初試爲士，未廪禄者，有饋於君，則稱"獻"；使他國，則稱"寡君"。此二事皆與群臣同。獨違離之後而君薨，則不爲舊君服。此則與群臣異。所以然者，以其未嘗食君之禄也。又引方氏曰："湯之於伊尹，學焉而後臣之。方其學也，賓之而弗臣，此所謂仕而未有禄者，若孟子之在齊是也。惟其賓之而弗臣，故有饋焉。不曰'賜'而曰'獻'，將命之使不曰'君'而曰'寡君'，蓋'獻'爲貢上之辭，而'寡'則自謙之辭故也。以其有賓主之道，而無君臣之禮，故違而君薨，弗爲服也。其曰違，則居其國之時，固服之矣。"

竊案：二說中方氏爲優，《集說》初一條本之注、疏，削之可也。然方氏又有所本。臨川王氏曰："君有饋焉，而解曰'有饋於君'，似非。臣之饋君謂之獻，豈問有禄未有禄乎？"老泉蘇氏曰："禮曰：'仕而未有禄者，君有饋焉曰獻，使焉曰寡君。違而君薨，弗爲服也。'古之君子重以其身臣人者，蓋爲是也哉？子思、孟軻之徒至於是國，國君使人餽之，其詞曰：'寡人使某有獻於從者。'布衣之尊而至於此，惟不食其禄也。"李氏曰："立於其朝矣，命廪人繼粟，庖人繼肉，而不以官定食，所謂仕而未有禄者也。饋焉則獻，使焉則不以主君，賓焉而不臣之也。賓之，故有獻而無賜。《玉府》之職曰：'掌王之獻玉。'是王有獻賢之禮也。"長樂陳氏曰："賓之而弗臣，故有饋焉，不曰賜而曰獻。其將命之使，不曰君

---

① 按：疑"中車"二字爲衍文。衛湜《禮記集說》引陸佃語，無此二字。吳澄《禮記纂言》亦引之，則多出此二字。

而曰寡君，若子思之仕魯、孟子之仕齊是也。違而君薨弗服，則在國而君薨，爲之服矣。"山陰 陸氏曰："未純於臣，則雖君饋之，猶曰獻。雖違之他邦，弗爲君服。"案此數家之説，方氏所本也，勝注、疏多矣。

赴車不載櫜韔。【集説】甲不入櫜，弓不入韔，示再用也。

竊案：鄭注謂不載櫜韔，"兵不戢，示當報也"，故陳氏仍之。臨川王氏駁之曰："禮者，將以恩止爭，且務修己而不責人。不載櫜韔，如鄭義，則禮亦悖矣。"愚謂當報不當報，亦顧其用兵之義何如耳。若有名之兵，雖百戰以復君父之仇，雪國家之恥，亦無不可也，故魯莊忘仇，《春秋》譏之。若無名之師，則敗而思復干戈相尋，逞憤虐民，君子所大惡，再用且不可，況亟戰乎！秦伯之濟河焚舟，《春秋》狄之。梁惠王欲洒恥，孟子第教之以施仁政。故方氏謂"義則動，不義則止"也。《集説》但言"示再用"，於義未然。

有焚其先人之室，則三日哭，故曰："新宮火，亦三日哭。"【集説】先人之室，宗廟也。魯成公三年，焚宣公之廟。神主初入，故曰"新宮"。《春秋》書："二月甲子，新宮災，三日哭。"注云："書其得禮。"此言"故曰"者，謂《春秋》文也。

竊案：此注、疏舊説。胡康侯傳《春秋》則曰："先人之室，蓋嘗寢於斯，食於斯，會族屬於斯，其居處笑語之所在，皆可想也。事死如事生，故有焚其室則哭之，禮也。新宮，將以安神主也。神主未遷而哭，於人情何居？"又曰："丹楹刻桷①，皆稱桓宮，此不舉謐，故知其未遷也。不然，廟災而哭，得禮，爲常事，《春秋》則何以書？"案此則先人之室，不爲宗廟，而新宮災，三日哭，亦不爲合禮矣。不惟與《公》、《穀》、鄭、孔異，亦與《檀弓》小有不同，更詳之。

邾婁 考公之喪，徐君使容居來吊、含。【集説】考公無解。

竊案：鄭注："考公，隱公 益之曾孫。考，或爲定。"顧寧人曰："考公去春秋之世已遠，而魯昭公三十年，吳滅徐，徐子 章羽奔楚，'楚 沈尹戌帥師救徐②，弗及，遂城夷，使徐子處之'是也。失國而爲寓公，其尚能行王禮於鄰國乎？定公在魯 文、宣之時，作定爲是。"

---

① "桷"字原訛作"角"，據《四庫》本、《春秋左傳正義》改。

② "師"字原訛作"帥"，《四庫》本同，據《春秋左傳正義》改。

天子崩，三日，祝先服；五日，官長服；七日，國中男女服；三月，天下服。【集説】疏曰：“服，服杖也，是喪服之數，故呼杖爲服。祝佐含斂，先病，故先杖也，故子亦三日而杖。官長病在祝後，故五日。國中男女服齊衰，三月而除，必待七日者，天子七日而殯，殯後嗣王成服，故民得成服也。‘三月，天下服’者，謂諸侯之大夫爲王總衰，既葬而除。近者亦不待三月，今據遠者爲言耳。何以知其或杖服，或衰服？案《喪大記》及《喪服四制》云云。然《四制》云‘七日授士杖’，此云五日士杖者，崔氏云：‘此據朝廷之士，《四制》言邑宰之士也。’”

竊案：鄭注槩言服，不分杖與衰，孔疏以上兩服爲杖服，下兩服爲衰服，一字二解，首尾衡決，殊屬可疑。雖曰喪人之冠、帶、衣、裳、杖、屨通謂爲之服，然烏知非周末之變禮，與《喪大記》《四制》所聞各有不同乎？似宜闕疑也。

臣弑君，凡在官者，殺無赦。子弑父，凡在宮者，殺無赦。【集説】在官者，諸臣也。在宮者，家人也。天下之惡，莫大於此者，是以人皆得以誅之，無赦之之理。惟父有此罪，則子不可討之也。石梁 王氏曰：“注、疏本作‘子弑父，凡在宮者，殺無赦’爲是。”

竊案：鄭氏曰：“臣弑君，子弑父，群臣子孫皆得殺之，其罪無赦。”孔氏云：“鄭此云子孫無問尊卑，皆得殺之，則似父之弑祖，子得殺父。然子之於父，天性也，父雖不孝於祖，子不可不孝於父也。今云子者，因孫而連言之，或容兄弟之子耳。除子以外，皆得殺其殺父之人。故《異義》云：‘妻甲，夫乙毆母，甲見乙毆母而殺乙。《公羊》説甲爲姑討夫，猶武王爲天討紂。’鄭駁之云：‘乙雖不孝，且毆之耳，殺之太甚。凡在宮者，未得殺之。殺之者，士官也。’如鄭此言，毆母，妻不得殺之；若其殺母，妻得殺之。”此《集説》所本也。山陰 陸氏則謂：“凡在官者，殺無赦，謂同一官府之人，亦坐焉爾，弑父放此。鄭氏謂弑父者，凡在宮，子孫皆得殺之，是父子兄弟相殺，終無已時也。”吳氏則謂：“凡在官、在宮，謂被殺者之群臣子孫，非謂行弑者之群臣子孫也。當即時殺，無得緩誅逸賊，故曰“無赦”。宋萬弑閔公，縱令出奔陳，君子以爲宋無臣子也。”陸農師謂：“同一官府之人，亦坐弑君之罪，果是逆賊之黨，則自應殺之無赦。若不預弑謀，而一府一宮之人皆連坐，刑不亦濫乎？春秋誅亂賊之法，不聞有此。”愚謂諸儒議論紛紜，皆因“凡在宮”句，似子亦可以殺弑祖之父，於情理有礙耳。若從疏中所云，“在宮”諸本或爲“在官”，則於文義順矣。然朱子注《孟子好辨章》云：“亂臣賊子，人人得而誅之，不必士師。"胡氏《春秋傳》云："楚子若以大義倡天下，執般於蔡，討其弑父之罪，而在宫者無赦焉；討其弑君之罪，而在官者無赦焉。謀於蔡衆，置君而去，雖古之征暴罪者，不越此矣。"此皆從在宫之説。汪氏則曰："謂討其與弑君父之人，凡聞乎故者，皆誅之而不赦，非謂在官、在宫者盡誅之也。"

晋獻文子成室。【集説】晋獻，舊説謂晋君獻之，謂賀也。然君有賜於臣，豈得言獻？疑"獻文"二字，皆趙武謚，如貞惠文子之類。

竊案：趙武謚文子，經傳并無稱獻文子者，故先儒以獻爲賀，初無异解。自盧陵 胡氏疑謂晋君賀其成室爲獻之非，而以獻文爲趙武謚，於是《集説》本之，遂引貞惠文子爲證。不知君之於臣，亦可曰獻，故《周禮》有獻玉，《儀禮》有獻爵。君未嘗不獻臣，臣未嘗不受君之獻，豈可疑此而并增益文子之謚乎？

美哉，輪焉！美哉，奂焉！【集説】輪，輪囷高大也。奂，奂爛衆多也。

竊案：此輪即"廣輪揜坎"之"輪"，從之深爲輪，横之深爲廣，言輪足以該廣，則此輪爲室之深廣也。《集説》謂輪囷高大者，非是。奂，本亦作"焕"，與"焕乎有文章"之"焕"通，祇謂室之華麗，亦不必言奂爛衆多也。此皆本鄭注而失之。

是全要領以從先大夫於九京也。【集説】京，音原。

竊案：鄭注以晋卿大夫之葬地在九原，"京"蓋字之誤，當爲"原"。孔疏："鄭知京當爲原者，案《韓詩外傳》晋 趙武與叔向觀於九原。又《爾雅》云：'絶高爲京，廣平曰原。'京非葬之處，原是墳墓之所，故爲原也。"九原山在山西 絳州西北二十里，晋大夫葬處。愚謂指其冢之高曰京，指其地之平曰原，後人亦有擇山地而葬者，如淮陰侯葬其母行營高敞地是也。似不得謂京非葬處，而必改其字以從《韓詩》也。

雖微晋而已，天下其孰能當之？【集説】宋國雖以子罕得人心，可無晋憂而已，然天下亦孰能當之？甚言人心之足恃也。一説：微，弱也。雖但弱晋之强，使不敢伐而已。然推此意，則民既悦服，必能親其上，死其長，而舉天下莫能當之矣。前説爲是。

竊案：《集説》前條以微爲無，後條以微爲弱，而獨取前説，愚以爲

皆非也。微，當如注、疏訓“非”，言雖非晋人，其誰以爲可伐而與之敵
者乎？孔子嘗云“仁不可爲衆”，子罕蓋亦一事之仁歟？《詩》“微君之故，
何爲乎中露”，朱子亦訓“微”爲“非”。

原壤登木曰：“久矣，予之不託於音也。”歌曰：“貍首之斑
然，執女手之卷然。”夫子爲弗聞也者而過之。【集説】馮氏曰：“母
死而歌，惡有大於此者乎？宜絶而不絶，蓋以平生之素，而事有出於一時
之不意者如此。善乎朱子之言曰：‘若要理會，不可但已，祇得且休。’其
有以深得聖人之處其所難處者矣。”劉氏曰：“如貍首之斑，言木文之華
也。卷與拳同。如執女手之拳，言沐椁之滑膩也。壤之廢敗禮法甚矣。”

竊案：周之末世，文繁而僞，於是有妻死，鼓盆而歌，自以爲達，如
莊周者；友死，臨尸而歌，自以爲禮，如子桑、琴張者；卿大夫死，倚其
門而歌，自以爲狂，如曾蔵者。要未有若原壤之母死，登木而歌者也。然
夫子佯爲不聞，未遽絶之者，夫子與原壤爲故人，知其猖狂無禮久矣。哀
其母喪而助之沐椁，吾盡吾誠，俾得終大事而已。時方匆遽，狂奴故態，
勿與知可也。若平日夷俟，則有扣脛之責矣。此見聖人之處故人，經權各
得其宜也。

趙文子與叔譽觀乎九原。【集説】叔譽，叔向也。

竊案：叔向字，《左傳》《國語》俱無之。鄭氏以叔譽爲叔向者，蓋據
《韓詩外傳》“趙文子與叔向觀於九原”之語而知之也。《集説》當引《韓
詩》爲証。

叔仲皮學子柳。叔仲皮死，其妻魯人也，衣衰而繆絰。叔仲
衍以告，請繐衰而環絰，曰：“昔者吾喪姑、姊妹亦如斯，末吾
禁也。”退，使其妻繐衰而環絰。【集説】引疏曰：“言叔仲皮教訓其
子子柳，而子柳猶不知禮。叔仲皮死，子柳妻雖是魯鈍婦人，猶知爲舅著
齊衰而首服繆絰。衍是皮之弟、子柳之叔，見當時婦人好尚輕細，告子
柳云：‘汝妻何以著非禮之服？’子柳見時皆如此，亦以爲然，乃請於衍，
令其妻身著繐衰，首服環絰。衍又答云：‘昔者吾喪姑、姊妹亦如此，繐
衰環絰，無人相禁止也。’子柳得衍此言，退，使其妻著繐衰而環絰。”

竊案：鄭、孔以子柳爲皮之子，以衍爲皮之弟、子柳之叔，以其妻爲
子柳之妻，以“請繐衰而環絰”爲子柳請於衍，以“曰”爲衍之言，以
“退，使其妻繐衰而環絰”爲子柳從衍之言，而使其妻如此。皆出於臆決，

非有的然依據。愚謂以兩“其妻”爲子柳之妻，是矣。其餘云云，未可盡以爲信也。應是衍告於子柳，請柳之妻服時尚輕細之總衰環絰，而曰“昔者吾喪姑、姊妹亦如斯，末吾禁也”，於是子柳得衍之言，退使其妻總衰而環絰。如此解經，頗覺徑直，無許多問答之繁曲。注、疏之所以多其問答者，以衍爲子柳之叔，尊請於卑，於禮有違耳。然考之注、疏，衍之爲皮弟，本無確證，安知非子柳之兄弟乎？

蠶則績而蟹有匡，范則冠而蟬有緌，兄則死而子皋爲之衰。
【集説】朱氏曰：“絲之績者，必由乎匡之所盛，然蟹之有匡，非爲蠶之績也，爲背而已；首之冠者，必資乎緌之所飾，然蟬之有緌，非爲范之冠也，爲啄而已；兄死者，必爲之服衰，然成人之服衰，非爲兄之死也，爲子皋而已。蓋以上二句喻下句也。”

竊案：此説大旨若此，而語氣似猶未肖。蓋絲績必須匡，乃蠶無之，而蟹之匡似爲蠶設。首冠必資緌，乃范無之，而蟬之緌似爲范設。兄死必服衰，乃成人不爲兄服，畏子皋而後制服，似子皋爲之衰。衰無係於成人，亦如蟹匡、蟬緌，各不關於蠶、范也。

樂正子春之母死，五日而不食，曰：“吾悔之。自吾母而不得吾情，吾惡乎用其情。”【集説】子春，曾子弟子，矯爲過制之禮，而不用其實情於母，則他無所用其實情矣，此所以悔也。

竊案：子春下堂傷足，以虧遺體爲憂，至於數月不出，其誠孝有過人者，今乃謂以勉强過禮爲非實情，因而自悔，竊恐未然。黃氏云：“禮制雖云三日，而曾參喪親，不食七日，故子春心慕師道，執親之喪，五日而後食。既而告人曰‘吾悔之’，云：‘吾母之喪，不能及於七日，是不得盡吾哀痛之情，以報其罔極之恩，更於何處盡用我哀痛之情歟？’乃悔不及七日之謂也。”可謂得子春之意矣。

穆公召縣子而問然。【集説】無解。
竊案：鄭氏曰：“然之言焉也。”山陰陸氏曰：“問然，問其所以然。”《集説》無解，未知孰是。

陳氏禮記集説補正卷八

王制

其有中士、下士者，數各居其上之三分。【集説】鄭氏曰："謂其爲介，若特行而并會也。居，猶當也。此據大國而言，大國之士爲上，次國之士爲中，小國之士爲下。士之數，國皆二十七人，各三分之，上九、中九、下九。"疏曰："今大國之士既定在朝會，若其有中國之士、小國之士者，其行位之數，各居其上國三分之二。謂次國以大國爲上，而次國上九當大國中九，次國中九當大國下九，是各當其大國三分之二。小國以次國爲上，小國上九當次國中九，小國中九當次國下九，亦是居上三分之二也。是各居上之三分。"

竊案：此節次於"下當其下大夫"之下，故鄭氏通解爲并會之序，且謂大國之士爲上，次國之士爲中，小國之士爲下，而"數各居其上之三分"一句，説甚難通。惟吳臨川移此節於"上士二十七人"之下，而取方、陸、胡三家之説者，近是。蓋其上之上指上士而言，二十七人者，上士之數。若二分其數，則爲五十四人。三分其數，則爲八十一人也。今列三説於後。嚴陵方氏曰："言三等之國，止曰上士二十七人，則知中、下之士，諸侯之國，或有或亡矣。故以其有言之，其有者，一有一亡之辭也。三分者，三分而等之也。上士二十七人，中、下之士與之爲三分焉，則合焉而八十一矣，故曰數各居其上之三分，猶言各與上爲三分也。"山陰陸氏曰："後言上士二十七人，而未有中士、下士之數，故言之如此。三分，讀如去聲，謂上士二十七人，則中士、下士合八十一人。"廬陵胡氏曰："前云中士倍下士，上士倍中士，諸侯之國自有上、中、下三等之士也。鄭以大國士爲上士，次國士爲中士，小國士爲下士，誤矣。"

又案：下文"上士二十七人"節，《集説》取馬氏説云[①]："士亦有上、中、下，而獨言上士者，對府史而言也。其實士又有上、中、下之异。"既已得之，而此又取鄭氏"上國之士爲上，次國之士爲中，小國之士爲下"云云，不免自矛盾矣。

---

① "馬"字原訛作"馮"，《四庫》本同，據《禮記集説》改。

天子百里之内以共官，千里之内以爲御。【集説】共官，謂供給王朝百官府文書之具、泛用之需。御，謂凡天子之服用。蓋皆取之租税也。

方氏曰："以百里所出之少，資百官之所共，疑若不足。然卑者所稱，不爲不足。以千里所出之多，爲一人之御，疑若有餘。然尊者所稱，不爲有餘。且以其近者與人，則欲其易給而無勞；以其遠者奉己，則欲其難致而有節。百里之内，非不以爲御也，要之以共官爲主耳；千里之内，非不共官也，要之以爲御爲主耳。"

竊案：《集説》之云本之注、疏。然百里之税，似不足供百官之求，而千里共御，則疑其過厚，是以諸儒之説多有不同。馬氏謂："官所用輕，故以近地所出給之；天子所用重，故以遠地所出給之。"山陰陸氏謂："百里之内共官，若《禹貢》'百里賦納總'。千里之内以爲御，若《禹貢》'四百里粟，五百里米。所納精者少，粗者多'。"是皆與方氏尊卑之説相近，然於節財用、謹制度之義，未爲深合。長樂劉氏又創爲之説，曰："官，謂王國所禄士夫夫也。御，謂王之卿，掌其政教，以御天下之諸侯者也。言百里之内，專以養鄉遂之民，而教以三物，拔其賢能，以共王官；千里之内，專以養大賢大能，用爲王之公卿上大夫，以典其六卿之治，以御諸侯，皆不取爲己利也。"其説又不免紆曲。惟石林葉氏得之，葉氏云："官者，天子宗廟、社稷、賓客、燕饗，有司所供也。御者，乘輿、服膳、匭頒、賜予，王所用也。君子廉於奉己，嚴於事神人，故有司所供，主在百里之内，王所用，主在千里之内。猶之家造以祭器爲先，犧賦爲次，養器爲後，皆以奉己爲非急也。"

小國二卿，皆命於其君。【集説】無解。

竊案：鄭氏云："小國亦三卿，一卿命於天子，二卿命於其君。此文似誤脱，或者欲見畿内之國二卿與？"吴臨川亦云："案上文'小國之上卿位當大國之下卿，中當其上大夫，下當其下大夫'，則是小國亦有上、中、下三卿。而此云'小國二卿'，鄭氏疑爲文脱，誠然。"《集説》竟置不辨，疎矣。

任事然後爵之。【集説】任事，則能勝其任矣，於是爵之以一命之位。

竊案：古者立賢無方，不拘資格。故才任公卿者，即使爲公卿；才任大夫士者，即使爲大夫士。如伊、傅一出，即陟保衡，置左右。其一才一藝，至有終身守其官者。今《集説》但云爵以一命之位，拘矣。

喪祭用不足曰暴，有餘曰浩。【集説】暴者，殘殺之義，言不齊整也。浩者，汎濫之義，謂以美没禮也。

窃案：鄭注："暴，猶耗也。浩，猶饒也。"長樂 劉氏推明其意，曰："以三年之仰共喪祭，斯亦足矣。逾禮越中，殘暴其物，俾有不足，故曰暴。儉於禮而不盡其財，使財有餘，故曰浩。"此甚足明暴、浩之義，而《集説》不取，顧以殘殺汎濫爲解，何耶？臨川 吳氏則又謂："暴，如日之暴曬，乾暵削小，宜加之以滋潤；浩，如水之浩渺，汎濫過多，宜約之以限節。"似亦未爲的然也。

庶人縣封。【集説】庶人無碑繂，縣繩下棺，故云縣窆也。

窃案：鄭以縣封當爲縣窆，《集説》從之，然"封"字如本文解，未嘗不可通。長樂 陳氏謂縣棺而下，封土而瘞之，是矣。且下文"不封不樹"之封，亦謂封土爲丘壟，不宜一字兩解也。

喪不貳事。【集説】大夫、士既葬，公政入於家，庶人則終喪無二事也。

窃案：注、疏謂庶人既無爵命，三年之内，許其終喪。除居喪外，不供他事。大夫、士在喪有二事，如《喪大記》云"大夫、士既葬，公政入於家；既卒哭，金革之事無避者"是也。王氏則謂："凡有喪者，皆不二事，非崇言庶人。三年不從政，所謂不貳事，使一於喪事也。金革無避，上使之，非也，亦權制也。"

天子諸侯宗廟之祭，春曰礿，夏曰禘，秋曰嘗，冬曰烝。【集説】鄭氏曰："此蓋夏、殷之祭名，周則春曰祠，夏曰礿，以禘爲殷祭。"疏曰："鄭疑爲夏、殷祭名者，以其與周不同。其夏、殷之祭又無文，故稱'蓋'以疑之。"

天子犆礿，祫禘，祫嘗，祫烝。【集説】祫，合也，其禮有二：時祭之祫，則群廟之主，皆升而合食於太祖之廟，而毀廟之主不與；三年大祫，則毀廟之主亦與焉。天子之禮，春礿則特祭者各於其廟也；禘、嘗、烝皆合食。石梁 王氏曰："特礿，春物未成，止一時祭而已，於此時不祫也。夏物稍成，可於此時而祫。秋物大成，冬物畢成，皆可祫，故曰祫禘、祫嘗、祫烝，而礿則特也。"

諸侯礿則不禘，禘則不嘗，嘗則不烝，烝則不礿。【集説】南方諸侯春祭畢則夏來朝，故闕禘祭。西方諸侯夏祭畢而秋來朝，故闕嘗祭。四方皆然。石梁王氏曰："諸侯歲朝爲廢一時之祭，王事重也。"

諸侯礿犆，禘一犆一祫，嘗祫，烝祫。【集説】此章先儒以爲夏、殷之制。然禘，王者之大祭也，今以爲四時常祭之名，何歟？豈周更時祭之名，而後禘專爲大祭歟？

竊案：《周禮》宗廟之祭，春曰祠，夏曰礿，秋曰嘗，冬曰烝，故《詩》曰："礿祠烝嘗，于公先王。"至禘，則五年大祭之名，非時祭之名也。今《王制》云春礿、夏禘，而《郊特牲》《祭義》又云春禘，先儒疑爲夏、殷祭名，非也，蓋記者誤耳。趙氏曰："禘非時祭之名，漢儒見《春秋》惟兩度書禘，一春一夏，所以或謂之春祭，或謂之夏祭。'諸侯礿則不禘'以下，亦緣見《春秋》中惟有禘、嘗、烝三祭，謂魯惟行此三祭，遂云爾。"吳氏亦謂："春夏祭名，是記者之誤。章内'礿'皆當讀爲'祠'，'禘'皆當讀爲'礿'。犆謂分祭於各廟，祫謂合祭於祖廟。記者以天子惟春時分祭，夏、秋、冬三時并合祭。諸侯四時之祭，每年必缺其一，一年止有三祭，春祭亦如天子之犆，秋冬祭亦如天子之祫，惟夏祭或犆或祫不同。今既無從考據，疑古制未必然，蓋記者妄傳輕信而云也。"趙、吳二氏之疑[1]，不爲無謂，《集説》不過仍襲舊説耳。

五嶽視三公，四瀆視諸侯。【集説】謂視其饔餼牢禮之多寡，以爲牲器之數也。

竊案：鄭注："視三公，視諸侯，視其牲器之數也。"《集説》取之。然秦溪楊氏云："五嶽視三公，四瀆視諸侯，特言其禮有隆殺重輕耳。"注、疏拘於牲幣、粢盛、籩豆、爵獻之數，不免太泥。

天子、諸侯祭因國之在其地而無主後者。【集説】因國，謂所建國之地，因先代所都之故墟也。

竊案：鄭氏云："謂所因之國，先王先公有功德，宜享世祀，今絶無後爲之祭主者。昔夏后氏郊鯀，至杞爲夏後而更郊禹。晋侯夢黃能入國而祀夏郊。此其禮也。"鄭所引《左傳》，雖孔氏亦謂其與禮稍異，不可爲因

---

① "二"字原訛作"一"，據《四庫》本改。

國之證。顧寧人云："《左傳》子產對叔向曰：'遷閼伯於商丘，主辰，商人是因；遷實沈於大夏，主參，唐人是因。'齊晏子對景公曰：'昔爽鳩氏始居此地，季萴因之，有逢伯陵因之，蒲姑氏因之，而後太公因之。'此因國之明據矣。"

庶人春薦韭，夏薦麥，秋薦黍，冬薦稻。韭以卵，麥以魚，黍以豚，稻以鴈。【集説】薦非正祭，但遇時物即薦，然亦不過四時各一舉而已。注云："祭以首時，薦以仲月。"

竊案：注謂："庶人無常牲，取與新物相宜而已。"疏謂："相宜者，謂四時之間，此牲此穀，兩物俱有，非謂氣味相宜，若'牛宜稌，羊宜黍'之屬也。"長樂陳氏亦云："卵、魚、豚、鴈，以時之所宜論，則春宜豚，冬宜鮮，此則秋以豚，夏以魚。以物之相宜論，則羊宜黍，豕宜稷，鴈宜麥，魚宜苽，此則黍以豚，麥以魚。蓋卵之於春，魚之於夏，豚之於秋，鴈之於冬，尤多而易得。庶人之薦，不過致其易得者。《月令》'季夏薦稻'，稻常穫於十月，而天子以前，此者為貴，故與庶人異。"此三説者，皆《集説》遇時物即薦之意。然嚴陵方氏則取陰陽相配之義，謂："韭之性溫，則陽類也，故配以卵，卵陰物故也；麥與黍皆南方之穀，亦陽類也，故配以魚與豚，魚與豚皆陰物也；稻為西方之穀，則陰類也，故配以鴈，鴈陽物故也。植物之陽者配以動物之陰，植物之陰者配以動物之陽，亦使陽不得勝陰，陰不得勝陽而已。"愚案，古人雖取時物以薦，亦不無相配之意。二説兼之，其義始備。

又案：《月令》"天子薦黍及含桃於仲夏，薦麻於仲秋"，皆以仲月，其餘季春薦鮪，孟秋薦穀，季秋薦稻，季冬薦魚，皆非仲月。豈天子之禮與大夫、士、庶有異歟？注、疏強生分別，恐亦未有稽據。

諸侯無故不殺牛，大夫無故不殺羊，士無故不殺犬豕。【集説】烹牛、羊、豕必為鼎實，鼎非常用之器，有禮事則設，所以無故不殺也。

竊案：《周禮·小司徒》有飲食之禁令，"諸侯無故不殺牛"以下，皆飲食之禁令也，豈因鼎非常用之器而然歟？且鄭注故謂祭饗，孔氏引天子、大夫祭亦得殺牛，及諸侯與大夫饗食賓，皆得用牛，甚詳，此皆略之，則所故者何指乎？

庶羞不逾牲。【集説】羞不逾牲者，如牲是羊，則不以牛肉為庶羞也。

竊案：此本鄭注。然張氏又云："不逾，不豐於牲也。傳者謂品之不逾，非也。牲體少而羞掩豆謂之逾牲，庶羞不逾牲，自指多少言，不謂用羊而不用牛也。"

大夫祭器不假。祭器未成，不造燕器。【集説】大夫有田禄，則不假借祭器於人。無田禄者不設祭器，則假之可也。凡家造，祭器爲先，養器爲後。

竊案：此亦本之注、疏，蓋以《曲禮》有云"無田禄者不設祭器"，及《禮運》以大夫祭器不假爲非禮，故以有田無田分別之。長樂 陳氏亦云："無田禄者必假祭器，故《禮運》以祭器不假爲非；有田禄者必具祭器，故《王制》以祭器不假爲禮。"然案《周官》，王之大夫四命，公之孤四命，四命受器，則有祭器者，必如王之下大夫，及公之孤四命者也，故曰"大夫祭器不假"。《曲禮》亦謂"問大夫之富，曰'有宰食力，祭器衣服不假'"，若《禮運》以祭器不假爲非禮，則延平 周氏駁之矣。蓋《王制》之"祭器未成，不造燕器"，果大夫祭器猶且假之，則燕器即不容有殆，非先王養成德者之意也。且士之有田者，亦得有祭器，況於大夫。《孟子》云："惟士無田，則亦不祭。"謂器皿不備，則士之有田者，得備器皿也。《曲禮》云："大夫去國，祭器不逾竟。大夫寓祭器於大夫，士寓祭器於士。"則士與大夫皆有祭器也。故吕氏解"凡家造，祭器爲先"云："言家造，雖士有田禄者皆然，非獨大夫。"吴氏韙之。

用民之力，歲不過三日。【集説】用民力，如治城郭、塗巷、溝渠、宫廟之類。《周禮》：豐年三日，中年二日，無年則一日而已。若師旅之事，則不拘此制。

竊案：《集説》引《周禮》以證，是也。若《大全》引長樂 陳氏之説，則非矣。陳氏云："《周官》：豐年旬用三日，中年旬用二日，無年旬用一日。則歲不過三日云者，非周制也。"然歲不過三日，謂雖豐歲，用力亦不過三日耳。中年二日，無年一日，已包舉其中。此正是周制，何得以爲非？附辨於此。

凡居民材，必因天地寒煖燥濕。【集説】居，謂儲積以備用，如"懋遷有無，化居"之居。材者，夫人日用所須之物，如"天生五材"之材。天地之氣，東南多煖，西北多寒。地勢高者必燥，卑者必濕。因其地之所宜而爲之備，如氈裘所以備寒，絺綌所以備暑，車以行陸，舟以行水，此皆因天地所宜也。

竊案：天地之氣，感應不同，故天氣有寒煖，地氣有燥濕。因天地之寒煖燥濕而各使民質之，能堪其氣者居之。鄭氏謂因天地寒煖燥濕者，使其材堪地氣也。此解極當。下文"廣谷大川异制"，至"修其教不易其俗，齊其政不易其宜"，此居民材，因天地之大凡也。《集説》以居積物材爲説，與下意不貫。

命鄉簡不帥教者以告。耆老皆朝於庠。【集説】耆老，鄉中致仕之卿大夫也。

竊案：下文有"君子耆老""庶人耆老"，則此耆老蓋兼指大夫致仕爲父師、少師者，及年老有德行不仕者而言，非獨言鄉中致仕之卿大夫也。

命鄉論秀士，升之司徒，曰選士。司徒論選士之秀者而升之學，曰俊士。【集説】引劉氏曰："大司徒命鄉大夫論述鄉學之士，才德穎出於同輩者，而禮賓之，升其人於司徒，司徒考試之，量才而用之爲鄉遂之吏，曰'選士'。選者，擇而用之也。其有才德，又穎出於選士，不安於小成，而願升國學者，司徒論述其美，而舉升之於國學，曰'俊士'。俊者，才過千人之名也。"

升於司徒者不徵於鄉，升於學者不徵於司徒，曰造士。【集説】既升於司徒，則免鄉之徭役，而猶給徭役於司徒也。及升國學，則并免司徒之役矣。造，成也，言成就其才德也。

竊案：《集説》以不徵於鄉、不徵於司徒二者直承上節，則造士與選士、俊士何別？不知選士雖移名於司徒，其身猶在鄉學，未即貢舉入官而免鄉之徭役也。俊士雖升身太學，非特升名，然猶給司徒徭役。若其學業既就，皆免其學及司徒細碎之徭役，方謂之造士。故方氏曰："有選士之造者，有俊士之造者。選士之造不徵於鄉，俊士之造不徵於司徒，此其別也。"其説最爲明著。蓋造士即下樂正所造也，所謂"順先王《詩》《書》《禮》《樂》以造士"，"國之俊選皆造焉"者是矣。與選士、俊士有別，未可混而爲一。

大夫廢其事，終身不仕，死以士禮葬之。【集説】廢其事，如戰陳無勇而敗國殄民，或荒淫失行而悖常亂俗，生則擯棄，死敗則貶降。

竊案：廢其事，鄭注云："以不任大夫也。"既升之士之上而爲大夫矣，則當爲大夫之事，而乃廢於其職，固宜黜之，没齒不待於敗國殄民而悖常亂俗也。若果如此，則國有常刑矣。生廢黜之，而死猶以士禮葬，蓋既申其罰，而又微示以恩歟？

　　有旨無簡不聽。【集説】若有發露之旨意，而無簡覈之實迹，則難於聽斷矣。

　　竊案：《集説》亦近是，然“簡”字未明。惟方、陸二説爲當，方氏曰：“簡所以書獄辭，與《書》所謂‘五刑不簡’之簡同。”陸氏曰：“聽訟，若無簡書之實狀可據，則不聽也。”

陳氏禮記集說補正卷九

月令一

其帝太皥，其神勾芒。【集説】太皥、勾芒生有功德於民，故後王於春祀之。四時之帝與神皆此義。

竊案：天播五行於四時而生萬物，故王者必祀五天帝。若五帝及五神，皆有功德於民者也，故祀天帝之時，即以爲配從。春迎青帝，則配以太皥而從以勾芒；夏迎赤帝，則配以炎帝而從以祝融。中央、秋、冬之禮，類皆如此。孔氏謂“太皥、勾芒二人生時木王主春，立德立功，及其死後，春祀之時則祀之”是也。《集説》去“春祀之時”四字，但曰“於春祀之”，則似不祀青帝，而以太皥爲主，勾芒爲配矣。語焉不詳，疑誤後學，特爲正之。

春祭先脾，夏祭先肺，中央祭先心，秋祭先肝，冬祭先腎。【集説】春祭先脾者，木克土也；夏祭先肺者，火克金；中央祭先心者，心居中，君之象，又火生土也；秋祭先肝者，金克木也。春、夏、秋皆祭先所勝，冬當先心，以中央祭心，故但祭所屬。又以冬主静，不尚克制故也。

竊案：五時之祭，所先不同。陳氏以五行生克及所居所屬兼言之，支離塞礙。蓋以春祭脾爲木克土，夏祭肺爲火克金，秋祭肝爲金克土，則於中央祭心之火生土，冬祭腎之水濟水，而不尚克制，有所不通。以中央祭心爲居中象君，四時何獨不用方位？以冬祭腎爲屬水，則春、夏、中央與秋又何以不言所屬？反覆推之，未見其可。惟注、疏以四時之位、五臟之上下次之者，爲得其義也。鄭注曰：“祀户先祭脾者，春爲陽中，於臟直脾，脾爲尊。祀竈先祭肺者，陽位在上，肺亦在上，肺爲尊也。祀中霤先祭心者，五臟之次，心次肺，至此心爲尊也。祀門祭先肝者，秋爲陰中，於臟直肝，肝爲尊也。祀行先祭腎者，陰位在下，腎亦在下，腎爲尊也。”孔氏疏之曰：“祭户之時，脾腎俱有，但先用脾以祭耳。所以春位當脾者，牲立南首，肺最在前而當夏，腎最在後而當冬，從冬稍前而當春，從腎稍前而當脾，故春位當脾。從夏稍却而當秋，從肺稍却而當心，故中央主心。從心稍却而當肝，故秋位主肝。此直據牲之五臟而當春、夏、秋、冬之位。若五行所主五臟，則不然。”吳幼清亦曰：“夏祭先肺者，謂先祭肺，而次祭心，又祭肝也。中央先心者，謂先祭心，而次祭肺，又祭肝也。秋先肝者，謂先祭肝，而次祭肺，又祭心也。冬先腎者，謂先祭腎，次祭脾，又再祭脾也。春先脾者，謂先祭脾，次祭腎，又再祭腎也。五時之祭，所先不同。諸家以五行生克求其義者，皆鑿。今以人身五臟之次明之，肺最在上，心次於肺，亦在上，故候心肝二脉皆在上部。脾在中，肝次於脾，故候脾肝二脉皆在中部。腎最在下，故候腎脉在下部。四時之位，則夏至日近北極，去地最高，肺之位象之，故夏祭先肺也。夏至後，日漸南，夏末比夏至之日微下，心之位象之，故中央土王之時，祭先心也。秋分春分，日在赤道，平分天地之半而當其腰，脾肝之位象之，故春祭先脾，秋祭先肝也。冬至日近南極，最下，腎之位象之，故冬祭先腎。”愚案，吳氏之説發明注、疏，勝《集説》多矣，《大全》棄而不載，何耶？又案，張氏曰：“中央祭先心，心當作腎，土所勝也。冬祭先腎，腎當作心，水所勝也。”愚謂以五行生克爲説，必改《記》文，乃得與春、夏、秋所祭相合。若如《集説》，又以所居所屬兼言之，自相矛盾矣。

　　孟春，天子居青陽左个；仲春，天子居青陽太廟；季春，天子居青陽右个。孟夏，天子居明堂左个；仲夏，天子居明堂太廟；季夏，天子居明堂右个。中央，天子居太廟太室。孟秋，天子居總章左个；仲秋，天子居總章太廟；季秋，天子居總章右个。孟冬，天子居玄堂左个；仲冬，天子居玄堂太廟；季冬，天子居玄堂右个。【集説】青陽左个，注云：“太寢東堂北偏也。青陽太廟，東堂當太室。青陽右个，東堂南偏。明堂左个，太寢南堂東偏。明堂太廟，南堂當太室。明堂右个，南堂西偏也。太廟太室，中央之室也。總章左个，太寢西堂南偏。總章太廟，西堂當太室也。總章右个，西堂北偏也。玄堂左个，北堂之西偏也。玄堂太廟，北堂當太室也。玄堂右个，北堂東偏也。”疏云：“是明堂北偏，而云太寢者，明堂與太廟太寢制同。”朱子曰：“論明堂之制者非一，竊意當有九室，如井田之制。東之中爲青陽太廟，東之南爲青陽右个，東之北爲青陽左个。南之中爲明堂太廟，南之東即東之南，爲明堂左个，南之西即西之南，爲明堂右个。西之中爲總章太廟，西之南即南之西，爲總章左个，西之北即北之西，爲總章右个。北之中爲玄堂太廟，北之東即東之北，爲玄堂右个，北之西即西之北，爲玄堂左个。中爲太廟太室。凡四方之太廟異方所，其左右个，則青陽左个即玄堂之右个，青陽右个即明堂之左个，明堂右个即總章之左个，總章之右个乃玄堂之左个也。但隨其時之方位開門耳。太廟太室，則每季十八日，天子居正歟？古人制事多用井田遺意，此恐然也。"

　　竊案：鄭氏釋天子每月所居，皆以爲太寢，而以青陽爲東堂，明堂爲南堂，總章爲西堂，玄堂爲北堂。青陽之北偏爲左个，南偏爲右个，蓋以東面而言也；明堂之東偏爲左个，西偏爲右个，蓋以南面而言也；總章之南偏爲左个，北偏爲右个，蓋以西面而言也；玄堂之西偏爲左个，東偏爲右个，蓋以北面而言也。朱子因之，又謂祇是九室，左个右个隨四時所向而易其名。春居東室而東向，則以北室之右爲左个，南堂之左个爲右个。夏居南室而南向，則以東室之右爲左个，西室之左爲右个。秋居西室而西向，則以南室之右爲左个，南室之左爲右个。冬居北室而北向，則以西室之右爲左个，東室之左爲右个。吳幼清則謂："太寢乃聽政之所，户牖之間設黼扆，四時皆南面，向明而治，安得一月各居一處，而春、秋、冬三時皆不南面者？況冬寒，而北面尤不可居。又南北偏、東西偏，其位不正，非可聽政之所。諸儒所説各殊，皆於古制不合，事宜不通。詳此《記》所謂居，非言聽政，乃每日釋服退息而居之時也。案四時所居，五處不同，禮經則無。他文惟天子有五小寢，是燕居之處。《月令》所記，或是取此，而其名异，故使人惑也。陳用之《禮書》云：'王大寢一，在前，小寢五，在後。大寢聽政，小寢燕息也。五小寢，一寢居中，四寢居四角。春居東北，夏居東南，秋居西南，冬居西北，土王之月居中。'此説蓋本孔氏《曲禮》疏。若以孔、陳之説釋《月令》天子各月之居，則月制事宜，兩不背戾。凡居，五寢皆南面。夏寢、秋寢在中寢之前，就中寢向前而言，故二寢皆以西夾爲左个，東夾爲右个。冬寢、春寢在中寢之後，就中寢向後而言，故二寢皆以西夾爲左个，東夾爲右个。其'左''右'二字，如《曲禮》所謂'客入門而左''大夫、士出入君門，由闑右①'，并是以西爲左，東爲右也。此言太廟太室，則中寢之室也。"愚案，吳氏之説較鄭氏、朱子之説爲近是。然《月令》出於吕不韋，豈能悉合古制，盡通事宜？故馬氏云："王者向明而治，故謂其堂曰明堂。而此云春居青陽，夏居明堂，秋居總章，冬居玄堂，又裂爲太廟左右个以配十有二月，爲太室以配中央，則非古也。"

春食麥與羊，夏食菽與雞，中央食稷與牛，秋食麻與犬，冬食黍與彘。孟夏，天子乃以彘嘗麥；仲夏，以雛嘗黍。仲秋，以

---

① "闑"字原訛作"門"，《四庫》本同，據《禮記正義》《禮記纂言》改。

犬嘗麻；季秋，以犬嘗稻。【集説】麥以金王而生，火王而死，當屬金，而鄭云屬木。兑爲羊，當屬金，而鄭云火畜。皆不可曉。疏云：鄭本《五行傳》言之，然陰陽各塗，不可一定。故今於四時所食，及彘嘗麥，雞嘗黍之類，皆略之，以俟知者。

竊案：古者天子之膳，春以牛膏養脾，夏以犬膏養肺，秋以雞膏養肝，冬以羊膏養心。而膳食，牛宜稌，羊宜黍，豕宜稷，犬宜粱。而此曰"春食麥與羊，夏食菽與雞，中央食稷與牛，秋食麻與犬，冬食黍與彘"，與古异矣。故《集説》闕疑，以俟知者，得審慎之義。然諸家之説，亦有可備採者，不能盡廢也。鄭氏曰："麥實有孚甲，屬木。羊，火畜也。時尚寒，食之以安性。菽實孚甲堅合，屬水。雞，木畜。時熱食之，亦以安性也。稷，五穀之長。牛，土畜也。麻實有文理，屬金。犬，金畜也。黍秀舒散，屬火。寒時食之，亦以安性也。彘，水畜也。"孔氏曰："鄭云麥屬木，黍屬火，麻屬金，菽屬水，稷屬土，是五穀所配之方也。案《尚書·五行傳》曰'貌之不恭，則有雞禍'，注：'雞，畜之有冠翼者，屬貌。''言之不從，則有犬禍'，注：'犬，畜之以口吠守者，屬言。''視之不明，則有羊禍'，注：'羊，畜之遠視者，屬視。''聽之不聰，則有豕禍'，注：'豕，畜之居閑衛而聽者，屬聽。''思之不睿，則有牛禍'，注：'地厚德載物，牛，畜之任重者，屬思。'是雞爲木畜，羊爲火畜，牛爲土畜，犬爲金畜，豕爲水畜。春時尚寒，故食火畜以助之；夏食菽與雞者，以氣尤熱，水能克火，木能抑土，故食北方之穀，與東方之牲，以減其熱氣；秋氣既涼，又將向寒，不有其害，故食當方之穀牲也；冬氣極寒，故食火穀以減寒。寒勝於熱，故食當方之牲。"項氏曰："麥自苗至實，皆在春時，故春三月食麥與羊。菽自種至實，皆在夏時，故夏三月食菽與雞。稷專受土氣，故中央之月食稷與牛，皆土類也。黍兼受水氣，故冬之三月食黍與彘，皆水類也。孟秋嘗稷，仲秋嘗麻，季秋嘗稻，獨食犬與麻者，百穀皆成，獨取其中氣食之也。春羊夏雞，與《周禮》春官奉雞、夏官奉羊相反者，彼取官事之宜，此以氣類分也。"方氏曰："春，木王之時，食麥與羊，是時之所生也，以麥火穀而羊火畜也。夏，火王之時，而食雞者，是物之所生也，以雞木畜也。秋，金王之時，而食麻。冬，水王之時，而食黍。是時之所勝也。以麻木穀，而黍火穀也。夏食菽者，是物之所勝，以菽水穀也。中央則食稷與牛[1]，秋食犬，冬食彘，是時物之類。以稷土穀，

---

[1]　"則"字，《四庫》本作"而"。

牛土畜，犬金畜，彘水畜也。所生者所以相繼，所勝者所以相治，同類者所以相合，故能使四時之氣不戾，五臟之疾不生焉。"又曰："孟夏以彘嘗麥者，以水勝火也。仲夏以雛嘗黍者，以木生火也。仲秋以犬嘗麻者，以金勝木也。季秋以犬嘗稻者，以金合金也。勝所以治之，生所以養之，合所以和之，故食齊得其宜焉。"胡氏曰："麥性蘊毒，薦麥以魚，而此嘗麥以彘，宣其毒也。"鄭氏曰："麥之新氣尤盛，以彘食之，散其熱也。彘，水畜，此嘗雛也，而曰嘗黍，不以牲主穀也。黍，火穀①，氣之主也。"孔氏曰："黍是火穀，於夏時與雛同薦之。黍非新成，直取舊黍。"方氏曰："雛蓋雞也，以《呂氏春秋》見之。謂之雛者，雞以雛爲美。若羊之類，則以大爲美②。於配菽之食，則曰雞者，日之所食爲常，時之所食爲暫也。"鄭氏曰："仲秋嘗麻，麻始熟也。季秋嘗稻，稻始熟也。"高氏曰："孟春食麥與羊，麥屬金，羊屬土，是月也，金土以老，食所勝也。菽孚甲堅合，屬木。雞，木畜。木生火也。"案，諸家説所食穀之配，各有不同，未知孰是，故兼存之，以補《集説》之缺。

立春之日，天子親帥三公、九卿、諸侯、大夫，以迎春於東郊。【集説】迎春東郊，祭太皥、勾芒也。後倣此推之。

竊案：賈逵、馬融、蔡邕皆謂太皥及勾芒以上，云其帝太皥，其神勾芒也。《集説》固有所本矣。然迎者，迎四時之氣。有氣則有神，故祀蒼帝於東郊之兆，而以太皥、勾芒配從；祀赤帝於南郊之兆，而以炎帝、祝融配從；祀白帝於西郊之兆，而以少皥、蓐收配從；祀黑帝於北郊之兆，而以顓頊、玄冥配從。《周禮》所謂"王祀昊天上帝，則服大裘而冕，祀五帝亦如之"，《禮器》所謂"饗帝於郊，而風雨節，寒暑時"者是也。若五帝是人帝，何得與天帝同服？且人帝何能使風雨寒暑得時乎？故鄭氏謂祭五帝、天帝者近之，但妄立靈威仰、赤熛怒、白招拒、叶光紀等名，則未免信讖緯之過耳。

天子親載耒耜，措之於參保介之御間。【集説】參，參乘之人也。保介，衣甲也，以勇士爲車右而衣甲。御者，御車之人。車右及御人皆是參乘，天子在左，御者居中，車右在右，以三人，故曰參也。置此耕器於參乘保介及御者之間。

---

① "穀"字原訛作"畜"，《四庫》本同，據《禮記正義》改。

② "美"字原訛作"耳"，據《四庫》本改。

竊案：此本鄭、孔注、疏也。然以介爲甲，是矣。以保爲衣，則有未安。蓋保爲保護之義，人君之車必使勇士衣甲居右，而參乘所以備非常而保護之也，故曰參保介。揳末耜於參保介、御者二人之間，而曰“參保介之御間”。臨川吴氏謂①“其立文猶《書·立政》言有司及牧夫，而曰‘惟有司之牧夫’”是也。

雪霜大摰。【集説】摰，傷折也，與“摰獸”“摰蟲”之“摰”同。

竊案：傷折之説，蓋本之蔡邕，然不若直作“至”字解。蓋摰與至同，《毛傳》“摰而有别”，朱子亦讀爲至。霜雪，冬之盛陰，冬陰勝春陽，故雪霜大至，不必言傷折而後見其陰盛也。

鷹化爲鳩。【集説】孔氏云：“化者，反歸舊形之謂，故鷹化爲鳩，鳩復化爲鷹，如田鼠化爲鴽，則鴽又化爲田鼠。”若腐草爲螢，雉爲蜃，爵爲蛤，皆不言“化”，是不再復本形者也。

竊案：陰陽推盪，因物形而移易之謂之化，非反歸舊形之謂也。鳩化爲鷹，見於《王制》《夏小正》，固可謂之反歸舊形矣。鴽又爲鼠，則《夏小正》未嘗謂之“化”也。方氏曰：“鷹之爲鳩，鼠之爲鴽，皆因形移易而已，故言‘化’。腐草則植物也，螢則動物也，爵雉，飛物也，蛤蜃，潛物也。植物爲動，飛物爲潛，則不特因形移易，而‘化’不足以言之矣，故皆直言‘爲’而已。”此説較長。

擇元日，命民社。【集説】《郊特牲》言“祭社用甲日”，此言“擇元日”，是又擇甲日之善者歟？《召誥》社用戊日。

竊案：元者，一也，始也，故始年謂之元年。一日謂之元日，又謂之上日。元日祈穀於上帝，説者云上辛是也。社日用甲，甲者，十干之始，故曰“擇元日，命民社”，非謂擇甲日之善者也。《召誥》“戊午，社於新邑”，又用戊者，周公告營洛邑，非常祭也。

毋竭川澤，毋漉陂池。【集説】漉，亦竭也。

竊案：川澤曰竭，謂竭澤而漁。陂池曰漉，謂漉之以網罟。字各有義，不可混也。《集説》以漉爲竭，而不言網罟，與上句何以别乎？徐師曾云：

---

① “謂”字，《四庫》本作“曰”。

"漉謂撈取之。"

上丁。【集説】必用丁者，以先庚三日，後甲三日也。

竊案：《大胥》春入學合舞釋菜用丁，以丁火文明也。今祭先聖用丁本此，若易之先庚後甲，蓋取丁寧之義，於天子視學何與耶？

開府庫，出幣帛，周天下；勉諸侯，聘名士，禮賢者。【集説】周濟其不足也。

竊案：《集説》之云，本之鄭注。然嘗考方氏、吳氏之説，則謂開府庫所以出幣帛，將以聘名士，禮賢者也。周天下，以言聘禮之廣。古者諸侯必貢士於天子，以是勸勉諸侯，欲其所聘所禮，周於天下，而一無所遺也。則周天下蓋指聘禮而言，若謂周濟其不足，則上已言發倉廩，賜貧窮，振乏絶，此所云出幣帛，繫於賜貧窮之上，足矣。且舉天下之無衣者，而皆以帛周之，必有所不給，似不若方氏、吳氏之説為長也。

命工師，令百工審五庫之量：金、鐵，皮、革、筋，角、齒，羽、箭、幹，脂、膠、丹、漆，毋或不良。【集説】五庫者，金、鐵為一庫，皮、革、筋為一庫，角、齒為一庫，羽、箭、幹為一庫，脂、膠、丹、漆為一庫。

竊案：此孔疏文也。方氏云："五庫之量，百工所治之材，以其材各有所受，故謂之量。五庫以五材而得名，蓋金鐵之類，皆不離於五材也。先儒別而為五，拘矣。"

命國難，九門磔攘，以畢春氣。【集説】九門説見上章。

竊案：以九門為皋，應，路，雉，庫，城，遠，近郊，關，與上同惧。山陰陸氏曰："言國，則九門不在郊之外，明矣。"

孟夏王瓜生。【集説】王瓜，注云萆挈，《本草》作菝葜，音同。謂之瓜者，以根之似也，亦可釀酒。朱氏曰："王瓜色赤，感火之氣而生。"

竊案：歸震川《與王子敬書》云："嘗記少時見一書云：《月令》王瓜為瓜王，即今之黄瓜。則鄭注萆挈者，未必是。王瓜生適應《月令》，而《夏小正》'五月乃瓜'，恐即此瓜也。瓜五月未可食耳，適見九江、建昌二志，皆云'王瓜，以其最先熟，為瓜之王'，然亦不知何所據也。"又云："《月令》王瓜生，當直斷為今之黄瓜。萆挈，非也。且引王蕡與王瓜，何與？疏又疑爲一物矣。古書中必别更有見，姑闕俟考。"

反舌無聲。【集説】反舌，百舌鳥。疏又以反舌爲蝦蟇，未知是否。

竊案：百舌能反覆其舌而爲百鳥語，故謂之反舌。其鳴也，感陽中而作，故感微陰而無聲。若蝦蟇，則五月中始得水，方噪聒入耳，何反無聲？疏所以引之者，蓋舉舊説而駁之，非真以反舌爲蝦蟇也。蔡云："反舌者，蟲名①，黽也，今謂之蝦蟇。其舌本前著口側而末向内，故謂之反舌。"《通卦驗》曰："搏勞鳴，蝦蟇無聲。"又靡信云："昔於長安中，與書生數十，共往城北水中②，取蝦蟇，屠割視之，其舌反向後。"此以蝦蟇爲反舌之自也。然時候今不殊於古，百舌鳥至仲夏，其鳴稍止，蝦蟇則不然，則知讖緯與俗儒之言，不足信矣。《集説》又何疑焉。

反舌能爲百鳥語，故一名百舌。又春則鳴，夏則無聲，故一名呼春。杜甫咏百舌詩云："過時如發口，君側有讒人。"是亦以反舌爲百舌，而非蝦蟇之謂矣。案《周書·月令》云"反舌有聲，佞人在側"，杜蓋用其意。黄山谷讀《周書》至此，始悟杜詩之旨。

挺重囚。【集説】挺者，拔出之義。重囚禁繫嚴密，故特加寬假。輕囚則不如是。

竊案：孟夏出輕繫，則輕囚皆釋矣，所存者重囚而已，又於何囚中獨拔出之乎？不若從鄭氏以"寬"字解爲允。東海王陽《答破妖賊方略》曰："宜小挺緩，令得逃亡。"耿鄙討金城，傅燮謂曰："不若息軍養德，賊得寬挺，必謂我怯。"政用此義也。

以定晏陰之所成。【集説】晏，安也。陰道静，故曰晏陰。及其定而至於成，則循序而往，不爲災也。

竊案：晏陰有三説，鄭、孔謂"晏，安也"，陰稱安，"正定身中安陰之所成就"。應氏所謂陰道安静，不可有所擾者，亦此意。王肅及蔡邕皆云晏爲以安定陰陽之所成，與鄭異矣。方氏謂："陽造始而爲早，陰代終而爲晏，故曰'晏陰'。陽始以生之，陰終以成之，故曰'所成'，《列子》所謂'晏陰之間'，義同。"吴氏謂："晏，《爾雅》云'柔也'。凡内而掩身，外而保養，皆是順時保養，以安定初生之柔陰，使漸至於完備，而無

---

① "名"字原訛作"鳴"，《四庫》本同，據《禮記正義校勘記》改。

② "往"字原訛作"住"，《四庫》本同，據《禮記正義》改。

所虧傷，故曰'以定晏陰之所成'。"陳氏之説，以晏陰爲安陰，蓋本之
注、疏，然不如柔陰之説爲長。《詩》云："言笑晏晏。"説者以和柔解之，
可見矣。

温風始至。【集説】至，極也。

竊案：至，猶來也，猶言"涼風至""盲風至"耳。不但言至，而曰
"始至"者，以天地温厚之氣始於東北，而盛於東南，故季夏温風始至也。
方氏曰："温風即八風中景風，景風至以夏至，而於季夏言始至，陽饒之
意。"然則《集説》以極訓至，非也。日短至長，至可以極訓之，始至不
可以言始極也。《吕覽》"温"作"涼"。

命漁師伐蛟、取鼉、登龜、取黿。【集説】蛟言伐，以其暴惡，
不易攻取也。龜言登，尊异之也。鼉、黿言取，易而賤之也。

竊案：鄭注："四者甲類，秋乃堅成。《周禮·鼈人職》云：'秋獻龜
魚。'《龜人》又云：'取龜用秋時。'是夏之秋也。作《月令》者，以爲此
'秋'據周之時。周之八月，夏之六月，因書於此，似候也。"其言甚當，
《集説》何不採入也？

命四監大合百縣之秩芻，以養犧牲。【集説】四監即《周官》山
虞、澤虞、林衡、川衡之官也。前言百縣，兼内外而言；此百縣，鄉遂之
地也。

竊案：鄭注："四監，主山、林、川、澤之官。百縣，鄉遂之屬，地
有山、林、川、澤者也。"孔氏疏之曰："《周禮》有山虞、澤虞、林衡、
川衡之官。秩芻出於山林。鄭云'百縣，鄉遂之屬'，知非諸侯者，以取
芻養牲，不可太遠，故知是畿内鄉遂。云鄉遂，不兼公卿大夫之采邑也。
仲夏命百縣雩祀，則兼内外諸侯也。"此《集説》之所本也。然《周禮》
雖有縣之名，未可謂百縣，百縣自是秦制。故臨川 吳氏云："凡屬秦地，
皆名爲縣，不可依周制，有鄉遂采邑及諸侯之分也。四監亦不可以周制解
之。"《集説》一仍注、疏之舊，非也。

徐氏 師曾云："四監，秦官，疑即《周禮》山虞、澤虞、林衡、川衡
之官。下文爲民祈福，亦秦制。周人郊廟大祭祀，不言祈。"愚案，漢文
詔曰："古者祭祀不祈。"知此，則《月令》不可全以周制解矣。

以别貴賤等給之度。【集説】石梁 王氏云："'給'當爲'級'。"

竊案：給，《吕覽》作“級”，故王氏因之。然《記》文作“給”，未始無義。方氏曰：“衣服旌旗，貴者從隆，賤者從殺，故言等。隆非有餘，殺非不足，故言給。有等有給，各隨宜而度之，故言度。”據此，則“給”正是“給足”之給，不必改字，故鄭氏無注。

季夏行春令，則穀實鮮落。【集説】鮮潔而墮落也。

竊案：鮮落有三解。陸氏《釋文》云：“鮮，音仙，又仙典反。”孔疏云：“謂鮮少墮落，由風多故也。或云以夏召春氣，初鮮潔，而逢秋氣肅殺，故穀鮮潔而墮落。”《集説》本之。方氏云：“鮮落即《莊子》所謂草木不待黄而落也。王氣過盛，故實有所不勝。”此説得之。

其蟲倮。【集説】人爲倮蟲之長。鄭氏以爲虎豹之屬。

竊案：四時之物，鱗、羽、毛、介，皆不露體，人類獨裸身，故曰倮蟲。人類之貴於羽、毛、鱗、介，猶土之尊於木、火、金、水也，故以蟲之倮者配土。《大戴記》云：“鱗蟲三百六十，龍爲之長；羽蟲三百六十，鳳爲之長；毛蟲三百六十，麟爲之長；介蟲三百六十，龜爲之長；倮蟲三百六十，聖人爲之長。”則倮蟲爲人類明矣。鄭以四時皆言物類，遂以淺毛之虎豹當之。虎豹雖淺毛，寧可謂之倮蟲乎？《集説》并存之，贅矣。

徐氏師曾云：“人受土沖和之氣以生，其類爲倮，故其蟲倮。倮，露也，露見不隱藏也。言蟲者，倮蟲三百六十，而人爲之長是也。若虎豹，既爲毛類，而又以爲倮，恐未必然。”

陳氏禮記集説補正卷十

月令二

盲風至。【集説】盲風，疾風也。

竊案：孔疏："皇氏：'秦人謂疾風爲盲風。'"故鄭玄取以解《月令》，而《集説》本之。然"盲"字義終不甚明。惟嚴陵方氏以爲"盲者，閉暗之義，當建酉闔户之月，故其風謂之盲風，又謂之閶闔以此"。其説爲當。

群鳥養羞。【集説】羞者，所美之食。養羞者，藏之以備冬月之養也。

竊案：《夏小正》"羞者，進也。"若食之珍羞相似，故鄭謂所食也。《集説》申明之，未爲不是。然更有二説，學者不可不知。《夏小正》於是月云："丹鳥羞白鳥。"《大戴禮》於八月亦云爾。《小正》説曰："丹鳥，丹良也。白鳥，閩蚋也。其謂之鳥者，重其養者也。有翼爲鳥，養者，不盡食也。"鄭云："二者文异，群鳥、丹良，未聞孰是。"皇氏以丹良爲螢火，《爾雅·釋蟲》及郭氏等諸釋皆無之，未見的據，此一説也。又案項氏云："群鳥至秋，與百穀俱成，人始取之以爲養羞。如雉、鶉、鴽[①]、鳩、雁、鶩，今人皆至秋食之。《周禮·司裘》仲秋行羽物，以賜群臣，於古有證矣。若謂此皆天候，不言人事，則孟秋農乃登穀，亦以人事爲一候也。鷹祭鳥於孟秋之第四候，則人羞之於仲秋之第三候，不亦可乎？"此又一説也。要之養羞猶《詩》言"蓄租"。養謂預畜其所美之食，以待冬寒無可取食之時而食之。《集説》近是，第采此二説，足廣异聞。

乃命司服，具飭衣裳，文繡有恒，制有小大，度有長短。【集説】衣繪而裳繡，祭服之制也。小大，小則玄冕之一章，大則衮冕之九章也。長短，謂衣長而裳短也。

竊案：文繡有恒，謂衣之繪六章，裳之繡六章，有定法也。則制有小大，復以玄冕一章，衮冕九章釋之[②]，不幾贅乎？且衣長裳短，亦未明析。

---

① "鴽"字原訛作"鶉"，《四庫》本同，據《項氏家説》改。

② "衮"字原訛作"裘"，據《四庫》本、《禮記集説》改。

愚謂制，刀裁也。制有小大，謂橫而裁之之廣狹也，如衣用幾幅、裳用幾幅、袂用幾幅之類。度，丈尺也。度有長短，謂從而度之之長短也，如衣二尺二寸，帶下尺，裳及踝，無被土之類。

【又按】虞制，衣裳繪繡共十二章，周亦十二章，以爲九章者，鄭氏之誤耳。廬陵 胡氏曰：“《虞書》言繪衣繡裳，則不必祭服亦文繡。《易》言垂衣裳，則燕朝亦云衣裳。”《集説》槩從鄭氏，不免於疎矣。

水始涸。【集説】水本氣之所爲，春夏氣至，故長；秋冬氣返，故涸也。

竊案：此亦大槩言之，於仲秋不切，不若注、疏駁正《記》文之爲精當也。鄭注曰：“此甫八月中，雨氣未止，而云水竭，非也。《周語》曰：‘辰角見而雨畢，天根見而水涸。’九月末也。《王居明堂禮》曰：‘季秋除道成梁，以利農也。’”孔氏疏之曰：“雨畢在九月之初，八月宿直昴畢，畢星主雨，故云雨氣未止。今言水竭，非也。引《周語》以下者，證九月水始涸，不得在八月也。《國語》云‘辰角見而雨畢，天根見而水涸’者，韋昭注云：‘辰角，大辰蒼龍之角，角星朝見東方，殺氣日盛，雨氣盡也。天根，亢、氐之間。謂寒露雨畢之後五日，天根朝見，水潦盡涸。’鄭云辰角見九月本，天根見九月末者，本謂初也。案《律歷志》角十二度，亢九度，天根在亢之後，辰角與天根相去二十一度餘，日校一度，則九月本與九月末相去二十一日有餘也。而韋昭注《國語》‘辰角見雨畢之後五日，天根見’，不同者，蓋辰角見後，雨以漸而畢，畢後五日始天根見，中間亦校二十餘日也。《國語》又云：‘雨畢而除道，水涸而成梁。’鄭又引《王居明堂禮》以下者，證雨畢水涸在季秋也。”注、疏之説精詳如此，則水始涸應在九月初明矣。陳氏概以秋冬氣返釋之，不亦泛乎？

四方來集，遠鄉皆至。【集説】此言貢賦職修也。

竊案：此節皆言來商旅之事。《孟子》曰：“關市譏而不征，市廛而不稅，則天下之商旅皆悦而願藏於其市，出於其途矣。”此正所謂“四方來集，遠鄉皆至”也。《集説》以爲“貢賦職修”與上文“易關市、來商旅、納貨賄”殊不合。四方來集，謂關易而旅來。遠鄉皆至，謂市易而商至。徐氏 師曾以爲近則四方，遠則遠鄉。亦非是。

鴻雁來賓。【集説】雁以仲秋先至者爲主，季秋後至者爲賓，如先登者爲主人，從之者爲客也。

竊案：《夏小正》云："來賓，遰也。遰者，留也。"鄭氏云："來賓，言其客止未去也。"陸氏云："言其寓中國，如主賓也。"釋來賓之義當矣。《集説》見仲秋言鴻雁來而不言賓，季秋獨言來賓，遂有先至爲主，後至爲賓之説，毋乃鑿乎？不知仲秋言來[1]，鴻雁方自北而來，過去不停也。季秋言來賓者，言鴻雁客止未去，如賓客之旅寓遰留於外也。高誘注《呂氏春秋》則又以"賓"字屬下"雀入大水爲蛤"句，而曰"賓雀"，與鄭讀異，益悮矣。

命百官貴賤無不務內，以會天地之藏。【集説】會，合也，合天地閉藏之令也。

竊案："會"字，注、疏又有二説。注謂："會猶聚也。"疏曰："會猶趣也，言心皆趣向天地之事，謂心順天地以深閉藏也。"亦通，要之，不若疏義簡盡。

合諸侯，制百縣，爲來歲受朔日，與諸侯所稅於民輕重之法，貢職之數，以遠近土地所宜爲度，以給郊廟之事，無有所私。【集説】引劉氏云："合諸侯者，總命諸侯之國也。制，猶敕也。百縣，諸侯所統之縣也。天子總命諸侯，各敕百縣，爲來歲受朔日與稅法貢數，各以道路遠近、土地所宜爲度，以給上之事，而不可有私也。言郊廟者，舉其重也。蓋朔日與稅貢等事，皆天子總命之諸侯，而諸侯頒之百縣，使奉行也。"

竊案：鄭注以"合諸侯制"絶句，固非。《集説》以"合諸侯"與"制百縣"串説，亦非。蓋諸侯謂附庸之君，百縣謂縣邑之長，時六國未盡滅，而小國之入附於秦，及夷於縣邑者多矣，故呂不韋立爲此法。方氏曰："合言自內以合外，合而同之也。制言自上以制下，制而裁之也。諸侯有君道焉，爲內外之辨而已，故曰合。百縣全乎臣，乃有上下之別焉，故曰制。通而言之，則一也。必合制其事者，爲待來歲受朔日之政令也。"可謂明暢矣。

徐氏 師曾曰："此秦制也。蓋秦以建亥之月爲歲首，則是月爲歲終，故頒此二制。若古者則以季冬頒來歲十二月之朔於諸侯，《周禮》則以正月之吉始和縣於象魏，皆不於是月也。"或曰："是時秦未并天下，焉得諸

---

① "仲"字原譌作"孟"，據《四庫》本、《禮記集説》改。

侯百縣而命之?"劉氏曰:"不韋相秦十餘年,已有必得天下之勢,故大集群儒,損益先王之禮,而作此書,名曰《春秋》。將欲爲一代興王之典禮也①,故其間多有與禮不合者。又案昭襄王時,封魏冉爲穰侯,公子市爲宛侯,公子悝爲鄧侯,則分封諸侯,行王事者久矣。不韋作相時已滅東周,六國削甚,秦已得天下大半,故其立制如此也。"

以習五戎。【集説】習用弓矢、殳、矛、戈、戟之五兵。

竊案:此解五戎之目,本鄭注,當矣。然五兵有二,孔、陳二氏之説尤詳也。孔氏曰:"案《周禮》'司兵掌五兵',注云:'戈、殳、戟、酋矛、夷矛。'又云:'步卒之五兵,無夷矛,而有弓矢。'此據步卒五兵:弓矢,一也;殳長一丈,二也;矛長二丈,三也;戈長六尺四寸,四也;戟長一丈六尺,五也。"長樂陳氏曰:"有車之五兵,有步之五兵。然夷矛雖不施於步,而弓矢未嘗不設於車。故兵車射人處左,則車上固有弓矢矣。"

其臭朽。【集説】朽,水屬。水受惡穢,故有朽腐之氣。

竊案:水之清香者多矣,何爲以朽腐定其臭?水雖受惡,亦能滌惡,流活而不朽腐也。鄭注云:"若有若無曰朽。"此言爲當。

雉入大水爲蜃。【集説】蜃,蛟屬,此亦飛物化潛物也。晉武庫中忽有雉雛,張華曰:"此必蛇化爲雉也。"開視,雉側果有蛇蜕。《類書》有言:"雉與蛇交而生子,子必爲蜃。"不皆然也。然則雉之爲蜃,理或有之。

竊案:蛇化爲雉,雉交於蛇而生蜃,氣類相近,交相變化,固有是理。然《周禮》有蜃器,皆指蛤灰,則鄭注"大蛤曰蜃"爲允。

命太史釁龜筴,占兆,審卦吉凶。【集説】占兆者,玩龜書之繇文。審卦者,審《易》書之休咎。皆所以豫明其理而待用也。釁龜而占兆,釁筴而審卦吉凶,太史之職也。

竊案:《周禮·太卜》云:"其經皆百有二十,其頌皆千有二百。"則古人固有《龜》書與《易》書并行矣。然所謂兆者,乃龜所拆之兆,非

---

① "將"字原訛作"時",據《四庫》本、《禮記集説》改。

《龜》書之繇文也。蓋龜以卜而有兆，筴以筮而有卦。兆有象，故言占。卦有數，故言審。占兆審卦，則吉凶可知。吉凶總承兆卦言，非單指卦也。且秦以孟冬爲歲首，於歲首命太史釁龜筴，而以龜卜之，以筴筮之。因觀卜之所遇爲何兆，筮之所值爲何卦，而推占測審，以知一歲之吉凶，亦非玩《龜》書之繇文，審《易》書之休咎，豫明其理以待用之謂也。又案《吕覽》"太史"作"太卜"，以《周禮》考之，作"卜"良是。《集説》以爲太史之職，猶仍舊誤。

　　徐氏 師曾曰："《周禮·龜人》'上春釁龜'，秦以建亥爲歲首，故於十月行之。"

　　飭喪紀，辨衣裳，審棺椁之厚薄，堂丘壟之大小、高卑、句厚薄之度，貴賤之等級。【集説】棺椁厚薄，有貴賤之等，堂有大小，丘壟有高卑，皆不可逾越。厚薄之度，主禮而言；貴賤之等級，主人而言，故總曰"審"。

　　竊案：《孟子》云："古者棺椁無度，中古棺七寸，椁稱之，自天子達於庶人，三代共之。"則棺椁厚薄無貴賤之等明甚。此言有貴賤之等者，蓋本《喪大記》"君大棺八寸，上大夫大棺六寸，下大夫大棺六寸，士棺六寸"而云然耳。堂，《吕覽》作"營"，故《釋文》音營，非"堂域"之堂也。方氏謂："丘壟皆以土堂之，故言堂。"亦近於鑿，不如《吕覽》作"營"之爲得也。《集説》以"堂"字作堂域，而與丘壟并列爲三，非是。高卑之度，即丘壟之大小。厚薄之度，即棺椁之厚薄。蓋大即高，小即卑也。其高卑、厚薄，皆有丈尺之度，其度之不同，皆以其爵之貴賤而爲之等級。《集説》以"大小、高卑"爲句絶，而以"厚薄之度"總承上棺椁、堂丘壟二者，似未然也。

　　案度程。【集説】度，法也。程，式也。
　　竊案：《集説》解"案度程"之義，未甚著明。鄭氏曰："度，謂制大小也。程，謂器所容也。"孔氏曰："案度程者，案此器舊來制度大小，及容受程限多少。"方氏曰："案，據此以驗彼也。近取諸身，而手有寸，長短之數所起也，是謂程。案之者，欲其制之長短中度，功之多少中程也。"馬氏曰："度其器之洪纖曲直者有度，會其功之久近勤惰者有程。"諸説雖大同小異，要之必如此發揮，乃得明暢耳。

　　大飲烝。【集説】因烝祭而與群臣大爲燕飲也。舊説：烝，升也。此乃饗禮，升牲體於俎上，謂之房烝。未知是否。

竊案：天子、諸侯四時之祭，但燕同姓，未有燕群臣之禮。《集説》云“因烝祭而與群臣大爲燕飲”，恐非是。不若鄭注之詳核也。鄭氏曰：“十月農工畢，天子與其群臣飲酒於太學，以正齒位，謂之大飲。別之於他，其禮亡。今天子以燕禮，郡國以鄉飲酒禮代之。烝，謂有牲體爲俎也。《黨正職》曰：‘國索鬼神而祭祀，則以禮屬民，而飲酒於序以正齒位。’亦謂此時也。《詩》云：‘十月滌場，朋酒斯饗，曰殺羔羊。躋彼公堂，稱彼兕觥，受福無疆。’是頌大飲之詩。”孔氏疏之曰：“烝，升也，升此牲體於俎之上，故云大飲烝。此是天子之禮。《豳風》‘躋彼公堂’，乃諸侯之禮。《國語》云‘王公立飫，則有房烝’，此既大飲享禮，當有房烝半體之俎。若黨正飲酒，雖享而用肴烝，故宣十六年《左傳》云‘王享有體薦，宴有折俎。公當享，卿當宴’是也。鄭又引《黨正》及《詩》者，證大飲烝是十月正齒位、飲群臣之事。”《豳詩》“朋酒斯饗”[1]，鄭云：“饗，謂饗禮。”[2] “躋彼公堂”，毛云：“公堂，學校也。”陸氏元輔云：“孟夏飲酎，則序爵於朝。蓋巳月，《乾卦》用事，故法天道，迨暇飲醑，所以示群臣之等，尊尊而卑卑。孟冬飲烝，則序齒於學。蓋亥月，《坤卦》用事，故效地德，同位以齒，同齒以位，所以示群臣同體之義，長長而幼幼。”《集説》不言正齒位於序，踈矣。

飭死事。【集説】誓戒六軍之士，以戰陣當厲必死之志也。

竊案：《周禮》仲冬教大閲，《月令》飭死事於仲冬，固合教大閲之義。然下文又“命有司毋起大衆，以固而閉”，則與此又相矛盾矣。故《吕覽》及《淮南子·時則訓》《唐月令》并無之，而朱子亦以三字爲衍文也。

地氣沮泄。【集説】沮者，壞散之義。因破壞而宣泄，故云沮泄。

竊案：“沮泄”二字皆從水。水在下而濕潤及上，謂之沮洳。水在内而浸淫達外，謂之泄漏。氣當藏而反出，如水之沮洳泄漏，故曰沮泄。《集説》以破壞而宣泄解之，似是而非。《吕覽》“發蓋藏，起大衆，地氣且泄”，以“沮”作“且”，尤甚徑捷也。

徐氏師曾曰：“先王之政，徒杠輿梁，於茅乘屋，聚衆大閲，皆於仲

---

① “饗”字原訛作“享”，《四庫》本同，據《禮記正義》改。

② 二“饗”字原訛作“享”，據《四庫》本、《禮記正義》改。

冬爲之。則此命土事毋作，爲呂氏之書，將爲秦制毋疑矣。"①

命奄尹申宮令。【集説】奄尹，群奄之長也，以其精氣奄閉，故名奄人。

竊案：鄭氏曰："奄尹，主領奄豎之官也。於周則爲内宰，掌治王之内政。"黄氏曰："周宮禁之事，掌於内宰，以下大夫爲之。宮正、宮伯、宮人，皆上士、中士爲之，而又統於冢宰。凡嬪御閹寺之屬，皆在所統。非若後世專用奄豎，而大臣不得與聞宮禁之事也。漢初，大長秋、中常侍猶參用士人，東京以降，專用宦者，而人君燕游居養，大臣無復知矣。是以貴戚擅權，近習干政，深根固蔕，牢不可拔。《月令》此條，猶有《周官·内宰》之遺意。"《集説》不采鄭注，乃以奄尹爲群奄之長，誤矣。

日短至，則伐木取竹箭。【集説】大曰竹，小曰箭。

竊案：竹箭，竹之可以爲箭者。《爾雅》云"東南之美，有會稽之竹箭焉"是也。《禹貢》"荆州篠簜"，孔安國云："篠，竹箭。簜，大竹。"則竹、箭一物矣。杜陵《自秦入蜀》詩"伐竹者誰子，悲歌上雲梯。爲官采美箭，五歲供梁齊"，即取竹箭之謂也。陳氏以竹與箭分大小，非是。

天之神祇。【集説】孟冬言祈天宗，此或司中、司命、風師、雨師之屬歟？

竊案：天曰神，地曰祇。此天神亦曰祇者，祇蓋同出而有别之稱。日月之類，雖同出於天，而有别焉，故亦可謂之祇也。《集説》"祇"字無解，何歟？

---

① 按：疑徐氏之説當在"飭死事"條下，錯簡於此。

陳氏禮記集説補正卷十一

曾子問

凡告用牲幣，反亦如之。【集説】長一丈八尺爲制幣。

竊案：鄭注：牲幣當爲制幣。故《集説》從之。然長樂 陳氏曰："所告道或有遠近，禮或有重輕，故告有特用幣，有兼牲幣，非一端也。《周禮・大祝職》，鄭氏引此文曰：'凡告必用牲幣。'而於此則改制幣，是自惑也。孔云：'天子、諸侯出入有告有祭，故告用制幣。卿大夫惟入祭而已，故聘禮既使而反，祭用牲也。'然則禮凡告朔、告至必用牲矣，孰謂天子、諸侯之告不皆牲耶？皇氏、熊氏謂'天子告用特，諸侯不用牲'，尤爲無據。"據此，則牲幣無所事改矣。

反葬，奠而後辭於殯，遂修葬事。【集説】殯，音賓。及葬母而反，即於父殯設奠，告語於賓，以明日啓父殯之期。賓出之後，孝子遂修營葬父之事也。

竊案：鄭注："殯，當爲賓。辭於賓，謂告將葬啓期也。"《集説》本之。然辭於殯，吳臨川謂："告殯以啓期，不須改'殯'爲'賓'。"其説殊當。

壻免喪，女之父母使人請，壻弗取而后嫁之，禮也。女之父母死，壻亦如之。【集説】壻祥禫之後，女之父母使人請壻成昏，壻終守前説而不取，而後此女嫁於他族，禮也。女之父母死，女之伯父致命於男氏，男氏許諾，而不敢取。女免喪，壻之父母使人請，女家不許，壻然後別取也。

竊案：昏禮既納幣，有吉日，而壻之父母死，已葬，壻之伯父致命女氏辭昏。女之父母死，女之伯父使人致命男氏辭昏。鄭氏謂"必致命者，不敢以累年之喪，使人失嘉會之時"是也。然女雖許諾而不敢嫁，壻雖許諾而不敢娶，則以夫婦之義已定，而不可易耳。乃除喪之後，復有壻弗娶而后嫁，女弗嫁而後娶之禮，此何爲乎？故何燕泉以此記文爲可疑也。

吾聞諸老聃曰。【集説】馮氏曰："鄭注：'老聃，古壽考者之稱。'"

石梁 王氏曰："此老聃非作五千言者。"

竊案：《集説》引馮氏、王氏之言，以斷老聃非老子，蓋因《記》所稱老聃明於禮文，作五千言之老子則滅棄禮法也。然烏知其非爲柱下史，習於掌故，見禮之粗而不得先王之微意，遂厭爲繁文而思逃於清净乎？先儒未有不以老聃爲老子者，《集説》之云，未敢以爲必然也。

昔者魯昭公少喪其母，有慈母良，及其死也，公弗忍也，遂練冠以喪慈母。【集説】無解。

竊案：鄭注云："昭公年三十，乃喪齊歸，猶無戚容，是不少，又安能不忍於慈母？此非昭公明矣。未知何公也。"孔疏云："案襄公三十一年薨[1]，《左傳》昭公十九猶有童心[2]，是即位時年十九也。昭公十一年，其母齊歸薨而無戚容，是年三十，非少孤也。案《家語》云：'孝公有慈母良。'今鄭云'未知何公'者，鄭不見《家語》故也。或《家語》，王肅所定，故鄭不見也。"山陰 陸氏曰："練冠喪慈母，固昭公也。昭公十九猶有童心，則三十喪齊歸，雖謂之少可矣。不愛其母，而愛慈母，何足怪也。"愚謂疏説是，《集説》初不及，何歟？

曾子問曰："當祭而日食，大廟火，其祭也如之何？"孔子曰："接祭而已矣。如牲至未殺，則廢。"【集説】接，捷也，速疾之義。此言宗廟之祭，遇此變异，則減略節文，務在速畢，無迎尸於奥及迎尸入坐等禮儀。

竊案：此經可疑。日食雖當救，然猶可稍緩。至太廟火，則接祭於群廟，心固有所不安，無以盡孝子之敬。若正祭太廟，勢尤有不得不廢者，何接祭之能行？先儒未有疑及此者，不知何故。愚謂火未及於太廟之堂室，則可不迎尸而接祭。若火起堂室，則救火遷主爲急，祭固當廢矣。又案廬陵 胡氏謂："接祭者，接續而祭，不徐徐也。"解"接"字較注、疏更明。

曾子問曰："下殤土周，葬於園，遂輿機而往，塗邇故也。今墓遠，則其葬也如之何？"孔子曰："吾聞諸老聃曰：'昔者史佚有子而死，下殤也，墓遠。召公謂之曰：何以不棺斂於宫中？史佚曰：吾敢乎哉？召公言於周公，周公曰：豈，不可。史佚行

---

① "襄"字原訛作"哀"，《四庫》本訛作"昭"，據《禮記正義》改。

② "有"字原脱，《四庫》本同，據《禮記正義》補。

之。'下殤用棺衣棺，自史佚始也。"【集説】八歲至十一歲爲下殤。土周，堲周也。成人則葬於墓，此葬於園圃之中。輿，猶抗也。機者，輿尸之具，木爲之，狀如床而無脚，以繩縱橫維繫之，抗舉而往堲周之所，棺斂而葬之，塗近故也。曾子言今世禮變，皆棺斂下殤於家，而葬之於墓，則塗遠矣，其葬也如之何？問既不用輿機，則當用人舉棺以往乎？爲當用車載棺而往乎？墓遠，不葬於園也。召公述周公之言告佚，佚於是用棺衣，而棺斂於宮中，是此禮之變，始於史佚也。

竊案：《集説》從注、疏，以輿機爲葬於園，非葬於墓。又以史佚以前下殤不棺斂，而輿機葬於園。曾子之時，皆棺斂而葬於墓，非也。張子曰："園是墓之園，園謂栽植草木處①。既曰族葬，必不別葬之於園。"臨川吳氏亦從張子之説，其言曰："園，墓園。輿與舁通，共以手舉之也。機，尸之床也。往，往就葬也。周人葬下殤之禮，蓋不用棺，但以衣斂尸而置之尸床，不用車載，衆手舁之以往。曾子問若園墓近，可如此，若去墓之塗遠，則輿機亦不可？孔子遂引史佚之事以答。蓋史佚曾葬下殤之子，而其墓遠，方疑於舁尸之不可，而召公勸以棺斂於宮中，史佚以前未有此禮，恐如成人，故有所不敢。周公曰'豈，不可'，蓋禮有從權而以義起者，墓近則舁機，墓遠則棺斂，而車載以往，雖前時禮所未有，然亦無害於義也。史佚依公言行之。自是葬下殤者，若墓遠則用棺也。"然則園即墓園，而下殤墓遠者，史佚以後，則棺斂於宮中，而車載以至墓。其墓近者，即曾子之時，亦輿機以往，而未常用棺與車載也②。《集説》悮矣。

"金革之事無辟也者，非與？"孔子曰："吾聞諸老聃曰：'昔者魯公 伯禽有爲爲之也。'"【集説】魯公卒哭而從金革之事，以徐戎之難，東郊不開，不得已而征之，是有爲爲之也。

竊案：武王崩，成王幼，周公攝政，管叔與其群弟流言"公將不利於孺子"，於是周公辟居東土。二年之後，罪人斯得，公乃爲《鴟鴞》之詩以貽王。王疑雖未盡釋，亦未敢誚公。及感風雷之變，金縢將卜天變，得公所自爲功代武王之説，乃出郊迎歸。於是管叔不安，挾武庚以叛，東征破斧。又自有三年，是時淮夷、徐戎并起爲亂，伯禽母喪，卒哭，往而征之，是成王三年以後事，非初年事。朱子《詩集傳》雖合居東、東征爲一，晚年自正是謬，故九峰《書傳》不以居東爲東征也。

---

① "栽"字原訛作"裁"，據《四庫》本改。
② "常"字，《四庫》本作"嘗"。

陳氏禮記集説補正卷十二

文王世子

文王之爲世子也。【集説】石梁 王氏曰：“‘文王之爲世子也’一句，衍文。”又引劉氏曰：“伯禽所行，即文王所行世子之道；文王所行，乃諸侯世子之禮，故曰‘文王之爲世子也’。言伯禽所行，非王世子之禮也。”

竊案：此篇“文王之爲世子也”句，所以結上“文王之爲世子”三節。“教世子”句，所以結“凡三王教世子”諸節。“周公踐阼”句，所以結“武王崩”諸節。皆結上文之事，而標其目於後也。而石梁以爲衍文，非矣。劉氏謂“伯禽所行，即文王所行世子之道”，則又不免於牽強。《集説》兩存之，何歟？

大樂正學舞干戚，語説，命乞言，皆大樂正授數。大司成論説在東序。【集説】大樂正教世子及士以舞干戚之容節，及合語之説，與乞言之禮。此三者，皆大樂正授之以篇章之數。於是大司成之官於東序，而論説此受教者義理之淺深，才能之優劣也。

竊案：孔疏以大樂正爲《周官》之大司樂，小樂正爲樂師，是矣。鄭注以大司成爲師氏，則非也。考之《周官》，師氏雖爲教官之屬，掌以德行教國子，及以中失之事教國子弟，而凡貴游子弟學焉。然不言教於國學之中，與此大司成論説於東序者异矣。新安 王氏又以大司成即大樂正。然上方言大樂正授數，何又特言大司成論説？草廬以爲授數猶未離乎業，於論説始可言成，總似曲解。《集説》大樂正之外，渾言大司成，雖差勝諸家，亦尚未有明據也。陸氏 元輔曰：“成均法，大司樂合國之子弟凡有道有德者，使教焉。死即以爲樂祖，祭於瞽宗。下文記曰：‘樂正司業，父師司成。’疑此所謂大司成者，即有道有德之父師也，故使教於成均，以佐大司樂，而謂之司成焉。其亦稱大者，蓋師保之官與大司樂并尊故也。”

凡釋奠者，必有合也，有國故則否。凡大合樂，必遂養老。【集説】凡行釋奠之禮，必有合樂之事，若國有凶喪之故，則雖釋奠，不合樂也。常事合樂，不行養老之禮，惟大合樂之時，人君視學，必養老也。舊説：“合者，謂若本國無先聖先師，則合祭鄰國之先聖先師。本國故有先聖先師，如魯有孔、顏之類，則不合祭鄰國之先聖先師也。”未知是否。

竊案：清江 劉氏曰：“合，謂合樂也。春釋菜合舞，秋頒學合聲，釋奠則并合之，以侑神也。有國故，謂凶禮、師旅，惟是不合。”長樂 陳氏曰：“國有故則否。與《曲禮》‘歲凶，祭祀不縣’同意。”《集説》本之，當矣。乃復引舊説以自亂，豈亦愛奇而不能割也耶？

凡語於郊者，必取賢斂才焉。或以德進，或以事舉，或以言揚。曲藝皆誓之，以待又語。三而一有焉，乃進其等，以其序，謂之郊人，遠之。於成均，以及取爵於上尊也。【集説】語於郊者，論辨學士才能於郊學之中也。曲藝，醫卜之屬。誓，戒謹也。學士中或無德、事、言之可取，而有此曲藝之人，欲投試考課者，皆卻之，使退而謹習所能，以待後次再語之時，乃考評之也。三而一有者，謂此曲藝之人，舉説三事而一事有可善者，乃於其同等之中，拔而升進之也。然猶必使之於同輩中，以所能高下爲次序，使不混其優劣也。如此之人，但目之曰郊人，非俊選之比也。以非士類，故疎遠之。若天子飲酒於成均之學宮，此郊人雖賤，亦得取爵於堂上之尊，以相旅勸焉，所以榮之也。“人”字、“之”字、“均”字，皆句絕。

竊案：《集説》本注、疏而稍更定之，然“遠之於成均”，以及“取爵於上尊也”二句，究未明順。今取吳氏《纂注》一説以備考。其言曰：“語，謂合語。郊，謂郊學。案《王制》‘不率教者，自鄉移之郊，自郊移之遂’，則郊學蓋在鄉學之外，遂學之內。鄭氏以此爲大樂正論造士之秀，而升諸司馬。今案大樂正掌國學之教，何爲出就郊學？疑是六遂之士，已升於郊學，而可升於鄉學者。鄉大夫就郊學行鄉飲酒之禮，於旅酬之時而合語，因以審擇士之賢者、才者，而取斂之，曰舉，曰進，曰揚，皆謂升之於鄉學也。曲藝，謂射、御、書、數之屬。誓，蓋戒屬之，使勉於學。至又語之時，考察德與事、言三者，或有其一，即進其品等於曲藝之上。然所進非一人，又自有高下，爲先後之序也。成均及取爵於上尊，未詳。鄭氏以成均爲天子之太學，孔氏謂飲酒之禮，尊者酌於堂上之尊，卑者酌於堂下之尊。蓋是鄉學之秀士已升於司徒爲選士者，爲天子視學，飲酒之時，亦得取爵於堂上之尊以相旅。選士升於太學爲俊士者，始得謂之成均之士。今郊學又語之時，曲藝者雖已進等，然猶未升鄉學，仍在郊學，故但謂之郊人，以明其未爲鄉學之士也。視彼鄉學，以選士得升於太學，而爲成均之俊士者，相去尚遠，故曰遠之。視彼秀士，得升爲司徒之選士，可以取爵於上尊者，相去亦尚遠，故蒙上‘遠之’二字，而曰‘以及’也。”

乃退儐於東序，一獻，無介、語，可也。【集説】釋菜禮畢，儐禮其賓於東序。其禮既殺，惟行一獻，無介無語，於禮亦可也。

竊案：此言釋菜禮殺，雖禮賓，一獻，無介。若與賓合語，於禮爲可。然言“可也”者，明釋菜時禮嚴，尚未可語，至禮賓時，方許之耳。此廬陵 胡氏及朱子之説，較舊説爲優。

禮樂交錯於中，發形於外，是故其成也懌，恭敬而温文。【集説】禮之修達於中，樂之修達於外，所謂交錯於中也。有諸中，必形諸外，故其成也懌。此“懌”字與《魯論》“不亦説乎”之説相似，既有恭敬之實德，又有温潤文雅之氣象，禮樂之教大矣。

竊案：孔氏謂：“内外有樂，心悦貌和，故懌；内外有禮，貌恭心敬，温潤文章，故恭敬而温文。”方氏亦謂：“懌，言樂之成如此。恭敬而温文，言禮之成如此。”《集説》則渾言之，不仍舊説分疏，似矣，然又太無別也。愚謂“其成也懌”，總承禮樂言；“恭敬而温文”，分承禮樂言。蓋始之，禮以修外，樂以修内，既而樂從中以見外，禮從外而入中，内外交錯，融浹無間，故其成悦懌，此禮樂之合見也。恭肅而敬謹，此禮之分見也；温潤而文雅，此樂之分見也。

《記》曰：“虞、夏、商、周有師、保，有疑、丞。設四輔及三公，不必備，唯其人。”【集説】師、保、疑、丞，四輔也。一説前疑後丞、左輔右弼爲四輔，四輔與三公不必其全備，惟擇其可稱職者。朱子曰：“疑、丞，‘疑’字曉不得。想止是有疑即問他之意[①]。”

竊案：《集説》四輔有兩説，一以師、保、疑、丞爲四輔，一以疑、丞、輔、弼爲四輔。夫師、保者，三公也。取以充四輔，則三公缺其二矣。《尚書大傳》云：“古者天子必有四鄰，前曰疑，後曰丞，左曰輔，右曰弼。天子有問，無以對，責之疑；有志而不志，責之丞；可正而不正，責之輔；可揚而不揚，責之弼。其爵視卿，其禄視次國之君。”《書·周官》曰：“立太師、太傅、太保，兹惟三公，論道經邦，燮理陰陽。官不必備，

---

① “他”字原訛作“它”，據《四庫》本、《禮記集説》改。

惟其人。"據此，則四輔乃疑、丞、輔、弼，三公爲太師、太傅、太保明矣。吴草廬曰："周之時，太師、太傅、太保曰三公。虞之時，前疑後丞，左輔右弼，爲四輔。周之師即虞之疑，周之保即虞之丞，周之傅即虞之輔、弼。故曰'設四輔及三公'，言虞之設四輔及三公，皆不必備其官。及者，非謂既設四輔，又設三公也。師、保之間不言傅，疑、丞之間不言輔、弼，從省以便文。"此説是也。朱子以疑爲有疑即問之意，蓋非臆説，亦本《尚書大傳》而云然。

君子曰："德，德成而教尊。"【集説】君子曰德，此德是指世子之德。世子之德有成，則教道尊嚴，而無敢慢易者。

竊案：上文言輔禮樂，乃教世子之具；四輔三公，乃教世子之人。此則言世子受教而成德，乃可稱爲君子。《集説》但云"此德是指世子之德"，殊未明曉。

樂正司業。【集説】樂正，主世子《詩》《書》之業。

竊案：樂正，即大司樂，以樂德樂舞教國子，故謂之司業。業者，簨簴上板刻之截業如鋸齒者也。其以《詩》《書》《禮》《樂》造士，蓋兼爲之，非專主《詩》《書》之業也。《集説》蓋孔疏之誤。

公與父兄齒。【集説】君雖尊，而與父兄列位，序尊卑之齒者，篤親親之道也。

竊案：孔疏："公既不爲主，族人又不爲賓，故列位在父兄之坐上，與族人相齒，見親親也。"《集説》本之，而不云列位在父兄之坐上，恐有未安。公雖親親而與族齒，然不可不稍存貴賤之等。夫三大夫尚且不與父族齒[1]，燕會則別席獨坐，況君至尊，反不別席於父兄之上乎？故孔疏爲長。

聖人之記事也，慮之以大，愛之以敬，行之以禮，修之以孝養，紀之以義，終之以仁。【集説】人道莫大於孝弟，慮之以大者，謂謀慮此孝弟之大道而推行之也。愛敬，省具之事；行禮，親迎，肅之也；孝養，獻醴也；紀義，既歌而語也；終仁，令侯國行之也。

---

[1] "父"字後，《四庫》本有"兄"字。

竊案：<u>吳氏</u>之説與《集説》稍异，其言曰：“慮，謂圖謀之始，養之以教孝弟。於其始而徵召衆士，無一不至，使知之者廣博，是不狹小也，故曰慮之以大。老人者，君之所取法，先師先聖，又老人之所取法，愛其道則敬其人，將養老而釋奠於先師，敬所本也，故曰愛之以敬。適養老之所，首祀先老，繼設席位，養老之時，行此二者之禮最在先，故曰行之以禮。修，謂整飭，無欠缺，具滋味，致其愛，躬省以致其敬，發咏於其入，以悦其耳。獻醴於其位，以悦其口，一如人子養親之孝，故曰修之以孝養。堂上堂下之樂相繼而作，使人知君父之貴，其樂在上，臣子之賤，其樂在下，由是而衆著於上下之義，故曰紀之以義。養老禮終，又命諸侯群吏各歸，養老幼於國邑，以廣仁恩，故曰修之以仁。”案孝養、紀義、終仁，本文既明，二家所説皆當。獨慮大、愛敬、行禮三者，稍有未安。<u>陸菊隱</u>謂：“先聖先師，人倫之至，年高有德者，無愧於古人，正學士之所當取法也。故天子將養老，必鼓召學士，釋奠於先聖先師，以明大道之所本，所謂慮之以大也。始養老，既釋奠於先老，又列老、更、群老之席位，不敢少有怠忽，所謂愛之以敬也。又適饋省醴，迎門發咏，不致傷於質直，所謂行之以禮也。”由此觀之，<u>吳氏</u>以鼓徵爲慮大，兩釋奠爲愛敬，又合省具教咏，皆爲孝養，固似未當。《集説》以慮大泛言推行孝弟之大道，愛敬爲省具，行禮爲親迎老更，亦未得爲合也。

陳氏禮記集説補正卷十三

禮運

《禮運》第九。【集説】此篇記帝王禮樂之因革，及陰陽造化流通之理。

竊案：《集説》似矣，而未詳明。取黄氏《日録》發揮之，黄叔暘曰："運，謂氣運，以所值之會而言也。氣運在人，則爲帝王禮樂之因革。在天，則爲陰陽造化之流通。然天時、人事相爲符應，禮樂、陰陽相爲表裏。故其始也，法陰陽而作禮樂；其終也，以禮樂而贊陰陽。此篇大意，不過如此。疑出於子游門人之所記，中有格言，頗入精微，似非漢儒所及。獨篇首大同小康之説，乃謂禮起忠信之衰，道德之薄，是即老、莊之遺意，豈孔子之言哉？讀者擇焉可也。"愚謂風會遷流，江河日下，五帝之世有異三皇，三王之世不同五帝，五伯之世更不及三王，世變使然。聖人制禮，不過因勢會所趨而爲之沿革耳，程子所謂"不先天以開人，每因時而立政"是也。古時治多亂少，後世治少亂多，故有大同小康之别。賴禹、湯、文、武、成王、周公六君子，居小康之時，成郅隆之治，當大道之隱，俾大道之行，則是帝王昇世而同道也。故夫子於大道之行，及三代之英，皆云有志未逮，何嘗薄視三、五以下乎？石梁王氏以爲有老氏意，非儒者語，黄氏遂欲削去《記》文，過矣。

昔者仲尼與於蜡賓，事畢，出游於觀之上。【集説】蜡禮，詳見《郊特牲》篇。孔子在魯，與爲魯國蜡祭之賓，畢事而游息於觀上。觀，門闕也，兩觀在門之兩旁，懸國家典章之言於上，以示人也。

竊案：古者建國之神位，左宗廟而右社，魯之宗廟在雉門外之左，鄭氏以出游於雉門兩觀之上爲自宗廟中出，蓋據《月令》孟冬之月，"祈來年於天宗，大割祠於公社及門閭，臘先祖、五祀，勞農以休息之"，故知蜡祭亦祭先祖，而注云"祭宗廟也"。然宗社亦在雉門之外，烏知非於公社祭蜡，而孔子與於助祭乎？《集説》宜有所考辨，而但云"蜡禮詳見《郊特牲》"，夫《郊特牲》亦第言所謂八蜡者，烏從見其所饗何地，而事畢而出游於觀也耶？

大道之行也，天下爲公，選賢與能。【集説】天下爲公，言不以天下之大私其子孫，而與天下之賢聖公共之，如堯授舜，舜授禹，但有賢能可選，即授之矣。

竊案：《集説》之意，即以堯授舜，舜授禹爲選賢與能，是與"天下爲公"一意也。孔氏《正義》則云："天下爲公者，謂天子位也。爲公，謂揖讓而授聖德，不私傳子孫，即廢朱、均而用舜、禹是也。選賢與能者，嶧明不私傳天位，此明不世諸侯也。國不傳世，惟選賢與能，如黜四凶、舉十六相之類。"此二説皆非也。"天下爲公"，乃下文之綱領，"選賢與能"至"不必爲己"，皆所謂"天下爲公"也，猶下文"天下爲家"爲"各親其親"以下諸句之綱領也。

孔子曰："我欲觀夏道，是故之杞，而不足徵也，吾得《夏時》焉。我欲觀殷道，是故之宋，而不足徵也，吾得《坤乾》焉。《坤乾》之義，《夏時》之等，吾以是觀之。【集説】石梁王氏曰："以《坤乾》合《周禮》之《歸藏》，且有《魯論》所不言者，恐漢儒依倣爲之。誠如其説，則《夏小正》之書與《坤乾》，何足以證禮？注訓徵爲成，尤非。近儒有反引此以解《魯論》者，謬甚。《中庸》亦無是説，大槩此段做《魯論》爲之者。"

竊案：之杞、之宋而僅得《夏時》《坤乾》，故有文獻不足之嘆，非謂二書足以證禮也。然三正之建，惟夏人統爲至善，爲萬世法程，故夫子告顏淵問爲邦，以《夏時》爲首，豈其無關於禮？若夫殷正建丑爲地統，故《易》首乎坤，蓋取坤以藏之之義，故名《歸藏》。猶之周以建子爲天統，而《易》首乾也。其書決嫌疑，定猶豫，即箕子所謂稽疑衍忒者，亦豈無關於禮？但記者非一手，故與《魯論》《中庸》大同小异耳。王氏云"漢儒依倣"，非也。

故死者北首，生者南鄉。【集説】死者之頭向北，生者之居向南。

竊案：《集説》頭北鄉南，既未能明言其所以然之故，即小注。嚴陵方氏云："死者仆，故言首；生者興，故言鄉。"猶未盡其旨也。惟長樂陳氏曰："北爲幽陰，而物之所終始；南爲陽明，而物之所相見。死者所以歸根，故必首於陰幽終始之地；生者所以芸芸，故必向於陽明相見之方。"京山郝氏亦云："生明死幽。"如此方盡北首、南鄉之義。

是謂大假。【集説】假，亦當作嘏，猶上章大祥之意。言行當然之禮，則有自然之福，其福大矣。

竊案：《周頌》"假以溢我"，《春秋傳》作"何以恤我"，朱子以爲假之爲何聲之轉也，《詩》"不瑕有害""遐不謂矣"，皆作何音。臨川 吴氏亦云："假與遐字通用。"不爲無據，然未若讀作嘉。《大雅》"假樂君子"，《毛傳》云："假，嘉也。"此蓋謂祝遐莫敢易其常古，則禮之大善者也。若注、疏謂"假，大也"，雖本《釋詁》，則是謂大，大有是理乎？

祝、遐辭説，藏於宗、祝、巫、史，非禮也，是謂幽國。【集説】祝、遐辭説，禮之文也，無文不行。《周禮》大宗伯掌詔六號，重其事耳。衰世君臣慢禮，惟宗、祝、巫、史習而記之，故謂幽昏之國。言其昧於禮，無以昭明政治也。

竊案：祝、遐辭説，藏於宗、祝、巫、史，何以遂爲非禮，而謂之幽國乎？孔氏謂："其辭説皆當從古法，依舊禮，今乃棄去不用，藏於宗、祝、巫、史之家，乃更改易古禮，自爲辭説，非禮也。而國之君臣祇聞今日祝、遐之辭，不知古禮舊説，當是君臣俱闇，是謂幽國。"以前後經文考之，孔氏之説爲長，故表而出之。

醆斝及尸君。【集説】尸君，君之尸也。

竊案：《集説》以尸君爲君之尸，非也。延平 周氏曰："夏曰醆，殷曰斝。醆、斝非時王之爵，而諸侯有用之及尸君者，非禮也。所謂'及尸君'者，君以獻尸，而尸以酢君者也。"長樂 劉氏亦曰："天子備六代禮樂，其祭於宗廟也，獻酢君尸，則用醆、斝。今諸侯亦用之，不亦僭乎？"

故政者，君之所以藏身也。是故夫政必本於天，殽以降命，命降於社之謂殽地，降于祖廟之謂仁義，降於山川之謂興作，降於五祀之謂制度。此聖人所以藏身之固也。【集説】藏，猶安也。君者，政之所自出，故政不正，則君位危。《書》言"天工人其代之"，《典》曰"天叙"，《禮》曰"天秩"，是人君之政必本於天而效法之，以布命於下也。社，祭后土也。因祭社而出命，是效地之政。有事於祖廟而出命，是仁義之政。有事於山川而出命，是興作之政。有事於五祀而出命，是制度之政。

竊案：《集説》之言，辭不達意，何以遂見聖人藏身之固乎？延平 周氏曰："先王之教命，將欲使天下之人稟受於己，則己必先有所稟受。而所稟受，必以天地鬼神者，以其人莫不有敬畏天地鬼神之心，則命之所以行也。命之大者，則必曰降於天地祖廟；而其小者，則必曰降於山川五祀。此聖人藏身之固也。"又新安王氏曰："夫身居於位，而政施於外，天下見其政而不見其身，然政出而人無不從。政善則君安，故政者，所以藏身也。然爲政有道，以禮爲本。立禮有要，事神爲本。爲政必本於天者，禮行於郊，以事上帝，此天子所獨，而非臣下所可并也。自郊祀而下，諸侯、卿大夫位有尊卑，而祀事或可以通行。然禮有等差，凡爲此者，先王以正名定分，求至於禮行而身安也。命者，命祀之，謂出命而降於社。天子有社，諸侯亦可以有社。謂之殷地，諸侯可以祭社而不可以祭天故也。殷者，雜而分也。天子大社，兼土五色，使諸侯立社，各以其方色之土授之，殷地之謂也。出命而降於祖廟，則天子七，諸侯五，大夫三。尊祖之謂義，親禰之謂仁。廟有多寡，皆可以事其祖、禰，是以謂之仁義也。出命而降於山川，山川在四方者，天子祭之；山川在境内者，諸侯祭之。山川所産不一也，財用於是乎出，器用於是乎備，是以謂之興作也。出命而降於五祀，居則中霤、門、户，食則有竈，往來有行，自天子至於諸侯、卿大夫、士，均祀之。位有尊卑，禮有隆殺，有一定之法焉，是以謂之制度也。莫尊於帝，惟天子可以郊天，此禮不可自上而下也。命祀自上而下者，一曰社，雖諸侯所可祭，而不可以同乎天子之大社也；二曰祖廟，雖諸侯、卿大夫、士所可通祭，而不可同乎天子之七廟也；三曰山川，雖諸侯所可通祭，而不可同乎天子祭四方之山川也；四曰五祀，此小祀也。然後上下通祭而無差等，蓋有天子之命者可以有事，無天子之命者不容僭差，使人知天子如上帝之尊。諸侯以下，社廟百神，無不聽命於天子，則尊無二上，孰敢干之？所以見其藏身之固也。"王氏此説，其義盡矣。覺草廬吳氏求其説而不得，謂舊本"以降命"之上闕"於地"二字，"命降於"之下闕"郊之謂本天降於"七字，殆不免以意推測也。

故聖人參於天地，并於鬼神，以治政也；處其所存，禮之序也；玩其所樂，民之治也。【集説】此承上章言政之事，謂聖人所以參贊天地之道，儗并鬼神之事，凡以治政而已。故處天地鬼神之所存，則天高地下，萬物散殊，聖人法之，此禮之所以序也。玩天地鬼神之所樂，則流而不息，合同而化，聖人法之，此民之所以治也。

竊案：《集説》處天地鬼神之所存，玩天地鬼神之所樂，以所存、所樂屬之天地鬼神，蓋本之延平周氏，其説迂而難明。孔氏《正義》曰："'處其所存，禮之序'者，存，觀察也。天有運移寒暑，地有五土生殖，廟有祖禰仁義，皆是人所觀察。言聖王能處人所觀察之事以爲政，則禮得次序也。'玩其所樂，民之治'者，謂興作器物、宮室、制度，皆是人之所樂。聖王能愛玩民之所樂，以教於民，則民所治理，各安其事業居處也。"祇結上文命降於天云云，而義自了然，無假別生枝節也①。

君者所明也，非明人者也。故君明人則有過。故百姓則君以自治也。【集説】此承上章"君立於無過之地"而言。舊説：明，猶尊也，故讀"則君"爲"明君"。今定此章，三"明"字皆讀爲"則"字，則上下文義坦然相應矣，不必迂其説也。君者，正身修德，而爲臣民之所則傚者也，非則傚人者也。君而則人，則是身不足爲人所取則，而反取則於人，非立於無過之地者矣。惟百姓者，則君以自治其身，所謂文武興，則民好善也。

竊案：鄭氏據上三"明"字改"則君"之"則"爲"明"，而陳氏又據"則君以自治"改上三"明"字爲"則"，皆未免拘滯。《正韻》云："明，視也。"廬陵 胡氏曰："明，猶視也。言下之所察視。"臨川 吳氏亦曰："所明，謂人所視傚。明人，謂視傚他人。"然則上曰明，下曰則，理固相通，豈必改歸於一乎？

五味、六和、十二食②，還相爲質也。五色、六章、十二衣，還相爲質也。【集説】酸、苦、辛、鹹，加滑與甘，是五味六和也。十二食，十二月之所食也。還相爲質者，如春三月以酸爲質，夏三月以苦爲質，而六和皆相爲用也。五色，青、赤、黄、白、黑也，并天玄爲六章。十二月之衣，如《月令》春衣青，夏衣朱之類。還相爲質，謂畫繢之事③，主其時之一色，而餘色間雜也。

竊案：延平 周氏曰："十二食，即《周官》所謂鼎十有二。十二衣，即舜之十二章。此因'十二'字附會之也。唐 孔氏曰：'十二管，每月各一，得有還相爲宫，其事可明。其食與衣服，惟有四時之異。故《周禮》春多酸，無月別，食麥與羊。春三月，其食皆同，夏、秋、冬亦然，無每月之異。故《月令》云："春衣青衣，夏衣赤衣。"三月皆同，亦無每月之異。此云十二食、十二衣，似月各別衣、食者。熊氏云："此是异代之法，

---

① "枝"字原訛作"支"，據《四庫》本改。
② "二"字後原衍"月"字，《四庫》本同，據《禮記正義》删。
③ "繢"字，《四庫》本作"繪"。

故與《周禮》《月令》不同。"或則每時三月衣食雖同，大總言之①，一歲之中，有十二月之异，故總云"十二"也。'"《集説》之言雖是，而未確指十二食、十二衣之止有四時之异也，故詳之。

故聖人作則，必以天地爲本，以陰陽爲端，以四時爲柄，以日星爲紀，月以爲量，鬼神以爲徒，五行以爲質，禮義以爲器，人情以爲田，四靈以爲畜。【集説】此章凡十條，自"天地"至"人情"九條，皆是覆説前章諸事。

竊案②：《集説》言"覆説前章諸事"，不免儱侗。臨川 吳氏曰："上文言人以天地、陰陽、五行而生，故此以下言聖人制禮以治人，亦取法於天地、陰陽、五行也。鄭氏曰：'天地以至五行，其制作所取象也。禮義人情，其政治也。四靈者，其徵報也。'"

王前巫而後史，卜筮瞽侑，皆在左右。【集説】巫主吊臨之禮而居前，史書言動之實而居後，瞽爲樂師，侑爲四輔，或辨聲樂，或贊威儀。

竊案：《集説》言前後之義未明。侑爲四輔，本之鄭氏。嚴陵 方氏曰："不祥却於未然，故前巫。言行紀於已然，故後史。以《玉藻》考之，史有左右，而此言後史者，對前巫言則爲後，而後自分左右也。瞽以典樂。侑，謂侑食。以《膳夫》考之，王日一舉，以樂侑食。瞽侑者，瞽言其人，侑言其事耳。"若四輔，疑、丞、輔、弼，比於三公，豈當與瞽并稱？況前疑後丞，又不在於左右乎？

其居人也曰養，其行之以貨力、辭讓、飲食、冠昏、喪祭、射御、朝聘。【集説】上言義之修，禮之藏，故此亦始言禮，終言義。居人，猶言在人也。禮雖聖人制作，而皆本於人事當然之義，故云居人曰義也。"冠昏"而下八者，皆禮也，然行禮者必有貨財之資、筋力之强、辭讓之節、飲食之品，亦皆當然之義也。

竊案：鄭氏曰："養，當爲'義'字之誤也。"故《集説》因改"居人曰義"。然先儒之以養爲解者，十蓋八九。據王氏曰："下云'穀而弗食''食而弗肥'，字宜曰養。《家語》曰：'其居人曰養。'"馬氏曰："其

---

① "言"字原訛作"攷"，《四庫》本訛作"考"，據《禮記正義》改。
② "竊"字原訛作"愚"，據《四庫》本改。

居人則曰養，何也？禮者，所以養人，非以害人者也。禮以養人爲本，故曰養。《荀子》曰：'恭敬辭讓之所以養安，禮義文理之所以養情。'通此，則可以知其所養之之意也。蓋聖人之道，寓於度數之間，莫非順性命之理，而所以養人也。"其他長樂 陳氏、延平 周氏、山陰 陸氏、龍泉 葉氏、蔣氏，無不主"養"字爲説者也。臨川 吴氏曰："貨財者，行禮之資；筋力者，行禮之具；辭讓者，行禮之實。飲、食、冠、昏、喪、祭、射、御、朝、聘十者，禮之名也。考之《儀禮》，飲有《鄉飲酒禮》，食有《公食大夫禮》，冠有《士冠禮》，婚有《士婚禮》[①]，喪有《士喪禮》，祭有《特牲饋食禮》。御，於《周官》注見五御之名，其禮亡。四時朝禮，有朝、宗、覲、遇四名，惟《覲禮》存。聘則有《聘禮》。"則《集説》言冠昏以下八者，又不若吴氏之以飲食十者爲有據也。

用水、火、金、木，飲食必時。【集説】獺祭魚，然後虞人入澤梁。及春獻鼈蜃，秋獻龜魚之類，是用水必時也。

竊案：虞人入澤梁，獻鼈蜃、龜魚者，此用物之時，非用水之時也。必如應氏云"用水，若藏冰、頒冰、止水、蕩水之屬"爲是。

---

① 二"婚"字，《四庫》本作"昏"。

陳氏禮記集說補正卷十四

禮器

禮器是故大備。大備，盛德也。禮釋回，增美質，措則正，施則行。【集説】以禮爲治身之器，故能大備其成人之行。至於大備，則其德盛矣。禮之爲用，能消釋人回邪之心，而增益其材質之美。措諸身則無往不正，施諸事則無往不達。

竊案：張子曰："《禮器》云者，語其成也。禮大體完備，若成器然。措則正者，言不動思慮，放下無事時，亦不失於正。施則行，是利用也。必大備，乃利用也。禮器者，亦是成章也，不成章則有窒礙不達處，禮未器則亦有不達處。"此解"器"字及"措"字，與《集説》不同，存之以備考擇。

人官有能也。【集説】謂助祭執事之官，各因其能而任之。

竊案：人官有能，禮中所該者廣，不必單指祭祀言。若司徒奉牛，司馬奉羊，庖人治庖，祝治尊俎，固是祭祀中事。若籩簜蒙璆，戚施直鎛[1]，讋聵司火[2]，蒙瞍修聲，豈盡拘之祭祀乎？《集説》偏矣。

堯授舜，舜授禹，湯放桀，武王伐紂，時也。《詩》云："匪革其猶，聿追來孝。"【集説】革，急也。言文王之作豐邑，初非急於成己之謀，惟欲追先人之事，而致其方來之孝，以不墜先業耳。

竊案：引《詩》者，蓋證上文"禮，時爲大"之意。言武王聿追文王之道，以趨時也。今但依《詩》文演義，而不顧上文，殊《記》旨矣。

羔豚而祭，百官皆足。【集説】無解。

竊案：羔豚，薄物也，《王制》"大夫士無田則薦"，謂用羔豚，言薦而已。乃謂之祭者，蓋別而言之，則有薦、祭之异。以事禮言之，則薦亦可謂之祭也。

---

① "鎛"字原訛作"塼"，據《四庫》本、《國語·晋語》改。

② "聵"字原訛作"曠"，《四庫》本同，據《國語·晋語》改。

天子無介。【集説】介所以佐賓，天子以天下爲家，無爲賓之義，故無介也。

竊案：此本之注、疏。然孔疏又云：“其實餘事亦有介副，故邑人共介邑，是天子臨鬼神，使介執邑也。”

祭天特牲。【集説】特，獨也。

竊案：疏云：“天神尊，貴質，故祭止一特。”《集説》本之，然尚有未詳者。衛氏《集説》所引《新説》云：“天地之祭有兩牲，有降之者，有祀之者。燔柴於泰壇，瘞埋於泰圻，實牲體焉，所以降之，在始祭之時也。掃地而祭，羞牲體焉，所以祀之，在正祭之時也。故《牛人》曰：‘凡祭祀，共其享牛、求牛。’享牛，祀神之牛也。求牛，降神之牛也。降神之牛，於天則騂犢，於地則黝牲，各從其類也。祀神之牛，於天用蒼，於地用黄，各象其功也。此經特牲，蓋言饗牛而已。”

大路繁纓一就，次路繁纓七就。【集説】殷世尚質，其祭天所乘之車，木質而已，無别雕飾，謂之大路。繁，馬腹帶也。纓，鞅也。在馬膺前，染絲而織以爲罽，五色一帀曰就。就，猶成也。繁與纓，皆以此罽爲之。車朴素，故馬亦少飾也。大路之下有先路、次路。次路，殷之第三路也，供卑雜之用，故就數多。《郊特牲》云：“次路五就。”此蓋誤爲七就。

竊案：大路繁纓一就，殷祭天之車也。《周禮》王之五路，玉路繁纓十有二就，金路九就，象路七就，革路五就，木路鯛繁鵠就。陸氏曰：“繁纓，如字。繁纓言其文之繁也。《巾車》云玉路，‘樊纓，十有再就’。謂之繁纓，以此冕之玉，一名繁露，與此同義。《士喪禮》云：‘馬纓三就。’則所謂就者，其纓而已。鄭氏讀繁爲‘鞶帶’之‘鞶’，而以就爲一匝，非是。”方氏曰：“大路繁纓一就，次路繁纓七就者，殷尚質，故就之少者爲大，就之多者爲次也。至於周，則以多者爲貴，故玉路則十有再就。然《郊特牲》言‘大路繁纓一就，先路三就，次路五就’，而此則言‘次路七就’，何也？蓋彼所謂五就者，指繼先路之次路也。此所謂七就，指繼次路而又次者也。《顧命》於革路、象路，通謂之次路，亦若是而已。且自上而下，降殺以兩，由一以至三，由三以至五，由五以至七，固其理也。以周路之有五，則殷畧固不止於三矣。二篇所言，亦互相備爾。考之於《書》，周所謂大路者，非此所謂大路也。周以玉路爲大，此則木路爲大爾。周所謂先路、次路者，非此所謂先路、次路也。周以行之前後爲先與次，此則以等之上下爲先與次耳①。"愚案陸氏、方氏之言，則《集説》依注、疏改"繁"爲"鑿"，改"七"爲"五"者，過於信鄭注而疑《記》文矣。

鬼神之祭單席。【集説】鬼神异於人，不假多席以爲温煖也。

竊案：此本注、疏，然陳氏謂《周官》之法，祀先王之席，如覲饗祔之數，而天神之祭，則槀鞂而已。此言鬼神之祭單席者，殆非周制也。

五獻之尊，門外缶，門内壺。君尊瓦甒。此以小爲貴也。【集説】引疏曰："壺大一石，瓦甒五斗，缶又大於壺。"

竊案：鄭注云："缶大小未聞。"故《集説》亦不言數。然案方氏則云："《爾雅》言盎謂之缶。雖不言其所容，以算法推之，掬四謂之豆，積之至於缶二謂之鍾，則缶蓋四石之名也。缶之名雖同，缶之用則不一。有用之以盛酒者，若《坎》所謂用缶是也；有用之以汲水者，若《比》所謂盈缶是矣；有用之以節樂者，若《離》所謂鼓缶是矣。"陸氏又謂："《燕禮》'司宮尊於東楹之西，兩方壺'，豈所謂'門内壺'者耶？公尊瓦，本在尊南上，豈所謂'君尊瓦甒'者耶？士旅食於門而兩圓壺，豈所謂'門外缶'者耶？圓壺雖非缶，其陳設之序則然。"

天子之堂九尺，諸侯七尺，大夫五尺，士三尺。【集説】《考工記》"堂崇三尺"，是殷制，此周制爾。

竊案：孔疏："案《考工記》，'殷人重屋'，'堂崇三尺'。鄭差之，云'夏高一尺'，故知此九尺者，周法也。"《集説》本之。然周氏又謂："天子之堂九尺，非周制。周之上公以九爲節，則天子當以十二爲節。"

天子之冕朱緑藻。【集説】周用五采，此言朱緑，或是前代之制。

竊案：藻必五采，特言朱緑，則舉其華者該之也。亦與"雜帶，君朱緑"同義。注、疏必以爲前代而非周，甚不必也。

燔柴於奧爨。夫奧者，老婦之祭也。盛於盆，尊於瓶。【集説】此亦言臧文仲不能正失禮之事。周禮以燔柴祀日月星辰，有大火之次，故

祭火神則燔柴也。今弗綦爲禮官，謂爨神是火神，遂燔柴祭之，是失禮矣。禮，祭至尸食竟而祭爨神，宗婦祭饎爨，烹者祭竇爨。其神則先炊也，故謂之老婦。惟盛食於盆，盛酒於瓶，卑賤之祭耳。雖卑賤而必祭之者，以其有功於人之飲食，故報之也。

竊案：鄭注：“奥當爲‘爨’，字之誤也，或作‘竇’。”故《集説》從之，不知祝融并奥及爨三者不同。祝融，古火官之長，五祀之神，祀於郊。奥者，是竇之神，常祀在夏，以老婦配之，有俎及籩豆，設於竇陘，又延尸入奥。爨者，宗廟祭後，直祭先炊。老婦之神在於爨竇。孔疏甚明。當時人祭先炊於爨竇，誤以爲火神而燔柴，臧文仲不能正，故孔子譏之。奥或作“竇”者，近之。鄭作“爨”者，恐非。蓋祭爨者必於竇，祭竇者必延尸於奥，故誤“竇”爲“奥”。若“爨”字，則不相似矣。又《集説》本孔疏，謂燔柴於奥，亦弗綦所爲，疑屬臆斷。案《記》文但説弗綦逆祀，鄭注亦以燔柴爲時人，未嘗專指弗綦也。

或素或青，夏造殷因。【集説】殷尚白，夏尚黑。素即白也，青即黑也。此類皆制作之末，舉此以例其餘，則前之創造，後之因仍，皆可知矣。

竊案：上句言革，下句言因，或素或青，所謂損益其小過不及者也。夏造殷因，所謂殷因於夏禮者也。舉素、青，則周之尚赤在其中矣；舉夏、殷，則周因殷禮亦從可推矣。《集説》混而無別。

因名山升中於天，因吉土以饗帝於郊。【集説】中，平也，成也。巡守而至方岳之下，必因此名山，升進此方諸侯治功平成之事，以告於天。《舜典》柴岱宗，即其禮也。吉土，王者所卜而建都之地也。兆於南郊，歲有常禮。

竊案：《集説》以升中於天爲升此方諸侯之治功以告於天，恐非是。中者，中心也。巡守之時，至方岳，則燔柴，而達我中心之精意於天。吉土，《集説》以爲王者所卜建都之地，亦非是。蓋謂兆五帝於四郊，而卜其吉土，以爲壇墠也。

三牲魚腊。【集説】腊，獸也。《少牢禮》云：“腊用麋。”
竊案：《易》有腊肉，云乾肉也，不必專主獸。故方氏以魚腊爲薧魚。

龜爲前列，先知也。金次之，見情也。【集説】陳列之序，龜獨在前，以其知吉凶，故先之。金在其次，以人情所同欲，故云見情也。

竊案：《集説》解見情，以金爲人所同欲，故次於龜，殊失《記》旨。夫見金而欲者，末世陋習，聖王制禮，教人先義後利，豈以金見同欲之情乎？先儒有二説：一云金能照物，露見其情。一云上文“内金示和”，此見其情之和也。并存之。

其出也，《肆夏》而送之，蓋重禮也。【集説】諸侯爲助祭之賓，禮畢而出，在無算爵之後，樂工歌《陔夏》之樂章以送之。注讀“肆”爲“陔”者，《周禮》鍾師掌《九夏》，尸出入奏《肆夏》，客醉而出，則奏《陔夏》，故知此當爲陔也。

竊案：長樂 陳氏謂：“王行大饗之禮，四海諸侯各以其職來祭。其祭而入也，各貢國之所有以修職。其畢而出也，王奏《肆夏》之樂而送之。《肆夏》，天子所以享元侯也。以饗元侯之樂送來祭之諸侯，重也。其義當矣。”新安 王氏曰：“鄭謂《肆夏》當作《陔夏》。案《大司樂》，王出入奏《王夏》，尸出入奏《肆夏》，而大饗諸侯，則諸侯出入奏《肆夏》。考其意，饗則賓出奏《肆夏》，重賓也。然則助祭之後出廟門，疑奏《肆夏》，不奏《陔夏》。鄭謂助祭之後無算爵，禮畢，客醉而出，宜奏《陔夏》，故《燕禮》《大射》賓出，皆奏《陔夏》，明不失禮。其説不然。饗於廟，燕於寢，故曰享以訓共儉，其禮意主於嚴。燕以示慈惠，其禮意主於歡，爲其無算爵故也。廟中之享，必不至醉，享於廟，燕不於廟，安得奏《陔夏》以警其失禮乎？”《集説》仍鄭注，改“肆”爲“陔”者，誤也。

陳氏禮記集説補正卷十五

郊特牲

饗、禘禴有樂，而食、嘗無樂，陰陽之義也。

故春禘而秋嘗。【集説】禴，春祭宗廟也。春禴，夏、殷之禮也。周制則四時之祭皆有樂。

竊案：《周禮》四時之祭，春祠夏禴。《王制》《祭統》則云春礿夏禘，此與《祭義》又云春禘。説者讀春礿爲祠，讀夏禘爲礿，讀春禘或爲祠，或爲禴，而疑爲夏、殷之禮，皆臆説也。趙東山云："禘非時祭之名，漢儒見《春秋》惟兩度書禘，一春一夏，所以或謂之春祭，或謂之夏祭。"此言足以斷千古之疑。

賓入大門而奏《肆夏》，示易以敬也，卒爵而樂闋。孔子屢嘆之。奠酬而工升歌，發德也。歌者在上，匏竹在下，貴人聲也。【集説】《燕禮》則大門是寢門，《饗禮》則大門是廟門也。

竊案：《大射禮》主人納賓，賓是己之臣子，又無王事之勞，故賓入不奏《肆夏》。賓入及廷，公升即席，乃奏《肆夏》。《燕禮·記》云："若以樂納賓，則賓及廷奏《肆夏》。"注云："卿大夫有王事之勞，則奏此樂。"此云"賓入大門"，謂朝聘既畢，受燕享之時。燕則大門是寢門，饗則大門是廟門也。此疏家約《大射》及《燕禮》解之，其實饗禮既亡，而無所考據矣。《孔子燕居》篇言入門而金作，則不止於《肆夏》，言升歌則止於《清廟》，言下管則止於《象》。此言入門而奏，則止於《肆夏》，言升歌則不止於《清廟》，言匏竹則不止於《象》，何也？長樂陳氏謂："《燕居》所言者，大饗之禮。此則兼燕禮言之，是以詳略不同。"亦未見的據。又案歌者在上，謂之升歌。匏竹在下，謂之下管。匏即笙竽之類，竹即篴笛之類。以《舜典》考之，堂上有琴瑟，堂下有柷敔。而此止言歌與匏竹者，蓋琴瑟所以和歌，柷敔所以起樂、止樂，故在上以歌爲主，在下以匏竹爲主也。《集説》亦未分明。

束帛加璧，往德也。【集説】君子比德於玉，往德者，言往進此比德之玉於有德之人也。

竊案：孔氏謂："玉以表德，今將玉加於束帛，或錦繡黼黻之上，是升往歸於德也。謂主君有德，而往歸之。"此解"往"字稍明。若《集説》之云，則迂曲矣。然愚意"往"字當是"旌"字之譌，蓋所以旌主君如玉之德也。

諸侯不敢祖天子，大夫不敢祖諸侯。而公廟之設於私家，非禮也，由三桓始也。【集説】諸侯不敢祖天子，而《左傳》云：宋祖帝乙，鄭祖厲王。魯襄十二年，吳子 壽夢卒，臨於周廟，禮也。魯以周公之故立文王廟耳。大夫不敢祖諸侯，而《左傳》云：凡邑有宗廟先君之主曰都。記者以禮之正言之，而又有它義者。舊説謂天子之子，以上德爲諸侯者，得祀其所出，故魯以周公之故立文王廟。公子得祖先君，公孫不得祖諸侯，故公子爲大夫者，亦得立宗廟於其采地，故曰"邑有宗廟先君之主"也。其王子母弟，雖無功德，不得出封爲諸侯，而食采畿內者，亦得立祖王廟於采地，故都宗人、家宗人掌祭祖王之廟也。

竊案：諸侯不敢祖天子，故王子出封爲諸侯，及食采於畿內，皆自爲一國太祖，不得立天子爲祖廟。二代之後，則得祭其祖父之爲天子者，若杞之郊禹，宋之郊契、祖帝乙是也。大勳懿戚爲諸侯，而王命之立天子之廟，則立之，如魯有周廟，鄭祖厲王是也。此事之變，非禮之正。大夫不敢祖諸侯，故適子既繼世爲君，次子以下爲大夫者，悉不得稱先君而立廟於私家。《大傳》所云"別子爲祖，繼別爲宗，公子有宗道，公子之子爲其士、大夫之庶者，宗其士、大夫之適者"是也。若魯三家之祖桓公，非矣。彼邑有宗廟先君之主者，或先君舊曾都此，而後他徙，或君命庶子立先君之廟於采邑，如晉之曲沃，齊之五都是也。至《周禮》都、家二宗人所掌，不過王子弟、公、卿、大夫、都家祭祀之禮，非有祖王之廟也。鄭康成不免鑿空，《集説》弗考而輒本之，舛矣。

天子存二代之後，猶尊賢也。尊賢不過二代。【集説】疏曰："古《春秋左氏》説周家封夏、殷二王之後以爲上公，封黃帝、堯、舜之後謂之三恪。恪者，敬也，敬其先聖而封其後。"

竊案：三恪、二王後有兩説：一云二王之前，更立三代之後爲三恪，此據《樂記》武王克商，未及下車，封黃帝、堯、舜之後，及下車，封夏、殷之後也。一云二王之前，但存一代，通二王爲三恪。存三恪者，不過於三，以通三正，此據《左傳》封胡公以備三恪之語也。梁 崔靈恩云："初説爲長，何者？《郊特牲》云：'存二王之後，尊賢不過二代。'又

《詩》云：‘二王之後來助祭。’又《公羊説》曰：‘存二王之後，所以通三正。’以上皆無謂二王之後爲三恪之文，若更立一代，通備三恪者，則非不過二代之意。《左傳》云封胡公以備三恪者，謂上同黃帝、堯，非下同夏、殷爲三恪也。”《通典·唐天寶議》曰①：“案二王三恪，經無正文。崔靈恩據《禮記》陳武王之封，遂以爲通存五代，竊恐未安。今據二代之後即謂之二王，三代之後即謂之三恪，且武王所封，蓋以堯有則天之大，人莫能名。黃帝列序星辰，正名百物，自以功濟萬代，師範百王，故特封其後。偶契三二之數，非歷代通法。故《記》云‘尊賢不過二代’，示政必由舊因取，通已爲三也。其二代之前，第三代者，雖遠難師法，豈得不録其後？故亦存之，示敬其道而已，因謂之三恪。故《左傳》云封胡公以備三恪，是知無五代也。況歷代至今，皆以三代爲三恪焉。”愚案，《通典》所取，與《集説》不同，鄭注亦云“二或爲三。”姑兩存之。

鄉人禓，孔子朝服立於阼，存室神也。【集説】《論語》“鄉人儺，朝服而立於阼階”，即此事也。舊説：禓是强鬼之名，鄉人驅逐此鬼，孔子恐驚廟室之神，故衣朝服立於廟之東階，以存安廟室之神，使神依己而安也。禮，大夫朝服以祭，故用祭服以依神。

竊案：《論語》所記與此事非二，則禓作儺爲是。況考之鄭氏注、陸氏《釋文》，有一本作儺者，何爲不從，而必以强鬼釋之？又案葉氏曰：“儺有二名，儺猶禳也，以禦陰爲義，故文從難。禓讀如陽，禓猶禬也，以抗陽爲義，故文從易。鄭氏以爲强鬼之名，誤也。”此説亦通。又案，室神、祖廟與五祀之神，注但指廟室之神，偏而未該。

士使之射，不能，則辭以疾，懸弧之義也。【集説】生而懸弧於門左，已有射道，但未能耳。今辭以疾而未能，則亦與初生之未能相似，故云懸弧之義。

竊案：男子初生，即懸弧於門左，以示將有志於天地四方。則射者，男子所有事也。士苟不能，不可直曰不能，當辭以疾，以始生即有懸弧之義故耳。《集説》泥於注、疏，以初生未能相似解之，未當。

二日伐鼓，何居？【集説】居，如字。齊者不聽樂，恐散其志慮也。

---

① “曰”字，《四庫》本作“云”。

今三日之間，乃二日擊鼓，其義何所處乎？怪之之辭。

竊案：何居，即與《檀弓》"何居"同，不可以居爲"居處"之居，故鄭氏云："居，讀爲姬，語之助也。"

牲用騂，尚赤也。【集説】無文。

竊案：周人尚赤，牲用騂，《牧人》所謂"陽祀騂牲"是也。然《大宗伯》以蒼璧禮天，牲幣各放其器之色，則祀天之牲宜用青牛矣。而此與《牧人》不然者，蓋赤爲陽之盛色，而蒼與青其類也。故祀天之牲不必用蒼，亦從其盛者而已。《集説》未辨及此。

郊之用辛也，周之始郊日以至。【集説】問郊之用辛日，何謂？謂周家始郊祀，適遇冬至是辛日，自後用冬至後辛日也。

竊案：此句有二説：一謂對建寅祈穀之郊爲始郊，始郊則用冬至，或冬至月之辛日也；一謂周人始者，郊祀之禮，其日但以冬至，不卜日也。後乃卜用辛日，周之始不如此。《集説》蓋用後説，然亦當兼存而互考之。

卜郊。【集説】《曲禮》言"大饗不問卜"，既用冬至，則有定日。此但云卜郊，則非卜日矣。下文言"帝牛不吉"，亦或此爲卜牲歟？不然，則异代之禮也。

竊案：此卜郊非卜牲，亦非异代之禮也，乃周郊之卜日爾。蓋周之始郊，本以日至，因是日適逢辛，後王遂用辛以郊天。但辛有上辛、中辛、下辛，先以上辛卜之，不吉，則卜中辛，又不吉，則卜下辛，載在《春秋》甚明。魯禮之三卜，即《周禮》大宰於祀大神，示卜日者也。《集説》疑爲卜牲，過矣。卜日吉而後郊，故曰卜郊。卜牲緩於卜日，不可云卜郊也。或謂卜郊以日至爲主，卜日至不吉，乃轉卜三辛，亦通。

恒豆之菹，水草之和氣也。其醢，陸産之物也。加豆，陸産也。其醢，水物也。【集説】醢人所掌，是天子之禮，此言諸侯之禮。

竊案：此節未見其必爲諸侯禮，而鄭氏以爲非天子禮者，以恒豆、加豆所用水陸之品物，不同於《周禮·醢人》耳。孔氏云："天子朝事之豆，有昌本、麋臡、茆菹、麛臡，與此同。其韭菹、醓醢[①]、菁菹、鹿臡，其韭

---

① "醢"字原訛作"酖"，據《四庫》本、《禮記正義》改。

菹、菁菹，非水物，與此异也。天子饋食之豆，有葵菹、蠃醢、豚拍、魚醢，與諸侯不同。其天子加豆，有芹菹、兔醢、深菹、醢醢、箈菹、鴈醢、筍菹、魚醢，芹菹與深蒲及箈菹等非陸産，兔醢與醢醢非水物，與此异。諸侯菹悉用水物，醢悉用陸産，與天子不同，故鄭知是諸侯也。”然《禮記》之與《周禮》异者多矣，烏知非异代之禮，而必臆斷爲諸侯之禮乎？且下文皆是陳天子之禮，不應前半説諸侯，後半説天子，以致首尾衡決，愚實未之能信。又案玉巖黃氏曰：“據注、疏，豆有天子、諸侯之別。然《禮器》上公十有六，則有朝事饋食而無加豆也。諸侯十有二，則朝踐去茅菹、麋臡，饋食去豚拍、魚醢也。與此又不同，恐當以《禮器》爲是。若如此章所云，則公侯於朝事、饋食所不得用者多矣。故此章宜爲疑經。”

莞簟之安，而蒲越、稾鞂之尚，明之也。【集説】明之，昭其禮之异也。

竊案：鄭注：“蒲越、稾鞂，藉神席也。明之者，神明之也。”其義當矣。今必易爲“昭其禮之异”，何耶？方氏又以潔著釋之[①]，謂“若玄酒、明水之類，莫非明之。於蒲越、稾鞂言之者，以其無餘義故也”。亦未安。

黃目，鬱氣之上尊也。【集説】無文。

竊案：《周禮·司尊彝》六彝之次：虎彝、蜼彝、雞彝、鳥彝、斝彝、黃彝。注：“黃彝，黃目也。”此言黃目爲上尊，孔疏云“謂祭祀時列之，最在諸彝之上”是也。蓋《周禮》所陳，以春夏秋冬所用之次言之，故黃彝在下，以冬所用也。此章所陳，以祭時所列之次言之，故黃彝在上，以其義之大也。凡行祭，六彝皆設。此章雜陳祭儀，不可分郊廟已上。玉巖黃氏説最爲明著。孔氏又云：“案《明堂位》，夏后氏以雞彝，殷以斝，周以黃目，是周所造也。天子則黃彝之上有雞彝、鳥彝，備前代之器。諸侯但有黃彝，故於諸侯爲上。”愚案，此本汎言，疏以爲諸侯，恐非是。又案，吳氏謂：“黃彝乃六彝之最下者，而在六尊之上者，陸氏云：‘尊先大，彝先小。’”勝鄭注“於諸侯爲上”之説。

始冠之，緇布之冠也。大古冠布，齊則緇之。【集説】冠禮三加，

---

① “著”字原訛作“着”，據《四庫》本改。下同。

先加緇布冠，是大古齊時之冠也。緇布爲之，不用笄，用頍以圍髮際，而結於項中，因綴之以固冠耳。

竊案：鄭氏注《儀禮》，謂"緇布冠缺項"者①，"缺讀如'有頍者弁'之頍。緇布冠無笄者，著頍，圍髮際，結項中，隅爲四綴，以固冠"。故《集説》本之。然毛氏傳《詩》以頍爲笄貌，許氏《説文》以頍爲舉頭貌，則頍非缺項矣。陳用之云："鄭氏説缺項之制，蓋有所傳。讀缺項爲頍，無所經見。"

委貌，周道也。章甫，殷道也。毋追，夏后氏之道也。【集説】委貌、章甫、毋追，皆緇布冠，但三代之易，名不同而其形制亦應異耳。委貌即玄冠。舊説：委，安也，言所以安正容貌。章，明也，所以表明丈夫。毋，發聲之詞。追，猶椎也，以其形名之。此一條是論三加始加之冠。

竊案：此皆鄭義。又案《白虎通》云："夏十三月爲正，其飾最大，故曰毋追。毋追，言其追大也。商十二月爲正，其飾微大，故曰章甫。章甫者，尚未與極其本相當也。周十一月爲正，萬物萌小，冠飾最小，故曰委貌。委貌，委曲有貌也。"觀此，則三代之冠异制矣。又案漢《輿服志》云："委貌冠、皮弁冠同制，長七寸，高四寸，制如覆杯，前高廣，後卑厭，所謂夏之毋追，商之章甫者也。委貌以皁繒爲之。"觀此，則三代之冠同制矣。陳用之云："禮文殘缺，其制度名義，莫究其詳。《禮圖》謂毋追有覆杯之狀，於義或然。鄭司農釋《周禮》，言'夏后氏之牟追'，蓋古者牟、毋通用也。《內則》有敦、牟、卮、匜，而牟乃食器，則覆杯之説，蓋有所傳也。"又云："《儒行》謂'孔子冠章甫之冠'，《莊子》謂'孔子冠枝木之冠'，蓋枝木之冠即章甫也。枝木，其邸也。古者喪冠厭而無邸，吉冠邸而不厭②，章甫之邸枝木，猶皮弁之邸象歟？"又云："《論語》'孔子羔裘玄冠不以吊'，《左傳》'劉定公謂趙孟：吾與子弁冕端委以治民、臨諸侯''晏平仲端委立於虎門'，《國語》'晉侯端委以入武宮''董安于端委以隨宰人'，蓋端衣委貌，士以爲祭服，大夫士以爲朝服，私朝服之。天子至士，亦以爲齊服。故劉定公、晉侯、董安于皆得以服之。范文子以杖擊其子，折委笄。《士冠禮》緇布冠有繢無笄，則委貌與緇布异矣。"愚案，《記》言緇布冠冠而敝之，是始加暫用以存古，自後便不復用。今玄冠端委，見於《春秋》士大夫者如此，則二冠不同可知。《集説》謂毋追、

---

① "冠"字原脱，《四庫》本同，據《儀禮注疏》補。

② "吉"字原訛作"言"，據《四庫》本、《禮書》改。

章甫、委貌皆緇布冠，未審是否。賈氏云：“庶人雖服委貌，而儉者服緇布。”其言爲允。孔子所謂冠而敝之，僅敝緌，亦未可知。但與《玉藻》所言，又不合耳。

繼世以立諸侯，象賢也。以官爵人，德之殺也。死而謚，今也。古者生無爵，死無謚。【集説】以官爵人，必隨其德之大小以爲降殺也。死必有謚，今日之變禮也。殷以前大夫以上乃爲爵，死則有謚。周制，雖爵及命士，死不謚也。

竊案：此明諸侯有冠禮，大夫無冠禮之義。蓋諸侯繼世以立，所以象賢，故有冠禮。大夫以官爵之，而不繼世，爲其德之殺也，故無冠禮。今説隨其德之大小以爲降殺，非是。又謚法始於周公，殷以前無之。此所謂古，蓋指周初。今，指作《記》之時。春秋以後，無論有爵無爵，死則皆謚，如莊公之謚縣賁父是也。若周之盛時，必爵命爲大夫，然後得請謚於君，而君命之謚，非若後世之濫。《集説》本注、疏，謂殷以前大夫乃爲爵，死則有謚，亦非是。

殷人尚聲，臭味未成，滌蕩其聲。樂三闋，然後出迎牲。【集説】牲未殺則未有臭味，故云“臭味未成”。

竊案：鄭、孔諸儒往往以臭味單指殺牲説，以下文有“出迎牲”之語耳。然臭與味不同，臭主鼻，味主口。方氏云：“臭未成，以其未用鬯故也。味未成，以其未殺牲故也。”兼説爲長。

周人尚臭，灌用鬯臭，鬱合鬯，臭陰達於淵泉。灌以圭璋，用玉氣也。既灌然後迎牲，致陰氣也。蕭合黍稷，臭陽達於牆屋。故既奠，然後焫蕭合膻薌。殷人先求諸陽，周人先求諸陰。【集説】周人尚氣臭，而祭必先求諸陰，故牲之未殺，先酌鬯酒灌地以求神，以鬯之有芳氣也，故曰“灌用鬯臭”。又擣鬱金香草之汁，和合鬯酒，使香氣滋甚，故云“鬱合鬯”也。以臭而求諸陰，其臭下達於淵泉矣。灌之禮，以圭璋爲瓚之柄，用玉之氣，亦是尚臭也。灌後乃迎牲，是欲先致氣於陰以求神，故云“致陰氣”也。蕭，香蒿也。取此蒿及牲之脂膋，合黍稷而燒之，使其氣旁達於牆屋之間，是以臭而求諸陽也。此是周人先求諸陽之禮。

竊案：《記》云周人先求諸陰，《集説》乃云先求諸陽，何相背戾如此？況灌鬯、焫蕭，一先一後，昭然甚明乎。又案吳臨川云：“鬱合鬯臭，蕭合黍稷臭，皆當'臭'字絕句。鄭以'臭'字屬下句者，非。"

既奠，然後焫蕭合羶薌。【集説】既奠，謂薦熟之時，蓋堂上事尸禮畢，延尸於户内而薦之熟。祝先酌酒，奠於鉶羹之南，而尸猶未入，蕭脂麥食之燒，正此時也。馨香，即黍稷也。既奠以下，是明上文焫蕭之時，非再焫也。

竊案：此本注、疏。然"既奠"之奠，乃"夫人奠盎"之奠，在朝事時，而誤引《特牲》士禮"祝酌奠於鉶南"之奠以釋之。陳氏曰："君灌以圭，夫人灌以璋，君迎牲，夫人奠盎。言既灌然後迎牲，既奠然後焫蕭。是迎牲、奠盎皆在既灌之後，而焫蕭又在既奠之後。灌，求神之始也，而焫蕭次之。迎牲、奠盎，事神之始也，而獻、薦次之。求諸陰而事之，猶以爲未足，又求諸陽焉。羶，膟膋之氣。薌，黍稷之氣也。《祭義》設燔燎羶薌，見以蕭光，在朝事之節。而朝事之初，有迎牲、奠盎之禮。《祭義》《郊特牲》之文雖異，其事一也。蓋迎牲而刲之，則血毛告於室，以示其幽全。膟膋焫於堂，以達其臭氣。而羹定之所詔，又在其後。不然，不足謂之尚臭。鄭以《祭義》所言爲朝事之焫蕭，以《郊特牲》所言爲饋食之焫蕭，非矣。"吴臨川亦有取於陳説。

直祭祝於主，索祭祝於祊。不知神之所在，於彼乎？於此乎？或諸遠人乎？祭於祊，尚曰求諸遠者與？【集説】索，求也。求索其神靈而祭之，則祝官行祭於祊也。祊有二：一是正祭時設祭於廟，又求神於廟門之内而祭之。《詩》云："祝祭于祊。"此則與祭同日；一是明日繹祭，祭於廟門之外也。

竊案：孔疏據《詩·楚茨》"祝祭於祊"及《禮》"祊之於東方"云然，朱子《集傳》亦從之。近朱汝礪氏則謂："衹有正祭之祊，無繹祭之祊。蓋祊者，正祭日求神於門内之禮；繹者，祭明日事尸於門堂之禮也。鄭康成以爲二者同時，而大名曰繹。祊於廟門外之西堂，繹又於其堂，失之矣。其釋《郊特牲》則言索祭謂之祊者，以於繹祭名也。祊本索祭，而反以繹祭稱名，於今日之正祭，假以明日繹祭祊名，彌失之矣。唐孔氏疑祊有二：一是正祭求神之祊，二是明日繹祭之祊。宋嚴粲説《楚茨》亦以爲正祭之祊在廟門内，若繹祭之祊，在廟門外。此皆委曲以徇鄭之失，而不知繹之無取於求神，但主於接尸，義不得稱祊也。"其言甚辨而確。

尸，陳也。【集説】尸，神像，當爲主之義，今以訓陳，記者誤耳。

竊案：此用鄭氏説。然“陳”字亦未始不可通。方氏云：“尸，神像，神隱而尸陳，故曰‘尸，陳也’。”

舉斝角，詔妥尸。【集説】尸始即席，舉斝角之時，祝告主人拜尸，以妥安其坐。

竊案：孔氏云：“斝角，爵也。饋食薦熟之時，尸未入，祝先奠爵於鉶南，尸入即席而舉之。尸始即席舉斝角之時，未敢自安，祝告主人拜尸，使尸安坐，是詔妥尸也。”《集説》取之而删其半，似無可疑。然孔疏之誤，不可不辨。陸氏曰：“凡祭祀，灌獻用斝，齊用醆，酒用爵。”然則舉斝角，詔妥尸，當灌獻之節，妥尸蓋在初入即席之時，宜在裸前。先儒謂在饋食時，此讀《儀禮》之誤也。蓋《少牢》《特牲》無朝踐饋獻，故妥尸在酳尸前。若祭自裸始，尸即席久矣，不應至饋食始詔妥尸①。

汁獻莎涗於醆酒。【集説】謂摩挲秬鬯及鬱金之汁也。秬鬯中有煮鬱，又和以盎齊，摩挲而涗之，出其香汁，故云汁獻涗於醆酒也。

竊案：鄭注：“獻，讀當爲‘莎’，齊語聲之誤也。”《集説》因之。然《周禮》有鬱齊獻酌，即此汁獻涗於醆酒也，不必改字。方氏云：“其煮鬱金汁和之，故曰汁。以獻之而不縮，故曰獻。汁言其物，獻言其事也。鬱齊用灌，亦曰獻者，以居九獻之首，故通謂之獻。《祭統》曰：‘獻之屬，莫重於裸。’”

有由辟焉。【集説】由，用也。辟，讀爲弭，如《周禮》所謂弭災兵、遠罪疾之類。由弭者，用此以消弭之也。

竊案：弭災兵、遠罪疾，見於《周禮·小祝》。然必改字而後通，非記者本義也。不若方、陸二家讀如字爲安。方氏云：“慮彼之有來也，故有辟以去之。若《月令》之磔攘開水，而用桃弧棘矢以辟去不祥之類是也。於辟言由者，以非祭之常體，或有因而用之也。”陸氏云：“有祭而由之，有祭而辟之。由，若祭門之類。辟，若祭厲之類。”二説雖又自不同，然較鄭氏改字爲優。

---

① “妥”字原訛作“安”，據《四庫》本改。

陳氏禮記集説補正卷十六

內則

左佩紛、帨。【集説】紛以拭器，帨以拭手，皆巾也。

竊案：鄭注："紛、帨，拭物之佩巾也。今齊人有言'紛'者，則是以紛、帨爲一物。"《集説》分而爲二，未審孰是。

男子入內，不嘯不指。【集説】謂聲容有異，駭人視聽也。舊讀嘯爲叱，今詳，嘯非家庭所發之聲，宜其不可。叱或有當發者，如見非禮舉動，安得不叱以儆之乎？讀如本字爲是。

竊案：嘯讀如本字，足正鄭注之訛，但以嘯指爲聲容有異，駭人視聽，則於男女之別無預。先儒謂嫌有隱使也，蓋常事以言語處分，是顯使人奸私，恐人知聞，不以言語，但嘯指諷之而已，故曰隱使，如齊莊公命棠姜枎楹而歌之類。

子放婦出，而不表禮焉。【集説】雖放逐其子，出棄其婦，而不表明其失禮之罪，示終不絕之也。

竊案：明言其惡之謂表，接遇以恩之謂禮。子、婦既不可教，怒而至於放、出，所以處之者，固不忍明言其惡而表之，亦不接遇以恩而禮之。不表，所以全我仁；不禮，所以致其義。《集説》謂不表明其失禮之罪，是不表失禮，非不表禮矣。雖先儒舊説皆爾，然終不免強解也。

舅没則姑老。【集説】老謂傳家事於長婦也。

竊案：此注本無可疑，但所謂"老"，當有證據，然後讀者易明，否則似老而傳之老矣。吳氏云："老與《孟子》'堯老而舜攝'，《左傳》'吾將老焉''桓公立乃老'之老同，謂謝事也。"

舅姑使冢婦，毋怠、不友、無禮於介婦。【集説】石梁 王氏曰："友，謂當作'敢'者是。"劉氏曰："不友者，不愛也。無禮者，不敬也。言舅姑以事命冢婦，則冢婦當自任其勞，不可怠於勞，而怨介婦不助己，遂不愛敬之也。"

竊案：毋怠不友，無禮於介婦。王氏則讀"毋怠"句絶，而以"友"作"敢"。劉氏則以"毋"字統"怠"與"不友""無禮"三者。二説劉氏近是。然謂"怨介婦不助己，遂不愛敬之"，非也。項氏云："言舅姑若任使冢婦，冢婦毋得以尊自怠，而凌辱衆婦，令其代己也。不友，謂煩虐之。無禮，謂麾叱之。蓋娣姒猶兄弟，不善待之，亦可謂之不友矣。"

毋敢敵耦於冢婦。【集説】敵耦者，欲求分任均勞之意。言舅姑若以事使介婦爲之，則介婦亦當自任其勞，不可謂己與冢婦爲敵耦，欲求均配其勞也。

竊案：兩相抗爲敵，兩相合爲耦。言舅姑若使介婦，介婦不得恃舅姑之命而傲冢婦，故曰"毋敢敵耦"。下文不敢并行、并命、并坐，正其目也。《記》無分任均勞之意。

又案：鄭注："雖有勤勞，不敢掉磬。"孔疏："庾氏云：'齊人謂之差訐。'崔氏云：'北海謂相激之事爲掉磬。'《隱義》云：'齊人謂相絞訐爲掉磬。'"愚謂注、疏以"掉磬"釋"敵耦"，恐亦非是。

不敢并命。【集説】不敢并受命於尊者，不敢并出命於卑者，蓋介婦當請命於冢婦也。

竊案：命，謂出命以使人。凡事宜請命於冢婦，不可以舅姑命我，遂與冢婦敵耦而并命也。《集説》謂不敢出命於卑者，是矣。又曰"不敢并受命於尊者"，非也。

無私畜。【集説】畜，許六反。

竊案：《釋文》："畜，許六反，又救六反。"是"畜牲""畜藏"初無定解，今《集説》定著爲"許六反"，則正謂所養六畜矣。意欲與上文"私貨"分别，然所舉反狹，不如作"救六反"者之較廣也。下文私親所賜，亦必獻諸舅姑，舅姑不受，亦必藏以待乏，其無私畜可知。

婦若有私親兄弟，將與之，則必復請其故句賜而後與之。【集説】故，即前者所獻之物，而舅姑不受者。雖藏於私室，今必請於尊者，既許，然後取以與之也。

竊案：上文婦以物獻舅姑，舅姑不受，如再受賜而藏以待乏，是以謂之"故賜"，謂舅姑前日所賜也。今以"故"字句絶，非矣。自鄭氏以下，諸儒亦無如此讀者。

夫婦皆齊而宗敬焉。【集説】謂齋戒而往助祭事，以致宗廟之敬也。

竊案：宗敬，如《詩》"君之宗之"之宗，謂宗之而敬事焉。故孔疏云："大宗將祭之時，小宗夫婦皆齋戒，以助祭於大宗而加敬。"《集説》云"致宗廟之敬"，非矣。

飯：黍、稷、稻、粱、白黍、黃粱，稰、穛。【集説】飯之品有黃黍、稷、稻、白粱、白黍、黃粱，凡六。其穀熟而穫之則曰"稰"，生穫之曰"穛"。此諸侯之飯，天子又有麥與苽。

竊案：此本注、疏，未爲大失。然天子六飯，諸侯四飯，降殺以兩。案《玉藻》，諸侯朔食四簋，唯有黍、稷、稻、粱①，無所謂白黍、黃粱，則知此言黍、稷別有白、黃二色，食時或用黃，或用白耳。以此例之，則下文稰、穛者，亦言稷、稻各有稰、穛二種也。《集説》并數之爲六，與天子混而無別矣。

飲：重醴、稻醴清糟、黍醴清糟、粱醴清糟。或以酏爲醴，黍酏、漿水、醷、濫。【集説】醷，梅漿也。濫，雜糗飯之屬和水也。

竊案：《周禮·酒正》："辨四飲之物：一曰清，二曰醫，三曰漿，四曰酏。"《漿人》："掌共王之六飲：水、漿、醴、涼、醫、酏。"凡有十飲。說者謂"重醴"至"以酏爲醴"十九字，即《周官》三"醴"，六飲之一也；黍酏，即《周官》六"酏"，六飲之二也；漿，即《周官》二"漿"，六飲之三也；水，即《周官》一"水"②，六飲之四也；醷，即《周官》五"醫"，六飲之五也；濫，即《周官》四"涼"，六飲之六也。或又謂醷與醫非一物，未審孰是。鄭氏謂"紀、莒之間名諸爲濫"，故釋"濫"爲"以諸和水"。孔氏謂："'諸'者，衆雜之詞。以諸雜糗飯之屬和水也。"《釋文》云："以諸，乾桃、乾梅皆曰諸。"今《集説》去"以諸"二字，但云"雜糗飯之屬"，則"濫"字無所根據。

羞：糗餌、粉酏。【集説】《周禮》："羞籩之實，糗餌粉餈。"此"酏"字當讀爲"餈"，記者誤耳。許慎云："餈，稻餅也。"炊米摶之。粉餈，以豆爲粉，糝餈上也。糗，炒乾米麥也。擣之以爲餌。蓋先屑爲粉，然後溲之。餌之言堅潔若玉珥也。餈之言粢也。

---

① "唯"字，《四庫》本作"惟"。

② "即"字原脱，據《四庫》本補。

竊案：經傳文字豈能一一相同^①，鄭氏因《周禮》有糗餌、粉餈，遂改"酏"爲"餈"，而《集說》本之。然如字，又何嘗不通也？陸氏云："糗餌，《籩人》所謂糗餌，言糗餌則餈可知。粉酏，《醢人》所謂酏食，言粉酏則糝可知。"頗爲徑直。

濡豚。【集說】濡讀爲胹，烹煮之也。

竊案：《左傳》"宰夫胹熊蹯不熟"，則"胹"固有烹煮之義，然不可以釋此"濡"字也。濡與乾爲對，猶《曲禮》所謂"濡肉齒決，乾肉不齒決"也。故注云："凡濡，謂烹之以汁和也。"疏謂："烹煮，以其汁調和。"今不言汁和，但云烹煮。而改"濡"爲"胹"，非矣。

凡和，春多酸，夏多苦，秋多辛，冬多鹹，調以滑甘。【集說】酸、苦、辛、鹹，木、火、金、水之所屬，多其時味，以養氣也。四時皆以滑甘，象土之寄歟？

竊案：依《經方》，"春不食酸，夏不食苦，秋不食辛，冬不食鹹，四時各減其味"，與《內則》"春多酸，夏多苦，秋多辛，冬多鹹"不同，而《集說》無文以辨之。孔氏云："《經方》所謂時氣壯者減其時味，以殺盛氣。此所云食以養人，恐氣虛羸，故多其時味，以養氣也。"劉氏云："《經方》之減者，以少壯言。此以養老而補病扶衰，故欲其飲食參配四時，長養五藏之氣，以助於五行也。"二說頗明著。黃氏又云："春多酸，收發散也；夏多苦，堅解緩也；秋多辛，發收斂也；冬多鹹，煥堅栗也。四味一多，恐其不通。滑所以養其竅，慮其不和。甘所以養其脾。"此說不主多時味以養氣，與《集說》異。且《集說》但釋"甘"字，而"滑"字惟此能兼明之。

春宜羔豚，膳膏薌；夏宜腒鱐，膳膏臊；秋宜犢麛，膳膏腥；冬宜鮮羽，膳膏羶。【集說】舊說此膳所宜，以五行衰王相參，及方氏燥濕、遲疾、强弱之說，今皆略之。

竊案：此《周禮·食醫》之文，記者載之於此，論調和飲食之法。而《集說》不推本於《周禮》，非是。且膳羞所宜，先王制禮，自有深意，諸儒解經，亦有是非，豈得一槩略去？今特采以補闕。鄭氏云："此八物，

<small>① "經"字原訛作"経"，據《四庫》本改。按：下文多有"經"字誤作"経"者，此形近而訛，皆徑改，不再出校勘記説明。</small>

四時肥美也，爲其大盛，煎以休廢之膏，節其氣也。"孔氏云："此記庖人論四時煎和膳食之宜，以王相休廢相參，其味乃善。'春宜羔豚，膳膏薌'者，春爲木王。牛，中央土畜。春，東方木。木尅土，木盛則土休廢，故用牛膏也。'夏宜腒鱐，膳膏臊'者，犬屬西方金。夏，南方火。火尅金，火盛則金休廢，故用犬膏也。'秋宜犢麛，膳膏腥'者，雞屬東方木。秋，西方金。金尅木，金盛則木休廢，故用雞膏也。'冬宜鮮羽，膳膏羶'者，羊屬南方火。冬，水王。水尅火，水盛則火休廢，故用羊膏也。《周禮》文與此同。鄭氏注云[1]：'羔、豚物生而肥，犢與麛物成而充，腒、鱐煤熟而乾，魚、雁水涸而性定。此八物者，得四時之氣尤盛，爲人食之弗勝，是以用休廢之脂膏膳之。'義與此同。"劉氏云："此四膏皆謂四時之所宜食，或謂取休廢之膏，以抑其盛，非也。先王日一舉膳，用六牲，不特其脂膏制於腒鱐，然後爲養直煎和之味，各有所宜爾，豈有休廢哉？"方氏云："春，木用事，脾土有所不勝，故以牛薌之土氣助養脾。夏，火用事，肺金有所不勝，故以犬臊之金氣助養肺。秋，金用事，肝木有所不勝，故以雞腥之木氣助養肝。冬，水用事，心火有所不勝，故以羊羶之火氣助養心也。"愚案，諸儒之説不同，然飲食主於養人，或節其太過，或補其不足，俱所以善其養也。鄭、孔、劉、方諸家并宜參考。

冬宜鮮羽。【集説】羽，雁也。

竊案：以羽爲雁，此本注、疏。蓋謂羽族既多，而冬來可食，唯雁故耳[2]。然鳧、雉、鶉、雀之類，冬皆可食，不止於雁，故王氏曰："羽物皆是。"

牛修、鹿脯、田豕脯、麋脯、麇脯。麋、鹿、田豕、麇皆有軒，雉、兔皆有芼。爵、鷃、蜩、范、芝栭、菱、椇、棗、栗、榛、柿、瓜、桃、李、梅、杏、楂、梨、薑、桂。【集説】芝，如今木耳之類。栭，《韻會》注云："江淮呼小栗爲栭栗。"又引鄭注云："自牛修至此三十一物。"

竊案：鄭云三十一物者，牛修一也，鹿脯二也，田豕脯三也，麋脯四也，麇脯五也，麋軒六也，鹿軒七也，田豕軒八也，麇軒九也，雉芼十也，兔芼十一也，爵十二也，鷃十三也，蜩十四也，范十五也，芝栭十六

---

[1] "氏"字原訛作"彼"，據《四庫》本改。

[2] "唯"字，《四庫》本作"惟"。

也，蔆十七也，栮十八也，棗十九也，栗二十也，榛二十一也，柿二十二
也，瓜二十三也，桃二十四也，李二十五也，梅二十六也，杏二十七也，
楂二十八也，梨二十九也，薑三十也，桂三十一也。《集説》既以芝、栮
爲二物，後仍舊注，云三十一物，疎矣。豈以楂、梨爲一物歟？不知楂自
山查，梨自梨，實二物也。又案，木上生芝，故曰芝栮，如今樹雞之類。
庾蔚云：“無葉而生者曰芝栮。”盧氏云：“芝，木芝也。”王肅云：“無花
而實者名栮，皆芝屬。”則芝、栮是一物。自賀氏以芝爲木椹，栮爲軟棗，
於是《集説》又有木耳、栮栗之解，未敢信爲必然。

**大夫燕食，有膾無脯，有脯無膾。士不貳羹胾。庶人耆老不
徒食。**【集説】因上文言人君燕食之物，而言大夫燕食。士不貳羹胾，亦
謂燕食也。不徒食，言必有饌。疏曰：“若朝夕常食，則下云羹食，自諸
侯以下至於庶人無等。”

竊案：《集説》燕食爲燕享之食，本之注、疏及方氏，然不如黃氏謂
燕居之食者較確。其説曰：“脯、膾是食之珍，而位至大夫，燕居常食，
不得兼之。羹、胾爲食之本，而士之燕居常食，亦不得兼之。降及庶人，
惟耆老乃不徒食。徒者，空也，謂七十者無故可食肉矣。倘庶人無故可食
肉，則有位者豈稱肉食哉？”愚案，羹食自諸侯以下無等者，蓋獨指羹食
一事而言，以其爲食之主也，故無等差，其餘則有等也。安得以羹食無等
爲燕居之食，遂謂燕居有等爲燕享之食乎[1]？

三牲用藙。【集説】藙，茱萸也。
竊案：鄭注：“藙，煎茱萸也。”不但以茱萸釋藙，而必曰煎，則有人
工作之矣。猶秋用芥，以芥醬釋之也。故孔氏引賀氏説，申之曰：“今蜀
郡作之，九月九日取茱萸，折其枝，連其實，廣長四五寸，一升實可和
十升膏，名之藙。”《集説》既從舊注，以芥爲芥醬矣，於茱萸獨去“煎”
字，何也？

**不食雛鱉，狼去腸，狗去腎，狸去正脊，兔去尻，狐去首，
豚去腦，魚去乙，鱉去醜。**【集説】雛鱉，伏乳者。魚體中有骨如篆乙
之形，去之，爲鯁人也。醜，竅也。或云頸下有骨，能毒人。

---

① “享”字原訛作“響”，據《四庫》本改。

竊案：此多本鄭注，然未備、未當。諸儒之説，不可不參。陸氏云：
"雛鼈，鼈之雛者。鼈固善矣，然猶不食雛者，它物可知。狼之腸直，去
腸蓋以此。狗去腎，以其熱歟？俗云：凡腎，豕不如羊，羊不如狗。今狸
脊上一道如界。兔尻有九孔。豕俯，聚精在腦，醫方云：'豕腦食之，昏
人精神。'"方氏云："狐死正丘首，天性然也。人殺而取之，則殺氣聚乎
首，故狐去首。《爾雅》云：'魚腸謂之乙。'謂其形屈如乙字之形也。魚
之餒必自腸始，故魚去乙。蓋物之美莫如鼈，其肉爲美，其竅爲醜，故鼈
去醜。"吳氏云："凡所去，蓋爲有害於人。解者推求其故，各以己意臆度，
豈其然乎？"雛鼈、去乙，後説較鄭注近是。

**天子之閣，左達五，右達五。公侯伯於房中五，大夫於閣三，
士於坫一。**【集説】宮室之制，中央爲正室，正室左右爲房，房外有序，
序外有夾室。天子尊，庖厨遠，故左夾室五閣，右夾室五閣。諸侯卑，庖
厨宜稍近，故於房中，惟一房而五閣也。大夫卑而無嫌，故亦於夾室而三
閣。士卑，不得爲閣，但於室中爲土坫以庋食。

竊案：先王於飲食之節，尊卑之辨，其嚴如此，此每謹於微之意。然
本文止云"大夫於閣三"則止，是大夫三閣也。疏謂大夫亦於夾室，果何
據歟？且諸侯不得有夾室，而大夫反有之，無等甚矣。故陸氏云："大夫
言於閣三，即蒙上房中可知。"吳氏因而推之，曰："士言於坫一，疑亦在
房中，或北堂之角也。"疏謂"於室中爲土坫"，恐非是。

**曾子曰："孝子之養老也，樂其心，不違其志，樂其耳目，
安其寢處，以其飲食忠養之。孝子之身終，終身也者，非終父母
之身，終其身也。是故父母之所愛亦愛之，父母之所敬亦敬之。
至於犬馬盡然，而況於人乎！"**【集説】樂其心，喻父母於道也。不違
其志，能養志也。飲食忠養以上，是終父母之身。愛所愛，敬所敬，則終
孝子之身也。

竊案：樂其心者，心無所事，則樂之而不使其憂，非喻親於道之謂。
"孝子之身終"以上，曾子之言。"終身也者"以下，記者恐人不解，故申
明之，非有終父母之身、終孝子之身之異也。

有善則記之，爲惇史。【集説】方氏曰："五帝之憲也，而老者未
嘗無言，要之以德爲主耳。故曰'有善則記之'，蓋可記者言故也。"
竊案："有善"之善，蓋指老者之德行而言，非謂記其善言也。故孔

疏云："老人有善德行則記録之，使衆人法則，爲惇厚之史。"《集説》以爲"可記者言"，謬矣。若徒記善言，何以爲惇史？

三王亦憲，既養老而后乞言，亦微其禮。【集説】於乞言之際，其禮微略，不誠切以求之，故云微其禮。

竊案：乞言所以亦微其禮者，尊老之至，不敢急迫，須從容欵曲，伺間乘暇，然後問之。與"五帝不乞言"雖殊，其乞言之禮，亦微而不顯露也。孔疏甚明，《集説》誤矣。

夫婦之禮，唯及七十同藏無間。【集説】無解。

竊案：鄭注："衰老無嫌。"孔疏："夫婦唯至七十同處居藏，無所間別，以其衰老，無所嫌疑故也。夫七十則婦六十以上[1]，若夫雖七十，婦唯六十以下，則猶間居。《詩傳》云：'男女不六十不間居。'據婦人言之。若其宗子，雖七十無妻，猶得更娶。故《曾子問》'宗子雖七十，無無主婦'，是必須有主婦也。"據注、疏則同藏爲同居室，《集説》無解，想同之矣。唯吳氏謂上文不敢藏於夫之篋笥，蓋謂年未七十者。則此同藏，謂藏於夫之篋笥。二説未審孰是，然以"妾年未得五十，必與五日之御"推之，其指居室無疑。

擇於諸母與可者。【集説】可者，謂雖非衆妾之列，或侍御之屬，可爲子師者也。

竊案：侍御之屬，本之鄭注，似無可疑。朱子《儀禮通解》又引古本，"可"作"阿"，謂阿保之屬也。

咳而名之。【集説】《説文》："咳，小兒笑聲。"謂作咳聲笑容，以示慈愛而名之也。

竊案："咳"字有三説。孔疏謂："父以手承子之咳而名之。"陸氏謂："咳，始垂之時，咳而名之，待之若有識焉。"此《集説》爲三也。愚案，咳即前"不敢嚏咳"之咳，音苦愛反，非户才反也。河間曰："有聲無痰曰咳。咳而名之，謂先咳嗽，而後名之也。非作笑容之謂，亦非承子之咳之謂也。"

---

① "上"字原訛作"下"，《四庫》本同，據《禮記正義》改。

凡名子，不以日月，不以國，不以隱疾。【集説】“隱疾”二字無解。

竊案：鄭、孔皆謂體中幽隱之處疾病，其義甚明。然疾而非隱，可爲名乎？杜氏《左》注云：“隱痛疾患，辟不祥也。”此説爲該。

案鄭《内則》注：“諱衣中之疾，難爲醫也。”

由命士以上及大夫之子，旬而見。冢子未食而見，必執其右手。適子庶子已食而見，必循其首。【集説】注讀旬爲均，謂適子、妾子有同時生者，雖是先生者先見，後生者後見，然皆在夫未與婦禮食之前，故曰均而見也。應氏曰：“子固以禮見於父，父則欲時時見之，又不可瀆，故每旬而一見之。若庶人，則簡略易通，故不必以旬而見。”今詳二説，俱可疑，闕之可也。疏曰：“天子諸侯之禮，未與后夫人禮食而先見冢子，急於正也。禮食之後，乃見適子，緩於庶耳。”

竊案：《集説》前一條本注、疏，後一條本陸氏，然不如朱子之説爲當。朱子曰：“疑鄭説失之。旬，如字，謂十日也。別記异聞，或不待三月也。承記大夫禮，而又别其冢、適、庶子之异同。冢子之禮，仍與前同，惟適子、庶子爲异耳。”

惇行孝弟。【集説】孝弟，百行之本，故先務惇行於孝弟，而後博文也。

竊案：此本夫子“行有餘力，則以學文”之意，然“惇行”二字未明。方氏云：“教讓於八年，學幼儀於十年，則孝弟之道固已知之。及成人，然後惇而行之，以期於熟焉。”其論當矣。

姆教婉娩聽從。【集説】婉謂言語，娩爲容貌。司馬公云：“柔順貌。”

竊案：孔氏云：“案《周禮·九嬪》注：‘婦德，貞順；婦言，辭令；婦容，婉娩；婦功，絲枲。’則婉、娩爲婦容。鄭以婉爲婦言，娩爲婦容，聽從爲婦順，‘執麻枲’以下爲婦功，以此備其四德。”此二説自相矛盾，宜以《九嬪》注爲定。蓋《記》言“愉色婉容”，婉非言也。且上有“男唯女俞”，則婦言已備矣。

納酒漿、籩豆、菹醢。【集説】無解。

竊案：此解有二，《集説》不言，應從注、疏矣。孔疏云：“謂於祭祀之時，觀看須於廟外，納此酒漿、籩豆、菹醢之等，置之神座。一‘納’

之文，包此六事言之。”吴氏則云：“籩豆、菹醢者，籩豆其菹醢，謂以菹醢實之於籩豆也。然菹醢，實於豆者爾[①]。實於籩者，有脯、修等物，不言者，文從省也。納其酒漿、籩豆，其菹醢各有司之者，使女子觀之，至行禮之時，則相長者而助其奠於神位之前也。”二説吴氏爲允。

---

① “爾”字，《四庫》本作“耳”。

陳氏禮記集説補正卷十七

玉藻

玄端而朝日於東門之外。【集説】朝日，春分之禮也。疏曰："知端當爲冕者，皮弁尊，次則諸侯之朝服，又其次玄端。諸侯皮弁聽朔，朝服視朝，是視朝之服卑於聽朔。今天子皮弁視朝，若玄端聽朔，則是聽朔之服卑於視朝。且聽朔大，視朝小，故知玄端爲冕，謂玄冕也。是冕服之下者。"

竊案：鄭注以《記》文"端"字爲誤，而改從"冕"。孔疏因而申之，且云："日月爲中祀，而用玄冕者，以天神尚質。"愚謂《記》文固非，鄭、孔亦非也。案《國語》云："大采朝日，少采夕月。"孔晁云："大采謂袞冕，少采謂黼衣。"韋昭從鄭，以大采爲玄冕，於少采則無以言之矣。周家朝日，王搢大圭，執鎮圭，而圭之藻藉有五采五就。乘龍，載大旂，而旂之象有日月交龍。其壇曰王宮，其燎則實柴，其牲幣則尚赤，其樂則黄鐘、大吕、雲門，禮與祀天神上帝者大槩同矣。服不以袞冕，而以祀群小祀之玄冕，豈所謂稱也？故馬氏以《記》稱玄端朝日蓋非周禮。《集説》輕信注、疏，殊非闕疑之義。

皮弁以日視朝，遂以食。日中而餕，奏而食。日少牢，朔月太牢。五飲：上水、漿、酒、醴、酏。【集説】疏曰："皮弁服，天子常日視朝之服也。諸臣同此服。日中而餕，謂日中所食乃朝食之餘也。奏，作樂也。日，常日也。朔月，月朔也。上水，以水爲上也。"

竊案：孔疏引趙商問《膳夫》王日一舉，鼎十有二，物皆有俎，則三牲備。案《玉藻》天子之食，日少牢，朔月太牢。禮數不同。鄭謂：《禮記》，後人所集，與《周禮》或合或否，當以經爲正。《周禮》六飲，此五飲，亦非周法也。此辨同異甚明，《集説》失於引用，特爲補之。又案，山陰 陸氏云："《周禮》'王日一舉，鼎十有二'，而此云'日少牢，朔月太牢'，則王日一舉，鼎十有二，用少牢與朔月、月半，然後三牲備耳。禮，君無故不殺牛，王雖尊，不應日殺。然則鼎十有二，不必皆太牢。《楚語》云：'天子舉以太牢。'舉蓋謂朔月、月半，以盛者言也。"此説又能合異爲同，存之以備攷。案以舉爲朔望之盛饌，此《國語》韋昭注。

動則左史書之，言則右史書之。【集説】無解。

竊案：孔疏：左，陽，陽主動，故左史記動作之事；右，陰，陰主静，故右史主言語之事。周有内史、外史、大史、小史、御史，而無左史、右史之名。案《周禮》"太史抱天時"，又《左傳》"太史書崔杼弑其君"，是記動作之事，則太史爲左史也。《周禮》"内史凡命諸侯及孤卿大夫，則策命之"，《左傳》"王命内史叔興父策命晋侯爲侯伯"，是皆言語之事，則内史爲右史也。太史記行，内史記言，是正法。若其有缺，則交相攝代。《洛誥》："史逸命周公。"史逸，成王太史也。襄三十年，鄭使太史命伯石爲卿，皆太史主爵命，以内史缺故也。若太史有缺，則内史亦攝之。春秋之時，特置左、右内史。故襄十四年，左史謂魏莊子，昭十二年，楚左史倚相。《藝文志》及《六藝論》云"右史記事，左史記言"，與此正反，於傳記不合，其義非也。馬氏云："動見於容貌，爲陽，故左史書之；言發於聲，爲陰，故右史書之。大胥春合舞，秋合聲，意亦如此。"此二説甚明，可補《集説》之闕。

御瞽幾聲之上下。【集説】幾，察也。察樂聲之高下，以知政令之得失也。

竊案：注、疏以上下爲憂樂，政和則樂聲樂，政酷則樂聲哀。瞽人審音，以之侍側，察樂聲上下哀樂，防君之失。此《集説》所本也。馬氏謂："政有治忽，故民有憂樂。民有憂樂，故聲有上下。上下雖殊，而憂樂之聲均有焉。哀心感者，聲噍以殺，憂聲之下者也；怒聲感者，聲粗以厲，憂聲之上者也；愛心感者，聲和以柔，樂聲之下者也；喜心感者，聲發以散，樂聲之上者也。有瞽以幾聲，則下無匿情。"又與注、疏不同矣。然注、疏以上爲美，下爲惡，馬氏以上下兼有美惡，俱是臆見，不若長樂 陳氏説爲得也。其説云："樂以中聲爲本，古者神瞽考中聲以作樂。《典同》言'高聲硜，下聲肆，正聲緩'，中聲者，非高而硜、下而肆，一適於正緩而已。御於君所之瞽，其察樂聲，以中聲爲量。齊音傲僻驕志，則聲失之高而上；宋音燕女溺志，則聲失之卑而下。不上不下，則中有瞽以幾聲，則人主無流湎之心矣。"此言頗有証據，可訂《集説》之訛。

食無樂。【集説】無解。

竊案：年不順成，則天子食無樂。即《大司徒》荒政蕃樂、《大司樂》大凶弛縣之意，皆憂以天下故也。然食雖無樂，飲酒則有樂矣。《曲禮》曰：

"歲凶，非飲酒不樂。"此亦《集説》所漏也。

凡有血氣之類，弗身踐也。【集説】踐，音翦。祭禮有射牲之文，此言"弗身踐"，亦謂尋常也^①。

竊案：鄭注："踐當爲翦，聲之誤也。翦，猶殺也。"孔疏云："此謂尋常，若祭祀之事，則身自爲之。故《楚語》云'禘郊之事，天子自射其牲。又刲羊擊豕'是也。"此《集説》所取也。第《記》云"凡有血氣之類"，則螻蟻皆是，不必指牛、羊、犬、豕矣。踐，讀如字，猶所謂不履生蟲，啓蟄不殺也。陸氏又云："弗身踐者，吾能弗踐而已，不能禁人之亦弗踐也。"解"身"字太拘。

揖私朝，煇如也，登車則有光矣。【集説】煇、光皆言德容發越之盛，光則又盛於煇矣。

竊案：此注、疏舊説。吳氏則謂："煇如乃昧爽之際，晨光猶熹微也。有光，乃質明之時，晨光已顯著也。"此從《小雅》"庭燎有煇""庭燎有光"得之。姑存別解。

天子搢珽。【集説】珽亦笏也，即《玉人》所謂"大圭長三尺"者是也。以其珽然無所詘，故謂之珽。

竊案：珽非大圭，大圭長三尺，此長六寸。大圭杼上終葵首，讓於天日，讓於先王也。珽，挺然而已，無所屈焉。蓋王執鎮圭，搢大圭，以祀天，以朝日，以享先王。執冒搢珽，以朝群臣，以見諸侯。先儒合珽、大圭爲一，蓋惑於搢大圭、搢珽之文。已上陸氏、馬氏辨之甚明，《集説》猶仍注、疏之誤。

登席不由前，爲躐席。【集説】竊意此經八字當作一句，而"爲"字平聲。蓋行禮之時，人各一席，而相離稍遠，固可從下而升。若布席稍密，或數人共一席，則必須由前，乃可得己之坐。若不由前，則是躐席矣。

竊案：有此兩解：注、疏謂登席由下不由前，由前則爲躐席。爲此之故，禮不由前，如《鄉飲酒禮》賓升席自西方，主人、介凡升席自北方，

---

① "常"字原訛作"嘗"，《四庫》本同，據《禮記集説》改。

皆由下升。此"爲"字作去聲讀者，一也；《集說》謂人各一席，而相離稍遠，固可由下升。若布席稍密，或數人共一席，則必須由前，乃可得己之坐。若不由前，則是躐席。此"爲"字作平聲讀者，二也。先儒多從注、疏，以其有明証也。《集說》所云，恐未足據。

讀書食，則齊豆去席尺。【集說】引王氏云："食則豆去席尺，讀書則與豆齊亦去席尺，是'齊豆去席尺'。"

竊案：此有三説：注、疏謂非飲食及講問時而徒坐。不盡席之前畔，有餘一尺，示無所求於前，不忘謙也。讀書，聲則當聞長者。食爲其汙席，坐則近前，與席畔齊。以設豆去席尺，不得不前坐就豆也。又引或説："讀書，聲當聞尊者，故人頭臨前一尺。食爲污席，人頭臨豆，與豆齊，故云齊豆。其豆徑一尺^①，與去席尺亦一也。"合《集說》爲三説。愚謂皆不甚通。鄭、孔以"齊"字句絶，而以"豆去席尺"申釋上句，似單爲食而言，於讀書不屬矣。或説雖以齊豆改舊讀，而其病亦然。王説又似祇爲讀書矣。凡三説所以舛者，皆由分讀書與食爲兩事耳。今案，讀書食與上徒坐相反，徒坐謂非飲食坐，則謙不敢近前，而不盡席尺，《曲禮》所謂"虛坐盡後"是也。讀書食謂因讀書而食，則坐近席畔，人頭臨前一尺，與豆相齊，《曲禮》所云"食坐盡前"是也。

君若賜之爵，則越席再拜稽首受。登席祭之，飲，卒爵而俟，君卒爵，然後授虛爵。君子之飲酒也，受一爵而色洒如也，二爵而言言，斯禮已，三爵而油油以退。【集說】無解。

竊案：《燕禮》臣先受爵而後拜，此先再拜稽首而後受。《燕禮》公卒爵而後飲，此飲卒爵而俟君卒爵。《燕禮》爵無算，此禮止三爵。故孔氏云："此謂朝夕侍君得爵者，非大享之飲。《左傳》云：'臣侍君燕，過三爵，非禮也。'蓋謂侍君小燕耳。"《集說》略不一辨，何也？

垂緌五寸，惰游之士也。玄冠縞武，不齒之服也。【集說】此言縞冠素紕，而緌之垂者長五寸，蓋以其惰游失業之士，使之服此，以恥之耳。不齒，即《王制》所謂不帥教而屏棄之者。使之玄冠縞武，亦以恥辱之。

---

① "徑"字原訛作"經"，《四庫》本同，據《禮記正義》改。

竊案:《集説》二節俱言恥辱之，而不較其輕重，猶爲缺漏。陳氏曰:"惰游之責輕於不齒。縞冠素紕，垂緌五寸，重於玄冠縞武。惰游之辱則重，不齒之辱則輕，何也? 蓋惰游者，一時之過，不齒之辱，不特一時而已。苟變惰游以趨職事，則縞冠垂緌，棄之可也。若夫玄冠縞武，或服之終身，或服之三年，先王豈忍重其辱於悠久哉。然則以重馭暫，義也; 以輕馭久，仁也。義，故民畏其威; 仁，故民懷其德。夫如是，民孰不勵業而遷善哉。"其説殊有分曉。

大帛不緌。【集説】大帛，冠之白者。凶服去飾，故不緌。

竊案:《左傳》衛文大布之衣，大帛之冠，白繒冠也。《雜記》大白冠不緌，謂白布冠也。此大帛不緌，應同《左傳》。鄭注謂:"帛當爲白，聲之誤也。"孔疏遂援《雜記》以實之。《集説》略不分明，槩曰"冠之白者"，何與?

君衣狐白裘，錦衣以裼之。君子狐青裘豹褎，玄綃衣以裼之。麛裘青豻褎，絞衣以裼之。羔裘豹飾，緇衣以裼之。狐裘，黃衣以裼之。【集説】引鄭氏曰:"凡裼衣，象裘色。"

竊案: 衣裘之色，雖以相稱爲貴，然不必一色，故狐青裘加以玄綃衣，白麛裘加以蒼黃之絞衣。玄綃衣之類，尚不必一色，則其外又可知也。故冕服雖玄衣，不害其加於狐白裘、狐青裘之上。皮弁雖白布衣，亦不害其加於黑羔裘之上。其衣裘同色者，惟素錦以裼狐白，黃衣以裼狐裘耳。《集説》引鄭氏衣象裘色之云，得半而失半矣。

犬羊之裘不裼。不文飾也，不裼。【集説】犬羊之裘，庶人所服。裘與人俱賤，故不裼以爲飾也。

竊案: 不文飾也，不裼，所該甚廣。如《聘禮》使臣行聘之時，主於敬，不主於文，故襲裘，是不文飾之事，不裼裘也。至行享之時，主於文，故裼裘。下文"吊則襲，不盡飾也; 君在則裼，盡飾也"，亦是此義。《集説》謂犬羊裘，裘與人俱賤，故不裼以爲飾，似以"不文飾"句釋上句矣。案方氏云:"犬羊之裘，庶人之服。庶人之容焦焦而無文，故不裼。故繼言'不文飾也，不裼'。"《集説》之誤，蓋出於此。

居士錦帶。【集説】以錦爲帶，示文也。鄭氏曰:"居士，道藝處士也。"

竊案：鄭氏尚有一説，《書大傳》曰："古之帝王，必有命民，能敬長憐幼，取舍好讓，舉事力者命於其君，然後得乘飾車駢馬①，衣文錦。民之未命者不得衣，不得乘，乘者有罰。"鄭氏釋之云："居士錦帶。"然則此《記》所謂居士，即命民也。以其有備成之文，故錦帶。古之居士有守貞而不仕者，如《論語》逸民是也；有成材而未仕者，如《鄉飲》之賓介、《鄉射》之君子是也。荀卿曰："古之處士，德盛者也，知命者也。今之處士，無能而云能者也，離蹤而跂訾者也。"處士即居士，《漢書》又謂之"處子"。

凡帶有率無箴功。【集説】凡帶各緒纏之處，箴綫細密，不見用箴之功，若無箴功。

竊案：無箴功者，謂實無箴綫之功，非若無箴功，如杜詩所謂"裁縫滅盡箴綫迹"也。故孔氏云："無別褘飾之箴功。"陳氏亦云："無刺繡之功。"《集説》獨謂"若無箴功"，失之過巧。

古之君子必佩玉，右徵、角，左宮、羽。【集説】徵、角、宮、羽，以玉聲所中言也。徵爲事，角爲民，故在右，右爲動作之方也。宮爲君，羽爲物，君道宜靜，物道宜積，故在左，左乃無事之方也。不言商者，或以西方肅殺之音，故遺之歟？方氏曰："徵、角爲陽，宮、羽爲陰，陽主動，陰主靜。右佩陰也，而聲中徵、角之動；左佩陽也，而聲中宮、羽之靜。何哉？蓋佩所以爲行止之節，時止則止，時行則行，此設佩之意也。"

竊案：《集説》既取注、疏，又取方氏，義非不具。然草廬吳氏之説更明，云："徵謂聲中林鍾律，角則中姑洗也。宮謂聲中黃鍾律，羽則中南吕也。林鍾爲徵，陰聲之首，故居右。徵三變生角，角間二律與徵近，故以徵配角。黃鍾爲宮，陽聲之始，故居左。宮三變生羽，羽間二律與宮近，故以羽配宮。無商者，周樂不用商調也。"方氏云："孔子謂君子之音溫柔居中，以養生育之氣。商於四時爲秋，秋之氣肅，非溫也。於五行爲金，金之性剛，非柔也。故象德之佩，享神之樂不用。惟射樂偎旌於商者，以習武，故尚義也。"

君未有命，弗敢即乘服也。【集説】此言諸侯之卿大夫爲使臣，而

---

① "駢"字原訛作"騎"，《四庫》本同，據《毛詩正義》所引《書傳》文改。

受天子之賜，歸而獻諸其君，君命之乘服，乃得乘服。故君未有命，不敢即乘服也。《左傳》：杜洩將以路葬，南遺謂季孫曰："叔孫未乘路，葬焉用之？"季孫使杜洩舍路，不可。曰："夫子受命於朝，而聘於王，王思舊勳，而賜之路。復命而致之君，君不敢逆王命，而復賜之。"

竊案：此《記》上言"君賜車馬，乘以拜賜。衣服，服以拜賜"，即繼之云"君未有命，弗敢即乘服也"，意與上一串凡爲臣者受賜通用之禮。《集説》從鄭氏，獨分此句爲諸侯之卿大夫受賜於天子之事，上下判隔矣。故陸氏謂："非經賜，雖有車馬、衣服，不敢輒乘服之。若後世三品，雖應服緋，必君賜而後服。"此説爲優。

賜君子與小人不同日。【集説】君子曰"賜"，小人曰"與"，貴賤殊，故不可同日。

竊案：方氏分説賜、與，與注、疏不同。引《曲禮》"賜人者不曰來取，與人者不問其所欲"爲二字對舉之証。《集説》本之。然"賜"字實，"與"字虛，舊説較爲平穩。周氏、陳氏亦云：賜君子以德，賜小人以力。均賜之者，恩也；不同日者，義也。如《詩》勞使臣則歌《出車》，勞還卒則歌《杕杜》①，凡以明貴賤，辨等列也。苟君子之與小人同日而賜之，是何異倒置冠履，混淆珉玉乎？

凡獻於君，大夫使宰，士親，皆再拜稽首送之。【集説】"皆再拜稽首送之"者，言大夫初遣宰時，已拜送矣。及至君門，以授小臣，則或宰或士，皆再拜而送之也。

竊案：此本注、疏，而稍改之，意遂晦滯，不如舊文爲明白也。孔氏云："'皆再拜稽首送之'者，雖大夫使人，初於家亦自拜送。而宰將命及士自送至於君門，付小臣之時，宰及士皆再拜而送之也。"

禮不盛，服不充，故大裘不裼。【集説】前章言不充其服，與此"充"字義殊。此言禮之盛者，則以充美爲敬。

竊案：方氏云："禮不盛，服不充，禮，所以行道也，故國家未道，則不充其服。"又案，吳氏云："此章前後有四'充'字，雖記者雜取，非必出於一人一時之言。然其意亦不異。蓋充者，備也，滿也。備、滿有盛

---

① "杕"字原訛作"杖"，據《四庫》本、《毛詩正義》改。

之義焉。不充其服，如衛文公大布之衣，大帛之冠，自抑損而不備滿充盛其服也。服，服襲也。充，美也。鄭氏謂："充猶覆也。"蓋襲衣掩覆裼衣，使其美深藏於內而不淺露，有如數仞之牆，不見宗廟之美，百官之富，是其美之在內，備滿充盛者也。若露裼衣而見其美，亦如及肩之牆，窺見室家之好，不得爲盛矣。臣之於君，不敢以充美自處，惟自抑損，乃爲敬君，故臣以見美不充爲敬也。不敢充服，'不充'亦同此義。"《集説》謂"'充'字義殊"，非矣。

圈豚行，不舉足。【集説】舊説：圈，轉也。豚之言循，讀爲上聲。謂徐趨之法，當曳轉其足，循地而行，故云不舉足也。方氏謂："此言迴旋而行。羔性聚，豚性散，圈之則聚，而迴旋於其中矣，故取況如此。"未知是否。

竊案：《集説》二解皆不明，且近於鑿。陸農師更有一説，以"圈"屬上句，"豚"屬下句，爲草廬所取，今存之。其説曰："'疾趨則欲發，而手足無移圈'句。圈讀如'杯圈'之圈，言雖舉趾稍高，尚循徐趨圈域之內。豚俯其首，'豚行'蓋冕行也。下文'端行'，謂服玄端而行。'弁行'，謂服爵弁、皮弁而行。"吳氏曰："案，陸説似優於注、疏。蓋此節之，首總言與尸行之節，次言徐趨、疾趨之異，末言豚行、端行、弁行及執龜玉而行四者之異也。"愚案，《集説》於"端行頤霤如矢，弁行剡剡起屨"下亦引一説，云："端謂玄端、素端，弁謂爵弁、皮弁，行容各欲稱其服也。"與仍舊説以端爲直、以弁爲急者不同。則陸氏以豚行爲冕行者，良是。蓋冕後高前俯，豚俯其首似之，故以取況。

燕居告溫溫。【集説】燕居之時，與告語於人之際，則皆欲其溫和，所謂居不容，寬柔以教也。

竊案：鄭氏云："告，謂教使也。"孔氏云："私燕所居，色尚和善，教人、使人之際，惟須溫溫，不欲嚴慄。"據此，則燕居告者，謂燕居教人、使人之時，非兩事也。

視容瞿瞿梅梅。【集説】瞿瞿，驚遽之貌。梅梅，猶昧昧。瞻視不審，故瞿瞿梅梅然也。

竊案：瞿瞿，驚顧之貌。孝子在喪，思見其親，故若有形影而驚顧也。《檀弓》云"既殯瞿瞿，如有求而弗得"是也。梅梅則微昧之意。《集説》以爲所視不審，非矣。

陳氏禮記集説補正卷十八

明堂位

九采之國，應門之外，北面東上。【集説】疏曰："此是九州之牧，謂之采者，以采取當州美物而貢天子。故《王制》曰：'千里之外曰采。'"

竊案：新安 王氏曰："《周官》侯服外有甸服、男服、采服，衞服外乃有蠻服、夷服、鎮服、蕃服。《周官》所謂六年五服一朝者，侯、甸、男、采、衞也。作洛之役，稱侯、甸、男、邦、采、衞，見士於周，皆不及蠻、夷。而采服，諸侯與焉。今蠻、夷、戎、狄之國，在宮門外，九采之國反在應門外。鄭説曰：'九采，九州之牧。'何所據而爲此説也？大抵此《記》之言，多所可疑，與諸經不合。"《集説》未一一細辨也。

明堂也者，明諸侯之尊卑也。【集説】無解。

竊案：明堂之説，諸儒紛紛不一，惟《大戴記》以爲天子之路寢，又以爲文王之廟者，近是。蓋寢廟之制，皆前堂後室。前堂向明，故曰明堂。天子有三朝，而燕朝在路寢之明堂，每日退朝聽政之所，不於此見諸侯。秋冬諸侯來朝，天子在太廟之明堂，負依而立。若此篇所記諸侯朝位，蓋周公營洛邑時制爲此禮。大朝享則於洛邑 文王廟之明堂受之也。記者不察，以明諸侯之尊卑解其義，謬矣。嚴陵 方氏又從而推廣之，謂："'明'有三義：孔子言宗祀文王於明堂，則祀事以之明故也；孟子言行王政於明堂，則政事以之明故也；此言朝諸侯於明堂，則朝事以之明故也。"其説尤謬，乃《大全》復取之，何耶？

成王以周公爲有勳勞於天下，是以封周公於曲阜，地方七百里，革車千乘。【集説】孟子言公侯皆方百里，又言周公封於魯，地方百里。而此云七百里者，蓋以百里之田爲魯本國，如後世食實封也。并附庸爲七百里，所謂錫之山川、土田、附庸也。《周禮》封疆方五百里之制，當時設法未行，不可以據。

問："孟子説齊、魯皆封百里，而先生向説齊、魯始封七百里者，何耶？"朱子曰："此等處皆難考。"

竊案：此《記》所云七百里，《集説》雖謂并附庸言之，恐未可據信。

蓋天子之畿方千里，其地百同，出車萬乘。魯之地若方七百里，凡四十九同。蓋半天子之國矣，豈止革車千乘耶？觀《魯頌》云“公車千乘”，則孟子儉於百里之言，誠可信矣。吳臨川亦云：“孟子曰：‘周公之封於魯，地非不足，而儉於百里。’其後定制，諸侯之地，方四百里，乃是周公制作禮樂時事。蓋除王所食之外，有方百里之國，有方百里之鄙，并附庸二十六國爲方四百里。此《記》所云地方七百里者，夸大之詞，非其實也。況周公受封在武王克商之後，魯公就國亦在武王初喪之時，今此乃云成王以周公爲有勳勞於天下，然後封之於曲阜，而有方七百里之地，妄矣。方百里則有輕重，車凡千乘。”

薦用玉豆雕篹。【集説】篹，籩也。雕飾其柄，故曰雕篹。

竊案：鄭注：“篹，籩屬。”孔疏：“篹形似筥，亦薦時所用。篹用竹，不可刻飾，故雕鏤其柄。”據此，則篹是籩之類，非即籩也。《集説》似誤。然孔疏謂竹不可刻飾，而雕鏤其柄者，亦非也。今之竹刻甚多，豈古人獨拙於今人焉？知非雕鏤其身而必指言柄乎？

升歌《清廟》，下管《象》。朱干玉戚，冕而舞《大武》。皮弁素積，裼而舞《大夏》。【集説】《象》，《象武》詩也。堂下以管吹《象武》之詩，故曰“下管《象》”也。

竊案：《清廟》，《周頌》祭文王之詩。《象》是文王之舞。《維清》亦祭文王之詩，即象舞之樂歌也。《武》則《大武》之樂歌。《武》言勝殷遏劉，《維清》不言征伐，則《象》決非武舞矣。注、疏以文王、武王之舞皆名爲《象》，《維清》《象》舞爲文王，下管《象》爲武王，其意蓋謂《清廟》其管《象》。若皆爲文王，不應有上下之別。殊不知古樂歌者在上，匏竹在下。凡以人歌者，皆曰升歌，亦曰登歌。以管奏者，皆曰下管。《周禮·大師》“帥瞽登歌，下管奏樂器”，《書》言“下管鼗鼓”是也。《清廟》以人歌之，自宜升。《象》以管奏之，自宜下。凡樂皆有堂上堂下之奏也。《集説》於《文王世子》篇既取嚴氏説，以正注、疏之訛，於此《記》仍以《象武》爲解，不幾自相矛盾歟？《内則》“成童舞《象》”，亦謂文王之舞。

是故夏礿，秋嘗，冬烝，春社，秋省，而遂大蜡，天子之祭也。【集説】魯在東方，或有朝於方岳之歲，則廢春祠，故此略之。秋省，秋斂也。年不順成，則八蜡不通，必視年之上下以爲蜡之豐嗇。舊讀“省”

爲“獮”者，非。

窃案：鄭注：“不言春祠，魯在東方，王東巡狩以春，或闕之。”孔疏：“魯在東方，朝常以春。當朝之年，以朝闕祭。巡狩在二月，不於正月祭者，諸侯預前待乎竟故也。”嚴陵 方氏亦曰：“不言春祠，與《王制》言‘烝則不祠’同義。其所異者，特彼以祠爲春祭耳。春祭闕祠而不闕社者，祠，君之所獨。社，則民之所同故也。”《集說》蓋本其意。以愚考之，周家六年五服一朝，十二年王乃時巡。王非歲歲東巡狩至於岱宗，魯侯亦非歲歲朝於鎬、洛也，安得春祠常闕，著爲定典乎？且《王制》“諸侯祫則不禘，禘則不嘗，嘗則不烝，烝則不祠”，亦緣見《春秋》中惟有禘、烝、嘗三祭。謂魯惟行此三祭，故云爾。古制未必盡然。夫四時之祭不可闕，不言春祠，有脫文爾。先儒謂王春東巡，則魯闕春祭，當朝之年用春，則亦闕祭，非也。又案，春社以祈年，秋社以報賽；春省以補耕，秋省以助斂。此《記》於社言春不言秋，春足以該秋也；於省言秋不言春，秋足以該春也。《集說》太略。

庫門，天子皋門。雉門，天子應門。【集說】天子五門：路、應、雉、庫、皋，由內而外。路門亦曰畢門。今魯庫門之制，如天子皋門；雉門之制，如天子應門也。

窃案：天子有五門，本於鄭注，實無所稽據。清江 劉氏謂：“以《詩》《書》《禮》《春秋》考之，天子與諸侯皆三門，但門同而名不同耳。天子有皋、應、畢，無庫、雉、路。諸侯有庫、雉、路，無皋、應、畢。《明堂位》所言，蓋魯用王禮，門制同王門，而名不同也。”

有虞氏之旂，夏后氏之綏。【集說】《周禮》交龍爲旂。綏，讀爲緌，以旄牛尾注於杠首而垂之者也。鄭云：“當言有虞氏之緌，夏后氏之旂。謂虞質於夏，惟緌而已，至夏世乃有旂之制也。”

窃案：鄭以虞旂夏綏爲誤，遂兩易之，而讀“綏”爲“緌”，如“冠蕤”之“蕤”，謂注旄牛尾於杠首，所謂大麾，恐非也。下文“有虞氏之綏”，乃喪葬之飾。鄭豈因此而改歟？應氏曰：“子華子謂舜建大常，舜惟建旂常耳。至夏，復綏之以羽旄。綏者，旒之係於繩而華者也。”陳氏曰：“旂之制始於舜，此有虞氏之旂也。至於夏，則致飾矣，故曰綏。”方氏曰：“旂，即所謂交龍爲旂也。殷之大帛，即雜帛之物。周之大赤，即通帛之旂。唯麾不在九旂之數，故以綏名之。”此雖皆臆說，然較改字者爲優，故并存之以俟考。

夏后氏以龍勺，殷以疏勺，周以蒲勺。【集説】龍勺，刻畫爲龍頭。疏勺，刻畫疏通也。蒲勺者，合蒲爲鳧頭之形，其口微開，如蒲草，本合而末微開也。三者皆謂勺之柄頭耳。

竊案：龍勺爲龍頭，無疑矣。以蒲勺爲鳧頭，恐未必然。陸氏又以疏勺爲雉頭，不知何據。豈雉曰疏趾，故爲此説歟？更詳之。

拊搏，玉磬，揩擊，大琴，大瑟，中琴，小瑟，四代之樂器也。【集説】拊搏，舊説以韋爲之，充之以糠，形如小鼓。揩擊，謂柷①、敔，皆所以節樂者。方氏以爲或拊或搏，或揩或擊，皆言作樂之事。又案《書傳》云："戛擊，考擊也。搏，至。拊，循也。"皆與此文理有礙。當從鄭注。

竊案：拊搏、玉磬、揩擊、琴瑟，與《書》言"戛擊鳴球，搏拊琴瑟"同義。拊取聲淺，搏取聲深，揩取聲淺，擊取聲深。注、疏以爲樂器者，泥於《記》文而云然，其實非也。《集説》不從方氏而從鄭氏，何耶？

米廩，有虞氏之庠也。序，夏后氏之序也。【集説】《孟子》言："夏曰校，殷曰序。"

竊案：《集説》引《孟子》以見異，而不解其所以，予取方氏説足之：《孟子》以殷爲序，周爲庠，而此以夏后爲序，虞爲庠者，蓋以其養人於此，則皆可謂之庠；以其習射於此，則皆可謂之序也。

大璜、封父龜，天子之器也。【集説】封父，國名。

竊案：《左傳》"周公相王室，以尹天下②，於周爲睦。分魯以大路③、大旂；夏后氏之璜，封父之繁弱"，夏后氏之璜，即此大璜。封父之繁弱，方氏以爲大弓，陸氏以爲即此封父龜。蓋此龜一名繁弱，以其善中而名之也。未知是否。

周獻豆。【集説】獻，讀爲娑，獻尊刻畫鳳羽，則此豆亦必刻畫鳳羽，故名也。

竊案：前尊用犧象之犧，本謂尊爲牛之形。而《集説》取舊注，音

---

① "柷"字原訛作"祝"，據《四庫》本、《禮記正義》改。
② "尹"字原訛作"君"，據《四庫》本、《春秋左傳正義》改。
③ "魯"字原訛作"晋"，據《四庫》本、《春秋左傳正義》改。

莎，謂刻畫鳳羽，娑娑然也。此獻豆，《集説》又從舊注，音娑。不知
"獻"者，若《周官》所謂"再獻"之"獻"。再獻對朝踐言之，則朝踐
爲初獻矣。《醢人》所謂朝踐之豆者，初獻也。所謂饋食之豆者，再獻也。
此言"獻豆"，則主祭祀之豆爾。《司尊彝》所謂獻尊，義亦類此，但未審
飾此豆尊者果加刻畫否耳。胡翰曰："禮有犧尊，即獻尊也。《司尊彝》云：
'其朝踐用兩獻尊，其再獻用兩象尊。'鄭氏讀獻爲犧，又音犧爲'摩莎'
之'莎'，非也。獻舉其事，犧言其象，其爲尊一而已。以其尊一，而謂
其音亦同，不可也。犧尊與象尊相須，鄭氏謂'犧尊飾以翡翠①，象尊以象
鳳凰'，其説亦非也。蓋犧尊爲牛形，象尊爲象形，皆周尊也。"王肅云：
"犧、象之尊，全刻牛、象之形，鑿背爲尊。"宋 劉杳言："古者犧尊、彝
尊皆刻木爲鳥獸，鑿頂及背，以出納酒。"二家之言近之。而杳又云："魯
郡地中，得大夫子尾送女器，有尊作犧牛形。晉 永嘉中，青州盜發齊景公
冢，獲二尊，狀類牛象，或者古之遺制也。"苟以爲刻木，安能久置地中
不壞？或謂犧尊畫牛，象尊畫象，亦以木耳，非古之遺制也。蓋二尊皆以
銅爲之，其取又皆以牛象而得名。犧尊爲犧形，象尊爲象形，則犧當讀爲
義，獻當讀如憲，各如其字本音可也。獻舉其事，犧言其象，不害其爲器
之一也。觀於《閟宫》之詩，朱子不取毛氏沙飾之説，而今獨取鄭氏摩莎
之音，豈非過乎？況杳之言足以證肅之説，爲益可信乎？

熊朋來曰："古字沙、莎同音，故莎、娑等字諧聲於沙，此沙飾之所
以音娑也。犧之爲娑，亦如皮之爲娑，儀之爲義。'犧尊將將'之上文'亨
以騂犧協，降福孔多'一詩之中，具有顯証。騂犧尚且音娑，則'犧尊'
之犧，非緣酒尊而異其音也。《説文》引貫侍中云：犧非古字，蓋古者犧
讀爲戲，以其字音之相同。戲或爲獻，以其字文之相近。故《集韻》以犧、
戲、獻三字互見，二韻或爲戲，本虛宜反切。'騂犧協'虛何，而'犧尊'
爲桑何反切。疑若小异，是則然爾。而訶娑字音可以相入，如華之爲敷，
洩之爲泄，委蛇亨之佗，亨之爲烹，單之丹、蟬二音，皆不可以字義、字
母爲拘者。古人之音在《易》《書》《詩》者，盡爲後儒所變，獨用《禮》
之獻尊、《詩》之犧尊、《左傳》之犧象，猶得三代之舊音。知犧尊所以音
娑，則尊當爲牛，而鳳羽娑娑之説，非也。又可知象尊爲象，而象骨飾尊
之説，非也。"

---

① "翠"字後原衍"羽"字，《四庫》本同，據《周禮注疏》刪。

有虞氏祭首，夏后氏祭心，殷祭肝，周祭肺。【集説】方氏曰："三代各祭其所勝，蓋夏尚黑，爲勝赤，故祭心。殷尚白，爲勝青，故祭肝。周尚赤，爲勝白，故祭肺。"

竊案：諸陽皆會於首，虞氏祭首，尚用陽氣也。《集説》采方説，而獨遺此，何歟？周之尚肺，特宗廟、賓客、飲食之間而已。若五祀，則户先脾，中霤先心，門先肝，事異則禮异矣。又《特牲饋食》先祭肺，後祭肝，祝亦如之，則祭肺非不祭肝也，以肺爲主爾。由是推之，夏、殷非不祭肺，以心與肝爲主而已。虞之祭首，想當亦然。

凡四代之服、器、官，魯兼用之。【集説】此篇主於誇大魯國，故歷舉四代之服、器、官，以見魯之禮樂，其盛如此，不知適足以彰其僭而已。

竊案：《記》陳伊耆氏之樂，女媧氏之笙簧，非唯四代，據其多者言之爾。亦有但舉三代者，如車旗言四代，馬言三代，尊言四代，其爵、其彝、其勺言三代，簋俎言四代，豆言三代，祭言四代，其牲、其酒言三代，載言四代，學言四代，官言四代，樂言四代，鼓與簨簾舉三代是也。然四代服、器，魯家每物之中得用之，不謂事事盡用也。至於四代之官，魯不過百里諸侯，何能兼備？案《太宰職》，諸侯惟有三卿五大夫。故《公羊傳》"司徒、司馬、司空之下各有二小卿，司馬之下一小卿"，是三卿五大夫。成王雖褒崇於魯，亦使魯雜存四代官職名號而已，非謂魯盡備其數也。吳幼清曰："周末無識之儒，不知魯國天子禮樂之爲非，方且極推其盛以爲夸。以其意在於夸也，故其言多有非實者。而石林葉氏又欲爲之掩護，以爲成王、伯禽無失禮，作《明堂位》者無失辭，其誤亦甚矣。"

明周洪謨曰："周公以冢宰攝政而已，漢儒不達《洛誥》'朕復子明辟'及《魯頌·閟宮》之義，而妄爲此篇，意謂周公有大功，又常踐天子之位，故成王賜魯以天子禮樂。殊不知魯之郊禘，後世子孫僭之耳。夫子存之《魯頌》，筆之《春秋》，所以示戒也。"

陳氏禮記集説補正卷十九

喪服小記

《喪服小記》第十五。【集説】朱子曰："《小記》是解《喪服傳》。"

竊案：解《喪服傳》，是矣，何以名爲《小記》？臨川 吳氏曰："《喪服》者，《儀禮》正經之篇名。正經之後有《記》，蓋以補經文之所不備。此篇內所記，又以補《喪服》後《記》之所未備者也。其事瑣碎，故名《小記》，以別於經後之《記》也。"

男子免而婦人髽。【集説】髽有二，斬衰則麻髽，齊衰則布髽，皆名露紒。

竊案：此孔氏之説也。若據皇氏，則髽有三種，有麻、有布、有露紒，其形有異同，謂之髽也。麻髽者，斬衰之服，以對男子之括髮。然齊衰爲母，自初喪至小斂後括髮以麻，與父禮同，則女亦麻髽，不應遽服布髽也。若至尸出堂拜賓，後往即堂下之位時，則男子不復括髮，而著布免，此時女亦著布髽，非齊衰全用布髽也。至成服後爲父，男則六升布爲冠，女則箭篠爲笄；爲母，男則七升布爲冠，女則榛木爲笄。以笄對冠，不復言布髽。而《喪服傳》云："女子在室，爲父髽衰三年。"又據《奔喪》云"婦人奔喪束髽"，鄭云："去纚大紒曰髽。"則知但露笄，亦曰髽也。又《檀弓》："孔子誨髽曰：'爾無從從，爾無扈扈。'"蓋榛以爲笄，但戒其高廣，不復言麻布繞紒，是知露紒悉名髽也。此三髽之説，皇氏之言爲足據也。又案，《集説》括髮以麻，謂以麻自項而前，交於額上，郤繞於紒，而不言免與髽之制。據鄭注《士喪禮》云："免者，以布廣一寸，自項中而交於額上，郤繞紒。"是免形與括髮同也。又據鄭注《喪服》曰："髽，露紒，猶男子之括髮。"是髽形亦與括髮同也，但免廣一寸，而髽廣四寸耳。馬融曰："髽，屈布爲之，高四寸。"若鄭衆以爲枲麻與髮相半，則無謂矣。

以五爲九。【集説】不言以五爲七者，蓋由祖以親曾、高二祖，由孫而親曾孫、玄孫，其恩皆已疏略，故惟言"以五爲九"。

竊案：此不言七，竟言九者，庾氏云："由祖以親曾、高二祖，由孫以親曾、玄二孫，服之所同，義由於此也。蓋曾、高一等，同爲齊衰三月，所以《喪服》注云：'重其衰麻，尊尊也；減其日月，恩殺也。'不可以大功、小功、旁親之服加至尊，故皆服齊衰也。又曾孫正服緦麻三月，玄孫理不容異，略同三月，此所以不須言七，而竟言九也。"《集説》不言其故，此經何由而明乎？

王者禘其祖之所自出，以其祖配之，而立四廟。庶子王亦如之。【集説】四廟，謂高、曾、祖、禰四親廟也。始祖居中爲五，并高祖之父祖爲七。或世子有廢疾不可立，而庶子立爲王者，其禮制亦然。

竊案：經文云"而立四廟"，《集説》又謂"并高祖之父祖而七"，何也？經傳庶子王多矣，豈世子盡有疾乎？惟韋玄成謂："始受命而王者不必備事七廟，故立四廟，止於高祖而已。其上親盡，不祭可也。""庶子王亦如之"者，山陰陸氏曰："此言王者後世或更衰亂，統序既絶，其子孫有特起者，若漢光武，復有天下，既復七廟，則其高、曾、祖、禰當別立廟祀之，故曰'庶子王亦如之'也。"草廬吳氏求其説而不得，則以《大傳》經文"諸侯及其大祖"六字加於"而立四廟"之上，此又一説。

尊祖故敬宗，敬宗所以尊祖禰也。【集説】宗是先祖正體，惟其尊祖，是以敬宗也。

竊案：鄭氏曰："宗者，祖禰之正體。"是包禰在内也。臨川吳氏曰："敬繼祖之宗，所以尊其爲祖之正體；敬繼禰之宗，所以尊其爲禰之正體。上但言尊祖，不言禰者，舉尊以包卑。祖者兼曾、高二祖，通言三祖也。"其説備矣。

庶子不祭祖者，明其宗也。【集説】此據適士立二廟，祭禰及祖。今兄弟二人，一適一庶，而俱爲適士，其適子之爲適士者，固祭祖及禰矣。其庶子雖適士，止得立禰廟，不得立祖廟而祭祖者，明其宗有所在也。

竊案：此庶子非禰庶，乃祖庶同堂兄弟也。今止云兄弟二人，一適一庶，則是禰庶，親昆弟矣。若禰庶，則并不得立禰廟。下經云"庶子不祭禰者，明其宗也"，孔氏云："庶子是下士，宗子是庶人。此下士立廟於宗子之家，庶子共其牲物，宗子主其禮。"此雖并爲適士，禰廟已在禰適之家，此庶子又何禰廟之可立乎？惟其爲祖庶，故得立此禰廟。鄭氏云："凡正體在乎上者，謂下正猶爲庶也。"孔氏曰："正體，謂祖之適。下正，謂禰之適也。雖正爲禰適，而於祖猶爲庶，故禰適謂之爲庶也。”其説審矣。

從祖祔食。【集説】祖廟在宗子之家，此殤與此無後者當祭祖之時，亦與祭於祖廟也，故曰“從祖祔食”。

竊案：此祖廟就殤與無後死者言之，非就祭者言之也。若就祭者言之，則祭殤在於禰廟，己禰即殤之祖也。祭無後在於祖廟，己祖亦兄弟之祖也。

庶子不祭禰者，明其宗也。【集説】庶子雖貴，止得供具牲物，而宗子主其禮。上文言“庶子不祭祖”，是猶得立禰廟，以其爲適士也。此言“不祭禰”，以此庶子非適士，或未仕，故不得立廟以祭禰也。

竊案：《集説》之誤甚矣。彼既云“庶子雖貴，止得供具牲物，而宗子主其禮”，豈以適士之貴，而庶子遂得立禰廟乎？蓋以陳氏不明前言“庶子不祭祖者”，就祖庶而言，故適士得立二廟。不得立祖廟，而得立禰廟者，雖爲祖庶，而猶爲禰適也。此之“庶子不祭禰者”，竟是禰庶，故雖下士得立禰廟，以廟必在宗子之家而不得祭也。就此説觀之，亦見其自相矛盾矣。

世子不降妻之父母。其爲妻也，與大夫之適子同。【集説】大夫適子死，服齊衰不杖。今世子既不降其妻之父母，則其爲妻服，與大夫服適子之服同也。

竊案：此於禮何據？《儀禮》父爲長子三年，通上下言之，豈有大夫適子死而服齊衰不杖者乎？《儀禮》“齊衰不杖”章有“大夫之適子爲妻”，此經文上有“爲妻”二字，故下止云“與大夫之適子同”，其實與大夫之適子爲妻同也。陳氏竟謂與大夫服適子同，謬矣。

降而在緦、小功者則税之。【集説】此句承“父税喪，己則否”之下。降者，殺其正服也。如叔父及適孫正服，皆不杖期，死在下殤，則皆降服小功，如庶孫之中殤，以大功而降爲緦也，從祖昆弟之長殤，以小功而降爲緦也。如此者皆追服之。凡降服重於正服。

竊案：同爲日月已過而聞喪，乃祖父母、諸父昆弟則不税，叔父及適孫之下殤以期降爲小功，庶孫之中殤以大功降爲緦則税之，何也？若云“降服重於正服”，今父在爲祖周，父亡則三年，顧不重於緦、小功與？意祖父母、諸父昆弟則不及識，叔父適孫、庶孫之殤則及識之，各有其義與? 《集説》未明言之也。然則此節不必承“父税喪，己則否”之下矣。山陰 陸氏曰：“嫌小功不税，降服猶是也。故言之在此，非脱誤也。”

　　大夫降其庶子，其孫不降其父。【集説】大夫爲庶子服大功，而庶子之子則爲父三年也。大夫不服其妾，故妾子爲其母大功。

　　竊案：此非經文之正解也。孔氏曰：“大夫降其庶子，故爲其庶子大功。而《喪服條例》云：‘父之所不服，其子亦不敢服。’故大夫不服其妾，妾子爲母大功也。今嫌既降其子，亦厭其孫，故此明雖降庶子，而不厭降其孫。庶子之子猶三年也。”鄭氏曰：“祖不厭孫也。”其義始備。

陳氏禮記集説補正卷二十

大傳

《大傳》。【集説】鄭氏曰：“記祖宗人親之大義。”

竊案：長樂 陳氏謂：“禘者，祭之大；追王者，孝之大；名者，人治之大；道者，禮義之大。故命曰《大傳》。”即鄭氏之意也，其説非不可通，然臨川 吳氏之言更確。吳氏云：“《儀禮》經十七篇，唯《喪服》一篇之經有傳，如《易》之《彖》《象》《傳》。此篇不釋經而泛説，則如《易》之《繫辭傳》，不釋經而統論大凡也。人以《繫辭傳》爲《易大傳》，故此篇亦名《大傳》云。”

五曰存愛。【集説】存，察也。人於其所親愛而辟焉，有以察之，則所愛者出於公，而四者皆無私意之累矣。

竊案：愛者，仁之發，所謂惻隱之心也。人君爲物欲所攻，則流於忍刻，而愛之存焉者寡矣。故必以愛存心，而不敢有一念之或舍，則應接之際，愛親、愛賢、愛人、愛物皆由此出焉。吳臨川謂“存愛民之心”，固與上文“民不與焉”相悖。《集説》謂察其親愛而辟者，亦失記者之旨。

考文章，易服色。【集説】文章，典籍也。服之色，隨所尚而變易。

竊案：《集説》亦通，但舊説亦宜備考。孔疏曰：“服色，車之與馬各從所尚。夏尚黑，殷尚白，周尚赤也。”臨川 吳氏曰：“文章，謂禮樂之秩序節奏，政刑之制令科條也。服，謂所服車馬，各有所尚之色。”愚案，“考文章”者，即《中庸》謂“天子所考文而天下同書”者也。

服術有六。四曰出入。五曰長幼。【集説】出入者，女在室爲入，適人爲出。及爲人後者、長幼者，長謂成人，幼謂諸殤。

竊案：姑、姊妹女子之在室，齊衰期，出嫁則降大功九月。《集説》以適人爲出，是矣。但以在室爲入，則未安。蓋女子在室，無外事，何以云入？入者，或既嫁而被出，或無子而復歸本宗，則仍服在室未嫁之本服也。至於長幼者，謂昆弟，非謂成人與諸殤也。蓋同父昆弟服齊衰期，同祖從昆弟則服大功九月，同曾祖再從昆弟則服小功五月，同高祖族昆弟則服緦麻三月。由長推而上之，則父之親昆弟爲從父則服齊衰期，父之從昆弟爲再從父則服小功五月，父之族昆弟爲族父則服緦麻三月，祖之親昆弟爲從祖則服小功五月，祖之從昆弟爲族祖及曾祖之親昆弟爲族曾祖，并服緦麻三月。由幼推而下之，子之從昆弟爲親昆弟之子則服齊衰期，子之再從昆弟爲從昆弟之子則服小功五月，子之族昆弟爲再從昆弟之子則服緦麻三月，孫之再從昆弟爲親昆弟之孫則服小功五月，孫之族昆弟爲從昆弟之孫，及曾孫之族昆弟爲親昆弟之曾孫，并服緦麻三月。此臨川 吳氏之説，其義詳明，視《集説》爲勝。

自仁率親，等而上之，至於祖，名曰輕。自義率祖，順而下之，至於禰，名曰重。一輕一重，其義然也。【集説】疏云：“自，用也。仁，恩也。子孫若用恩愛，依循於親，節級而上，至於祖遠者，恩愛漸輕，故‘名曰輕’也。用義循祖，順而下之，至於禰，其義漸輕，祖則義重，故‘名曰重’也。義則祖重而父母輕，仁則父母重而祖輕，一輕一重，宜合如是，故曰‘其義然也’。案《喪服條例》，齊衰表恩，若高、曾之服，本應緦麻小功，而進以齊衰，豈非爲尊重而然耶？至親以期斷，而父母三年，寧不爲恩深乎？”

竊案：自，由也，訓“用”，非是。至親之服，斬衰三年者，仁也。循至親之重服，等差而上，至祖，則減爲齊衰期，義至曾、高祖，則減爲齊衰三月，愈殺而輕矣，故“名曰輕”。於曾、高祖之服齊衰三月者，義也。循曾、高祖之輕服，順序而下，至祖，則加爲齊衰期，又至禰，則加爲斬衰三年，愈隆而重矣，故“名曰重”。一輕一重，其義則然，非人之所能爲也。諸儒輔氏、應氏、吳氏之説皆如是，《集説》獨謂“祖則義重，故名曰重”，引《喪服條例》爲証，於《記》文不順。

別子爲祖，繼別爲宗，繼禰者爲小宗。有百世不遷之宗，有五世則遷之宗。百世不遷者，別子之後也。宗其繼別子之所自出者，百世不遷者也。宗其繼高祖者，五世則遷者也。尊祖故敬宗，敬宗，尊祖之義也。【集説】宗其繼別子者，百世不遷者也。“之所自出”四字，朱子曰：“衍文也。凡大宗，族人與之爲絶族者，五世外皆爲之齊衰三月，母妻亦然。爲小宗者，則以本親之服服之。”

有小宗而無大宗者，有大宗而無小宗者，有無宗亦莫之宗者，公子是也。【集説】君無適兄弟，使庶兄弟一人爲宗，以領公子，其禮亦如小宗，此之謂"有小宗而無大宗"也。君有適昆弟，使之爲宗，以領公子，更不得立庶昆弟爲宗，此之謂"有大宗而無小宗"也。若公子止一人，無他公子可爲宗，是無宗也，則亦無他公子宗於己矣，此之謂"無宗亦莫之宗"也。前所論宗法，是通言卿大夫大小宗之制。此則專言國君之子，上不得宗君，下未爲後世之宗，有此三事也。

竊案：《集説》一本注、疏，諸家之説亦同。蓋前一節是卿、大夫、士繼別子之宗，後二節是特言公子本身自爲宗之宗。公子本身之爲宗者，一君但有一大宗，非若其他別子之爲祖而不爲宗者。每一公子爲一大宗，與此數公子共一大宗者不同。獨藍田呂氏以二者合而爲一，其説曰："國君之適長爲世子，繼先君之正統，自母弟而下，皆不得宗。嗣君又不可無所統屬，故次適爲別子，別子爲先君，一族大宗之祖，每一君有一大宗。其生也，適庶兄弟皆宗之；其死也，子孫世世繼之。凡先君所出之子孫皆宗之，雖百世不遷。無後，則族人以支子繼之。群公子雖宗別子，而自爲五世小宗之祖，死則其子其孫爲繼禰。繼祖之小宗，至五世以上，則上遷其祖，下易其宗，無子孫則絶。若君無次嫡子立爲別子，止有庶公子數人，則不可無宗以統，當立庶長爲小宗，使諸弟皆宗之。"吳臨川曰："若呂氏説，則後一節與前一節，其義不殊。一君但有一公子，謂之別子。君之子雖多，止有一人爲大宗，以下皆不得謂之別子。彼魯三桓之爲三大宗，鄭七穆之爲七大宗，蓋非正禮。"與此舊説，未知孰是，姑兩存之。歸震川曰："公子者，別子之爲祖者也。何以爲宗？曰：公子非宗也，不爲宗而宗之道出焉耳。公子之大宗者，公也。已自別於正體，無大宗矣。雖其子爲繼別之宗，猶繼禰也。迨五世當遷，而後不遷之宗，於是乎出。未及五世，猶小宗也，所以謂之'有小宗而無大宗'也。公子雖無大宗，而不可謂之非大宗之祖。雖爲大宗之祖，而未及乎繼禰之子，所以謂'有大宗而無小宗'也。公子一人焉而已，無大宗是有無宗也，無小宗是亦莫之宗也，故曰公子非宗也。非宗故謂之別子，別子故爲之祖。爲之祖，故公子之公爲其士大夫之庶者，宗其士大夫之嫡者，而宗之道於是乎出。先王之出宗，大抵因別子之嫡庶而已。二世之庶，宗其繼禰者之嫡。三世之庶，宗其繼祖者之嫡。四世之庶，宗其繼曾祖者之嫡。五世之庶，宗其繼高祖者之嫡，而爲小宗之道出矣。六世之庶，宗其繼別者之嫡，而爲大宗之道出矣。小宗四，大宗一，并而爲五宗，而其變至於無窮，皆自於公子，故曰不爲宗而宗之道出焉也。鄭氏謂公子不得宗君，君命嫡昆弟爲之宗，使之宗之。所宗者適，則如大宗，死爲之齊衰九月，其母則小君也。爲其妻齊衰三月。無適而宗庶，則如小宗，死爲之大功九月，其母、妻無服。公子唯己而已，則無所宗，亦莫之宗，是公子有此三事也。鄭以此爲公子之宗道，則非別子爲祖之義矣。夫宗有散有合，族人不得以戚戚君，於是乎散。故號別子者，以之別子爲祖。繼別爲宗，繼禰爲小宗，於是乎合。故號爲小宗者，以之先王之道。由祖而宗，猶木之由本而爲枝也。得其祖則兄弟相宗，而宗之法行；不得其祖，則兄弟不相宗，而別子之義起。今使公子自相宗，夫公子不得祖先君矣，宗於何生？且非先君之正體，皆庶也。而鄭又爲嫡庶之説，過矣。別子者，宗之始也，不可以亂，故先王正其始。正其始者，正其別也。魯之三桓，鄭之七穆，古之遺制也。"愚案，震川之説，以別子、公子爲一，與吕氏同，而以魯 三桓、鄭七穆者爲古之遺制，又與吕氏异，故并録之以備考。

敬宗故收族。【集説】宗道既尊，故不離散。

竊案：收族，非不離散之謂，乃"收卹"之收也。東萊 吕氏謂："窮困者，收而養之。不知學者，收而教之。"其説爲當。

陳氏禮記集説補正卷二十一

少儀

不疑在躬。【集説】一言一行，皆其在躬者也。口無擇言，身無擇行，是不疑在躬也。

竊案：下文言"不度民械，不願於大家，不訾重器"，皆粗迹也。無緣此句獨説向言行細處，蓋衣服之類，皆在躬者也。冠圓冠者知天時，履方履者知地形，珮玦者事至而能斷。至於深衣之應規矩權衡，先王之制衣服，豈徒然乎？若衣服在躬，而不知其名爲罔，即所謂疑也。當學習明了，不可使疑事在其身，此之謂"不疑在躬"。

不訾重器。【集説】訾，鄙毀之也。重器之傳，寶之久矣，乃從而毀之，豈不起人之怒乎？

竊案：方氏云："重器，九鼎之屬。訾，與《國語》'訾相'之訾同。"朱子云："訾，猶計度也。下'毋訾衣服成器'①，字義同此《國語》云'訾相其質'，《漢書》云'爲無訾省'，又云'不訾之身'，皆此義。此言'不訾重器'者，謂不欲量物之貴賤，亦避不審也。"注、疏以訾爲思，謂客思玩主人珍物重器，則憎惡己貧賤，生淫亂濫惡，固非經義。《集説》以鄙毀釋訾，亦未盡當也。

不貳問。問卜筮，曰："義與？志與？"義則可問，志則否。【集説】不貳問，謂謀之龜筮，事雖正而兆不吉，則不可以不正者再問之也。見人卜筮，欲問其所卜何事，則曰："義與？志與？"義者，事之宜爲，志則心之隱謀也。故義者則可問其事，志則不可問其事也。一説卜者問求卜之人，義則爲卜之，志則不爲之卜，亦通。

竊案：前説謂我問人之卜筮，後説謂太卜問來卜筮者，皆與上"不貳問""問"字相違。愚謂二"問"字但當就卜筮者言。"曰"者，卜筮者心中自忖度也。不貳問，謂謀之龜筮，宜誠心問正事，不可雜以不正之事也。以下不貳問之目，將問卜筮之時，心自忖度，曰：我之所問者出於公

---

① "訾"字原訛作"誓"，據《四庫》本、《禮記正義》改。

義與？抑出於私志與？合義則可問，私志則不問，此之謂"不貳問"也。劉氏云："凡問卜筮之道，先正其心，決定所事之去就，則從此而違彼，無疑貳之心矣。然後問於筮，考於卜，吾所就而從者，吉乎？凶乎？是之謂'不貳問'也。"其言先獲我心矣。輔氏云："問卜尚誠壹，惟誠，然後此問彼應。"亦通。

勝則洗而以請，客亦如之。【集説】射與投壺之禮，勝者之子弟酌酒，置於豐上，其不勝者跪而飲之。若卑者得勝，則不敢徑酌，當前洗爵而請行觴也。

竊案：此注、疏説也，似亦可通。然朱子則云："此皆是卑者與尊者爲耦。若己勝而司射命酌，則不使它子弟酌酒以罰尊者，必先洗爵而請行觴。若耦勝，則亦不敢煩它子弟酌而飲己，必自洗酌而請自飲也。"注、疏説恐未然。

執君之乘車則坐。僕者右帶劍，負良綏，申之面，拖諸幦，以散綏升，執轡然後步。【集説】方氏曰："執，謂執轡也。凡御必立，今坐者，君未升車，而車未行也。劍在左，以便右抽，僕則右帶者，以君在左，嫌妨君也。良綏，正綏也；散綏，貳綏也。正綏君所執，貳綏則僕執之。僕在車前，而君自後升，故曰'負良綏'。'申之面'者，言垂綏之末於前也。'拖諸幦'者，引之於車闌覆苓之上也。'以散綏升'者，復言僕初升時也。'執轡然後步'者，防馬之逸也。"今案，苓即軾也。

竊案：朱子云："下言'以散綏升'，則是此時僕方在車。帶劍負綏，而擲綏末於幦上，君固未就車也。及僕以散綏升之後，君方出而就車。此疏乃言君由後升，僕者在車，皆君取綏而拖諸幦，誤矣。又疑綏制，當是以索爲環，兩頭相屬，故負之者得以如環處，自左掖下過，前後各上至背，則合而出於右掖之中，以申於前，而自車下擲於幦上。君升，則還身向後，復以覆幦如環處授君，使君得以兩手執之而升也。案此與《曲禮》'君車將駕'以下，皆非專爲君御者之事。蓋劍妨左人，自當右帶。綏欲授人，自當負之以升。又當升時，無人授己，故但取散綏以升，乃僕之通法。"注、疏皆誤，朱子之辨甚明，何《集説》不取，而取方氏也？

師役曰罷。【集説】方氏曰："師役勞苦爲甚，故於其還曰罷，以其疲故也。"愚案，罷，當作"欲罷不能"之罷。

竊案：《春秋》莊八年書"師還"，《公羊傳》："還者何？善之也。何善爾？病之也。"何休云："慰勞其罷病也。"故鄭氏引以注此文，而方氏從之。朱子亦云："《易》曰'或鼓或罷'，與《史記》'將軍罷休就舍'之罷亦同。"《集説》雖引方氏，而又主"欲罷不能"之罷，似屬贅矣。

不旁狎，不道舊故。【集説】論説故舊之非，非重厚者所爲也。應氏曰："旁狎非必正爲玩狎，旁近循習而流於狎也。"

　竊案：旁，如"旁求俊彦"[①]"旁求天下"之"旁"，廣也。德盛不狎侮，狎侮君子罔以盡其心，狎侮小人罔以盡其力，此之謂旁狎，學者當以玩人喪德爲戒也。注、疏："旁，妄也。妄與人狎習，或致忿争。"陸氏謂："旁，近也。雖在側，不狎。"朱子謂："旁，泛及也。泛與人狎習，不恭敬也。"《集説》取應氏，雖通，不若"廣"字解爲正。不道舊故，鄭謂："言知舊之過失。"朱子亦謂："舊事既非今日所急，且或揚人宿過以取憎惡，如陳勝賓客言勝故情，爲勝所殺之類。"愚謂故舊不遺，富貴無忘[②]，乘車戴笠，相逢下車，在彼不失爲厚。我若向富貴人稱述故舊，是有干澤之心，且爲不入耳之談也，故戒之。

諫而無驕。【集説】謂君若從己之諫，不得恃己言行謀用而生驕慢也。

　竊案：凡諫君之失，而非出於忠愛之誠心，則有招其君之過以爲名，而揚之自矜者矣，非必言行謀用而生驕慢也。輔氏曰："以是諫非，易失於驕。"此言爲允。

謂之社稷之役。【集説】以其有勞於社稷也。

　竊案：社稷之役，猶言社稷之臣，不曰臣而曰役，謂其勞於社稷之事，若僕役然也。《左傳》云："於先大夫無能爲役。"

毋測未至。【集説】君子以誠自處，亦以誠待人，不逆料其將然也。未至而測之，雖中亦僞。

　竊案：《集説》蓋本"不逆詐，不億不信"之意，恐非記者之旨。孔氏云："未至之事，聖人難之，凡人固不可預。欲測量之也，若終不驗，則傷知也。"胡氏亦云："測未至，謂幸中，如子貢。"二説甚當。子張問"十世可知乎"，夫子不過即三代已往之因革以斷之，非若讖緯術數之家，

---

　① "彦"字原譌作"又"，《四庫》本譌作"乂"，據《尚書正義》改。
　② "忘"字原譌作"妄"，據《四庫》本改。

用其私智以推測也。至人且然，況學者乎。”

車馬之美，匪匪翼翼。鸞和之美，肅肅雍雍。【集説】方氏曰："匪匪，言行而有文。翼翼，言載而有輔。肅肅，唱者之敬。雍雍，應者之和。"

竊案：《詩》云"四牡騑騑""四牡翼翼"，皆馬之行容。故鄭氏讀"匪"爲"騑"，而胡氏取之。肅肅，敬也。雍雍，和也。敬與和合，乃見鸞和聲之形狀。今以肅肅屬鸞，雍雍屬和，不免强生分別也。

問國君之子長幼，長，則曰"能從社稷之事矣"；幼，則曰"能御""未能御"。問大夫之子長幼，長，則曰"能從樂人之事矣"；幼，則曰"能正於樂人""未能正於樂人"。問士之子長幼，長，則曰"能耕矣"；幼，則曰"能負薪""未能負薪"。【集説】此與《曲禮》所記不同，蓋記者之詞异耳。

竊案：《曲禮》云："問天子之年，對曰：'聞之始服衣若干尺矣。'問國君之年，長，曰：'能從宗廟社稷之事矣。'幼，曰：'未能從宗廟社稷之事也。'問大夫之子，長，曰：'能御矣。'幼，曰：'未能御也。'問士之子，長，曰：'能典謁矣。'幼，曰：'未能典謁也。'問庶人之子，長，曰：'能負薪矣。'幼，曰：'未能負薪也。'"與《少儀》所記不同，非僅記者之詞异也。其故有三焉：《曲禮》之問，乃它人之旁自相問，故對之者其詞文。《少儀》則人問其子於父，故對之者其詞卑。先儒誤以此之問對爲人之問對，其詞意皆不適乎中。且人之對父，必譽其子，父之言子，必承以謙，此古今常情，天下達禮也，尚何疑焉。又《曲禮》所記，天子之大夫、士禮。《少儀》所記，諸侯之大夫、士禮。知然者，以問國君之子長幼而知之也。《少儀》視《曲禮》降一等以此。又《曲禮》是一人之身，長幼問答。《少儀》長則能從社稷之事，幼則能御、未能御，其問容有衆子，非止一人。有此三者，所以不同也。然《曲禮》上焉問天子之年，下焉問庶人之子，而《少儀》不及者，蓋彼亦旁爲之辭，而此則請問其父。天子之父，故無與之敵而敢問其子者矣。庶人卑賤，其自相問荅之辭，不足記也。此諸侯之子，亦必鄰國君，故得問荅。以上應氏、陸氏之説，余合而纂之。

婦人吉事，雖有君賜，肅拜。【集説】肅拜，如今婦人拜也。《左傳》"三肅使者"，亦此拜。婦人以肅拜爲正，故雖君賜之重，亦肅拜而受。

竊案：《集説》本之注、疏，是矣。但有可參異同者，不當遺之。孔氏云：“肅拜，婦人之常，而《昏禮》婦拜扱地，以其新來爲婦，盡禮於舅姑也。《左傳》穆嬴頓首於宣子之門者，有求於宣子，非禮之正也。”

君子下行，然後還立。【集説】凡僕之禮，升在君子之先，下在君子之後。故君子下車而步，僕者乃得下而還車以立，以待君子之去也。

竊案：此本之注、疏。而疏中尚有一説可存：“或云君車將駕，則僕執策立於馬前。故君子將下車，則僕亦下車立於馬前，待君子下行，乃更還車立，以俟君去。”

貳車者，諸侯七乘，上大夫五乘，下大夫三乘。【集説】《周禮》：“貳車，公九乘，侯伯七乘，子男五乘。”又《典命》云：“卿六命，大夫四命，車服各如命數。”與此不同者，或《周禮》成而未行，亦或異代之制也。

竊案：孔疏謂：“《周官·大行人》《典命》并與此經不同，疑爲殷制。”《集説》本之。然陸氏又云：“《周官》凡諸侯之卿，其禮各下其君二等。然則下大夫三乘，蓋子男之卿。”應氏亦云：“案此與《周禮》未甚差，似非異代之制。當時記禮者所見多諸侯禮，故所見止及於此。若上公禮，亦自是等而上之爾。”

犬則執緤，守犬、田犬則授擯者，既受乃問犬名。【集説】乃問犬名，無解。

竊案：鄭氏云：“守犬、田犬，問名，畜養者當呼之名，謂若韓盧、宋鵲之屬。”孔氏云：“田犬、守犬有名，食犬無名。”可補《集説》之闕。

加夫襓與劍焉。【集説】夫襓，劍衣也。

竊案：襓，劍衣。“夫”字，發聲。以夫襓爲劍衣，未安，然有所本。鄭注：“夫襓，劍衣也。夫或爲煩，皆發聲。”熊氏云：“依《廣雅》，夫襓，木劍衣，謂以木爲劍衣，若今刀檻。”孔氏云：“襓之一字，是衣之正名。‘襓’字從衣，當以繒綿爲之。熊氏用《廣雅》，以木爲之，其義未善也。”

又案：《博雅》作‘袟襓’。進劍者左首，而加於袟襓之上，不敢褻也”，《禮書》云。

枕几穎。【集説】穎，警枕也。

刀卻刃授穎【集説】穎，刀鐶也。

竊案：此本之注、疏。孔氏云："穎是穎發之義，故枕之警動謂之穎。"然警枕是矣，以爲取穎發之意，恐未然也。愚謂"穎"當作"熲"。熲，小明也。《詩》云："無思百憂，不出於熲。"又云："耿耿不寐。"有警枕之意。至於"授穎"之穎，恐非刀鐶。方氏以爲刀柄，謂："禾首爲穎，刀首亦爲穎，刀以柄爲首也。澤劍首、吹劍首，皆柄。"輔氏亦云。

會同主詡。【集説】詞氣明盛之貌。前篇"德發揚，詡萬物"，義亦相近。

竊案：注、疏云：詡，謂敏而有勇，若齊國佐陳詞以拒晉師是也。劉氏云："詡，煦也。德發揚，煦萬物，人君法天地，治會同，以建極，而生成萬物之德在焉。"愚案，劉氏之説以人君言，注、疏之説以使臣言，《集説》不知何主。大抵會同之際，凡車馬旌旂、圭璧繅采、衣裳幅舃及儀容詞令，俱主於盛麗，非僅指詞氣也。案《韻會》："詡，大言也。"奢麗誇詡，一曰偏也，和也。又普也，又敏而有勇也。其所該蓋多矣。

僎爵。【集説】僎，鄉人來觀禮，副主人者也。

竊案：此本注、疏。僎作遵，驫留反。然其義則未明也。孔氏曰："謂之爲遵者，方以禮樂化民，欲其遵法之也。或又爲馴，一音巡。"

羞濡魚者進尾，冬右腴，夏右鰭，祭膴。【集説】此言尋常燕食進魚者如此，祭祀及饗食正禮者不然。

竊案：此亦本之注、疏，然不詳説，則不明也。疏多不録。陳氏曰："魚之在俎，或縮或橫，或右首，或左首，或進首，或進尾，或進鰭，或進腴，或右鰭。則右首、左首者，於俎爲縮，於人爲橫。進首、進尾者，於俎爲橫，於人爲縮。《公食大夫禮》魚縮俎，寢右進鰭；《士喪》卒塗之奠，左首進鰭；《士虞》亦進鰭；《少牢》右首進腴。蓋鰭者，體之所在。腴者，氣之所聚。禮雖貴右，人之飲食貴體，鬼神之祭貴氣也。《公食》與《少牢》皆右首，而《喪禮》左首，反吉故也。《少牢》進腴，《公食》進鰭，而喪奠與虞進鰭，未異於生故也。《儀禮》'大夫士祭禮皆薧魚'，《周禮·獻人》'凡祭祀，共其魚之鱻薧'，《曲禮》曰'薧魚曰商祭，鮮魚曰脡祭'，《少儀》曰'羞濡魚者進尾'，先儒謂天子諸侯之禮備薧濡也。"陸氏云："凡食魚進首，唯羞濡魚進尾，嫌軟媚無骨鯁。"

祭左右軌、范，乃飲。【集說】軌，轂末也。范，軾前也。尸僕，君僕之在車，祭軌之左右及范，乃飲也。

竊案：此注、疏說，無可疑者。但軌、范不可不詳辨。鄭氏云：“《周禮·大馭》‘祭兩軹，祭軓，乃飲’。軌與軹於車同謂轊頭也。軓與范聲同，謂軾前也。”孔氏云：“軌謂轂末，范謂軾前。僕受爵將飲，則祭酒於左右軌及前范也。所以祭者，爲其神助己，不使傾危故也。祭徧乃自飲。”又云：“案《周禮·大馭》‘祭兩軹，祭軓’，此云‘祭左右軌、范’，兩文不同，則左軌與兩軹是一，故云‘軌與軹於車同謂轊頭’，謂車轍小頭也。此云范，《大馭》云軓，兩事是一，聲同字異。軾前之範與此范俱是軾前，但軾前之軓，車旁著凡，或作‘範’字。雖作‘範’字，聲同而字異，即《詩·邶風》‘濟盈不濡軌’，亦車旁凡，與此同也。若轂末之軌，則車旁著九，此經‘左右軌’是也。其車轍亦謂之軌，亦車旁著九，則《考工記》‘經涂九軌’，是與此字同而事異也。”陳氏亦曰：“車迹爲轍，轍廣爲軌。《左傳》云：‘下而視其轍。’此車迹也。《考工記》云：‘經涂九軌。’此轍廣也。轍廣曰軌，而兩轊亦曰軌，《少儀》所謂‘祭左右’是也。猶之兩轊曰軹，兩軌下亦曰軹也。”又云：“《大馭》‘較，祭軓’，《少儀》‘祭范’，《考工記》曰‘軓前十尺而策半之’。古書作軓，則軓、范一也。”鄭康成曰：‘軓，法也，謂輿下三面之材，輢軾之所植，持車正也。’鄭司農曰：‘軓，軾前也。’蓋三面之材，輢之所植，而其面出於軾前矣。杜子春亦曰：‘軓謂車軾前。’”

洗盥執食飲者，勿氣，有問焉，則辟咡而對。【集說】奉進洗盥之水於尊長，及執食飲以進之時，皆不可使口氣直衝尊者。若此時尊者有問，則偏其口之所向而對。咡，口旁也。

竊案：洗，洗爵也。盥，洗手也。洗必先盥，故云“洗盥”。洗爵乃執飲食，苟有氣焉，人或穢之，故屛，使勿氣。辟咡而對，亦恐氣穢爵與飲食，非謂不可使氣衝長者也。注、疏謂洗盥者，與尊長洗足、洗手。勿氣者，不敢鼻臭尊長飲食。亦非。

國家靡敝，則車不雕幾。【集說】雕，刻鏤之也。幾，漆飾之畿限也。

竊案：鄭氏云：“雕，畫也。幾，附纏爲沂鄂也。”孔氏云：“幾，謂沂鄂，不雕畫漆飾以爲沂鄂也。”鄭、孔所謂“沂鄂”，《集說》所謂“畿限”，不知於車爲何物。

陳氏禮記集説補正卷二十二

學記

《學記》。【集説】石梁王氏曰："此篇不詳言先王學制與教者、學者之法，多是泛論，不如《大學》篇。教是教个甚，學是學个甚。"

竊案：此篇"家有塾"至"九年大成"，詳言先王學制也。"大學始教"至"學不躐等"，及"時教必有正業，退息必有居學"，與"知四者教之所由興，六者教之所由廢，而長善救失"及善喻、繼志、撞鍾、攻木、記問、聽語，皆教者之法也。"察於三者，有志於學，察於四者，有志於本"，皆學者之法也。豈必與《大學》雷同，然後謂之非泛論乎？且篇中言大道、至道，言敬道、信道，言辨志、先志，言游志、繼志，言敬業、孫業，亦何常非所教所學之事？王氏之云，不免於誣矣。

發慮憲，求善良。【集説】謂致其思慮，以求合乎法則也。求善良，親賢也。

竊案：憲，如"憲章文武"之"憲"。發慮，猶俗言發心，言其發心合乎憲典，以求爲善良之人。二句一貫，非兩事也。《集説》以親賢釋"求善良"，則侵下"就賢"矣。吳氏知其難通，而以"求"爲"求仁"之"求"，"善"爲性之所固有，"良"爲"良心"之"良"，言充善之至爲良，以對上句，亦屬牽強。

家有塾，黨有庠，術有序，國有學。【集説】古者二十五家爲閭，同在一巷，巷首有門，門側有塾。民在家者，朝夕受教於塾也。五百家爲黨，黨之學曰庠，教閭塾所升之人也。術當爲州，萬二千五百家爲州。州之學曰序，《周禮·鄉大夫》"春秋以禮會民，而射於州序"是也。序則教黨學所升之人。

竊案：《學記》黨庠、州序似有定制，攷之諸經，則又不然。吳氏云："《鄉飲酒》迎賓於庠門之外，則鄉學亦稱庠，不但黨有庠也。《州長》言射於州序，則州之學亦稱序，不但遂有序也。《黨正》言飲酒於序，則黨之學亦稱爲序。《孟子》言殷曰序，周曰庠，則不分所在之地。然則曰庠曰序，蓋鄉遂、州縣、黨鄙之學，可通稱之也。"又案鄭注云："術當爲遂，萬二千五百家爲遂。黨屬於鄉，遂在遠郊之外。”孔疏云：“六鄉之内，五家爲比，五比爲閭，四閭爲族，五族爲黨，五黨爲州，五州爲鄉。六遂之内，五家爲鄰，五鄰爲里，四里爲酇，五酇爲鄙，五鄙爲縣，五縣爲遂。今此六鄉舉庠，六遂舉序，則閭里以上皆有學可知。其比與鄰近止五家，不必有學。”愚謂鄭以術爲遂，與《集説》以術爲州者不同，遂有萬二千五百家，州不過二千五百家而已，非萬二千五百家也。術者，邑中道徑也。道徑者，人所遵循。故術、述通用。下文“蛾子時術之”，術即述之義。遂與述相似，由此而訛耳。《集説》改爲“州”字，則不惟家數不相符，字形亦大逕庭矣。

熊朋來曰[①]：“術有序，注云：‘術當爲遂，聲之誤也。’《月令》‘審端徑術’，則本注直云《周禮》作‘遂’，徑術即《周禮》‘遂上有徑’，初不以爲聲之誤。”愚案，遂、術，古字通用，非字之誤，亦非聲之誤也。《春秋》文十二年，秦伯使術來聘，《公羊》作“遂”，《詛楚文》“遂取我邊城”，“遂”字書作“述”。“術”字從行，“述”字從辵，皆人所經行之地，術、述亦同義也。萬二千五百家爲遂，三年興旺，必有學。《周禮》黨正，州長之官，其學亦名序。此經舉遂，可以見鄉，不以鄉遂對説，而言二十五家之閭、五百家之黨，皆互文見義也。

近顧氏 炎武亦云：“《春秋》文十二年，秦伯使術來聘，《公羊傳》《漢書·五行志》并作‘遂’。《管子·度地篇》‘百家爲里，里十爲術，術十爲州’，術音遂。此古術、遂二字通用之證。陳可大《集説》改‘術’爲‘州’，非也。”

蛾子時術之。【集説】蛾，魚起反。
竊案：以“蛾”爲“蟻”，出於舊注。古人蛾、蟻同音，本一字也。故“常儀占月”，後人訛爲“常娥”《詩》“菁菁者莪”與“樂且有儀”叶。此類甚多，不可枚舉。

皮弁祭菜，示敬道也。【集説】示之以尊敬道藝。
竊案：古者始入學，必釋菜於先聖先師，故有司皮弁，行釋菜禮，蓋示學者以敬先聖先師之道也。《集説》云“尊敬道藝”，而不及先聖先師，與釋菜無涉矣。

---

① “朋”字原訛作“明”，《四庫》本同，據文意改。

夏、楚二物，收其威也。【集説】以二物爲扑，以警其怠忽者，使之收斂威儀也。

竊案：師道貴嚴威，夏、楚不可廢也。故《易》曰："發蒙，利用刑人，以正法。"若廢法，則無威，而學者怠玩之心生矣。則收其威者，乃振收教者之威，非收斂學者之威儀。舊説恐誤。

未卜禘，不視學，游其志也。【集説】禘，五年之大祭也。不五年不視學，所以優游學者之心志也。此又非仲春、仲秋視學之禮。

竊案：視學有二：中年考校而視離經辨志，視敬業樂群，視博習親師，視論學取友者，有司之事也；仲春上丁，帥三公、九卿、諸侯、大夫親往，視習舞釋菜者，天子之事也。有司隔年考校，而非天子每歲仲春鼓篋之，則易至於怠廢。然必卜春禘而後視學，所以優游學者之心志，而不欲急迫之也。吳氏云："禘者，時祭之名，非五年大禘之禘。蓋周之春祭名祠，周之前，春祭名禘，見《王制》《郊特牲》。或云：'禘'即'祠'字之誤。視學，謂考較學者經業。或君親往，或有司爲之，非天子大視學之禮也。"愚案，卜禘乃視學，正合《月令》"仲春上丁，天子視學"之文。吳氏以禘爲時祭，當矣。但春禘止見《郊特牲》，《王制》"春曰礿，夏曰禘"，無所謂春禘。又云"或君親往，或有司爲之"，又自反其説，何也？《集説》所云"仲秋視學"，攷之《月令》，無其事，豈據《周禮·大胥》"秋頒學合聲"之語耶？

不興其藝，不能樂學。故君子之於學也，藏焉，修焉，息焉，游焉。【集説】藝，即三者之學是也。言退息時，若不興此三者之藝，則謂之不能好學矣。故君子之於學也，藏焉、修焉之時，必有正業，則所習者專，而志不分。息焉、游焉之際，必有居學，則所養者純，而藝愈熟，故其學易成也。

竊案：注、疏："興，謂歆喜也。藝，謂操縵、博依、六藝之等。若欲學《詩》《書》正業，意不歆喜其雜藝，則不能耽玩樂於所學之正道。"黃叔暘亦曰："操縵、博依、雜服者，藝也，退息之所宜興者也。弦與《詩》《禮》者，學也，時教之所宜安者也。惟其退息，不興於藝，斯於時教不能樂而相安，此可見退息居學有關於時教、正業之成否。如此，君子豈容以一息閒乎？是以君子藏身於大學之時，則修治其正業，如弦與《詩》《禮》之類，固隨時勤厲而不息。退息於燕居之際，則游玩以適情，如操縵、博依、雜服之類，又隨在致力而不惰。"今《集説》謂"不興此三者之藝，則謂之不能好學"，又"藏""修""息""游"四字，略不分析，舛矣。注、疏以藝爲六藝，藏謂心常懷抱學業，游謂閒暇無事游行，亦非。

今之教者，呻其佔畢，多其訊，言及於數，進而不顧其安。
【集説】教人者但吟諷其所佔視之簡牘，不能通其緼奧，乃多發問辭以訊問學者，而所言又不止一端，故云"言及於數"。不顧其安，不恤學者之安否也。

竊案：《集説》以"多其訊"爲句，"言及於數"爲句，吳氏以"多其訊言"爲句，"及於數進而不顧其安"爲句。及於，猶言至於。數進，謂數數進之。言今之師誦其所視之簡，多其所告之詞，學者未可以進而又進之，不顧其所學已安否也。黃東發《日抄》又以數爲"度數"之"數"，云："言及度數之末，而不於其本。"

使人不由其誠。【集説】不由其誠，不肯實用其力也。
竊案："使人不由其誠"，以教者言。如《集説》"不肯實用其力"之云，則反以學者言矣。吳氏云："實知此一理，而後使之別窮一理，是謂由其誠，否則是使之不由其實也。"其説爲允。

教之不刑。【集説】刑，成也。
竊案：此本鄭注。輔氏云："刑，猶'儀刑'之刑。其教不足爲人之儀刑。"亦通。

道而弗牽，强而弗抑。【集説】示之以入道之所由，而不牽强其必進。作興其志氣之所尚，而不阻抑之使退。
竊案：道，謂引導其前。牽，猶拽也。强，謂激勉之。抑，猶偪也。但引導其前，使之自進，而不以力拽之，以速其進，則受教者不至於乖戾。激勉其志，使之自能，而不以力偪之，以速其能，則受教者不至於艱難。道非示之以入道所由之謂，抑非沮抑使退之謂也。

微而臧。【集説】言不峻而善則明也。
竊案：臧，如《詩》"視爾不臧"之臧，謂善之也。教者之言，雖至微不顯，而能使人善之。如孟子陳王政，而齊王曰"善哉言乎"；陸賈每奏一篇，漢高未嘗不稱善是也。觀上約而達下，罕譬而喻，亦謂使人達之、喻之可見。

後其節目。【集説】無解。

竊案："節目"二字有辨。方氏云："節，如木理之剛者，《説卦》所謂'堅多節'是矣。目，木理之精者，《弓人》所謂'斲目必荼'是矣。皆至堅難攻之處也。"

待其從容，然後盡其聲。【集説】疏曰："從讀爲舂者，舂，謂擊也，以爲聲之形容。言鍾之爲體，必待其擊，每一舂而爲一容，然後盡其聲。"愚謂從容，言優游不迫之意。不急疾擊之，則鍾聲之大小長短得以自盡，故以爲善荅之喻。

竊案：以從爲舂，固非矣。然不疾擊之之説，亦未爲得也。蓋"待其從容"之其，與下"盡其聲"之其，皆指鍾言。則從容應爲鍾聲之餘韻，猶瑟之鏗爾也。朱子云："從容，鍾聲之餘韻從容而將盡者也。言必荅盡所問之意然後止。"斯言得之矣。

大時不齊。【集説】元化流行，一氣屈伸，不可截然分限求之。故方榮之時而有枯者焉，寂之時而有勇者焉。

竊案：鄭注："或以時生，或以時死。"孔疏："大時，謂天時也。齊，謂一時同也。天生、殺不共在一時，猶春夏華卉自生，薺麥自死，秋冬草木自死，而薺麥自生，故云'不齊'。不齊爲諸齊之本也。"《集説》從之。吳氏又云："天之有時，春夏秋冬，歲之齊同，此時之小者爾。古今氣運，或治或亂，是爲大時，豈可齊同測哉？然則不齊，齊之本也。"注、疏、《集説》主一歲之時言，吳氏主萬古之時言，皆屬天道，與上"大德不官"三句不類。惟黃氏《日抄》取戴岷隱説，謂："大時如堯、舜揖遜，湯、武征代之時，所以不齊，獨屬人事。"與舊解異。

察於此四者，可以有志於本矣。【集説】可以有志於學而洪其本矣。

竊案：上文"可以有志於學"承"學爲箕""學爲裘""車在馬前"而言。"君子察於此三者，可以有志於學"，以三者皆學之事也。此云"察於此四者，可以有志於本"，以大道、大德、大信、大時四者，皆有其本也。《集説》謂"可以有志於學而洪其本"，迂曲之甚。

陳氏禮記集説補正卷二十三

樂記

桑間、濮上之音，亡國之音也，其政散，其民流，誣上行私而不可止也。【集説】桑間、濮上，衞地，濮水之上，桑林之間也。《史記》言衞靈公適晉，舍濮上，夜聞琴聲，召師涓聽而寫之。至晉，命涓爲平公奏之。師曠曰："此師延靡靡之樂，武王伐紂，師延投濮水死，故聞此聲必於濮水之上也。"

竊案：鄭注："濮水之上，地有桑間者，亡國之音於此之水出也。桑間在濮陽南。"孔疏言濮水、桑間一處，而皆引師涓靡靡之樂爲証，《集説》從之。愚謂桑間、濮上，地雖相近，而樂則異。濮上之音，即衞靈於濮上所聞新聲，命師涓寫之者是也。桑間之音，乃《衞風・桑中》詩，故《小序》亦引《樂記》"政散民流而不可止"之語，而朱子從之。其與濮上同爲亡國之音者，蓋衞國自宣公、宣姜宣淫於上，而世族在位亦至於相竊妻妾，未幾遂有狄入衞之禍。後雖賴齊桓攘狄，衞國忘亡，然不可謂之非亡國也。《集説》從鄭，以桑間與濮上爲一，非矣。或謂：《詩》三百篇，夫子皆弦歌之，以合於《韶》《武》之音，删後豈得有桑間亡國厠於其間？不知《詩》之入樂者，大小正《雅》、三《頌》、二《南》及《豳風・七月》，餘不過使樂工存肄以備鑒戒耳，未必盡用之於朝廟賓客也。《左傳》鄭七子所歌本國之風，蓋斷章取義以明其志。然其甚不類者，亦見譏於聘賓矣。誰謂桑中非桑間也哉。

樂之隆，非極音也。食饗之禮，非致味也。《清廟》之瑟，朱弦而疏越，壹唱而三嘆，有遺音者矣。大饗之禮，尚玄酒而俎腥魚，大羹不和，有遺味者矣。【集説】鼓《清廟》之詩之瑟，練朱絲以爲弦，絲不練則聲清，練之則聲濁。疏，通也。越，瑟底之孔也。疏而通之，使其聲遲緩。瑟聲濁而遲，是質素之聲，非要妙之音也。此聲初發，一倡之時，僅有三人從而和之，言和者少也。以其非極聲音之美，故好者少。然而其中則有不盡之餘音存焉，故曰"有遺音者矣"。尊以玄酒爲上，俎以生魚爲薦，太羹無滋味之調和，是質素之食，非人所嗜悦之味也。然而其中則有不盡之餘味存焉，故曰"有遺味者矣"。

竊案：鄭注："遺，猶餘也。"孔疏謂："樂聲雖質，人貴之不忘；食味雖惡，人念之不息。是有餘音、餘味。"《集説》取之。愚謂劉氏云："遺，猶忘也，弃也。《清廟》之瑟貴其德而忘其音，意不主於音也。大饗之禮美其敬而忘其味，意不主於味也。"輔氏曰："有遺音，言弗盡其音；有遺味，言弗盡其味。"如二説，方與上文"非極音""非致味"相合，不宜作有餘解。至熊氏又謂："聲有五聲，但有三人嘆之，餘兩聲未嘆，是有遺音。"益舛矣。又一倡三嘆，自是《清廟》鼓瑟之節如此，非因好者少而寡和也。《集説》謂"非極聲音之美，故好者少"，亦非是。

合父子之親，明長幼之序，以敬四海之内。【集説】應氏謂："'四海之内'四字恐在'合'字上，如此則文理爲順。"又引劉氏云："天子自能合其父子之親，明其長幼之序，則家齊族睦矣。又能親吾親以及人之親，長吾長以及人之長，是謂'以敬四海之内'。"

竊案："合父子之親，明長幼之序"，即《書》所謂"立愛惟親，立敬惟長"也。"以敬四海之内"，即《書》所謂"始於家邦，終於四海"也。兢兢然守此禮節而推廣之，是之謂敬。劉説當矣。《集説》引應氏解以亂之，固非。嚴陵 方氏謂"四海之内皆相敬者"，亦非也。

和故百物不失，節故祀天祭地。【集説】百物不失，言各遂其性也。

竊案："和故百物不失"者，人倫日用無所乖戾，此和之所爲也。"節故祀天祭地"者，天尊地卑，辨方圓、分冬夏以祭祀之，此節之所爲也。孔氏謂："大樂與天地同和，能生成百物，故不失其性；大禮與天地同節，有尊卑上下，報生成之功，故'祀天祭地'。"頗爲近之。《集説》太略。

論倫無患，樂之情也；欣喜歡愛，樂之官也；中正無邪，禮之質也；莊敬恭順，禮之制也。若夫禮樂之施於金石，越於聲音，用於宗廟社稷，事乎山川鬼神，則此所與民同也。【集説】劉氏曰："論者，《雅》《頌》之辭。倫者，律呂之音。惟其辭足論而音有倫，故極其和而無患害，此樂之本情也。而在人者，則以欣喜歡愛爲作樂之主焉。惟其立之正而行之中，故得其序而無邪僻[①]，此禮之本質也。而在人者，

_____

① "僻"字原訛作"辟"，據《四庫》本、《禮記集説》改。下"邪辟"之"辟"同。

則以莊敬恭順爲行禮之制焉。此聖賢君子之所獨知也。若夫施之器而播之
聲，以事乎鬼神者，則衆人之所共知也。”

竊案：孔疏謂：“樂之和同在心，則論説等倫無相毀害，故爲樂情。
在貌，則欣喜歡愛，故爲樂事。内心中正，無有邪僻，是禮之本質。外貌
莊敬，謙恭謹慎，是禮之節制。”馬氏謂：“情、官、質、制四者雖不同，
皆不出於一人之身。若夫施於金石，越於聲音，用於宗廟社稷，事乎山川
鬼神者，不獨在一人之身，而與天下共之也。”此二説絶分明，《集説》不
采，而取劉氏。既以情質屬禮樂，官制爲在人，語脉支離，復以論倫爲
“辭足論而音有倫”，與下文施金石、越聲音相礙，非經旨矣。

方以類聚，物以群分，則性命不同矣。【集説】方，猶道也。聚，
猶處也。君臣、父子、夫婦、長幼、朋友，各有其道，則各以其類而處
之，所謂“方以類聚”也。物，事也。行禮之事，即謂天理之節文，人事
之儀則也。行之不止一端，分之各從其事，所謂“物以群分”也。所以然
者，以天所賦之命，人所受之性，自然有此三綱五常之倫。其間尊卑厚薄
之等，不容混而一之也，故曰“性命不同矣”。劉氏曰：“方以類聚，言
中國蠻夷戎狄之民，各以類而聚。物以群分，言飛潛動植之物，各以群而
分。則以其各正性命之不同也，故聖人亦因而异其禮矣。”

竊案：類聚群分，爲解甚多。鄭云：“方，謂行蟲也。物，謂殖生者
也。性之言生也，命，生之長短也。”孔申之云：“方，謂走蟲禽獸之屬，
各以類聚，不相雜也。物，謂殖生，若草木之屬，各有區分，自殊於藪澤
者也。鄭注《易》云：‘類聚群分，謂水火也。’而此注云云，二注不同，
各有以也。行蟲有性識道理，故稱方。殖生無心靈，但一物而已，故云物。
萬物各有區分，性命之別，聖人因此制禮，類族緣物，各隨性命也。”黃
氏《日抄》云：“性者，人物之所得，以生相似而不同者也。命者，生而
長短壽夭，隨所付而不同者也。”程《易傳》云：“事有理，物有形也。事
則有類，物則有群，善惡分而吉凶生矣。”朱子《易本義》云：“方，謂事
情所向，事物善惡，各以類分。”又云：“方，向也。所向善，則善人皆來
聚；所向惡，則惡人皆來聚。物，通天下之物而言。好物事，則所聚者皆
好物事；不好物事，則所聚者皆不好物事。”林次崖曰：“人之作事，必有
情意。計度他作好事，則其情向於善；作不好事，則其情向於惡。故曰事
情所向。”伊繼山云：“如情向於孝弟，則仁民愛物之事以類而聚。情向於
不孝不弟，則犯上作亂之事以類而聚。此所謂‘方以類聚’也。吾儒异端，
君子小人，入此則出彼，所謂‘物以群分’也。”姚鳳梧曰：“方指人念

頭，物指人説。方以類聚，衆理衆欲各從其意向也。物以群分，君子小人各從其品類也。”此諸説雖皆有可采，然畢竟以朱子《易本義》爲當，林、伊、姚三家不過發明本義耳。

樂著太始而禮居成物。【集説】著，直略反。樂著乎乾，知大始之初。禮居乎坤，作成物之位。

竊案：鄭注：“著之言處也。大始，百物之始生也。”孔云：“著與居相對，故注以著爲處。”《集説》因之。然下文“著不息者天，著不動者地”，及“著往飭歸”“著誠去僞”“先王著其教”“以著萬物之理”，皆作顯著解，獨此作直略反，有所難通。金華邵氏曰：“太始，氣也。成物，形也。太始本有是氣，樂則著而明之；成物本有是形，禮則居而辨之。”何等切當！豈必以“處”釋之乎？

昔者舜作五弦之琴以歌《南風》，夔始制樂以賞諸侯，故天子之爲樂也，以賞諸侯之有德者也。【集説】石梁王氏曰：“夔制樂豈專爲賞諸侯？此處皆無義理。”

竊案：此節舉樂之大者而言。天子之事，莫大於養民，諸侯又代天子養民者也，故《南風》之歌，取解民愠、阜民財之義。諸侯亦必德盛教尊，五穀時熟，然後賞之以樂，非專爲賞諸侯而制樂也。王氏拘於章句，毋乃固乎？又案，《南風》之詩見於《家語》及《尸子》，而鄭注以爲未聞。孔疏謂：“《家語》，王肅所增加，鄭所未見。《尸子》雜説，不可取証，故云未聞也。”熊氏云：“即《邶·凱風》之篇。”大誤。

志微噍殺之音作，而民思憂。【集説】志，疑當作急，急，促。微，細。噍，枯。殺，減也①。

竊案：鄭注：“志微，意細也。吴公子札聽《鄭風》而曰：‘其細已甚。’”山陰陸氏曰：“言志微，以著嘽諧慢易、粗厲猛起、廉直勁正、寬裕肉好、流辟邪散皆志也。”據此，則不必改“志”爲“急”，亦自可通。

粗厲、猛起、奮末、廣賁之音作，而民剛毅。【集説】廣，大。賁，憤也。廣憤，言中間絲、竹、匏、土、革、木之音皆怒也。

---

① “殺減”二字原訛作“減殺”，《四庫》本同，據《禮記集説》改。

竊案：賁，當如《書》"用宏兹賁"、《詩》"賁鼓維鏞"之賁，大也。鄭氏以賁飾、賁大皆非猛厲之類，遂讀爲憤。引《春秋傳》"怒氣狡憤"爲証，言怒氣充塞也。《集説》取之。然"廣"既可以"大"訓，"賁"何不可以"大"訓乎？音大，則自猛厲矣。

廣其節奏，省其文采。【集説】廣其節奏，增益學者之所習也。省其文采，省察其音曲之辭，使五聲之相和相應，若五色之雜以成文采也。

竊案：文采、節奏俱爲樂之飾。節奏，如清濁、高下，舞之屈伸、綴兆、疾徐。文采，如文以琴瑟，飾以羽毛，五色成文而不亂，皆是也。舊説謂音曲相和應，如五色之雜，以成文采，非是。鄭氏注下文"文采節奏，聲之飾也"①，謂"樂之威儀"，何於此時獨以爲節奏合耶？長樂陳氏曰："節奏、文采，均聲之飾，始博而終約。始博之，節奏不可以不廣；終約之，文采不可以不省。"其解文采甚當。以省爲"省約"之省，與"廣"字對，亦通。

君子反情以和其志。【集説】反情，復其性情之正也。

竊案：情者，性之欲，易流於不善，所謂人心惟危也。反情者，反淫溺之情以復於性，如下文"淫樂慝禮，不接心術"是也，非復其性情之謂。反情猶克己，和志猶復禮。

治亂以相，訊疾以雅。【集説】相，即拊也，所以輔相於樂。治亂而使之理，故曰"治亂以相"。訊，亦治也。雅，亦樂器也。過而失節謂之疾，奏此雅器，以治舞者之疾，故云"訊疾以雅"也。

竊案：鄭注："相，即拊也，亦以節樂。拊者，以韋爲表，裝之以糠。糠，一名相，因以名焉。今齊人或謂糠爲相。雅，亦樂器名也，狀如漆桶，中有椎。"孔疏云："相，所以輔相於樂。亂，理也。言治亂奏樂之時，先擊相也。舞者訊疾，奏此雅器以節之。"延平周氏曰："相、雅皆樂器名也。以其節樂而能治其亂，則有相之道，是以謂之相。以其趨樂之節奏而不失於雅，是以謂之雅。"此《集説》所本也。然長樂陳氏之辨尤明。《禮書》云："拊之爲物，以韋爲之，狀若鼓然，《書傳》所以謂'韋爲鼓，謂之搏拊'是也。實之以糠，《白虎通》所謂'拊革著以糠'是也。

---

① "聲"字原訛作"樂"，《四庫》本同，據《禮記正義》改。

其設則堂上，《書》所謂'搏拊'是也。其用則先歌，《周禮》所謂'登歌合奏擊拊'是也。荀卿曰：'鞉拊椌楬似萬物。'又曰：'懸一鍾而尚拊。'《大戴禮》曰：'懸一磬而尚拊。'子夏曰：'弦匏笙簧，會守拊鼓；始奏以文，復亂以武；治亂以相，訊疾以雅。'言尚拊，則拊在一鍾一磬之東也。言會守拊鼓，則眾樂待其動而後作也。既曰'會守拊鼓'，又曰'治亂以相'，則相非拊也。鄭氏以'相'爲'拊'，誤矣。拊，《書》謂之'搏拊'，《明堂位》謂之'拊搏'，蓋以其或搏或拊，莫適先後也。《爾雅》：'和樂謂之節。'或説節即相也。晋 傅休奕《節賦》曰：'口非節不詠，手非節不拊。'江左清樂有節鼓，唐雅樂升歌用之，其詳不可考也。"又曰："《周禮·笙師》：掌教春牘、應、雅，以教祴樂。鄭司農云：'雅狀如漆桶而弇口，大二圍，長五尺六寸，以羊韋鞔之，有兩紐，疏畫。'此約漢法云然也。鄭康成云：'雅中有椎。祴樂，《祴夏》之樂。牘、應、雅，教其春者，謂以築地。笙師教之，則三器在庭可知矣。賓醉而出，奏《祴夏》，以此三器築地，爲之行節。'《樂記》曰：'訊疾以雅。'孔穎達曰：'舞者訊疾，奏此雅器以應之。'蓋樂者，正也。賓出而春雅，欲其醉而不失正也。工舞而奏雅，欲其訊疾而不失正也。賓出之奏雅，有祴樂，則工舞之奏雅，各以其舞之曲歟？"

然後聖人作爲父子、君臣以爲紀綱。【集説】綱，維網，大繩。紀，附綱小繩。綱目則附於紀也。三綱，謂君爲臣綱，父爲子綱，夫爲妻綱也。六紀，謂諸父有善，諸舅有義，族人有序，昆弟有親，師長有尊，朋友有舊也。

竊案：此以紀綱專屬綱言，亦自可通。邱瓊山云[①]："綱紀始見於《五子之歌》，再見於《詩·棫樸》《假樂》之篇。大約以綱紀爲喻，綱爲網之大繩，紀爲綱中絲縷之目。張其大者是之爲綱，理其細者是之爲紀。"揚子雲云："大作綱，小作紀。如綱不綱，紀不紀，雖有羅網，惡得一目而正諸？"鄭《詩箋》云："張之爲綱，理之爲紀。"孔疏曰："《説文》云：'綱，網紘也。紀，別絲也。'然則綱乃網之大繩，故《盤庚》云：'若網在綱，有條而不紊。'以舉網能張網之目，故張之爲綱也。紀者，別理絲縷，故理之爲紀。以喻爲政，有舉大綱者，有理微細者。"朱子《詩傳》云："凡網罟張之爲綱，理之爲紀。"又云："綱者，猶網之有綱也。紀者，

---

① "邱"字原訛作"丘"，據《四庫》本改。

猶絲之有紀也。網無綱則不能以自張，絲無紀則不能以自理。皆是以網罟爲言。”

《詩》云：“莫其德音，其德克明。克明克類，克長克君。王此大邦，克順克俾。”比【集說】嚴氏曰：“克明，謂知此理。克類，謂觸類而長，一理渾融，徹上徹下也。君又尊於長，《學記》言‘能爲長，然後能爲君’是也。以之君臨大邦，則克順而能和其民，克比而能親其民。順言不擾，比則歡然相愛矣。”

竊案：《左傳》：成鱄曰：“心能制義曰度，德正應和曰莫，照臨四方曰明，勤施無私曰類，教誨不倦曰長，賞慶刑威曰君，慈和徧服曰順，擇善而從之曰比。”李氏皆以爲斷章取義，鄭氏引以說經，非也。故嚴氏《詩緝》不從，而自以意爲解。《集說》取之。朱子以貊爲莫然清静，克明爲能察是非，克類爲能分善惡，比爲上下相親，其餘皆從《左傳》之說。學者所宜詳也。

鄭音好濫淫志，宋音燕女溺志，衛音趨數煩志，齊音敖辟喬志。此四者皆淫於色而害於德，是以祭祀弗用也。【集說】濫者，泛濫之意，謂泛及非己之色也。燕者，宴安之意，謂躭於娛樂而不反也。趨數，迫促而疾速也。敖辟，倨肆而偏邪也。四者皆以志言，淫溺較深，煩驕較淺，然皆以害德，故不可用之宗廟。

竊案：既云四者皆淫於色，則趨數煩志、傲辟喬志，自當俱作“淫於色”解。諸儒惟於鄭、宋之好濫淫志、燕女溺志，爲鄭及它色，宋安燕於己妻妾。以衛、齊爲好色外兼有煩喬，非也。《左傳》云：“煩手淫聲。”蓋煩則趨數而流於淫。又曰：“驕、奢、淫、泆。”喬則放恣而行其淫，如衛宣淫其婦，齊襄淫其妹，皆出於煩喬也。

夾振之而駟伐，盛威於中國也。【集說】一說：引君執干戚就舞位，讀“天子”連下句。

竊案：鄭注云：“王與大將夾舞者，振鐸以爲節。”熊氏申之曰：“《祭統》：‘君執干戚就舞位，冕而總干，率其群臣以樂皇尸。’又下文云‘食三老五更於大學，冕而總干’，尚得親舞，何以不得親執鐸乎？此執鐸爲祭天地時也。”愚以爲不然，武樂在庭，天子至尊，下篋綴鄭，與舞人爲列，可乎？矧舞有定列，有定人，八佾六佾之外，固不多庸一人，其人亦不可妄厠一位，果天子與大將夾舞振鐸，將舞人六十有四之位數，天子與大將亦在舞位乎？抑不在舞位而參介其旁乎？廁諸舞位，則人數浮。參介其旁，則爲亂行，爲離局，無一可者也。且既曰‘總干而山立，武王之事也’①，久立於綴，以待諸侯之至也。此象武王者，非它人，必時之天子也。則天子業已總干而舞，立於綴兆矣，又別振鐸以夾舞人，即所夾者何舞人？而舞干振鐸，其一天子兼爲之乎？否也。《周禮·鼓人職》以金振鐸通鼓，大司馬教治兵振旅，則兩司馬振鐸撝鐸。蓋雖真戰伐，亦第令司鐸之人主之，天子與大將不親之也，而況乎其爲舞類也。惟皇氏謂："武王伐紂之時，王與大將親自執鐸，以夾軍衆。今作舞樂之時，令二人振鐸夾舞者，象武王與大將伐紂之時矣。"此説近情理，勝於熊氏。《集説》不引皇氏而引熊氏，何歟？

　　武王克殷反商。【集説】反，讀爲及，言牧野克殷師之後，即至紂都也。

　　竊案：《古文書》云："乃反商政，政由舊。"《家語》作"反商之政"。方氏謂："反商之政而復之，下文所言，皆反商政之事。"吴氏謂："反，復也。克殷之後，復商盛時之善政也。"鄭注以"反"爲"及"，而《集説》因之，非是。

　　名之曰"建櫜"。【集説】建，讀曰鍵，鎖也。櫜，韜兵器之具。兵器皆以鍵櫜閉藏之，示不用也。今詳文理，"名之曰建櫜"一句，當在"虎皮"之下，"將帥"之上。

　　竊案：上文散牛、散馬、峷車甲、包干戈、使將帥爲諸侯，五者皆建櫜之事。建，立也。櫜，韜也。建立五事，以示天下，使天下知韜武而用文也，故名之曰"建櫜"。鄭氏改"建"爲"鍵"，以甲兵之衣爲櫜，言閉藏兵甲。而引《詩》"載櫜弓矢"、《左傳》"垂櫜而入"、《周禮》"櫜之欲其約"爲証，若"建櫜"句單指峷車甲、包干戈二者而言者。於是《集説》遂欲移此句於"虎皮"之下、"將帥"之上，失經旨多矣。

---

　　①　"事"字原訛作"志"，《四庫》本同，據《禮記正義》改。

陳氏禮記集說補正卷二十四

雜記上

諸侯行而死於館，則其復如於其國；如於道，則升其乘車之左轂，以其綏復。【集説】綏，讀爲緌，旌旗之旄也，去其旒而用之耳。

竊案："以其綏復"之"綏"有三説：鄭謂："'綏'當爲'緌'，旌旗之旄也，去其旒而用之，异於生也。"孔申之云："若在國中招魂，則用其上服。今在路死，則招用旌旗之綏，亦冀魂魄望見識之而還也。王喪於國亦用綏。《周禮·夏采》云'建綏復於四郊'是也。"此以綏爲旌旗之旄，一矣；又山陰陸氏云："綏，旒也，以其旒復。旒，北方之物也。死無乎不之號而復之，則其旗宜以死者所首之方。"此以綏爲北方之旒，二矣；又廬陵胡氏云："禮言綏凡數處，鄭皆讀爲緌。竊謂《王制》《明堂位》《夏采》所云，讀作'緌'可也。此復魄既在車，當以執綏之綏。杜子春説是。鄭意蓋謂《夏采》建綏以復，不知彼王禮也。"此以綏爲"執綏"之綏，三矣。愚案，車上有綏亦有緌，皆可以招魂復魄。而《記》文既云綏，則不必改字可也。下"大夫死於道，以其綏復"同。

大夫以布爲輤而行，至於家而説輤。【集説】布輤，以白布爲輤也。

竊案：上諸侯之輤，"緇布裳帷，素錦以爲屋而行"，下"士輤，葦席以爲屋，蒲席以爲裳帷"，則輤未有無屋與裳帷者也，而大夫獨不言。廬陵胡氏謂："大夫無爲屋之文，則是素錦帳，同諸侯矣。"推此，則裳帷緇布同諸侯可知，但未知有袷否耳。《集説》未免疎漏。

訃於它國之君，曰："君之外臣寡大夫某死。"訃於適者，曰："吾子之外私寡大夫某不禄，使某實。"訃於士，亦曰："吾子之外私寡大夫某不禄，使某實。"【集説】實，讀爲至，言爲訃而至此也。

竊案：注、疏：實當爲至，周、秦人聲之誤也。以身訃告，故云使某至。《集説》取之。然如字讀，未常不通，何必改字？方氏曰："使某實，謂以事實來告。"劉氏曰："實者，以异國傳聞疑言，使人實之也。"愚謂韓退之《祭十二郎文》以東野之書日月异，耿蘭之報無日月，疑傳之非真。則"實"字之解，當以方、劉二説爲正。

大夫爲其父母兄弟之未爲大夫者之喪服，如士服。【集説】石梁 王氏曰："父母喪，自天子達。周人重爵，施於尊親，乃异其服。"非也。周公制禮時，恐其弊未至此。

士爲其父母兄弟之爲大夫者之喪服，如士服。【集説】《孟子》言齊疏之服，自天子達。而此經之文若此，蓋大夫喪禮亡，不得聞其説之詳矣。

士之子爲大夫，則其父母弗能主也，使其子主之，無子，則爲之置後。【集説】石梁 王氏曰："此最無義理，充其説，則是子爵高，父母遂不能子之。舜可臣瞽瞍，皆齊東野人語也。"

竊案：夏、殷之時，但有親親賢賢之禮，而無貴貴之禮。貴貴之禮，始於周公，故天子之禮有异於諸侯，諸侯之禮有异於大夫，大夫之禮有异於士庶。即以喪禮言之，成王崩，未葬，康王君臣冕服以受顧命。此天子之异禮，不可槩以吉凶异道，不相干論也。服喪自期以下，諸侯絶不服。而同爲諸侯者，不降。天子、諸侯既然，則大夫之异於士庶可知矣。故大夫爲其父母兄弟之未爲大夫者之喪服，如士服。蓋生者貴而死者賤，則其服從死者，嫌若臨之故也。士爲其父母兄弟之爲大夫者喪服，如士服，蓋生者賤而死者貴，則其服從生者，嫌若僭之故也。士之子爲大夫，則其父母弗能主，使其子主之。蓋封贈之典，起於後世，古者父貴可以及子，而子貴不可以加父。故大夫之子得用大夫之禮，而大夫之父不得用大夫之禮也。昔齊 晏桓子卒，晏嬰麤衰斬苴，絰帶杖，菅屨，食粥，居倚廬，寢苫枕草，其老曰："非大夫之禮也。"曰："唯卿爲大夫。"此平仲之謙也，言己非大夫，故爲父服士服爾。據此，見周家喪服，大夫士必有异制矣。其以精麤爲辨與？凡此皆貴貴之禮，與親親賢賢并行者也。《集説》引石梁 王氏説駁之，似矣。然記者所云，恐不爲無説也。

大夫之喪，大宗人相，小宗人命龜。【集説】大宗人、小宗人，即大宗伯、小宗伯也。相，佐助禮儀也。又引劉氏曰："大宗人，或是都宗人。小宗人，或是家宗人。掌都家之禮者。"

竊案：大夫之喪，而相者大宗伯，命龜者小宗伯，未免失之過。故劉氏有都宗人、家宗人之説。然考之《周官》,《宗伯》《肆師》云:"凡卿大夫之喪,相其禮。"則大小二宗,并是其君之職來爲喪事,而非都、家宗人也。故應氏曰:"君臣一家也。君之喪,百官庀其職;大夫之喪,家臣庀其役。其廣狹不同矣。君則邮其私,而以國有司助之。其凡役,則司徒供之,《少儀》'聽役於司徒'是也。其贊相,則大小二宗與卜人同之,《宗伯》《肆師》相禮是也。大小宗與卜人皆春官,而喪事同贊相之。蓋君喪之用大宰、大宗、大祝,若《曾子問》所記是也。而亦以贊大夫之喪,其待之厚矣。夫臣子之喪,其力有不能盡具者,皆仰之於公。又俾有司贊其事,所謂體群臣者,此類是也。"

君薨,太子號稱子,待猶君也。【集説】待猶君者,謂與諸侯并列,供待之禮,猶如正君也。

竊案:待,如《論語》"以季、孟之間待之"之待,非供待之謂也。鄭注"《春秋》葵丘之會,宋襄公稱子而與諸侯序"是也。

有三年之練冠,則以大功之麻易之。【集説】以此大功之麻経,易去練服之葛経也。

竊案:三年之喪,至練時首経已除,故特云練冠。然要経亦除,故鄭氏云:"練冠易麻,互言之也。"孔氏亦云:"麻,謂経帶。大功言経,明三年練亦有経帶。三年練云冠,明大功亦有冠,是大功冠與経帶易三年冠及経帶,故云互言之。"《集説》少此一義。

凡主兄弟之喪,雖疏亦虞之。【集説】小功總麻,疏服之兄弟也。彼無親者主之,而己主其喪,則當爲之畢虞祔之祭。

竊案:《小記》云:"大功者,主人之喪有三年者,則必爲之再祭。"鄭注云:"小功總麻,爲之練祭可也。"與此不同者,孔氏曰:"彼承大功有三年者,此則總、小功有三年者,故至小祥同於三年,故主虞祔也。"今此言疏者亦虞,但虞者謂無服者,朋友相爲亦虞祔也。《集説》未能詳盡。

總冠繰纓。【集説】總服之纓,其粗細與朝服十五升之布同,而縷數則半之。治其縷,不治其布,冠與衰同是此布也。但爲纓之布,則加以灰澡治之耳,故曰"總冠繰纓"。繰,讀爲澡。

竊案:此注、疏説也。山陰陸氏云:"繰,讀如'璺繰'之繰。繰纓,散絲纓也，即言絲，嫌不散。”據此，則不煩改字而自通。

朝服十五升。【集説】朝服一千二百縷終幅。

竊案：先儒以八十縷爲升，十五升則一千二百縷也。然《周書》云：“成王會埠上，天子朝服八十物。唐叔、荀叔、周公、太公望朝服七十物。唐公、虞公、殷公、夏公朝服五十物。”物，縷也。升之精粗不同者，鄭氏謂：“八十縷爲升，舉其精者也。”

諸侯相襚以後路與冕服，先路與褧衣不以襚。【集説】相襚不可用己之正車服者，以彼不用之以爲正也。

竊案：《春秋傳》：“車馬曰賵，衣被曰襚。”此冕服後路宜兼言賵襚，而但言相襚者，包賵在其中也。

遣車視牢具，疏布輤，四面有章，置於四隅。載糧，有子曰：“非禮也，喪奠脯醢而已。”【集説】視牢具者，天子太牢包九箇，則遣車九乘；諸侯太牢包七箇，則七乘；大夫亦太牢包五箇，則五乘；天子之上士三命，少牢包三箇，則三乘也。諸侯之士無遣車。遣車之上以麤布爲輤。輤，蓋也，四面有物以鄣蔽之。“章”與“鄣”同。四隅，椁之四角也。糧，米糧也，遣奠之饌無黍稷。故有子以載糧爲非禮，牲體則脯醢之義也。

竊案：有子之意，言常時喪奠祇用脯醢而已者，蓋以死者不食糧也，故遣奠亦祇用牲體，而不用黍稷。牲體與常時脯醢之義同，皆是用肉耳。《集説》取注、疏，不甚分明。又案《既夕》士禮，藏筲有黍、稷、麥者，遣奠之外別有之，非載糧也。

委武，玄、縞而后蕤。【集説】委武，皆冠之下卷，秦人呼卷爲委，齊人呼卷爲武。玄，玄冠也。縞，縞冠也。玄、縞二冠既別，有冠卷則必有蕤。

竊案：委者，委貌也。委貌有玄有素，玄端之冠則玄委貌，其武則縞。素端之冠則素委貌，其武則玄。此記所謂玄，蓋縞冠玄武；所謂縞，蓋玄冠縞武也。如是而後蕤以飾之，故曰“委武，玄、縞而后蕤”。《集説》從鄭氏，以委武皆爲冠卷，非是。故採山陰陸氏説補焉。

甕、甒、筲、衡實見間，而后折入。【集説】甕、甒皆瓦器。甕

盛醢醓，甒盛醴酒。筲，竹器，以盛黍稷。衡，讀爲桁，以木爲之，所以
庋舉甕、甒之屬也。見，棺衣也。言此甕、甒、筲、衡實於見之外椁之内。
"而后折入"者，折形如床而無足，木爲之，直者三，橫者五，窆事畢，
而後加之壙上，以承抗席也。

　　竊案：此皆注、疏語，本無可疑，但以見爲棺衣，而不詳爲引証，讀
者終未易曉。案《既夕禮》"乃窆藏器於旁，加見"，注云："器，用器、
役器也。加見者，器在見内也。"又云"藏苞筲於旁"，注云："在見外
也。"則見内是用器、役器，見外是明器也。此是士禮，大夫則有人器、
明器也。陸氏 德明曰："見，棺衣也。"賈氏曰："見，棺飾也。飾則帷荒，
以帷荒加於柩，棺柩不復見，唯見此帷荒，故名帷荒爲見。"其言頗著明。
又案山陰 陸氏曰："衡讀如字，其桁之橫者也。以實見閒，非止此四物，
以此四物該之。"

小斂、大斂、啟，皆辯拜。【集說】禮，當大斂、小斂及啟攢之時，
君來吊，則輟事而出拜之。若它賓客至，則不輟事，待事畢，乃即堂下之
位而徧拜之，故特舉此三節言之。若士於大夫，當事而大夫至，則亦出拜
之也。

　　竊案：應氏曰："小斂以襲其形，大斂以韜於棺，啟殯以載其柩，皆
喪事之變節，而切於死者之身也。生者之痛，莫此爲甚。賓亦於是拜死者，
吊生者，故主人皆徧拜以謝之，而致其哀也。"吳草廬曰："應氏謂賓亦於
是拜死者，古無是禮也。"玉巖 黃氏云："案吳氏所辯，是古今禮一大變易
處，何也？《儀禮·喪禮》：'吊者入，升自西階，東面。主人進中庭，吊
者致命，曰："君聞子之喪，使某如何不淑。"主人哭，拜稽顙，成踴。賓
出，主人拜送於門外。'及後凡襚賵儀，皆大略放此。又《禮記》此篇後
章，諸侯襚亦放此。由此觀之，古人吊賓之禮，於生者祇有慰問之辭，於
死者祇有燧賵之物，及哭踴憑尸之節而已，并無拜祭於死者之禮。至於主
人，拜賓以謝其恩禮，拜送以重其來辱，亦惟自盡而已。賓皆無答拜之
文。此古禮之精意也。蓋知生者吊，知死者傷，吊賓之情於是爲至。主人
拜謝，理所宜然。喪事倥偬，各欲自盡而已。此何時耶？而可交拜歡曲以
成禮耶？故凡非吊喪，無不答拜者，獨喪拜不答，意在斯也。此古禮之至
也。後世之禮一變，大與古人相背。故楊氏 復曰：'今世俗吊，賓來見几
筵，哭拜，主人亦拜，謂代亡者答拜，非禮也。既而賓吊主人，又相與交
拜，亦非禮也。'此古今禮之大槩不同如此。應氏乃謂賓於是三者拜死者，
於禮果何據而云然耶？"

公七踊，大夫五踊，婦人居間；士三踊，婦人皆居間。【集説】
國君五日而殯，自死至大斂凡七次踊者。始死，一也；明日襲，二也；襲
之明日之朝，三也；又明日之朝，四也；其日既小斂，五也；小斂明日之
朝，六也；明日大斂時，七也。大夫三日而殯，凡五次踊者。始死，一也；
明日襲之朝，二也；明日之朝及小斂，四也；小斂之明日大斂，五也。士
二日而殯，凡三次踊者。始死，一也；小斂時，二也；大斂時，三也。凡
踊，男子先踊，踊畢，而婦人乃踊，婦人踊畢，賓乃踊，是婦人居主人與
賓之中間，故云“居間”也。然記者固云動尸舉柩，哭踊無數，而此乃有
三、五、七之限者，此以禮經之常節言，彼以哀心之泛感言也。又所謂無
數者，不以每踊三跳爲三踊之限也。

竊案：《集説》皆用注、疏語。山陰陸氏云：“公五日而殯，踊七日。
大夫三日而殯，踊五日。其始死之日踊，既殯之後一日猶踊。若士三日而
殯，踊三日。則其既殯之後一日不踊，與三、五、七然後有間。士三踊，
婦人居間，言皆三，無又間故也。然則婦人居間，若公七踊，其二日甲一
踊，又二日乙一踊，又二日甲一踊。大夫放此。”

商祝鋪席乃斂。【集説】商祝，習知殷禮者，專主斂事。
竊案：《周禮·大祝之職》“大喪贊斂”。《喪祝》：卿大夫之喪掌斂。
《士喪禮》“商祝主斂”，《喪大記》：君將大斂，商祝鋪絞、紟、衾、衣。
則商祝固與大祝、喪祝皆主斂事矣。但以商祝爲習知殷禮者，殷禮非時王
之制，何必用習知前代之禮者主斂事也？《儀禮·士喪禮》又有夏祝，注
亦以爲習知夏禮者，則夏祝與商祝，或周監於二代而兼存其禮，亦未可知
也。然商與周官止有大祝、小祝、喪祝，而無商祝。

客使自下由路西。【集説】自，率也。下，謂馬也。由，在也。路，
即大路也。陳車北轅畢，賵者執圭升堂致命，而客之從者牽馬，設在車之
西也。

竊案：鄭注云：“下，謂馬也，馬在路之下。《覲禮》曰：‘路下四亞
之。’”孔疏：“引《覲禮》，証馬爲下也。四亞之謂馬四匹，亞次路車也。”
此《集説》所本也。山陰陸氏謂：“客使牽馬者也，自下自路西之前。《聘
禮》所謂‘牽馬者自前西乃出’是也。”

孤降自阼階。【集説】《曲禮》云：“升降不由阼階。”謂平常無吊賓
時耳。《集説》此條在“吊者即位於門西”節下。

竊案：居喪之禮，升降不由阼階，謂未逾年之君也。《公羊傳》云：
"君薨稱子某，既葬稱子，逾年稱君。"其曰"孤降自阼階"，則子逾年可
知。孤不名，亦以此。外客來吊，亦容有既葬逾年而後至者耳。《集説》
謂平常無吊賓時，升降不由阼階，恐非。

其國有君喪，不敢受吊。【集説】言卿大夫以下有君喪，而又有親
喪，則不敢受他國賓客之吊，尊君故也。

竊案：國有君喪，不獨指卿大夫以下，即諸侯亦然也。故山陰 陸氏云：
"言諸侯有天子之喪，雖有親喪，不敢受吊。諸侯如此，則其臣有諸侯之
喪，蓋亦如此。設若衛靈公吊季康子，而康子有君之喪，應辭。"

陳氏禮記集説補正卷二十五

雜記下

如三年之喪，則既穎。其練、祥皆行。【集説】既穎者，既虞受服之時，以葛絰易要之麻絰也。穎，草名。無葛之鄉以穎代。穎，犬迥反。

竊案：此本鄭注，初無可疑，而《大全》反引山陰陸氏説以亂之，不得不取吴臨川説一爲辨正。陸氏曰："凡喪服皆麻練而葛，蓋禫而後穎。穎，吉服也。知然者，以'被穎黼''衣錦尚絅'知之也。三年重服，故雖當既穎，其練、祥猶行。鄭氏謂未没喪者已練、祥矣。鄉當父母之喪，未練、祥也。然則既穎在禫之後明矣。"吴氏曰："案古字聲同者多借用，檾麻之檾與單縠之褧并通作穎。鄭氏以穎爲代葛之檾，是矣。陸氏以此爲單之褧，而謂褧乃禫之吉服，且引《詩》'衣錦尚絅'、《儀禮》'被穎黼'爲証。《詩》之褧衣，《禮》之穎黼，皆婦人之服，加於正服之上，以御道路之塵者，至夫家則脱去，豈可指爲男子常服之吉服哉？若欲言禫後吉服，何不言玄端，而乃言穎乎？陸農師於禮注正捄甚多，但時或好新尚奇，以破鄭説，而不自知其失當也。"

大夫士將與祭於公，既視濯而父母死，則猶是與祭也，次於異宮。既祭，釋服出公門外，哭而歸。【集説】"猶是與祭"者，猶是在吉禮之中，不得不與祭。但居次於異宮耳，以吉凶不可同處也。

竊案：《春秋》宣公八年六月，"辛巳，有事於太廟，仲遂卒於垂。壬午，猶繹，《萬》入去《籥》"。説者曰：猶者，可已之辭。禮，大夫卒，當祭則不告，終事而聞，則不繹。不告者，所以盡肅敬之誠於宗廟。不繹者，所以全始終之恩於臣子。今仲遂，國卿也，死而猶繹，則失寵遇大臣之禮矣。夫君之於臣，尚且不可聞其喪而繹，況大夫士於父母之喪，反可既聞訃而猶與祭於公乎？苟從此禮，則是人君不以孝處其臣，人臣不以孝事其親，天下豈有無父之國哉？故玉巖 黃氏以此節爲疑經。而《集説》猶循舊注之誤。聞之陸菊隱云："案《記》云'次於異宮'，則必不與祭矣。但不敢即哭而歸，俟君祭畢而後釋服出歸耳。"《集説》云"不得不與祭"，大謬，非正文誤也。

自諸侯達諸士，小祥之祭，主人之酢也嚌之，衆賓兄弟則皆
啐之。大祥，主人啐之，衆賓兄弟皆飲之可也。【集説】至齒爲嚌，
入口爲啐。主人之酢嚌之，謂正祭之後，主人獻賓長，賓長酢主人，主人
受酢則嚌之也。衆賓兄弟啐之，謂祭末受獻之時則啐之也。

竊案：《集説》本注、疏，無可疑者。玉巖 黃氏發明甚暢，采之如左，
其説曰："此記喪祭之禮。案古者喪禮，禫而始飲醴酒。今曰'小祥之祭，
主人受賓長之酢爵則嚌之，大祥受酢則啐之'，何也？曰：此又是一議論。
古人禮意，絶與今人不同。今人奠祭，自始死便有獻爵，古人皆無之。自
虞以前未葬也，其禮爲奠，祇奠置所薦之物而已，無獻、酬、酳、酢等
禮。以始死哀至，其禮質也。及虞則謂之祭，所以安神，則有尸，有獻、
酬、酳、酢等禮，稍與吉祭相似，所謂以虞易奠，蓋殺哀變吉之漸，禮遂
稍文矣。故虞祭之日，尸酢主人，主人飲卒爵。則小祥、大祥，其受賓長
之酢爵，或嚌或啐之[1]，蓋信然矣。所以然者，疏云：'神惠爲重，受尸酢，
雖在喪，亦卒爵；賓禮爲輕，受賓酢，但嚌之。'此義是也。蓋既立尸以
象神，則不得不以神禮事之，故尸酢而卒爵，非以爲酒也，以尊神也。猶
之既葬，疏食水飲，不食菜果，祥而食肉，禮之正也。若既葬而君食之，
大夫父之友食之，則食之，雖粱肉不辟也，非甘於肉也，尊君父之命也。
夫明而人之尊者强之食，則食而不敢違，則幽而神之，尊者酢之爵，又敢
拒而不受哉？故不飲不食之至痛，雖三年之經，然或飲或食之隨宜，亦一
事之權。蓋親之尊之皆人道之大，故時有并行而不悖者。在得其意，然後
可以觀於先王之禮也。尸酢主人，主人飲卒爵，見《儀禮·士虞禮》。"

祥，主人之除也。於夕爲期，朝服。祥因其故服。【集説】疏
曰："於夕爲期，謂於祥祭前夕，預告明日祭期也。朝服，謂主人著朝服，
緇衣素裳，其冠則縞冠也。祥因其故服者，謂明旦祥祭時，主人因著其前
夕故朝服也。"

竊案：此引疏説是已，而記者之意未能明也。山陰 陸氏曰："嫌於夕
爲期，嘗朝服矣。詰朝不復反喪服，故云爾。然則祥之日，猶服練服，及
祭易之，所謂'除成喪者，其祭也朝服縞冠'是也。祭已又易之，所謂
'大祥，素縞麻衣'是也。"此言最爲明著。

---

[1] "嚌"字後原衍"而"字，據《四庫》本刪。

子游曰："既祥，雖不當縞者，必縞，然後反服。"【集説】疏曰："謂大祥後有來吊者，雖不當祥祭縞冠之時，主人必須著此祥服縞冠，以受吊者之禮，然後反服大祥後素縞麻衣之服也。"

竊案：《記》未嘗言有來吊者，鄭何以知爲喪事贈賵而來？故山陰 陸氏更引一説，云："親喪，雖既祥，猶有它喪未除，今以祥，故無所不用縞。縞，既祥之服也。然後反服，然後反它喪之服。"

上大夫之虞也少牢，卒哭成事，附皆大牢。下大夫之虞也犆牲，卒哭成事，附皆少牢。【集説】無解。

竊案：孔氏謂："上大夫平常吉祭用少牢，虞依常禮，卒哭成吉事與祔廟，二祭皆大，并加一等，用大牢也。下大夫吉祭用少牢，虞祭降一等，用特牲，卒哭、祔依常吉祭禮。"此即方氏"位有上下，故禮有隆殺"之説也。山陰 陸氏謂："士虞用特豕，今下大夫之虞，亦云特牲，則容父爲士，子爲下大夫，其祭如此。於上大夫言，父爲大夫，子下大夫，言父爲士相備也。"此兩解者，未知孰是，姑并存之。

古者貴賤皆杖，叔孫武叔朝，見輪人以其杖關轂而輠輪者，於是有爵而後杖也。【集説】作車輪之人，以其衰服之杖穿於車轂中，而迴轉其輪，鄙褻甚矣。自後，無爵者不得杖。此記庶人廢禮之由也。

竊案：輪人，賤者也，不知喪禮，故以杖關轂而輠輪。武叔正當曉戒以杖不可褻，且可因此使人人知杖之當尊，何至一舉而盡廢之，使無爵者皆不得杖？夫杖之爲制，先王使無爵與非爲主而皆得杖，所以輔病也，教孝也。今不教輪人以孝，而乃禁人之爲孝，毋乃與懲噎而廢食者同乎？故輪人之不知禮，其罪尚小，武叔之廢杖，其罪實大也。且當時三家歌《雍》舞佾，其褻禮之甚，豈特以杖關轂輠輪而已哉？而獨惜一輪人之褻杖，不知務甚矣。故記者特謹之以垂後鑒，非僅以杖之由廢也。

襲而后設冒也。【集説】"后"字衍。

竊案：鄭注："襲而設冒，言'后'，衍字爾。"《集説》取之。然《記》意謂未衣以前，始死須沐浴，此時未可設冒。自既襲以後，至小斂以前，雖已著衣，若不設冒，則尸象形見，爲人所惡，是以襲而后設冒。"后"字語意從未襲以前生來，初非衍字。陸氏説得之。

三年之喪以其喪拜，非三年之喪以吉拜。【集説】今案《檀弓》

鄭注，以拜而後稽顙爲殷之喪拜，稽顙而後拜爲周之喪拜。疏云："鄭知此者，以孔子所論每以二代對言，故云'三年之喪，吾從其至者'。但殷之喪拜，自斬衰至緦麻，皆拜而後稽顙，以其質故也。周制則杖期以上，皆先稽顙而後拜，不杖期以下，乃作殷之喪拜。"此章疏義與《檀弓》疏互看，乃得其詳。

竊案：《檀弓》稽顙而後拜，即《周禮》所謂凶拜。此所謂喪拜也，三年之喪用之。《檀弓》拜而後稽顙，即《周禮》所謂吉拜，亦此所謂吉拜也，期功以下之喪用之，皆周禮也。但周末禮廢，人不知喪拜之儀，有輕重之別，故記者正之如此。鄭氏以此與《檀弓》所云爲殷、周喪拜，無所經見，未足信也。又案，《檀弓》言"吾從其至"，與《論語》"吾從衆""吾從下""吾從先進"同。進有先後，皆以周之初終言。麻冕與純，拜下拜上，亦皆以周時言，何拜稽顙、稽顙拜獨分殷、周？故馬氏深闢之。《集説》猶信注、疏，何歟？

三年之喪，如或遺之酒肉，則受之，必三辭。【集説】石梁王氏曰："居喪而有酒肉之遺，必疾者也。"

竊案：居喪之禮，有疾則飲酒食肉。此受之而不食，必非有疾者也。王氏説非是。

三年之喪，雖功衰不吊，自諸侯達諸士，如有服而將往哭之，則服其服而往。【集説】疏曰："小祥後衰與大功同，故曰功衰。如有五服之親喪而往哭，不著己之功衰，而依彼親之節以服之也。不吊與往哭二者，貴賤皆同之。"

竊案：喪服自期以下，諸侯絶，大夫降，則諸侯不應有諸親始死服。今云服其服者，孔氏云："當是敵體及所不臣者，謂始封之君，不臣諸父昆弟也。"《集説》未及援據，疎矣。

既葬，大功，吊，哭而退，不聽事焉。期之喪未葬，吊於鄉人，哭而退，不聽事焉。功衰吊，待事不執事。【集説】既葬大功者，言已有大功之喪已葬也。《儀禮·喪服傳》："姑、姊妹適人無主者，姪與兄弟爲之齊衰不杖期。"此言期之喪，正謂此也。雖未葬，亦可出吊此喪，既葬，受以大功之衰，謂之功衰。

竊案：此本注、疏爲説，然以期喪功衰爲姑、姊妹無主者，則未別白也。今引注、疏以明之。疏云："經直云'期喪'，鄭知是'姑、姊妹無主者'①，以前云大功既葬，始得吊人。今此經期喪未葬，已得吊人，明知此期服輕，故知是姑、姊妹無主，殯不在己族者。女未廟見，反葬女氏之黨。此姑姊、妹已於它族成婦日久，但夫既早死，故殯在夫族。此云'功衰'，它本或云'大功衰'。今案鄭注，則此功衰還是姑、姊妹無主之功衰，不得別云'大功'也。皇氏云②：'有大字者，誤也。'"呂氏云："功衰下脱一'不'字，此謂卒哭之受服。"吳氏謂："從孔疏，其義爲長。"

鄉人五十者從反哭，四十者待盈坎。【集說】同鄉之人五十者，始衰之年，故隨主人反哭，而四十者待土盈壙乃去。

竊案：玉巖 黄氏曰："四十者待盈坎，非徒執綍以待而已，蓋爲之執綍以下棺及實土也。故《儀禮·既夕禮》'實土三，主人拜鄉人'，注云'謝其勤勞'是也。"《集說》"待土盈壙"，則是袖手旁觀，全不事事也，豈故人助喪之義乎？

功衰，食菜果，飲水漿，無鹽酪。【集說】酪，《説文》："乳漿也。"

竊案：鄭注："酪，酢戴也。"《釋文》曰："酪，音洛。酢，七故反。戴，才代反。"《内則》鄭注又以漿爲酢、戴。孔疏謂："與《漿人》六飲，'三曰漿'之漿同，是酪與漿一也，既非水漿，亦不名乳漿。酢亦作醋，醋，醶也。此所謂酪與鹽相配，與上水漿別，應是醋類。"《集說》舍鄭注而取《説文》"乳漿"之文③，不知何謂。

母之諱，宫中諱，妻之諱，不舉諸其側，與從祖昆弟同名則諱。【集說】若母與妻所諱者，適與己從祖昆弟之名同，則雖它所亦諱之也。

竊案：非宫中而諱母之諱，非其側而諱妻之諱，唯與從祖昆弟同名者則然，似從祖昆弟之名重於母、妻之諱矣，其實不然。吳幼清曰："注云'從父昆弟於父輕，不爲之諱，與母、妻之親同名重，則諱之'者，蓋己之從祖昆弟，父之同祖昆之子也，於父爲子行屬，卑且疎。父服小功，其服輕，父不爲諱，故子亦不從諱。若此從祖昆弟之名，與母、妻之親名同

---

① "是"字原訛作"爲"，據《四庫》本、《禮記正義》改。
② "皇"字原訛作"黄"，《四庫》本同，據《禮記正義》改。
③ "文"字原訛作"云"，據《四庫》本改。

而相重，則爲母、妻之親諱而因爲之諱爾，非正爲從祖昆弟而諱。”

如知此者，由文矣哉！由文矣哉！【集說】孔子美之，言知此絶地、不絶地之情者，能用禮文矣哉。

竊案：此本鄭注，作孔子美其能用禮文。山陰陸氏以爲知此者，則凡於禮知由於内。臨川吴氏申之曰：“喪禮有情有文，誠於中者，情也；形於外者，文也。伯母、叔母之疏衰期，其文隆於大功矣，然義服之情輕於骨肉，故踊不絶地，其哀淺也。姑、姊妹之大功九月，其文殺於疏衰矣，然骨肉之情重於義服，故踊絶於地，其哀深也。知此二者，則知哀之淺深由乎其中之情也，豈由乎外之文矣哉！”陸説優於鄭注。

天子飯九貝，諸侯七，大夫五，士三。【集說】《周禮》天子飯含用玉，此蓋异代之制乎？

竊案：鄭謂“此蓋夏時禮”，故《集説》亦疑其制爲异代，無所證據。案《周禮·典瑞》“大喪共飯玉、含玉”，是天子用玉也。《雜記》諸侯薨，鄰國含者執璧將命，是諸侯用璧也。《左傳》聲伯夢食瓊瑰，懼不敢占；吴伐齊，陳子行命其徒具含玉，注謂：“瓊，玉。瑰，珠。食珠玉，含象。”是大夫用珠玉也。珠玉，以玉爲珠。《士喪禮》“貝三實於笲”，是士用貝也。今此《記》自天子至於士，雖有九、七、五、三之殊，然皆用貝，不知何謂。鄭氏不得其説，槩歸之夏、殷，非也。《大戴》又云：“天子飯以珠，含以玉。諸侯飯以珠。大夫、士飯以珠，含以貝。”《説苑》又云：“天子含以珠，諸侯以玉，大夫以璣，士以貝，庶人以穀實。”各記所聞，不能歸一。然云大夫以珠、以璣，亦可補經傳所未備。

既聞之，患弗得學也；既學之，患弗能行也。【集說】三患，言爲學之君子。

竊案：臨川吴氏謂：“得學得行，猶幼而學之之學，壯而欲行之之行。行謂見用於時，得行其學也，非‘行而至’之行。三患，君子兼該有位無位之人。”與《集説》异。愚謂學未有不兼知行者，況聞既屬知，則學當兼行，而“弗能行”之行，自宜作行道濟時解矣。吴説較長。

既得之而又失之，君子恥之。【集說】始以有德而進，今以無德而退，三恥也。

竊案：此句注、疏無解。方氏謂：“君子進以禮，位固不可以苟得；

退以義，則位又不可以苟失。既得之而又失之，則非義而退矣。孔子曰：'邦有道，貧且賤焉，恥也。'其謂是歟？"《集説》蓋同方氏。愚謂鄙夫事君，患得患失。君子難進易退，何有恥其既得而又失之者？此句承上"恥無其行"來，謂居位行道有初而鮮終也，故君子恥之。

衆寡均而倍焉，君子恥之。【集説】國有功役，己與彼衆寡相等，而彼之功績倍於己，是不能作興率勵其下，五恥也。

竊案：《集説》本注、疏，近是。方氏亦云："術不足以使人則事不逮，事不逮則有廢功，故衆寡均而倍焉。謂彼力均於此，而我功少於彼也。"陸菊隱謂："此合上句，乃君子庶、富、教之事。上文'地有餘而民不足，君子恥之'者，恥其不能使民庶也。禮所謂'地廣大荒而不治，士之辱也'。此'衆寡均而倍焉，君子恥之'者，恥其不如善治國者之能富教其民也。所謂地醜德齊，莫能相尚者也。"如此解，尤爲明切。

孔子曰："凶年則乘駑馬，祀以下牲。"【集説】《王制》云："凡祭，豐年不奢，凶年不儉。"與此不同，未詳。《集説》於《王制》有云："歲有豐凶，而禮無奢儉。"此記者之言。《雜記》云："凶年祀以下牲。"孔子之言也。

竊案：《王制》：冢宰制國用，祭用數之仂。是豐年用豐年之仂，凶年用凶年之仂，乃一定之制。故豐年不加於仂之外而至於奢，凶年不略於仂之內而至於儉。此云祭以下牲，則人君自貶損之道，宜然也。《易》"損而有孚"，"二簋可用享"，非乎？且所謂下牲者，降於常祭一等耳。如天子、諸侯常祭用太牢，凶荒則用少牢。諸侯之卿大夫常祭用少牢，降用特豕。士常祭用特豕，降用特豚。如此之屬，皆爲下牲，蓋猶用本牲之下者也，則與"祭，凶年不儉"之文亦未甚刺謬。《集説》以爲未詳，何也？

一國之人皆若狂。【集説】若狂，言飲酒醉甚，無禮儀。
竊案：蜡有迎貓、迎虎等事，近於嬉戲，故曰"若狂"。非僅飲酒醉甚也。

百日之蜡，一日之澤。【集説】百日勞苦而有此蜡，農民終歲勤動，今僅使之爲一日飲酒之歡，是乃人君之恩澤。
竊案：孔疏："民勤稼穡，其實一年而云百日，舉其成數，以喻久也。"此《集説》所本，亦方氏所謂"百日之蜡始於春，一日之澤終於冬"也。然以終歲勤動爲百日之蜡，終有可疑。呂氏曰："自秋成至於十二月有百日，在百日中索是鬼神以修蜡禮，故曰‘百日之蜡’。至十二月乃祭，祭而遂息田夫，故曰‘一日之澤’。”此説爲允。

七月而禘，獻子爲之也。【集説】此言獻子變禮，用七月禘祭。然不言自獻子始，而但言獻子爲之，蓋一時之事耳。

竊案：《明堂位》稱魯以季夏六月以禘禮祀周公於太廟，周之季夏即夏之孟夏，建巳之月也，此魯之正禮也。《春秋》凡失禮者必書，七月而禘，非時失禮，宜見於經。然《春秋》所書，惟有僖公八年秋七月“禘於太廟，用致夫人”一條，是時獻子猶未得魯政也。蓋獻子之見經，始於宣九年之如京師，終於襄十九年之卒①。自僖之八年至宣九年，相去蓋二十五年，計其時尚少，當時秉魯政者，公子季友也。則僖七月之禘，非獻子爲之可知矣。其後宣公、襄公時獻子爲政，又未有書“七月禘”者，殊爲可疑，豈因一時之事，後不沿習，遂不書於册乎？鄭《釋廢疾》云：“宣八年六月，‘有事於太廟’。禘而云‘有事’者，雖爲卿佐卒張本，而書有事，其實當時有用七月而禘，因宣公六月而禘，得禮，故變文言有事。《春秋》因事變文，見其得正也。”孔氏謂：“如鄭此言，則獻子之時禘皆非正，因宣公禘爲得正，故變文言有事，以明餘禘之不正也。故餘禘不載於經，惟譏於宣公得正之禘也。”愚案，此説與《春秋》非時皆書之例相違。又鄭答趙商云：“《禮記》之云，何必皆在《春秋》之例？”是亦不得其説，從而爲之辭。當闕疑爲是。

圭，公九寸，侯、伯七寸，子、男五寸。【集説】子、男執璧，非圭也，記者失之。

竊案：五等諸侯，雖有公執桓圭、侯執信圭、伯執躬圭、子執穀璧、男執蒲璧之分，然統言之曰五瑞，曰五玉，則圭亦似可以該璧也。故《聘禮》兼五等諸侯言，而云賓襲執圭致命。《論語》亦但言執圭，是圭可以兼璧也。或曰：“《論語》執圭，蓋指孔子執魯侯信圭聘於鄰國。”愚謂不然。孔子仕魯時未嘗有出聘鄰國之事。夾谷之會，定公在焉，諸侯相見，親執圭以行禮，孔子不過相其君而已。則知《論語》所陳，乃舉聘禮以詔當世耳，誰謂不兼璧也哉？又長樂陳氏曰：“《聘禮》記云‘所以朝天子，圭與藻皆九寸，問諸侯，朱緑藻八寸’，則圭亦八寸可知。故曰瑑圭璋八

---

① “襄”字原訛作“哀”，據《四庫》本、《春秋左傳正義》改。

寸，璧琮八寸以頫聘。子、男執璧以朝，以圭聘頫。今此言圭，則子、男聘頫之玉也。所謂博三寸，厚半寸，剡上左右各半寸，主公言之，其餘以是爲差。"此亦一義。

藻三采六等。【集説】藉玉者以韋衣板，而藻畫朱、白、蒼三色爲六行，故曰"藻三采六等"也。

竊案：《集説》本鄭、孔，以"藻"爲以韋衣板以藉玉，非是。長樂陳氏曰："玉之藉以繅，而繅之長眂玉。王五采五就，色不過五也。公、侯、伯皆三采三就，降殺以兩也。子、男二采，而大夫聘玉亦二采者，禮窮則同。繅，或作'藻'。冕繅織絲爲之，則圭繅亦然。鄭氏與杜預皆謂韋爲之，亡據。"又案孔疏曰："《聘禮·記》云：'朝天子，圭與繅皆九寸，繅三采六等。'《典瑞》云：'公、侯、伯皆三采三就，子、男皆二采再就。'謂一采爲一就，其實采別二就，三采則六等，二采則四等。又云'瑑圭、璋、璧、琮皆二采一就，以頫聘'，此謂卿大夫二采共一就也。天子五采五就，則十等矣。"此條辨析甚明。

陳氏禮記集說補正卷二十六

喪大記

寢東首於北牖下。【集說】案《儀禮宮廟圖》無北牖，而西北隅謂之屋漏，以天光漏入而得名。或者北牖指此乎？

竊案：古人宮室有南牖，無北牖。《士喪》下篇云：“東首於北牖下。”是君不視之時，病者恒在北牖下也。若君來視之時，則暫時移向南牖，東首，令君得以南面視之。故鄭注云：“病者恒居北牖下，或爲北墉下。”金仁山亦云：“‘牖’字誤，當作‘墉’。蓋室中北墉而南牖。墉，牆也。古人室北牆上起柱爲壁，西壁間西北角有小圓窓，名謂之扉屋漏，然無北牖之名。今宮室之制，惟南方有北牖，北方有南牖，無北牖。然則‘牖’依《儀禮》作‘墉’爲是。”《集說》以屋漏爲北牖者，鑿說也。其義則李氏所云“東首，所以歸魂於陽；北牖下，所以反魄於陰，使之各歸其真宅”是已。

屬纊以俟絕氣。【集說】纊，新綿也。屬之口鼻，觀其動否，以驗氣之有無也。

竊案：此本注、疏。《儀禮·士喪禮》注又云：“爲其氣微，難節也。”信齋楊氏以爲二注相兼乃具。

皆升自東榮，中屋履危，北面三號，掩衣投於前，司服受之，降自西北榮。【集說】榮，屋翼也。天子諸侯屋皆四注，大夫以下，但前簷、後簷而已。翼在屋之兩頭，似翼，故名屋翼也。中屋，當屋之中也。履危，立於高峻之處，蓋屋之脊也。三號者，一號於上，冀魂自天而來；一號於下，冀魂自地而來；一號於中，冀魂自天地四方之間而來。其辭則“皋，某復”也。皋，長聲也。三號畢，乃捲斂此衣，自前投而下。司服者以篋受之，復之小臣，即自西北榮而下也。

復衣不以衣尸，不以斂。【集說】《士喪禮》：“復衣初用以覆尸，浴則去之。”此言不以衣尸，謂不用以襲也。

竊案：北面三號以求諸陰，捲衣投於前，司服受之以衣尸，若得魂而反之以合於魄，則復生也。復者降自西北榮，不自東，嫌虛下也。凡此皆望復其生之意。孝子不忍死其親，迫切之至情也。及復衣衣尸而尸不生，則是不生矣。於是而行死事，浴尸而後，則不更以復衣斂也。長樂陳氏曰：“不以衣尸，不以斂，於文爲駢。本但云復衣以衣尸，不以斂也。以衣尸者，即《士喪禮》以衣衣尸者也；不以斂者，即《士喪》浴而去之者也。”據陳氏説，則“不”字爲衍。上文捲衣投於前，司服受之，正爲以衣衣尸，冀其魂之復魄耳。馬氏反謂不知神之所在而卒不復也，然後捲衣投於前而降焉。不亦謬乎？

主人袒，説髦，括髪以麻。婦人髽，帶麻於房中。【集説】髽亦用麻，如男子括髪以麻也。帶麻，麻帶也，謂婦人要経。

竊案：此雖無可疑，而未甚詳明。長樂黄氏曰：“《士喪禮》云‘既馮尸，主人絞帶，衆主人布帶’，則小斂馮尸之後，括髪免髽之時，主人已絞帶，衆主人已布帶，婦人已帶麻，主人未襲経爾。又《喪服》“斬衰章”疏云：婦人亦有絞帶、布帶，以備喪禮。”吕氏云“無絞帶、布帶”，當考。愚案，吕氏云：“婦人不俟男子襲経，先帶麻者，以其無絞帶、布帶，且質略少變，故因髽而襲経也。”此説似優於禮疏。

君拜寄公、國賓、大夫、士，句拜卿大夫於位，於士旁三拜。夫人亦拜寄公夫人於堂上，大夫内子、士妻，特拜命婦，汜拜衆賓於堂上。【集説】君，謂遭喪之嗣君也。寄公與國賓入吊，固拜之矣。其於大夫、士也，卿大夫則拜之於位，士則旁三拜而已。旁，謂不正向之也。士有上、中、下三等，故共三拜。大夫、士皆先君之臣，俱當服斬，今以小斂畢而出庭列位，故嗣君出拜之。夫人亦拜寄公夫人於堂上矣，其於卿大夫之内子、士之妻，則亦拜之。但内子與命婦，則人人各拜之。衆賓，則士妻也，汜拜之而已，亦旁拜之比也。

竊案：《集説》本皇氏，但指國君遭喪拜賓之禮，不兼大夫、士言，故於大夫士、士之妻句絶。然攷上下文，皆主君以下并言，而此獨指國君，不惟於文既不順，而理亦不備矣。案熊氏云：“大夫、士拜卿大夫者，是卿大夫家自遭喪。小斂後，卿大夫於位，士旁三拜。大夫内子、士妻亦謂大夫、士妻家自遭喪，小斂後，拜命婦及拜士妻之禮。大夫、士各自遭喪，并言之者，以大夫、士家小斂後拜賓同故也。孔氏云：“此言大夫、士之喪，小斂後拜賓，與上文未小斂時文類。”其義逾於皇氏，《集説》舍之而取皇，謬也。

管人汲。【集説】管人，主館舍者。

竊案：方氏云："管人，主管籥之人也。井竃亦其所司，故使之汲水焉。"孔疏以爲主舍館者，《集説》仍之，非也。

君沐粱，大夫沐稷，士沐粱。【集説】君與士同用粱者，士卑，不嫌於僭上也。

竊案：《士喪禮》沐稻，此云士沐粱，不同者，鄭注："蓋天子之士也。"孔疏："若《士喪禮》云，是諸侯之士。今此云士沐粱，故疑天子之士也。"《集説》又有"士卑，不嫌於僭上"之説。愚謂皆非也。古者貴賤有等，君與士雖尊卑濶絶，無僭逼之嫌，然五穀之中，豈無次者可用，而必用粱？況天子之士，僅尊於諸侯之士，亦未可遂同於諸侯。疑是《記》文之誤，當以《士喪禮》爲正。又案，稷雖爲五穀之長，而味美莫如粱，故古人曰膏粱。此君用粱，不同於大夫之用稷也。孔疏以《公食大夫禮》黍稷爲正饌，稻粱爲加，謂稻粱卑於黍稷。其云稻卑於黍稷，是矣。以粱卑於黍稷，恐未盡然也。

朝一溢米，莫一溢米。【集説】一溢，二十四分升之一也。

竊案：鄭注："二十兩曰溢。於粟米之法，一溢爲米一升二十四分升之一也。"《集説》删去"一升"，但云"二十四分升之一"，則米不及半合矣。不知何據。豈從王肅、劉逢"滿手曰溢"之説邪？

小斂，君陳衣於序東，大夫士陳衣於房中，皆西領北上。大斂，君陳衣於庭，百稱，北領西上。大夫陳衣於序東，五十稱，西領南上。士陳衣於序東，三十稱，西領南上。【集説】陳衣與《士喪禮》不同，舊説：此爲天子之士。

竊案：鄭注："《士喪禮》小斂陳衣於房中，南領西上，與大夫異。今此同，蓋亦天子之士也。"孔疏："君陳衣百稱者，衣多，故陳在庭爲榮顯。案《雜記篇》注，襲禮，大夫五，諸侯七，上公九，天子十二稱。則此大斂，天子當百二十稱，上公九十稱，侯、伯、子、男七十稱。今云君百稱者，據上公舉全數言之。北領，謂尸在堂也。西上，由西階取之便也。"今案《士喪禮》陳衣與《喪大記》士陳衣，雖有南領西上，與西領北上、西領南上之不同，然其爲三十稱，一也，恐未必有天子之士、諸侯之士之分，亦記者所聞之異耳。若云君百稱者，舉上公全數言之。蓋以襲衣九稱，則斂衣當九十稱，故孔氏推而言之，亦未敢信爲必然也。

小斂之衣，祭服不倒。君無襚，大夫、士畢主人之祭服，親戚之衣受之，不以即陳。【集説】君無襚，謂悉用己衣，不用它人襚送者。大夫、士盡用己衣，然後用襚。

竊案：《士喪禮》小斂之時，但有襚者，而無君襚。至大斂陳衣，而後云君襚祭服、散衣，庶襚凡三十稱。則此記"君無襚，大夫、士畢主人之祭服"，當從熊氏、胡氏之説矣。熊氏曰："小斂之時，君無以衣襚大夫、士。雖有，不以斂。至大斂，則得用君襚。"廬陵 胡氏曰："此謂小斂，君不以衣襚大夫、士。若大斂，則君襚。"臨川 吳氏雖以爲鑿，然其説合於《儀禮》，可信據也。

君之喪，大胥是斂，衆胥佐之。大夫之喪，大胥侍之，衆胥是斂。士之喪，胥爲侍，士是斂。【集説】大，音泰。胥，音祝。胥讀爲祝者，以胥是樂官，不掌喪事也。《周禮·大祝之職》："大喪贊斂。"《喪祝》："卿大夫之喪，掌斂。"《士喪禮》："商祝主斂。"故知當爲祝。侍，猶臨也。

竊案：此鄭氏説也。以"胥"爲字之誤，而改爲"祝"，近似而非。臨川 吳氏曰："大胥非謂樂官之大胥。案《周官》大祝之下有胥四人，所謂大胥者，大祝之胥也。喪祝之下有胥四人，所謂衆胥者，衆祝之胥也。大祝之爵爲下大夫，喪祝之爵爲上士，非能親執斂役者，故雖身親莅事，而各以其下之胥服勞。侯國之祝，雖非四命之下大夫，三命之上士，等而殺之。其命數，大祝當降國卿一等，衆祝當降二等，胥各四人，當亦如王朝之數。國君之斂，大胥四人親斂，衆胥二人佐之，以足六人之數。祝官臨檢，《記》雖不言，孔疏謂'君應有侍者，不知何人'，蓋大祝也。大夫之斂，則大胥二人臨檢，衆胥四人親斂。士之斂，則衆胥二人臨檢，士之友四人自斂。"今案，此説於本文不煩改字，而於《周官》未嘗不符。且於下"凡斂者六人"之文巧合，優於鄭注多矣。

既葬，與人立，君言王事，不言國事；大夫、士言公事，不言家事。君既葬，王政入於國；既卒哭，而服王事。大夫、士既葬，公政入於家；既卒哭，弁絰帶，金革之事無辟也。既練，居堊室，不與人居。君謀國政，大夫、士謀家事。【集説】不言國事、家事，禮之經也。既葬，政入以下，禮之權也。弁絰帶，謂素弁加環絰，而帶則仍是要絰也。大夫、士弁絰，則國君亦弁絰也。君言服王事，則此亦服國事也。堊室，在中門外。練後服漸輕，可以謀國政、謀家事也。

竊案：《王制》："父母之喪，三年不從事。"《書》："高宗諒陰，三年不言。"《曾子問》："練不群立，不旅行。"又曰："夏后氏三年之喪，既殯而致事。殷人既葬而致事。君子不奪人之喪，亦不可奪葬也。三年之喪，卒哭，金革之事無辟者，昔者魯公 伯禽有爲爲之也。今以三年之喪從其利者，吾弗知也。"據此諸文，則先王喪禮，於行、立、言、動之間，坊之嚴矣。恐其忘哀趨利，而禽獸之不若也。今此《記》云"既葬、與人立"，則與"練不群立，不旅行"違矣。"既葬，君言王事，大夫、士言公事"，則與"三年不言"者違矣。"君既葬，王政入於國；既卒哭，而服王事。大夫士既葬，公政入於家；既卒哭，金革之事無辟。既練，君謀國政，大夫、士謀家事"，則與"三年不從政"，及"既殯而致事""既葬而致事""卒哭而致事"者又違矣。先儒雖有"無事不群立、旅行，有事與人立"之説，又有"既葬言王事、公事爲禮之經，卒哭服王事、金革無辟爲禮之權"之説，總屬曲解，徇末世失禮而爲之辭者也。

禫而從御，吉祭而復寢。【集説】從御，鄭氏謂："御婦人。"杜預謂："從政而御職事。"杜説近是。蓋復寢，乃復其平時婦人當御之寢耳。吉祭，四時之常祭也。禫祭後，值吉祭，同月則吉祭畢而復寢。若禫祭不值當吉祭之月，則逾月而吉祭，乃復寢也。孔氏以下文"不御於内"爲證，故從鄭説。又案，《間傳》言"既祥，復寢"者，謂大祥後復殯宮之寢，與此復寢异。

竊案：鄭注："從御，御婦人也。復寢，不復宿殯宮也。"孔疏："杜預以'禫而從御'謂從政御職事。鄭必爲御婦人者，下文云'期居廬，終喪不御於内'。既言'不御於内'，故知此御是御婦人也。"又云："《士虞禮》'中月禫。是月也，吉祭，猶未配'，注云：'是月，是禫月也。當四時之祭月則祭也。'亦不待逾月。故熊氏云：'不當四時祭月，則待逾月也。'案《間傳》'既祥，復寢'，與此'吉祭復寢'不同者，彼謂不復宿中門外，復於殯宮之寢，此吉祭不復宿殯宮，復於平常之寢。文雖同，義别，故此注'不復宿殯宮'，明大祥後宿殯宮也。"愚案，注、疏之説甚善，《集説》必欲改之，非矣。"孟獻子禫，比御而不入"，亦謂御婦人。但獻子賢者，加人一等，過於常禮，故比次當御婦人，而不入殯宮，仍居堊室之中也。

公之喪，大夫俟練，士卒哭而歸。【集説】《雜記》曰"大夫次於公館以終喪，士練而歸"，言大夫、士爲國君喪之禮也。此言公者，家臣稱有地之大夫爲公也。有地大夫之喪，其大夫與士治其采地者，皆來奔喪。大夫則俟小祥而反其所治，士則待卒哭而反其所治也。

竊案：此《記》與《雜記》所言大夫、士居君、公之喪不同，亦所問之各異。鄭氏强生分別，謂：“此公爲公士、大夫有地者。大夫、士歸，爲素在君所食都邑之臣。”《集説》取而衍之，似持之有故矣，然終難信爲必然。

君大棺八寸，屬六寸，椑四寸。上大夫大棺八寸，屬六寸。下大夫大棺六寸，屬四寸。士棺六寸。【集説】君，國君也。大棺最在外，屬在大棺之內，椑又在屬之內，是國君之棺三重也。寸數以厚薄而言。

竊案：《孟子》謂：“古者棺椁無度，中古，棺七寸，椁稱之。自天子達於庶人，非直爲觀美也，然後盡於人心。”趙岐注云：“古者棺椁無厚薄尺寸之度，周公制禮以來，棺厚七寸，椁薄於棺，厚薄相稱相得也。從天子至於庶人，厚薄皆然。但重累之數、牆翣之飾有異。”朱子云：“椁稱之，與棺相稱也。欲其堅厚久遠，非特爲人觀視之美而已。”饒氏云：“周七寸祇如今四寸許。”《左傳》趙簡子與鄭師戰於鐵，簡子自誓云：“桐棺三寸，不設屬辟，下卿之罰也。”辟即椑。孔氏云：“大夫依禮無椑，明簡子罰始無椑，故鄭知當時大夫常禮用椑，是時僭也。”《檀弓》：“孔子爲中都宰，制四寸之棺，五寸之椁。”孔氏云：“是庶人之棺四寸。”據《孟子》所言，則自天子至庶人，棺椁俱七寸。據《喪大記》與《左傳》《檀弓》所言，又有八寸、六寸、四寸之棺椁，爲尊卑貴賤之差，未知何故。

君裹棺用朱綠，用雜金鐕。大夫裹棺用玄綠，用牛骨鐕。士不綠。【集説】疏曰：“裹棺，謂以繒貼棺裹也。朱繒貼四方，綠繒貼四角。鐕，釘也，用金釘以琢朱綠著棺也。大夫四面玄，四角綠。士不綠者，悉用玄也，亦用大夫牛骨鐕。”又引石梁王氏云：“用牛骨爲釘，不可從。”

竊案：孔疏：“定本‘綠’字皆作‘琢’，琢謂鐕，琢朱繒貼著於棺也。”吳氏云：“定本近是。蓋裹棺兼用綠色，無義。疏説分二色，貼四邊，貼四隅，亦無義，且未詳何據。若依定本，以‘綠’爲‘琢’，則‘朱’‘玄’句絕，‘琢’字屬下句。‘琢’字屬下句。士用玄裹棺，與大夫同，但不用釘琢之爲異爾。”且如此，則又無牛骨爲釘之疑。良可從也。

君殯用輴，欑至於上，畢塗屋。【集説】君，諸侯也。輴，盛柩之車也，殯時以柩置輴上。欑，猶叢也，叢木於輴之四面，至於棺上。畢，盡也，以泥盡塗之。此欑木似屋形，故曰"畢塗屋"也。此章以《檀弓》參之，制度不同。

竊案：《檀弓》云："天子之殯，菆塗龍輴以椁，加斧於椁上。"此云"畢塗屋"，其事參差。若君據天子，應稱龍輴，不得直云"殯用輴"。若君據諸侯，不得云"欑至於上，畢塗屋"。其文或似天子，或似諸侯，故鄭云："此記參差，以《檀弓》參之，而云天子之殯，居棺以龍輴，欑木題凑象椁，上四注如屋以覆之，盡塗。諸侯輴不畫龍，欑不題凑象椁，其它亦如之。"《集説》直云諸侯，恐未盡然。

素錦褚，加偽荒。【集説】褚，屋也。偽，音帷。荒下用白錦爲屋，象宮室也。加帷荒者，帷是邊牆，荒是上蓋，褚覆竟，而加帷荒於褚外也。

竊案：鄭注："偽，當爲'帷'，或作'於'，聲之誤也。大夫以上有褚，以襯覆棺，乃加帷荒於其上。"孔疏："'偽'字與'帷'聲相近，'於''帷'聲又相近，因聲相近而誤作'偽'字，或作'於'字，故云'聲之誤也'。"此《集説》所取也。愚以爲上既云"飾棺，君龍帷黼荒"矣，何必又云"加帷荒"？觀下文説大夫畫帷、畫荒，素錦褚，不言加帷荒，可見君於龍帷黼荒之外，別有偽荒以加於褚上，不同大夫矣。但其制未聞，意者似荒而非荒，故曰"偽荒"乎？

君葬用輴，四綍二碑，御棺用羽葆。大夫葬用輴，二綍一碑，御棺用茅。士葬用國車，二綍無碑，比出宮，御棺用功布。【集説】此章二"輴"字一"國"字，注皆讀爲輇，船音。然以《檀弓》"諸侯輴而設幬"言之，則諸侯殯得用輴，豈葬不得用輴乎？今讀大夫葬用輴，與"國"字并作船音。君葬用輴，音春。

竊案：鄭注："大夫廢輴，此言輴，非也。輴，當爲'輇'，聲之誤也。輇，或作'團'，是以文誤爲'國'。輇車，柩車，尊卑之差也。"孔疏："此明葬時在路，尊卑載柩之車。'輴''國'皆當爲'輇'，輇則䡅車。在路載柩，尊卑同用䡅車。至窆時下棺，天子殯用龍輴，至壙去䡅車，更載以龍輴。以此約之，諸侯殯以輴，葬則用輴明矣。若大夫，惟朝廟用輴，殯則不用輴，葬時亦無輴也。士朝廟得用輁軸，若天子元士，葬亦用輁軸。"愚謂注、疏雖改字，所以"輴""國"同爲"輇"者，蓋以聲形之輾轉而誤耳。《集説》以諸侯之輴音春，大夫之"輴"、士之"國車"之"國"

并作船音，何其支離之甚也。今案，二"輈"一"國"，皆當如字讀爲正。蓋諸侯殯既可用輈，葬固可用輈矣。大夫朝廟可用輈，葬獨不可用輈乎？至於士之卑賤，不同於君。大夫則但用國中柩車而已。其尊卑之差，君與大夫在碑綍之多寡、羽茅之華質，而不在輈與輇之分別也。

君裏椁、虞筐。大夫不裏椁。士不虞筐。【集説】疏曰："盧氏雖有解釋，鄭云未聞，今不録。"

竊案：鄭云未聞，孔因不録。盧氏之解，雖得闕疑之意，然亦拘矣。今取吴幼清説補之，云："此蓋言君之椁有裏而又有虞筐。大夫雖不裏椁，而猶有虞筐也。士則并虞筐亦無。"蓋裏椁如上君裏棺、大夫裏棺之謂，但未審用何物耳。筐亦上八筐、六筐、四筐之類。但所謂虞者，又未知何説耳。恨不獲盧氏解釋而讀之。

陳氏禮記集説補正卷二十七

祭法

有虞氏禘黃帝而郊嚳，祖顓頊而宗堯；夏后氏亦禘黃帝而郊鯀，祖顓頊而宗禹；殷人禘嚳而郊冥，祖契而宗湯；周人禘嚳而郊稷，祖文王而宗武王。【集説】大抵"祖功宗德"之宗與"宗祀明堂"之宗不同。祖其有功者，宗其有德者，百世不遷之廟也。宗祀父於明堂，以配上帝者，一世而一易，不計其功德之有無也。有虞氏宗祀之禮未聞，借使有之，則宗祀瞽瞍以配帝，自與宗堯之廟不相妨。但虞不傳子，亦無百世不遷之義耳。

竊案：《祭法》："有虞氏禘黃帝而郊嚳，祖顓頊而宗堯。"《國語》："有虞氏禘黃帝而祖顓頊。"與《祭法》同。"郊堯而宗舜"，與《祭法》異。夫舜受堯之天下，嚳者，堯之父也，固宜郊嚳而宗堯矣。若郊堯宗舜，禹受舜禪以後事也。承曰有虞氏，則不可解矣。豈舜封丹朱於唐，而使以堯配天歟？《尚書大傳》曰："維十有三祀，帝乃稱王，而入唐郊，丹朱爲尸。"此舜郊堯之證也。至宗舜，又似説有虞氏子孫，何也？豈商均受封於虞，宗舜爲不遷之廟歟？然與禘黃帝、祖顓頊、郊堯并言，恐非侯國所當備①。豈虞爲先代之後，亦如杞、宋，二王之後，有天子之事守歟？《集説》引《國語》而無辭，何也？要之王者禘其祖之所自出，而以其祖配之，與宗祀嚴父於明堂以配上帝，此二禮皆自周始有。《祭法》以爲虞、夏、殷、周四代皆有禘郊宗祖之禮，此江陵項氏所謂經生用其師説，推次而上，以爲當然，非必有明文可據也。若夫依文解義，則清江劉氏之説，庶爲近之。劉氏曰："祖非太祖，言後世祖之。宗非宗祀，言後世尊之也。知非太祖宗祀者，以文王非周太祖，武王非周宗祀，周人祖后稷，周公宗文王也。知祖者，後世述之，宗者，後世尊之者，以商有祖甲、祖乙，皆非太祖，中宗、高宗，皆非宗祀也。大抵非天子不禘，非天子不郊，非天子不建宗祖，非有功德不爲祖宗，非爲祖宗無不毀廟，故夏后氏不郊顓頊而郊鯀者，鯀無功，食於廟則必毀，故推以配天而食於郊，則世世修之，此禹之孝也。殷人郊冥者，冥，諸侯也，未受命，不可稱祖，宗

---

① "侯"字原訛作"僬"，據《四庫》本改。

與於祖則必毀，故亦推以配天而食於郊，則世世修之，此湯之孝也。因是見廟已毀，雖有功不可復立，故立武宮，《春秋》刺之。郊者，祭之至尊者也。或配以祖，或配以父，三代雖不同，所以嚴父配天，一也。然則夏郊以鯀，殷郊以冥，而《禮運》云杞禹、宋契，不同者，蓋湯放桀，封禹後以上公，遷鯀而郊禹，武王殺紂，封湯後以上公，遷冥而郊契。《祭法》言其始，《禮運》言其終也。"《集説》言祖有功，宗有德，爲百世不遷之廟，是已。而又言"宗祀父於明堂，以配上帝者，一世而一易，不計其功德之有無也"，假使有虞氏宗祀瞽瞍以配帝，自與宗堯之廟不相妨，此於經文何據？彼謂鯀可郊則瞍亦可配帝，不知鯀障洪水而殛死，冥勤其官而水死，即《祭法》所謂"以死勤事"者也。其功烈皆在可以郊配之列，況鯀爲崇伯，冥亦諸侯，瞽瞍特一匹夫耳。成湯尚不以無功之主癸配天，而謂舜可以頑嚚之瞽瞍配帝乎？其謬亦甚矣。

相近於坎壇，祭寒暑也。【集説】相近，當爲"祖迎"，字之誤也。寒暑一往一來，往者祖送之，來者迎迓之。《周禮》仲春晝迎暑，仲秋夜迎寒，則送之亦必有其禮也。

竊案：《孔叢子》"相近"作"祖迎"。《孔叢子》，僞書也，不足爲據。雖迎寒迎暑，《周禮》有之，祖送則未聞也。謂送之亦必有禮，此意之耳，非有明文可據也。不如鄭氏以爲禳祈之誤，寒暑不時，則或禳之，或祈之。禳祈之禮，古兼有之矣。然張子又曰："寒暑無定位，暑近日壇，寒近月坎而已，故曰'相近於坎壇'。"則并不改經文矣，讀者詳之。

四坎壇，祭四方也。【集説】方氏曰："四方，百物之神也。方有四而位則八，若乾位西北，艮位東北，坎位正北，震位正東，皆陽也。坤西南，巽東南，離正南，兌正西，皆陰也。故有坎有壇，而各以四焉。"

竊案：經言四方，非言四維八方也。乾、坤、艮、巽，何兼舉之與？且經言四坎壇，將以四坎屬之西南陰方，四壇屬之東北陽方與？抑以四壇屬之四正，四坎屬之四維與？皆不可通之説也。孔氏曰"四坎壇，四方皆爲一坎一壇。山林、川谷、丘陵，能出雲，爲風雨，見怪物，此四坎所祭之神。壇以祭山林、丘陵，坎以祭川谷、泉澤"是也。

非此族也，不在祀典。【集説】族，類也。祀典，祭祀之典籍。

竊案：聖王之制祭祀一章，非汎言祀典，正以申明前所以祭祀諸神之義。山陰陸氏曰："言稷、嚳、堯、鯀、禹、黃帝、顓頊、契、冥、湯、

<u>文</u>、<u>武</u>，以著四代禘郊祖宗，非專爲私恩也。"<u>孔氏</u>曰："日月星辰，山林
川谷，釋上文泰壇、泰折等祀也。上陳宗廟及七祀，并通適殤以下，此經
不覆明之者，此經所云是外神，有功於民，故具載之。"《集説》未明言及
此，又安識此章何旨也。

陳氏禮記集説補正卷二十八

祭義

春禘秋嘗。【集説】《王制》言："天子諸侯宗廟之祭，春礿、夏禘、秋嘗、冬烝。"注云："夏、殷之祭名。周則春祠、夏禴、秋嘗、冬烝也。"《郊特牲》："饗、禘有樂，而食、嘗無樂。"禘讀爲禴。然則此章二"禘"字，亦當讀爲禴也。

竊案："禘""嘗"二字，經文對舉者多矣。《中庸》云："禘、嘗之義。"《郊特牲》與此皆曰"春禘秋嘗"，蓋祭莫大乎禘、嘗。《爾雅》"禘，大祭"是也。經但舉天子祭之大者言之曰春、秋，亦略舉四時言之耳。鄭氏據《王制》改"禘"爲"禴"，夫《周禮》夏祭曰禴，祭之薄者，故《易》曰："東鄰殺牛，不如西鄰之禴祭。"謂作《記》者舉薄祭以明祭義，恐不然耳。

齊三日，乃見其所爲齊者。【集説】見所爲齊者，思之孰也[①]。

竊案：河南 程子曰："思其居處，思其笑語，此孝子平日思親之心，非齊也。齊不容有思，齊者湛然純一，方能與鬼神接。"橫渠 張子曰："齊須是屏絶思慮，至祭之日，便可與神明交。若如此思之，却惹起無窮哀戚，如何接神？所爲思其居處、飲食，惟當忌日宜然。"二子之説若此。然心之官則思，不思則不足以通乎鬼神。上章云"樂以迎來，哀以送往"，下云"樂與哀半"，豈必空空無思，始爲齊乎？《商頌·那》之篇"綏我思成"，《烈祖》之篇"賚我思成"，注以爲致齊之所思則用成，知齊之有思明矣[②]。特經之所爲齊，乃思之誠一，而無朋從妄想耳[③]，非所謂思之孰也。

君子生則敬養，死則敬享，思終身弗辱也。【集説】不能敬，則

---

① "孰"字，《四庫》本作"熟"。下"思之孰也"之"孰"同。按：此非《禮記集説》內容，實出自《儀禮經傳通解》。

② "之有"二字原訛作"有之"，據《四庫》本改。

③ "朋"字，《四庫》本同。疑此字爲衍文。

養與享，衹以辱親而已。

竊案：此數句，注、疏與下節相聯，《集説》屬之上節，非也。曾子曰：“大孝尊親，其次弗辱，其下能養。”《孝經》：“修身慎行，弗辱先也。”未有以能敬養、敬享爲弗辱親者。嚴陵 方氏曰：“‘生，事之以禮’，所謂敬養也。‘死，祭之以禮’，所謂敬享也。然由未也，父母既没，慎行其身，不遺父母惡名，可謂能終矣，故曰‘思終身弗辱也’。然則終身者，非終父母之身，終其身也。”即以養與享爲弗辱身，失其義矣。

如欲色然。【集説】言其想像親平生所愛之物，如見親有欲之之色也。

竊案：《大學》：“如好好色。”《論語》：“好德如好色。”人情之欲，無有逾於色者，故鄭氏云：“如欲色然，以時人於色厚假以喻之。”蓋誠之謂也。而《集説》以爲“如見親有欲之之色”，豈足喻其中心之誠乎？且下文云“其薦之也敬以欲”，又云“薦而不欲，不愛也”，則不得以欲爲親之欲，益可知矣。

濟濟者，容也，遠也。漆漆者，容也，自反也。【集説】濟濟者，衆盛之容也。遠也，言非所以接親親也。漆漆者，專致之容也。自反，猶言自修整也。

竊案：陳氏之解不若嚴陵 方氏。方氏曰：“濟濟者，威儀之齊。遠則優游而不迫也。漆漆，威儀之飾。自反，則反覆而不苟也。濟濟者之遠，則異乎趨數者矣。漆漆之自反，則異乎怠者矣。”何其言之明且切也！濟濟、漆漆，其不爲孝子事親之容，審矣。

孝子之有深愛者，必有和氣；有和氣者，必有愉色；有愉色者，必有婉容。孝子如執玉，如奉盈，洞洞屬屬然如弗勝，如將失之。嚴威儼恪，非所以事親也，成人之道也。【集説】和氣、愉色、婉容，皆愛心之所發。如執玉、如奉盈、如弗勝、如將失之，皆敬心之所存。愛敬兼至，乃孝子之道。故嚴威儼恪，使人望而畏之，是成人之道，非孝子之道也。

竊案：臨川 吳氏曰：“以上十餘節，皆言祭之義。此一節總言孝子事親之愛敬，或生而事之，或死而祭之，一皆如此也。”《集説》止言生事之愛敬，不如吳氏之言爲完密矣。孝子之道，事死如事生，若專爲生事親而言，何以入之《祭義》乎？

明命鬼神，以爲黔首則。【集説】馮氏曰："秦稱民曰黔首，夫子時未然也，顯是後儒竄入。"

竊案：嚴陵 方氏曰："所謂黔首，不特兆於周、秦。《素問》曰：'黔首共餘食。'則黄帝之時，固已言矣。"孔子曰："黔，黑也。凡人以黑巾覆頭，故謂之黔首。"《史記》云："秦命民曰黔首。"漢家僕隸謂蒼頭，以蒼巾爲飾，异於民也。愚合二説而觀之，古人稱民或曰黔首，如《素問》所稱"黔首共餘食"是也。或曰蒼生，《尚書》"海隅蒼生"是也。或曰黎民，黎亦黑也，《尚書》所謂"黎獻"，《孟子》所謂"黎民"是也。本無一定之稱。至秦始皇二十六年，方命民曰"黔首"爾。猶古人以"我"爲"朕"，上下通稱之，秦并天下，獨爲天子之自稱，未可以孔子之言黔首爲後人竄入也。秦政十年，李斯《諫逐客書》"棄黔首以資敵國"，亦在始皇命民爲黔首前。

教民相愛，上下用情，禮之至也。【集説】"教民相愛，上下用情"者，饋熟之時，以酬酢爲禮，祭之酒食，徧及上下，情義無間，所以爲禮之極至也。

竊案：教民相愛，對上"教衆反始"而言，特文稍變耳，非與"上下用情"相聯也。鄭氏既以相愛、用情并言①，謂此以人道祭之，而孔氏又以人道祭之爲酬酢之禮，展轉相失。而《集説》因之，誤矣。嚴陵 方氏曰："報氣之禮，凡皆以臭爲主，臭爲陽，氣以陽生而有所始，故曰教反始。報魄之禮，凡皆以味爲主，味爲陰，魄以陰聚而有所愛，故曰教相愛。報氣所以求陽於上，是用情於上也。報魄所以求陰於下，是用情於下也。上下用情，則二禮之報，無以復加，故曰'禮之至也'。"其説得之。

施諸後世而無朝夕。【集説】施，言其出無窮。

竊案：無朝夕之義，鄭氏曰："言常行無輟時也。"孔氏曰："謂施此孝道於後世，而無一朝一夕而不行也。"其言爲切，與《集説》泛謂"其出無窮"者异。

昔者有虞氏貴德而尚齒，夏后氏貴爵而尚齒，殷人貴富而尚齒，周人貴親而尚齒。【集説】劉氏曰："大舜貴以德化民，有天下如

---

① "并"字，《四庫》本作"兼"。

不與，而民化之，幾於不知爵之爲貴矣。故禹承之，以爵爲貴，而使民知貴貴之道也。然貴爵之弊，其終也，在上者過於亢而澤不及下。故湯承之，以務富其民爲貴。然富民之弊，其終也，民各私其財而不知親親之道。故武王承之，以親親爲貴，所謂‘周之宗盟，异姓爲後’是也。四代之治，隨時救弊，所貴不同，而尚齒則同也。”

竊案：劉氏以相反救弊爲説，似矣。而馬氏非之，曰：“貴對賤，尚對下，四代非相反也。蓋有虞氏貴德，則賢者、能者固已在位在服矣。故夏后氏承之以貴爵，貴爵則賢而德似其先人者，使之世官，不賢而不至於不由禮者，使之世禄矣。故殷人承之以貴富，貴富則尊祖，尊祖則敬宗，敬宗則收族。故周人承之以貴親。夏后氏貴爵，斯所以貴德也。殷人貴富，斯所以貴爵也。周人貴親，斯所以貴富也。貴德以賢賢，貴爵以貴貴，貴富以明功，貴親以厚本，而年齒之尚，則四代一也。”臣能世禄曰富，本鄭氏之説，而馬氏因而貫穿之，此以相承爲説者也。又有方氏一説，亦以相反言，而有不同，其言曰：“四代之所貴不同。貴德之弊，有至於忘君，故夏后氏救之以貴爵，蓋爵所以明貴賤也。貴爵之弊，有至於忘功，故殷人救之以貴富，蓋富者所以明世禄也。三者之弊，有至於忘親，故周人救之以貴親。至於尚齒，則未常易者[1]，萬世而無弊故也。”此三説皆足廣推經義，獨劉氏以貴富爲富其民，則非所貴之指，讀者詳之。

軍旅什伍，同爵則尚齒。【集説】五人爲伍，二伍爲什。
竊案：尚齒止以什伍者，什以外，齒有所不勝，序也。臨川吳氏曰：“凡軍旅，五人爲一伍，五伍爲一兩，五人之長曰伍長。凡二十人，爲伍者四，爲什者二。四伍長統之一人，爲兩司馬，統四伍長，共二十五人。蓋尚齒者，各行於一兩二十四伍之中。兩之外，則不序，故曰什伍。四伍長爵皆下士，是爲同爵，四人之中，齒尊者先，是爲尚齒。”其義備矣。

---

[1] “常”字，《四庫》本作“嘗”。

陳氏禮記集説補正卷二十九

祭統

《祭統》第二十五。【集説】鄭氏曰："統，猶本也。"

竊案：鄭氏見篇内有"忠臣孝子，其本一也"，及"求助之本""祭者，教之本""禘嘗，治國之本"等語，遂以"本"釋"統"字。而近世徐氏又以"統"指心而言：祭有法有義，皆統於心。亦以篇内有"祭之心""孝子慈孫之心"等語也。然愚以爲皆非也。夫統者，總統之義，故《易》以乾元統天，謂貫天德之始終也。《春秋》大一統，謂天王爲列國之綱紀也。此篇盡志盡物，官備具備，惠術可以觀爲政，廟中可以象竟内，以至祭有三重，有三倫，及於衛之鼎銘，魯之重祭，莫不該載，統括靡遺，故名《祭統》。非"本"與"心"之謂也。

禮有五經，莫重於祭。【集説】五經，吉、凶、軍、賓、嘉之五禮也。

竊案：《集説》以吉、凶、軍、賓、嘉釋五經，是矣。然"莫重於祭"，未之解也。鄭氏云："莫重於祭，謂以吉禮爲首。"蓋《大宗伯》吉禮之別十有二，凶禮之別五，賓禮之別八，軍禮之別五，嘉禮之別六，五禮之別總三十有六。而吉禮祀邦國之鬼神祇，乃其首也，故曰"莫重於祭"。

致其誠信，與其忠敬，奉之以物，道之以禮，安之以樂，參之以時。【集説】方氏曰："誠、信、忠、敬四者，祭之本。所謂物者，奉乎此而已；所謂禮者，道乎此而已；所謂樂者，安乎此而已；所謂時者，參乎此而已。"

竊案：《集説》雖引方氏説，而"物""禮""樂""時"四字未明，注、疏亦無解。今案徐氏伯魯云："犧牲粢盛，奉之以物也；升降酌獻，道之以禮也；鐘鼓干戚，安之以樂也；祠禴嘗烝，參之以時也。"此解甚切，可補東滙所未備。

不求其爲。【集説】應氏曰："不求其爲，無求福之心也，所謂祭祀不祈也。"

竊案：爲者，但知爲私而不知爲公，即上文世之所謂福，非無所不順之備福也。應氏衹言無求福之心，混矣。且祭祀不祈，禮雖有此文，然《周禮·大祝》有六祈，《詩·小雅》有"以祈甘雨，介黍稷、穀士女"之語，《頌》亦有春祈秋賽之詩，《月令》"祈來年於天宗"，則爲公者未嘗不求。所不求者，爲己之福耳。應氏泛引，殊未精晰也。

天子親耕於南郊，以共齊盛；王后蠶於北郊，以共純服；諸侯耕於東郊，亦以共齊盛；夫人蠶於北郊，以共冕服。【集説】南郊等無解。

竊案：天子、諸侯親耕，有南郊、東郊之異。王后、夫人親蠶，無北郊、西郊之異。異同之間，宜各有義，而《集説》缺焉，今取舊説補之。鄭氏云："東郊少陽，諸侯象也。夫人不蠶於西郊，婦人禮少變也。"孔疏云："天子太陽，故南。諸侯少陽，故東。然藉田并有東、南，故王言南，諸侯言東。后太陰，故北。夫人少陰，合西郊。然亦北者，婦質少變，故與后同。"嚴陵方氏曰："東、南，陽地，而耕爲陽事，故於之以耕。北者，陰地，而蠶爲陰事，故於之以蠶。而南又盛陽之地，故天子耕於南郊。冕服赤純者，亦以此。東者少陽之地，故諸侯耕於東郊。冕服青紘者，亦以此。"此演注、疏之説，又加詳矣。

君子非有大事也，非有恭敬也，則不齊；不齊則於物無防也，耆欲無止也。【集説】物，猶事也。

竊案：君子之爲君子，須臾不離於恭敬，故《詩》稱文王曰"雍雍在宫，肅肅在廟""不顯亦臨，無射亦保"。《左傳》亦曰："出門如賓，承事如祭，仁之則也。君子之敬無動静，無常變，非必待齊而後然也。"劉誠意曰："君子無一息之不恭且敬，何待於齊？齊之所以篤其恭敬，猶恐其有未至，而致之君子不自滿假之心也。謂之非有大事不齊，猶可。謂之非有恭敬則不齊，大不可也。下文云'不齊則於邪物無防，嗜欲無止'，與此同疵。"漢儒記禮之言多駁，《集説》不爲是正，何也？

舞莫重於《武宿夜》。【集説】《武宿夜》，武舞之曲名也，其義未聞。

竊案：孔疏："《武宿夜》，是武曲之名。衆舞之中，無能重於《武宿夜》之舞。皇氏云：'師説《書傳》云：'武王伐紂，至於商郊，停止宿夜，士卒皆歡樂鼓舞以待旦，因名爲《武宿夜》。’其樂亡也。熊氏云：‘此即《大武》之樂也。’”《集説》既取武舞曲名之文，而不用伐紂宿夜之説，蓋闕疑而不敢輕信也。然皇氏之云，實爲可從，未可以《書傳》而棄之。

百官進，徹之。【集説】進，讀爲餕。

竊案：此本鄭注“進，當爲‘餕’，聲之誤也”，不若山陰 陸氏所云“進而後餕，餕而後徹”。不煩改字，而其義自具備也。

夫祭有十倫焉：見事鬼神之道焉，見君臣之義焉，見父子之倫焉，見貴賤之等焉，見親疏之殺焉，見爵賞之施焉，見夫婦之別焉，見政事之均焉，見長幼之序焉，見上下之際焉。此之謂十倫。【集説】鄭氏曰：“倫，猶義也。”

竊案：倫之爲解“義”字，不足以盡之。《增韻》曰：“倫，次序也。”《廣韻》曰：“倫，等也。”長樂 陳氏曰：“鬼神、父子、親疏、夫婦、長幼五者，內之倫也。君臣、貴賤、爵賞、政事、上下五者，外之倫也。”嚴陵 方氏曰：“鬼神則變化有所通，故曰道。君臣則嚴謹有所守，故曰義。父子則恩孝有所順，故曰倫。貴賤則名位有所差，故曰等。親疏則遠近有所間，故曰殺。爵賞則恩惠有所及，故曰施。夫婦則內外有所辨，故曰別。政事則多寡有所一，故曰均。長幼則先後有所次，故曰序。上下則情意有所接，故曰際。夫祭以鬼神爲主，故首言鬼神之道。至於惠之之道，則祭之末也，故以上下之際終焉。夫先後有序如此，所以謂之倫也。”

故祭之日，一獻，君降立於阼階之南，南鄉，所命北面，史由君右，執策命之。【集説】疏曰：“酳尸之前，皆承奉鬼神，未暇策命。此一獻，則上文‘尸飲五，君獻卿’之時也。”

竊案：經文明言一獻，而注、疏必謂“尸飲五，君獻之時”，此其意以爲祭祀爲重，不宜一獻而即發策命爾。山陰 陸氏曰：“始獻即發爵賜祿，不嫌蚤者，重策命也。史由君右，執策命之，所謂詔辭自右。”金華 應氏曰：“一獻始命者，以祭爲先也。不俟獻終而命者，以賞爲重也。”

凡祭有四時，春祭曰礿，夏祭曰禘，秋祭曰嘗，冬祭曰烝。【集説】《周禮》：“春祠、夏禴、秋嘗、冬烝。”鄭氏謂：“夏、殷之禮。”

竊案：《周禮·大宗伯》：“以祠春、禴夏、嘗秋、烝冬，享先王。”《詩·天保》：“禴祠烝嘗，于公先王。”《爾雅·祭名》：“春祭曰祠，夏

祭曰禴，秋祭曰嘗，冬祭曰烝。"未嘗有春礿、夏禘之制也。故鄭康成注
《王制》《祭統》"春禴、夏禘、秋嘗、冬烝"，皆云夏、殷之禮。然此特
臆説，無明文可據也。其不信周禮者，直指《王制》《祭統》所記爲周禮，
并《詩》與《爾雅》而疑之，殊不知《禮記》乃雜採春秋、戰國諸儒之
説，非周制本如是也。故以爲夏、殷禮者，固無明證，直以爲周禮者，益
屬武斷矣。不若兩存而缺其疑也。

祭敬，則竟内之子孫莫敢不敬矣。【集説】無解。
竊案：此言人君能盡子孫之道以事其先，而境内之凡爲子孫者皆化
之，故莫敢不敬。山陰 陸氏謂："其子孫受邑在境内者。"固爲太拘，而
《集説》亦不免於略也。

陳氏禮記集説補正卷三十

經解

故《詩》之失愚，《書》之失誣，《樂》之失奢，《易》之失賊，《禮》之失煩，《春秋》之失亂。【集説】石梁王氏曰："孔子時，《春秋》之筆削者未出，又曰'加我數年，卒以學《易》'，'性與天道，不可得聞'，豈遽以此教人哉？所以教者多言《詩》《書》《禮》《樂》，且有愚、誣、奢、賊、煩、亂之失，豈《詩》《書》《樂》《易》《禮》《春秋》使之然哉？此決非孔子之言。"

竊案：臨川吳氏謂："'入其國，其教可知也'，祇此一語，乃孔子之言。自'其爲人也'以下，即記者之言，而推廣其義。"且觀下文復引孔子《孝經》之語，而曰"安上治民，莫善於禮"，則知其中非盡孔子之言矣。石梁王氏祇以夫子不以《易》《春秋》立教，且以《詩》《書》《樂》《易》《禮》《春秋》，無愚、誣、奢、賊、煩、亂之失，而決其爲非夫子之言，若將毚而棄之者，不知此《記》乃作乎孔子删定之後，謂六經有益乎人君之教，如此既有以教，又防其失，此亦理之自然也。不然，當莊子之時，何以亦曰"《詩》以道志，《書》以道事，《禮》以道行，《樂》以道和，《易》以道陰陽，《春秋》以道名分"，即有此六經之目哉？

哀公問

然後以其所能教百姓，不廢其會節。【集説】禮本天秩，聖人因人情而爲之節文，非强之以甚高難行之事也，故曰"以其所能教百姓"。會節，謂行禮之期節。葬祭有葬祭之時，冠昏有冠昏之時，不可廢也。

竊案：以其所能教百姓，謂以身教之也。故鄭氏曰："君子以其所能於禮教百姓，使其不廢，此上事之期節。"吳氏亦曰："君子先能自行其所尊敬之禮，然後推己所能，以教百姓，使之亦不廢其會節。禮者，嘉美之會。會節，謂行禮之節次也。不廢者，禮不下庶人，隨其所得行者行之，不責其備也。"或曰："天地之神，豈百姓所得事與？"①曰："郊以事天，止行於天子。社以事地，自公侯以下，至卿、大夫、士、庶，皆得行之，

---

① "與"字，《四庫》本作"歟"。

非天地之事與? 且祭、葬、冠、昏,皆在其內,又何疑焉。"

有成事,然後治其雕鏤、文章、黼黻以嗣。【集說】有成事,謂諏日而得卜筮之吉,事可成也。雕鏤,祭器之飾。文章、黼黻,祭服之飾也。嗣者,傳續不絕之義。此器服常存,則此禮必不泯滅矣。

竊案:有成事者,謂君子使百姓不廢此上三事之期節。鄭氏曰:"上事行於民,有成功,乃後續以治文飾,以爲尊卑之差。"方氏曰:"有成事,言教之有成效也。"吳氏曰:"有成,謂無毀缺也。事,即行禮之事。雕鏤、文章、黼黻,謂車旗器服之飾有等有儀者也。嗣,繼續也。君子以禮教民,民從其教,於禮之事既無毀缺,然後制儀等之飾以示民,而繼續所教也。必用車旗器服之儀等,以繼續身教之禮者,猶《孟子》言'既竭目力,而繼之以規矩。既竭耳力,而繼之以六律'也。"今但言諏日祭器、祭服,於上下文何以接乎?

其順之,然後言其喪算,備其鼎俎,設其豕腊,修其宗廟,歲時以敬祭祀,以序宗族,即安其居。【集說】順之,謂上下皆無違心也。言,猶明也。喪算,五服歲月之數,殯葬久近之期也。即安其居者,隨其所處而安之也。

竊案:順之者,謂民皆由禮,知禮有順無逆也。今言上下皆無違心,是上與下混言之矣。臨川 吳氏曰:"君子之於民,以所能教之,以儀等嗣之,皆施於生人者也。生人之禮略備,則教之事死如事生焉。慎終於喪,追遠於祭,皆事死之禮也。言,謂載之禮經,以曉諭人也。算,謂數也。服之精粗,絰之大小,變除之久近,哭踊之多寡,凡此等類,皆有其數。凶奠吉祭,并有鼎俎豕腊,蓋兼吉凶二禮言之。宗廟歲時祭祀,則專言吉禮也。序宗族,謂祭後之燕。即安其居者,居田居邑,各隨其時,居渚居山,各適其宜是也。既言喪祭,而即安其居,先之以哀死,而終之以樂生也。《洪範》八政,三曰祀,四曰司空。司空者,居民之官,見哀死樂生之政相聯屬也。方氏曰:'歲時以敬祭祀,《孝經》所謂"春秋祭祀,以時思之"也。以序宗族,《祭統》所謂"昭與昭齒,穆與穆齒"也。'孔氏曰:'祭祀之末,同姓燕飲,會聚宗族。'"《集說》之解未詳,故備述之。

節、醜其衣服,卑其宮室,車不雕幾,器不刻鏤,食不貳味,以與民同利。昔之君子之行禮者如此。【集說】節,儉也。醜,猶惡也。器,養器也。自奉如此其薄者,蓋欲不傷財,不害民,而與民同其利也。

竊案：前言"治其雕鏤、文章、黼黻以嗣"者，以有事時辨其儀等言之也。此言"節、醜其衣服，卑其宫室，車不雕幾，器不刻鏤，食不貳味"者，以無事時自奉言之也。故吴氏亦曰："上文三'然後'，皆教民以禮之事，此五句遂言持身以儉之事。"今《集説》與"其順之"節聯文，是無别也。

百姓之德也，固臣敢無辭而對？【集説】百姓之德，猶言百姓之幸也。敢無辭，猶言豈敢無辭。

竊案：鄭氏曰："德，猶福也①。辭，讓也。"考《韻書》："德，福也。"無"幸"字之訓。《曲禮》曰："長者問，不辭讓而對，非禮也。"故前章哀公大禮，孔子曰："丘也小人，不足以知禮。"君曰："否，吾子言之也。"此辭讓而後對也。今以公之問人道爲百姓之福，故敢無辭而對，豈謂其無辭説乎？

合二姓之好，以繼先聖之後，以爲天地、宗廟、社稷之主。

竊案：《春秋》經傳哀公不見有昏聘夫人之事，而《禮記》言哀公以妾爲妻，則是哀公未嘗行大昏之禮，故夫子因其問政而言及此。鄭氏曰："先聖，周公也。"孔氏曰："以魯得郊天，故兼言天地也。"

孔子遂言曰："内以治宗廟之禮，足以配天地之神明。出以治直言之禮，足以立上下之敬。"【集説】"直言"二字未詳，或云："當作朝廷。"

竊案：遂言者，孔子既答哀公之問，意有未盡者，又推廣而言，亦以哀公不能復發問，故不待其問而遂言之也。陳氏於此竟無解，而"直言"二字乃云未詳，何與？鄭氏曰："直，猶正也，正言爲出政教也。政教有夫婦之禮焉，《昏義》曰'天子聽外治，后聽内職'是也。"石林葉氏曰："夫婦正則名正，名正則言順，故出足以治直言之禮。"延平周氏曰："直言者，非險詖私謁之言也。"嚴陵方氏曰："婦人不與外事，而曰'出以治直言之禮'者，蓋夫聽外治，婦聽内職，家齊而後國治也。"

---

① "猶"字原訛作"有"，據《四庫》本、《禮記正義》改。

大王之道也。【集説】大王，愛民之君也。嘗言"不以養人者害人"，故曰"大王之道"。

窃案：鄭氏曰："大王居邠，爲狄所伐，乃曰：'土地所以養人也，君子不以其所養害所養。'乃去之岐。是言百姓之身猶吾身也，百姓之妻子乃吾妻子也，不忍以土地之故而害之。去之岐，而王迹興焉。"石林葉氏曰："大王愛厥妃，而至於内無怨女，外無曠夫，蓋得於政矣。"若止言"不以養人者害人"，烏足以明引大王之意乎？

陳氏禮記集説補正卷三十一

仲尼燕居

子曰："慎聽之，女三人者！吾語女。禮猶有九焉，大饗有四焉。兩君相見，揖讓而入門，入門而縣興，揖讓而升堂，升堂而樂闋，下管《象》《武》，《夏》籥序興，陳其薦俎，序其禮樂，備其百官。如此而后，君子知仁焉。行中規，還中矩，和鸞中《采齊》，客出以《雍》，徹以《振羽》，是故君子無物而不在禮矣。"【集説】"兩君相見"，諸侯相朝也。"升堂而樂闋"者，既升堂，主人獻賓酒，賓卒爵而樂止也。此饗禮之一節也。賓酢主君，又作樂，主君飲畢則樂止。此饗禮之二節也。"下管《象》《武》"之上，缺"升歌《清廟》"一句，或記者略耳。升堂而歌《清廟》之詩，是三節也。堂下以管吹《象》《武》之曲，是四節也。《夏》籥，禹《大夏》之樂曲，以籥吹之也。與《象》《武》次序更迭而作，故曰"《夏》籥序興"。"行中規"，第五節也。"還中矩"，第六節也。《采齊》，樂章名。和鸞，車上鈴也。車行整緩，則鈴聲與樂聲相中，蓋出門迎賓之時。此第七節也。客出歌《雍》詩以送之，此第八節也。《振羽》，即《振鷺》。禮畢徹器，則歌《振鷺》之詩，九節也。九者之禮，大饗有其四：一是賓卒爵而樂闋；二是賓酢主，卒爵則樂又闋；三是升歌《清廟》；四是下管《象》《武》。餘五者則非饗禮所得專也。方氏曰："《雍》，禘太祖之詩也。《振鷺》，助祭之詩。二詩本主於禘太祖與助祭，而又用於此者，猶《鹿鳴》本以燕群臣，而又用於鄉飲也。"

竊案：《集説》之分九節，依注、疏者也。外復有盧氏以揖讓入門爲一，入門縣興爲二，揖讓升堂爲三，升堂樂闋爲四，下管《象》《武》爲五，《夏》籥序興爲六，陳其薦俎爲七，序其禮樂爲八，備其百官爲九。又有王氏以揖讓入門至升堂爲一，升堂樂闋爲二，下管《象》《武》，《夏》籥序興爲三，陳其薦俎，序其禮樂，備其百官爲四。下五事則與鄭同。山陰陸氏以爲：一《清廟》，二《象》，三《雍》，四《振羽》，五《肆夏》，六《采齊》，七舞，八《夏》，九籥。此無《肆夏》，而知其然者，以言"行中規，還中矩"，而《玉藻》"行以《肆夏》"知之也。熊氏則謂："籥，勺也。則籥蓋舞勺。武，武也。籥，文也。夏，文武之中也。大饗有四者：

一《清廟》，二《象》，三《雍》，四《振羽》。蓋魯與二王後大饗，而後有之。”然要莫詳於臨川吴氏之説。吴氏曰：“此以上，夫子爲子游言五者之禮之功效，至此則總命三人，使同慎聽。謂吾語汝以禮，曰仁鬼神，曰仁昭穆，曰仁死喪，曰仁鄉黨，曰仁賓客。其禮有五，然不止有此五者，猶有九焉。九者，大饗有四，并前之五，共爲九也。仁鬼神以下之五，是就諸禮中總其凡而言。大饗之四，是就一禮之中分其目而言也。大饗者，諸侯相朝，既朝而饗之之禮也。禮有食、有燕，饗禮重於食、燕，諸侯饗諸侯，視諸侯饗大夫之禮爲大，故曰大饗。大饗之禮，大節有四：初迎賓，一也；次獻賓，二也；次樂賓，三也；終送賓，四也。揖讓入門而縣興，此迎賓時也。揖讓升堂而樂闋，此獻賓時也。獻畢，工入堂上，弦瑟而歌《清廟》①，歌畢，堂下吹管而迭興《象》《武》《夏》籥之二舞，此樂賓時也。禮畢而賓出，則以《雍》徹之，歌《振鷺》之詩而送之，此大饗之四禮也。中規矩、《采齊》，汎言迎送行禮之時，步行車行，皆有儀則也。《雍》者，《周頌》篇名，祭畢，則歌此詩以徹器，因名其詩爲《雍徹》。《振羽》者，《周頌·振鷺》之篇。迎賓、獻賓、樂賓之時，既以有禮而知其仁，及至送賓之時，禮已畢矣，而其仁如初，無少減殺於其送賓之有禮，見君子無一事不在於禮。‘賓出’，句絶。‘以《雍徹》’‘以《振羽》’，各以三字爲句②。舊讀，‘雍’字句絶。又讀‘徹以《振羽》’者，非。”吴氏以仁鬼神、昭穆、死喪、鄉黨、賓客爲禮之五，而以大饗之四爲迎賓、獻賓、樂賓、送賓，其論當矣，志禮者所宜審也。

孔子閒居

四方有敗，必先知之，此之謂民之父母矣。【集説】四方將有禍敗之釁，而必能先知者，以其切於憂民，是以能審治亂之幾也。

竊案：孔氏曰：“五至三無，通幽達微，觀微知著，豫見禍害，使民免離四方，有福亦先知。此主爲民除害，故舉敗言之。”廣安游氏曰：“有敗而先知，先事備敗，使害不及民，達於天下，爲慶善吉祥之福，使民富壽康寧，非樂易之君子爲之父母哉。”蓋知敗則必備敗，備敗則民皆慶善吉祥，而富壽康寧矣。此經文不言之旨也③。而《集説》止言知之，夫止知之，何足以爲民之父母乎？

---

① “弦”字，《四庫》本作“絃”。

② “字”字原訛作“事”，據《四庫》本改。

③ “指”字，《四庫》本作“旨”。

志之所至，《詩》亦至焉；《詩》之所至，禮亦至焉；禮之所至，樂亦至焉；樂之所至，哀亦至焉。哀樂相生。【集説】在心爲志，發言爲《詩》。志盛則言亦盛，故曰"志之所至，《詩》亦至焉"。《詩》有美刺，可以興起好善惡惡之心，興於《詩》者，必能立於禮，故曰"《詩》之所至，禮亦至焉"。禮貴於序，樂貴於和，有其序則有其和，無其序則無其和，故曰"禮之所至，樂亦至焉"。樂至則樂民之生，而哀民之死，故曰"樂之所至，哀亦至焉"。君能如此，則民亦樂君之生，而哀君之死，是"哀樂相生"也。樂民之樂者，民亦樂其樂；憂民之憂者，民亦憂其憂。即下文"無聲之樂""無服之喪"是也。

竊案：五至三無，即禮樂之原也。致而行之，則與民共之矣。鄭氏亦曰："凡言至者，至於民也。自此以下，皆謂民之父母者，善推其所爲，以與民共之。"今《集説》不言其至於民，則所至者何也？長樂 劉氏曰："天子居上，而志在富壽其民也。皇作其極，而民享五福，則志至矣，又何加焉？民樂其富壽也，則舞蹈形頌聲作，故曰'《詩》亦至焉'。《詩》至矣，又何加焉？富矣，庶矣，不教則亂，是故倫其人以五品，而序之以貴賤、親疎、尊卑、長幼、男女之別、朋友之義。四術之法行焉，則禮至矣，又何加焉？曰五品克遜，四術已明，俗正風醇，王道極矣。無樂以將之，則不可以長久也，於是辨五聲，調六律，陳八音，興六樂，而《國風》《雅》《頌》歌之鄉黨焉，歌之學校焉，歌之朝廷焉，歌之宗廟焉。聞之者感以化，而久於其中矣，又何加焉？曰樂極哀生，生窮則死至，古今之常道也，故爲之喪禮於上，而民知所仁於死喪也。聖人無爲於上也，而五者興於其民，莫不至乎其極也。爲民父母者，必基本於此焉，如此則五至始有實義，而可以合於爲民父母之義矣。"

孔子曰："無聲之樂，無體之禮，無服之喪，此之謂三無。"【集説】無解。

竊案：臨川 吳氏曰："三無，不言志，不言《詩》，蓋志行乎三者之中。能是三者，則民之情無不達矣。所謂禮樂之原，非真有形而後爲禮，有聲而後爲樂，有喪服而後爲哀，故以三無言之。"故孔氏曰："三者行之在心，外無形狀，故稱無也。"藍田 吕氏曰："無聲之樂，和之至也。無體之禮，敬之至也。無服之喪，哀之至也。"長樂 陳氏曰："夫有聲之樂，有體之禮，有服之喪，文也。無聲之樂，無體之禮，無服之喪，情也。有其文，未必盡其情；有其情，無所事乎文。此三無之所以爲天下貴也。"以此言三無，此孔子之言三無，异乎老子之言無者與？

奉三無私以勞天下。【集説】無解。

竊案：鄭氏曰：“勞，勞來也。”臨川 吳氏曰：“勞，謂安其居，節其力，使勞者得其休息也。”則“勞”字去聲。嚴陵 方氏曰：“子路問政，子曰：‘先之，勞之。’又曰：‘愛之，能勿勞乎？’皆勞天下之謂也。且以力營事曰勞，勞天下，所以營事而造業也。曰‘勞天下’，則與在宥天下者固有間矣。夫天之運轉，地之生育，日月之升降，變化不停，可謂勞矣。爲天下者，得不奉此三者以勞之乎？雖然，勞之而已，苟有私，人得無怨乎？故其所奉者，主於無私也。”慶源 輔氏曰：“勤勞於天下，無私之大者也。禹之治水，湯、武之征伐，又勤勞之大者也。”則“勞”字讀平聲。似後説爲長也。

坊記

君子禮以坊德。

命以坊欲。【集説】應氏曰：“性之善爲德，禮以坊之，而養其源。命出於天，各有分限，而截然不可逾也。天之命令，人力莫施，以是坊之，則覬覦者塞，羨慕者止，而欲不得肆矣。”

竊案：應氏之説，未嘗不可通，然不若注、疏。疏以德爲失德，注以命爲教令，禮以坊民德之失，令以坊民欲之貪。吳氏取之。

貴不慊於上。【集説】貴者不以在上而慊於物。伐冰之家不畜牛羊，所以制貴而不使之慊也。

竊案：慊，或作“嗛”，《字書》以爲口銜物也。曾子曰：“吾何慊乎哉？”《孟子》曰：“行有不慊於心。”然則慊亦但爲心所銜之義，其爲快、爲足、爲恨、爲少，則因其事而所銜有不同。此記不慊於上，當爲銜恨、銜少之義。故鄭氏云：“慊，恨不滿之貌。”孔氏亦云：“聖君制其禄秩，隨功爵而施，則貴臣無復慊恨君禄爵之薄者也。”《集説》作快、足解，殆恐未然。

《詩》云：“民之貪亂，寧爲荼毒。”【集説】貪，猶欲也。刺厲王，言民苦政亂，欲其亂亡，故寧爲荼苦毒螫之行，以相侵暴，而不之恤也。

竊案：此引《詩》，言民貪富貴而厭貧賤，故亂而安爲荼毒之行，如《論語》所謂“好勇疾貧，亂也”之意。《集説》作民欲厲王亂亡，失斷章取義之旨矣。

受爵不讓，至於已斯亡。【集説】爵，酒器也。嚴氏云："兄弟有因杯酒得罪而怨者，此爲持平之論以解之，言凡人之不善者，其相怨，各執一偏，而不能參彼己之曲直，故但知怨其上，而不思己過。然其端甚微，或止因受爵失辭遜之節，而或至於亡其身，亦可念矣。"

竊案：上言朝廷之位，讓而就賤，民猶犯君，足知"受爵"之"爵"當作爵位，明矣。鄭注云："貪爵禄，好得無讓。"朱子傳《詩》亦云："相怨相讒，以取爵位，而不知遜讓。"《集説》獨從《華谷詩輯》作酒器，非也。

《詩》云："先君之思，以畜寡人。"【集説】畜，《詩》作"勖"，勉也。莊姜言歸，妾戴嬀思念先君莊公，以婦道勖勉寡人。寡人，莊姜自謂。此以"勖"爲"畜"者，言能容畜我於心而不忘，是不偝死忘生之意也。

竊案：鄭氏注："衛夫人定姜無子，立庶子衎，是爲獻公。畜，孝也。獻公無禮於定姜，定姜作詩，言獻公當思先君定公，以孝於寡人。"此固非矣。孔氏以衛莊姜送歸妾戴嬀，言戴嬀思念先君莊公，以婦道勖勉寡人者，亦未盡合也。蓋"先君之思，以勖寡人"者，莊姜謂戴嬀勉己思先君莊公，非戴嬀思莊公也。但言以思先君勉莊姜，則戴嬀之不忘先君，故可知矣。《集説》既從孔疏戴嬀思莊公之説，又增入"畜"字之義，以爲容畜於心而不忘，毋乃贅乎？

上酌民言，則下天上施。上不酌民言，則犯也；下不天上施，則亂也。【集説】人君將施政教，必斟酌參挹乎輿論之可否，如此則政教所加，民尊戴之，如天所降下者矣。否，則民必違犯也。

竊案：上不酌民言，則犯。下不天上施，則亂。亂既就下言，則犯亦當以上言，豈可又以爲民必違犯乎？嚴陵方氏曰："上不酌民言，則事或妄行，而失其所守，故曰犯也。"山陰陸氏曰："酌之於民，還以治民，我無爲也，順民而已，豈有犯哉？"二説近之，而陸氏説尤長。

禮之先幣帛也，欲民之先事而後禄也。先財而後禮則民利，無辭而行情則民争，故君子於有饋者弗能見，則不視其饋。《易》曰："不耕穫，不菑、畬，凶。"【集説】《易·无妄》六二爻辭，今文無"凶"字。田一歲曰菑，三歲曰畬，以喻人臣無功而食君之禄。引之以證不行禮而貪利也。

竊案：《易·无妄》六二："不耕穫，不菑、畬，則利有攸往。"《象》曰："不耕穫，未富也。"朱子謂："六二因時順理，而無私意期望之心。言其無所爲於前，無所冀於後，則利有攸往。未富，言非計其利而爲之也。"故《記》引以證先事後禄之意。《集説》因"凶"字之誤，不考《易》義，從而爲之辭，失《易》意矣。然此説亦起於鄭氏。

昏禮，壻親迎，見於舅姑，舅姑承子以授壻，恐事之違也。以此坊民，婦猶有不至者。【集説】承，進也。子，女也。《論語》注云："送，與之也。"《儀禮》：父戒女曰"夙夜無違命"，母戒女曰"無違宫事"，皆恐事之違也。末世禮壞，故有男行而女不隨者，亦有親迎而女不至者。

竊案：鄭注："不至，謂不親夫以孝舅姑。"故於恐事之違，以無違命、無違宫事解之，上下文理，自是通貫。《集説》上截從鄭注，末又另出不至之義，首尾衡決甚矣。嚴陵 方氏曰："不至，謂違婦事而有所不至也。"玉巖 黄氏曰："婦人有三從之道，無一違之禮。此所以承子授壻，而必親迎也。以此坊民，婦道猶有不至，而事多違者，況不敬戒以坊之乎？於乎！使爲婦人者皆知從夫之義而不敢違，使爲夫者皆知婦人所以從我，而謹其所以帥之使從之義，則夫夫婦婦，而家道正矣。"陳氏解不至，甚踈。

陳氏禮記集說補正卷三十二

表記

子曰："裼、襲之不相因也。"【集説】應氏曰："裼、襲以示文質各有異宜，所謂不相因者，恐一時或有異事，必易服從事，各存其敬。不以襲衣而因爲裼，不以裼衣而因爲襲，蓋節文既辨，而又不憚其勞，則無相褻之患。"

竊案：從來言裼、襲者，惟京山郝氏爲長，今從之。郝氏曰："裼，祖裼。露體曰祖，單衣曰裼，重掩曰襲。裼裘、襲裘，詳見《玉藻》。裘以皮爲之，皮上有單衣爲表，曰裼。不裼，露皮爲表。裘皮不用裼則野，不可入公門。凡裘皮裏布帛表，表即裼衣。古裼衣即是冬月之禮服，若外又衣掩襲，是有事示變者，不可以入公門。《詩》云：'祖裼暴虎。'又云：'載衣之裼。'①皆言衣也。執玉帛，亦有裼襲。單藉曰裼，重裹曰襲，不相因，如子游裼裘而吊，主人小斂畢，襲裘入。凡祖踊畢，襲衣，祖割牲，祖免。拜賓畢，祖執弓，射畢，皆襲衣。執玉帛，如《聘禮》上介不襲，執圭屈繅授賓，賓襲，執圭。又公側授宰玉，裼降，擯者出請，賓裼，奉帛加璧享之類，皆所謂裼、襲不相因也。"藍田呂氏據《聘禮》注疏以言裼、襲之不相因，不知《聘禮》之言裼、襲，乃玉帛之裼、襲，而非言裘之裼、襲也。不然，豈聘禮必冬行之乎？抑夏而行聘禮者，必衣裘而後行之乎？此可以悟其失矣。

是故君子議道自己，而置法以民。【集説】呂氏曰："安仁者，天下一人而已，則非聖人不足以性仁。苟志於仁矣，無惡也，則眾人皆可以爲仁。以聖人所性而議道，則道無不盡；以眾人可爲而制法，則法無不行。"

竊案：呂氏所言是矣，然未盡也。不如孔氏曰："好仁之法，須恩惠及人，當恕己而行，故君子謀議道理，先自己而始。己所能行，乃施於人，故云'置法以民'。言從己而始，乃可施置法度於他人。"郝氏亦曰："中心安仁者常少，故無欲無畏者，上智以之自待。勉强行仁者常多，故

---

① "載"字原訛作"再"，據《四庫》本、《毛詩正義》改。

賞勸懲罰者，置法所以爲民。”此是《記》之本指也。

仁者右也，道者左也。仁者人也，道者義也。厚於仁者薄於義，親而不尊；厚於義者薄於仁，尊而不親。【集説】道非仁不立，義非人不行。凡人之舉動，必右先而後左隨之，故曰仁右道左。

竊案：《集説》“仁”“道”二字未明，而“尊親”二句又無解，何也？臨川 吳氏曰：“人身日用，動作之便，右優而左稍劣。仁右道左，猶言禮先樂後、志至氣次云爾。蓋仁者，中心所具之德，體也；道者，事物所由之路，用也。體先用後，體至用次，故借‘左右’二字以喻其有分，非謂一尊一卑，相去懸絶也。仁之爲體，以此心之在人者言，故曰‘人也’；道之爲用，以事物之義理而言，故曰‘義也’。人之氣稟，得生物之氣多者，仁厚而義薄，得成物之氣多者，義厚而仁薄。仁者，温然之慈惠，故人親愛之；義者，截然之裁制，故人尊敬之也。”

子言之：“仁有數，義有長短小大。”【集説】仁有數，言行仁之道非止一端，蓋爲器重，爲道遠，隨其所舉之多寡，所至之遠近，皆可謂之仁也。義有長短小大，言義無定體，在隨事而制其宜也。

竊案：此論仁而及義者也。蓋仁之數，是亦義也。沈氏曰：“仁所以有等級者，爲義有長短小大也。”《禮運》曰：“義者，藝之分，仁之節也。”《集説》以仁、義分言，殆非也。

子曰：“夏道尊命，事鬼敬神而遠之，近人而忠焉。”【集説】無解。

竊案：孔氏曰：“夏道尊命，言夏之爲政之道，尊重四時政教之命，使人勸事樂功也。”鄭氏曰：“遠鬼神，近人，謂外宗廟，内朝廷。先鬼後禮，謂内宗廟，外朝廷也。禮者，君臣朝會，凡以摯交接相施予。”此則近人先鬼之實也，皆不可闕略。

辭欲巧。【集説】巧，當作“考”，即《曲禮》“則古昔，稱先王”之謂也，否則爲無稽之言矣。石梁 王氏曰：“決非孔子之言。‘巧言令色，鮮矣仁’。”

竊案：巧言有二，令色亦有二。巧言如簧，不善之巧也；情信辭巧，中理之巧也。《孟子》曰：“智譬則巧。”巧固不必皆不善矣。猶之令色鮮仁爲僞飾之令，令儀令色則爲小心之令，詞同而意自異，言豈一端而已乎。

子言之："昔三代明王，皆事天地之神明，無非卜筮之用，不敢以其私褻事上帝，是以不犯日、月，不違卜筮。卜筮不相襲也。"【集説】劉氏曰："此段經文，言事天地神明，無非卜筮之用。而又云大事有時日，呂氏以爲冬至夏至祀天地，四時迎氣用四立，他祭祀之當卜日者，不可犯此素定之日。非此，則其他自不可違卜筮也。然《曲禮》止云'大饗不問卜'，《周官·太宰》'祀五帝，卜日，祀大神示亦如之'，《太卜》'大祭祀，眠高命龜'，《春秋》魯禮又有'卜郊'之文，《郊特牲》又有'郊用辛'之語，是蓋互相牴牾，未有定説。又如卜筮不相襲，大事卜，小事筮，而《洪範》有'龜從，筮從''龜從①，筮逆'之文，《簭人》有'凡國之大事，先簭而後卜'，《太卜》又'凡小事②，涖卜'；又如'外事用剛日，内事用柔日'，而《特牲》'社用甲'，《召誥》'丁巳郊''戊午社'，《洛誥》'戊辰烝祭歲'。凡此皆不合禮家之説，未知所以一之也，姑闕以俟知者。"

竊案：禮家之説，固亦不免於牴牾。然劉氏所疑，嘗質諸知禮者，合諸經文而貫通之，而知其説之非有牴牾也。劉氏曰"經文言事天地神明，無非卜筮之用"，而又云"大事有時日"，是疑祀天地神明之不用卜筮矣，是自相牴牾也。而不知日之不卜牲，與尸之仍用卜筮也。卜筮可不用乎？劉氏曰"《曲禮》云'大饗不問卜'，《周官·太宰》'祀五帝，卜日，祀大神祇亦如之'，《太卜》'大祭祀，眠高命龜'"，是疑祀五帝爲大饗，而《曲禮》云"不問卜"，《周禮》云"卜日"，是自相牴牾也。不知鄭注《曲禮》固云："祭五帝於明堂，莫適卜也。"而孔氏疏之云："大饗總祭五帝，其神非一。若卜其牲日，五帝總卜而已，不得每帝問卜。故鄭云'莫適卜'，總一卜而已。"是大饗果不卜乎？劉氏曰"《春秋》魯禮又有'卜郊'之文，而《郊特牲》又有'郊用辛'之語"，是疑用辛之不必卜日也，是自相牴牾也。不知郊之用辛，魯禮也。《穀梁傳》云："魯以十二月下辛卜正月上辛，若不從，則以正月下辛卜二月上辛，若不從，則以二月下辛卜三月上辛，若不從，則止。"是用辛之果不用卜乎？劉氏曰"又如卜筮不相襲，大事卜，小事筮，而《洪範》有'龜從，筮從''龜從，筮逆'之文，《簭人》有'凡國之大事，先簭而後卜'，《太卜》又'凡小事，涖卜'"，是自相牴牾也。而不知此卜筮不相襲，大事卜，小事筮，爲卜祭祀言之，謂大祭祀用卜，小祭祀用筮也。《曲禮》之

---

① "從"字原作"逆"，據《尚書正義》改。
② "小"字原脱，《四庫》本同，據《周禮注疏》補。

卜筮不相襲，亦爲卜日言之。他事固有卜筮兼用者，《周禮·簭人》"凡國之大事，先筮而後卜"，《太卜》"凡小事，涖卜"。要之筮逆龜從，而用者有之，如《洪範》是也。未有龜逆筮從，而可用者也，如晋獻公之卜驪姬是也。卜筮豈盡不相襲乎？劉氏曰"又如'外事用剛日，内事用柔日'，而《特牲》'社用甲'，《召誥》'丁巳郊''戊午社'，《洛誥》'戊辰烝祭歲'，凡此皆不合禮家之説"，是自相牴牾也。不知崔靈恩云："外事，指用兵之事；内事，指宗廟之祭。"故鄭氏以甲午治兵爲剛日之證，本不以郊社爲外事，剛柔亦何舛乎？劉氏之疑，過矣。

卜宅寝室。【集説】宅，居也。諸侯出行，則必卜其所處之地，慮他故也。

竊案：《集説》以爲諸侯適人之國而卜寝宅者，從山陰 陸氏之説也。館客必有常處，卜不吉而易之，是何館之多也？鄭氏曰"諸侯受封於天子，因國而國，惟宫室欲改易者得卜之耳"是也。

陳氏禮記集説補正卷三十三

緇衣

《甫刑》曰："苗民匪用命，制以刑。"【集説】應氏曰："命，當依《書》作'靈'，善也。"

竊案：古人引《書》《詩》多有字句小异者，得其大指所在，借以發明吾意而已。《尚書·吕刑》本文"匪用靈"，此改爲"命"，未嘗不可通。鄭氏云："命，政令也。高辛氏之末，諸侯有三苗者作亂，其治民不用政令，專御制以嚴刑。"此依《記》文解義，較應氏爲優。然以命爲政令，亦未允。"匪用命"者，如《書》言苗民逆命，謂不用天子德禮命令，而專爲淫虐也。

《詩》云："有梏德行，四國順之。"【集説】梏，當依《詩》作"覺"，言有能覺悟人以德行者，則四國皆服從之也。

竊案：《詩》之言有覺者二：《斯干》"有覺其楹"及《抑》之"有覺德行"是也。有覺其楹，言楹之直而大。有覺德行，言德行之直而大。故《毛傳》以覺爲高大，鄭又以爲直也，朱子取之。自華谷 嚴氏引《釋文》覺悟之語，而云"猶《孟子》所謂先覺，言有覺悟者，德行也。有德行，則四國服從之。欲明明德者，先致其知"。於是陳氏本之，而小變其説。夫《大學》之致知，乃明明德之初事，必合誠意、正心、修身，乃成德行，非如禪子祇取大覺也。況以有覺爲覺悟，則所謂"有覺其楹"者，又將何以通之乎？

於緝熙敬止。【集説】引朱子云："敬止，無不敬而安所止。"又引吕氏云："文王之德，亦不越敬其容止而已。"

竊案：《集説》解"敬止"二字，既引朱説，又引吕説，何其相矛盾也？《詩》之旨本重在敬，而"止"爲語辭，此章引之，亦重在敬。蓋以敬證上文"謹言慎行"之義，無所取於止也。若以容止言，則舉行而遺言矣。至於安所止之説，則朱子自爲釋止至善而發於言行，無當也，宜從《詩》疏及《集傳》爲正。

行歸於周。【集説】周，忠信也。

竊案：《國語》有"忠信爲周"之説，漢儒因以此解經，而《集説》本之，然實非也。《書》"自周有終"之"周"，金仁山氏謂爲篆書"君"字之誤，非忠信之謂。《詩》"周爰咨諏"，《毛傳》亦以忠信爲説。然實使臣周遍咨訪，非訪於忠信之人也。此《詩》"行歸於周"，乃指鎬京言。朱子《詩集傳》當矣。

政之不行也，教之不成也，爵禄不足勸也，刑罰不足耻也，故上不可以褻刑而輕爵。【集説】吕氏曰："政不行，教不成，由上之人爵禄刑罰之失當也。爵禄非其人，則善人不足勸。刑罰非其罪，則小人不足耻。此之謂褻刑輕爵。"

竊案：此言政教之不行、不成，由於爵、刑之失當。而馬氏及長樂陳氏則謂："政教者，爵刑之本，無政教而徒加爵刑，故不足勸善耻惡。人君不可褻刑輕爵，當以政教先之。"其説亦通。并存之，以廣異聞。

大臣不親，百姓不寧，則忠敬不足，而富貴已過也。大臣不治，而邇臣比矣。【集説】大臣不見親信，則民不服從其令，故不寧也。此蓋由臣之忠不足於君，君之敬不足於臣，徒富貴之太過而然耳。由是邇臣之黨相比，以奪大臣之柄，而使之不得治其事。

竊案：此言人君不可以邇臣間大臣，則忠敬不足，俱當就君身而言。謂大臣之所以不親其上，致百姓不寧者，由人君待之忠敬之實心不足，而徒以富貴之爵禄羈縻之也。大臣既不治事，則權歸於近習，而邇臣比矣，故人君不可以邇臣間大臣也。今以"大臣不親"爲不見親信，"忠敬不足"爲臣忠君敬不足，於下文何以能合乎？

執我仇仇，亦不我力。【集説】言彼小人初用事，求我以爲法，則惟恐不得。既而不合，則空執留之，視如仇讐，然不用力於我矣。仇仇者，言不一仇之，無往而不忤其意也。

竊案：此嚴氏《詩輯》之解。朱子《詩集傳》則就王身而言，謂："始而求之以法，則惟恐其不我得也。及其得之，則又執我堅固如仇讐，然終亦莫能用也。"與《集説》异。

"人而無恒，不可以爲卜筮。"古之遺言與？龜筮猶不能知也，而况於人乎？【集説】《論語》言"不可以作巫醫"，是爲巫爲醫。此言爲卜筮，乃是求占於卜筮。"龜筮猶不能知"，言無常之人，雖先知如龜筮，亦不能定其吉凶，况於人乎？

竊案：不可以爲卜筮，言不可爲卜筮之人，與《論語》“不可作巫醫”意正同。吴臨川云：“蓍龜無情，此以誠感，彼自靈應，能知其理，斯可爲其事。無恒之人，雜念不誠，雖叩不驗，故不可使。龜筮無情而易知，尚不能知，况人有情而難知也，則豈可使無恒之人爲治人之事乎？”《集説》之云，恐未爲當也。

奔喪

過國至竟，哭盡哀而止。【集説】無解。

竊案：孔氏曰：“《聘禮》云行至他國竟上而誓衆，‘使次介假道’。是國竟，行禮之處。去時親在，今返親亡，故哭盡哀戚，感此念親也。”可補《集説》之闕。

東髽即位。【集説】東髽，髽於東序。不髽於房，變於在室者也。

竊案：此鄭氏之説也。東序，堂上下皆有序。男子襲絰於東序，堂之下也。婦人髽於東序，堂之上也。故孔氏亦云：“就掩映之處，在堂上也。”今但言髽於東序，而不分堂上、下，男女何别乎？山陰陸氏曰：“東髽，蓋在殯東，又少東是也。”

於五哭，相者告事畢。【集説】五哭者，初至象始死爲一哭，明日象小斂爲二哭，又明日象大斂爲三哭，又明日成服之日爲四哭，又明日爲五哭。皆數朝哭，不數夕哭。鄭云：“既期而至者則然，故相者告事畢。若未期，則猶朝夕哭，不五哭而畢也。”

竊案：《奔喪》入門哭，盡哀，括髮袒，成踊，拜賓成踊。賓後至者，又拜之，成踊。至出門而哭止，初至固不止一哭也。山陰陸氏於始入門之哭不數，而數成服前兩日朝暮哭，成服之前又一哭，凡五哭。較注、疏之説似長也。又鄭謂：“相者告事畢者，五哭而不復哭也，此謂既期乃後歸至者也。其未期，猶朝夕哭，不止於五哭。”《集説》依之，是事畢謂五哭也。而陸氏又曰：“奔喪成服，奔喪之事畢，故曰‘相者告事畢’。”較鄭氏説又長矣。奔喪之事雖畢，其未期者，猶朝夕哭。既期者，朔望哭，無礙其爲奔喪之事畢也，又何必曲爲之説乎？

聞喪不得奔喪，哭盡哀。問故，又哭盡哀。乃爲位，括髮袒，成踊。襲絰絞帶即位。【集説】篇首言若未得行，則成服而後行，此乃詳言其節次。

竊案：乃爲位者，以君命有事，不得奔，不得已而爲位。不然者，不得爲位也。《集説》未明言之也。鄭氏曰："聞父母喪而不得奔，謂以君命有事。不然者，不得爲位。位有鄰列之處，如於家朝夕哭位矣，不於又哭乃絰者。喪至此逾日，節於是可也。"明非君事不可不奔，不得爲位也。

三日五哭卒。【集説】此以上言五哭者四，前三節言五哭，皆止計朝哭，故五日乃畢。獨此乃言"三日五哭卒"者，謂初聞喪一哭，明日朝夕二哭，又明日朝夕二哭。并計夕哭者，以私事可以早畢，而亟謀奔喪故也。

竊案：三日五哭卒，與前所言五哭同，如陸氏所云，不知注、疏、《集説》何故而區別之也。三日成服，必除去始聞喪之一日，則五哭亦除去始聞喪之哭也。前兩日朝夕二哭，連成服爲三日五哭。成服未有不哭者，前止計朝哭，而以成服爲四哭，此計朝夕與成服，而不幾爲六哭乎？然則謂三日五哭卒之明日爲成服，亦誤矣。成服即五哭也。

凡奔喪，有大夫至，袒，拜之，成踊而后襲。於士，襲而后拜之。【集説】此言大夫、士來弔此奔喪之人也，尊卑禮异。

竊案：此袒非爲大夫袒也，乃奔喪者自袒。降哭而大夫至，因拜之，不敢成己禮，乃禮尊者也。故孔氏曰："大夫來弔此奔喪之士，其奔喪先袒，拜之，成踊之後，然後襲衣。尊大夫，故先拜而後襲。若士來弔此奔喪之人，其奔喪者初亦袒，襲衣之後，乃始拜之。士卑，故先襲而後拜也。"《集説》但云"尊卑禮异"，何其泛也？

問喪

三日不舉火，故鄰里爲之糜粥以飲食之。【集説】糜厚而粥薄，薄者以飲之，厚者以食之也。

竊案：《集説》是言鄰里爲糜粥以飲食孝子，孔氏則謂："旁親以下，食不可廢，故'鄰里爲之糜粥以飲食之'。"二説未知孰是。

婦人不宜袒，故發胷、擊心、爵踊，殷殷田田，如壞墙然。【集説】殷殷田田，擊之聲也。

竊案：殷、田總承上擊踊而言。殷殷，與《詩》"殷其雷"之"殷"，音不同而義同。田田，與《孟子》"填然鼓之"之"填"，字不同而義同。皆謂墙崩倒之聲，而婦人擊踊之聲如之。《集説》但言擊之聲，未盡。

服問

母出則爲繼母之黨服，母死則爲其母之黨服。爲其母之黨服，則不爲繼母之黨服。【集説】母死，謂繼母死也。其母，謂出母也。鄭氏曰："雖外親，亦無二統。"

竊案：此條明母出、母死爲繼母黨服、不服之事。鄭注本不誤，《集説》以母死爲繼母死，是混母於繼母，而以下三句亦爲母出之服矣。不知母出而不爲其母之黨服，此尊父之故，非以繼母之存而然也。繼母死，豈得即爲其母之黨服，而不爲繼母之黨服乎？故吳氏曰："母出，謂己母被出。而父再娶，己母義絶，子雖不絶母服，而母黨之恩則絶矣。故加服繼母之黨，與己母之黨同也。母死，謂己母死。而父再娶，己母祔廟，是父之初配，雖有繼母，而子仍服死母之黨。其服繼母之服雖同己母，而繼母之黨則不同於己母之黨，故不服也。"其義爲當。

《傳》曰："罪多而刑五，喪多而服五。上附下附，列也。"【集説】罰重者附於上刑，罪輕者附於下刑，此五刑之上附下附也。大功以上附於親，小功以下附於疏，此五服之上附下附也。等列相似，故云列也。

竊案：鄭注："列，等比也。"孔疏："言罪之與喪，其數雖多，其限同五，其等列相似，故云列也。"《集説》本之，作如字讀。然《釋文》又云："列，徐音例，注同，本亦作例。"吳氏取以爲説，曰："罪多，如墨辟千、劓辟千、剕辟五百、宮辟三百、大辟二百之類。喪多，如《儀禮‧喪服篇》'斬衰章'爲某人等、'齊衰章'爲某人等之類。言罪雖多，而皆不出乎墨、劓、剕、宮、大辟五者之刑；喪雖多，而皆不出乎斬衰、齊衰、大功、小功、緦麻五者之服。其或刑書所載不盡者，以例通之。由輕而加重，則附於在上之例；由重而減輕，則附於在下之例。通此二例，則雖至多之罪，至多之喪，而刑書中之五刑，禮書中之五服，足以該之，而無不盡者矣。"其説亦通。

間傳

《間傳》【集説】鄭氏曰："名'間傳'者，以其記喪服之間，輕重所宜。"

竊案：間，舊讀如字。或曰："當讀爲'間厠'之間。"間者，厠於其間，而非正也。齊桓、晋文爲正霸，秦穆、楚莊非正霸，而厠於二正霸之間，則謂之間霸。青、赤、黄、白、黑爲正色，緑、紅、騮、碧、紫非正色，而厠於五正色之間，則謂之間色。《儀禮·喪服》正經自有正傳，分釋各章經文，此篇總論哀情之發見，非釋經之正傳，而厠於《喪服》之正傳者也，故名《間傳》云。

苴，惡貌也，所以首其内而見諸外也。【集説】首者，標表之義，蓋顯示其内心之哀痛於外也。

竊案：鄭注："首其内而見諸外，謂内有哀情，則外有此惡貌。如物有頭首在内，則其尾末見諸外也。"此説爲優。

大功貌若止。【集説】大功之喪，雖不如齊、斬之痛，然其容貌亦若有所拘止，而不得肆者，蓋亦變其常度也。

竊案：鄭注："止，謂不動於喜樂之事。"吳氏云："止，謂止而不動。貌動者象春之生，貌止者象秋之殺。若止，謂有慘戚而無歡欣也。"非"若有所拘止[①]，而不得肆"之謂。

小功、緦麻，容貌可也。【集説】無解。

竊案：吳氏云："容貌，謂貌如平常之容。小功、緦麻之服雖輕，然情之厚者，貌亦略變於常。其或不能然，而但如平常之容，則情不爲厚，而亦未至於甚薄可也。云者，微不滿之之意。"其説甚明。

大功之哭[②]，三曲而偯。小功、緦麻，哀容可也。【集説】三曲，一舉聲而三折也。偯，餘聲之委曲也。小功、緦麻情輕，雖哀聲之從容亦可也。

竊案：《集説》皆本注、疏。然鄭以偯爲聲餘從容，此以偯爲餘聲委曲，小異。若哀容之容，乃容儀之容，以從容釋之，恐未然。吳氏云："三曲而偯，謂聲不質直而稍文也。哀容則聲彌文矣。"其説爲得。

---

① "拘"字原訛作"居"，據《四庫》本改。
② "哭"字原訛作"喪"，《四庫》本同，據《禮記集説》《禮記正義》改。

斬衰唯而不對，齊衰對而不言。【集説】唯，應辭也。不對，不答人以言也。不言，不先發言於人也。

竊案：《雜記》云：“三年之喪，對而不問。”皇氏以唯而不對爲親始死，對而不問爲在喪稍久故也。愚則謂《雜記》所云，蓋兼斬衰而言，所聞與《間傳》稍異耳。且喪事有不言而事行者，亦有言而事行者，似未可盡以不對律之也。據《喪服四制》鄭注“唯而不對”云：“侑者爲之應。”則《間傳》所記，乃人君之喪禮，不言而事行者；《雜記》所云，乃士大夫之喪禮，言而後事行者歟？

斬衰三日不食，齊衰二日不食，大功三不食，小功、緦麻再不食。【集説】於後“居處”條總注云：“自上章‘唯而不對’以下至此，有與《雜記》《喪大記》《喪服小記》之文不同者，記者所聞之異，亦或各有義歟？”

竊案：此條言食，與《孝經》《喪大記》不無小異，而《集説》不詳其故。案孔氏云：“三日不食，謂三日之内。《孝經》云‘三日而食’，謂三日之外乃食也。‘二日不食’，謂正服齊衰。《喪大記》云‘一不食，再不食’，則再不食謂小功，一不食謂緦麻也。”

父母之喪，居倚廬，寢苫枕塊，不税絰帶。齊衰之喪，居堊室，芐剪不納。【集説】於《喪大記》注云：“倚廬者，於東門外東墙下倚木爲廬也。堊室，在中門外。”

竊案：此初喪居處之異。然斬衰居倚廬，齊衰居堊室，論其正爾。亦有斬衰不居倚廬者，《雜記》云：“大夫居廬，士居堊室。”是士服斬衰而居堊室也。齊衰亦有不居堊室者，《喪服小記》云：“父不爲衆子次於外。”注云：“自若居寢也。”《集説》不詳載疏文，未免漏略。吳氏申其義，曰：“士斬衰不居倚廬，乃臣爲君服。父爲衆子服齊衰。不居堊室者，乃尊者爲卑者服也。”

斬衰三升，齊衰四升、五升、六升，大功七升、八升、九升，小功十升、十一升、十二升，緦麻十五升去其半。【集説】每一升凡八十縷。斬衰正服三升，義服三升半。齊衰降服四升，正服五升，義服六升。大功降服七升，正服八升，義服九升。小功降服十升，正服十一升，義服十二升。緦麻降、正、義同用十五升布，去其七升半之縷。

竊案：此與《喪服記》小異，《集説》不言。案孔氏曰：“此明五服精粗之异。案《喪服記》云'齊衰四升',此云'四升、五升、六升',多五升、六升二等。《記》云'大功八升,若九升',此云'七升、八升、九升',多七升一等。《記》云'小功十升,若十一升',此云'十升、十一升、十二升',多十二升一等。喪服之禮,主於受服者而言①,以大功之殤無受服,不列大功七升。喪服父母爲主,欲其文相值,故略而不言。喪服既略,故記者於是極列衣服之差,所以多於《喪服記》也。"此言最爲明晰。

斬衰三升,既虞卒哭,受以成布六升,冠七升。爲母疏衰四升,受以成布七升,冠八升。【集説】五服惟斬衰、齊衰、大功有受者,葬後以冠之布升數爲衰服。如斬衰冠六升,則葬後以六升布爲衰。齊衰冠七升,則葬後以七升布爲衰也。謂之成布者,三升以下之布,麄疎之甚,若未成然。六升以下,則漸精細,與吉服之布相近,故稱成也。

竊案:《集説》無可疑,但未明其義。晋賀氏之説可以參觀。賀氏云:"斬衰既虞卒哭,受以成布六升。夫服緣情而制,故情降則服輕。既虞哀殺,是故以細代粗,以齊代斬爾。若猶斬之,則非殺也。若謂以斬衰命章,便謂受猶斬者,則疏衰之受,復可得猶用疏布乎?是以斬衰之名,本生於始死之服,以名其衰爾,不謂其月日皆不變也。"

兼服之服重者,則易輕者也。【集説】兼服者,服後麻兼服前葛也。服重者,即上章重者特之説也。易輕者,即輕者包是也。

竊案:《集説》蓋本注、疏。張子則以舊注爲不可用,曰:"此爲三年之喪以上而言,故作記者以斬衰及大功明之。若斬衰既練,齊衰既卒哭,則首帶皆葛。又有大功新喪之麻,則與齊衰之首経麻葛兩施之,兼服之名得諸此。蓋既不敢易斬衰之輕,以斬葛大於大功之麻也。又不敢以易齊首之重。輕者方敢易去,則重者固當存,故麻葛之経兩施於首。若大功既葬,則服齊首之葛,不服大功之葛。所謂'兼服之服重者,則變輕者',正謂此爾。若齊麻未葛,則大功之麻亦止於當免,則経之而已。如此則喪變雖多,一用此例,而前後禮文不相乖戾。"

三年問

"三年之喪,何也?"曰:"稱情而立文,因以飾群,別親疎

---

① "主"字原訛作"至",據《四庫》本改。

貴賤之節，而弗可損益也。"【集説】人不能無群，群不可無別，立文以飾之，則親疎貴賤之等明矣。弗可損益者，中制，不可不及，亦不可過。

竊案：因問三年之喪，并及期、九月、五月、三月諸服輕重之差。群，謂服五服之衆人。言喪之五服各稱哀情之輕重，而立隆殺之禮文也。其禮文之或隆或殺，因以表飾五服衆人哀戚輕重之情，而分別所爲服者之或輕或重，與夫喪服者或貴而有絶有降，或賤而無降，各有品等之節也。其親而服重，或賤而無降者，不可損之而減輕。其疎而服輕，或貴而有降者，不可益之而加重也。《集説》略而未詳，且不言五服，似衹答三年之問矣。

故先王焉爲之立中制節，壹使足以成文理，則釋之矣。【集説】謂無分君子、小人，皆使之遵行禮節，以成其飾群之文理，則先王憂世立教之心遂矣，故曰釋之也。

竊案：君子、小人不同，或失之過，或失之不及。先王爲之立中人之制，以爲年月限節，服以三年，君子、小人皆齊一，使足以成文章義理，則釋除其服矣。釋，鄭氏謂："猶除去也。"《集説》以爲"先王憂世立教之心遂"，恐非。

"然則何以三年也？"曰："加隆焉爾也，焉使倍之，故再期也。""由九月以下，何也？"曰："焉使弗及也。"【集説】焉，語辭，猶云所以也。

竊案：鄭注："焉，猶然也。"山陰陸氏云："焉，是也。《春秋傳》'晋、鄭焉依'，《國語》'焉'作'是'。'然'與'是'相近。"二説可以參觀。《檀弓》"穆公召縣子而問然"，先儒作"焉"字解，則此正宜爲然義。

深衣

續衽，鉤邊。【集説】引楊氏曰："鄭氏云：'續，猶屬也。衽，在
裳旁者也。屬連之，不殊裳前後也。'鄭意蓋言凡裳前三幅，後四幅，既
分前後，則其旁兩幅分開而不相屬。惟深衣裳十二幅，交裂裁之，皆名爲
衽。續衽，謂屬連裳旁兩幅，不殊裳之前後也。又《衣圖》云：'既合縫，
又再覆縫，方便於著。以合縫者爲續衽，覆縫爲鉤邊。'"

竊案：深衣制度，惟續衽、鉤邊，其説不一。吳臨川曰："此言裳之
旁際。續，猶屬也。衽，謂裳之旁際。鉤，謂覆而縫之。邊，謂其旁之無
布幅處。裳以六幅之布交解，裁之爲十二片，每片一旁有布幅，一旁無
布幅，將此兩旁相合縫之，縫畢，又將有布幅一旁覆掩無布幅一旁，而重
縫之，謂聯屬。裳之旁衽者，必須鉤縫其所裁之邊也，左右各六片。依
此法縫畢，帷當背處二片皆有布幅，則不須鉤邊，但削幅而已。"朱氏曰：
"邊，謂邊縫也。衽邊斜幅，既無旁屬，別裁白布而鉤之，續之衽下，若
今之貼邊。經曰'續衽，鉤邊'，正以鉤邊續於衽也。後人不察，至有無
衽之衣。或有衽，亦加鉤邊，則於袷領相妨，身服不宜。姑正之，以俟
知者。"馮氏謂腰間當縫處，亦非也。愚案，吳氏之説與楊氏之説相發明，
朱氏則謂另裁白布鉤衽邊而續於衽下，馮氏則謂腰間當縫處。各持一見[①]，
未審孰是，更詳之。

制：十有二幅，以應十有二月。【集説】引楊氏説，具詳於"續
衽，鉤邊"之下。

竊案：鄭氏以來，皆謂深衣之裳以六幅分爲十二幅，故楊氏尚仍其
誤，不知《記》所謂"制：十有二幅，以應十有二月"者，兼衣六幅、裳
六幅言，非專指裳也。蓋深衣之裳，每幅裁爲二片，而顛倒縫之，仍爲一
幅。以其未裂而言，則曰六幅；以其既裂而言，則曰十二片；以其裂而復
縫言之，則仍曰六幅，非有十二幅也。若如舊説，則裳之幅應月，而衣
之幅獨不應月乎？惟衣裳合爲十二幅，則衣六幅象六陽月，裳六幅象六陰

―――――――――――

① "見"字，《四庫》本作"説"。

月，而其義始備。此吳興敖氏、臨川吳氏之説，予更爲申明之。

純袂、緣、純邊，廣各寸半。【集説】純，衣之緣也。袂緣，緣袖口也。純邊，緣襟旁及下也。各廣寸半，袷則廣二寸也。吕氏曰："純袂，緣，純邊，三事也。謂袂口裳下衣裳邊皆純也，亦見《既夕禮》。"

竊案：純，謂緣之也，如《曲禮》"不純素""不純采"之"純"。袂，袖口也。緣，鄭氏作"緆"，謂深衣下緣也。《士喪禮》下注云："在幅曰綼，在下曰緆。"邊，衣裳之側也。純袂、緣者，緣袂與緣也。純邊者，緣衣裳之邊也。吕氏説是。

投壺

司射奉中。【集説】中者，盛算之器，或如鹿，或如兕，或如虎，或如閭。閭如驢形，一角而岐蹄。或如皮樹，皮樹亦獸名，其狀未聞。皆刻木爲之，上有圓圈以盛算。

竊案：《集説》但言中爲盛算器，詳其狀而不及其義。蓋所以命爲中者，投中則取算計之，故謂中也。

揖賓就筵。【集説】西向揖賓，以就投壺之席也。賓主之席皆南向。

竊案：今俗，投壺，賓主相對，古，賓主席皆南向[1]，《集説》既言之，而席之相去未言也。鄭氏曰："相去如射物。"孔氏曰："物，如射者所立之處，物長三尺，濶一尺二寸，兩物東西相去容一弓。"斯則賓主席相去之數也。

設中。【集説】取中以進而設之。

竊案：此中設於何處也？孔氏曰："司射西階上取中，稍進，東面而設中也。"此中亦設於西階上也。

命弦者曰："請奏《貍首》，間若一。"【集説】司射命樂工奏《詩》章，以爲投壺之節。《貍首》，《詩》篇名也，今亡。"間若一"者，《詩》樂作止，所間疏數之節，均平如一也。

竊案：樂工多人，是何樂工也？鄭氏曰："弦，鼓瑟者也。"孔氏曰：

---

[1] "向"字原訛作"鄉"，據《四庫》本、《禮記集説》改。

"知鼓瑟者，鄭約《鄉射禮》用瑟也。案下有魯鼓、薛鼓，節亦有鼓，然以弦爲重，故特云'命弦者'也。"《集説》又言"'聞若一'者，《詩》樂作止，疏數之節，均平如一"，其於投壺何當乎？鄭氏曰："投壺當以爲志，取節焉。"孔氏曰："投壺者當聽之以爲志，取投合於樂節，故須中間若一是也。"何《集説》所解之疎乎？

當飲者皆跪，奉觴曰："賜灌。"【集説】灌，猶飲也。謂蒙賜之飲也，服善而爲尊敬之辭也。

竊案：灌，溉也，猶物之蒙灌溉，謙辭也。

司射、庭長及冠士立者，皆屬賓黨。樂人及使者、童子，皆屬主黨。【集説】石梁 王氏曰："'司射'至'主黨'二十四字，與上文'薛令弟子，若是者浮'相屬，今從之。"樂人，國子之能爲樂者，非作樂之瞽人也。

竊案：此二十四字，注、疏在後"取半以下爲投壺禮，盡用之爲射禮"之下，未嘗不可，何故必欲移之？蓋此《記》自"主人奉矢"至"請徹焉"十節，投壺之禮已畢，後又記算籌之數、壺矢之制，又記魯、薛令弟子辭及擊鼓全半之節，又記屬賓黨、主黨之人，所以補前正經之未及，猶《儀禮》正經後之記也。本不相連屬，其不必移於"薛令弟子"之下明矣。又樂人乃擊鼓與絃歌者也①，蓋主人推主黨爲之者。今云"國子之能爲樂者"，而又屬之主黨，豈卿大夫之子而能爲樂者，反不及於外來之冠士耶？此則仍注、疏而誤者也。

① "絃"字，《四庫》本作"弦"。

陳氏禮記集説補正卷三十六

儒行

衣逢掖之衣。【集説】鄭氏云："逢，猶大也。大掖之衣。"疏曰："謂肘掖之所寬大，故鄭云大袂襌衣。"

竊案：此引注、疏，是矣，然猶未詳明也。案疏："庶人襌衣，袂二尺二寸，袪尺二寸。禮，大夫以上其服侈袂。侈之者，半而益一。袂三尺三寸，袪尺八寸。朝祭之服，必表裏不襌。夫子著襌衣，與庶人同，其袂大與庶人异。哀公以其'大袂襌衣'异於士大夫常服，故怪而問之。"《集説》不明其故，疏矣。又案，臣朝於君，應著朝服，而著常服者，孔子自衞初還，哀公館之，非是常朝，故衣冠异也。

儒有席上之珍以待聘，夙夜强學以待問。【集説】吕氏曰："席上之珍，自貴而待賈者也。德之可貴者，人必禮之。學之博者，人必問之。"

竊案：方氏云："席，所以藉物。《曲禮》執玉有藉席以藉之，則所藉之物居上，故謂之席上。"晏氏云："君子比德於玉，故稱珍。方其藏用於身，則玉韞於匵中。及其待時而動，則珍陳於席上，故曰'席上之珍以待聘'。日出而作，夙而學，是日未出，先衆人而有作也。日入而息，夜而學，是日既入，後衆人而未息也。席上之珍，則其德可貴；夙夜强學，則其道可尊。二者有師道焉，故曰'待聘''待問'。"此解甚切。《集説》取吕氏，雖無不合，而於席上及夙夜，未之明也。

儒有衣冠中。【集説】中，猶正也。《論語》曰："君子正其衣冠。"方氏曰："言衣之在身，冠之在首，皆中於禮。"

竊案：衣冠中者，乃"得中"之"中"，不乖於衆，不流於俗，即上文"其服也鄉"之謂。陳氏以中爲正，方氏本張子作"之仲反"者，皆非也。

儒有居處齊難。【集説】鄭氏曰："齊難，齊莊可畏難也。"

竊案：張子云："齊者，齊莊。難者，恭慎其難其慎也。"陸氏云：

"難，猶戒也。洗心曰齊，防患曰難。"晏氏云："齊莊而不敢易。"此於本文似可通矣。然"齊難"二字究難解，恐"難"字爲"莊"字傳寫之訛耳。

鷙蟲攫搏不程勇者，引重鼎不程其力。【集説】方氏云："鷙猛之蟲，當攫搏之，不程量其勇而後往，此況儒者勇足以犯難而無顧也。引重鼎不程其力，又以況儒者材足以任事，而有所勝也。"

竊案：此有四説，二説以喻言，二説以實言。鄭氏云："程，猶量也。搏猛引重，不量勇力堪之與否，當之則往。"晏氏云："暴虎者尚勇而不尚義，人皆以爲勇，吾則不程計其勇。扛鼎者尚力而不尚德，人皆以爲有力，吾則不程計其力。先儒謂遇鷙猛即攫搏之，見重鼎即引之，不程量堪當，如是則一勇之夫，豈儒者之事哉？"胡氏云："鷙蟲攫搏雖猛，引重雖有力，然不敢與儒者較量勇力。"此二説雖相反，皆以實言者也。孔氏云："攫搏引鼎，喻儒者艱難之事，遇則行之，不豫度量也。"呂氏云："鷙蟲攫搏，不程勇者，自反而縮，千萬人吾往矣，其勇也，非慮勝而後往也。引重鼎不程其力，仁之爲器重，舉者莫能勝其自任也，不知其力之不足也。"張子云："與'不知年數之不足①，俛焉日有孳孳②，斃而後已'同義。於問道亦然，當事亦然，如子路者，亦無愧於此矣。"此三説與方氏説，皆以喻言者也。諸家之説皆可通，胡氏尤當。若鄭氏，則謬矣。

流言不極。【集説】流言出於人之毀，禮義不譽，故不極。極，猶終也。言不終爲所毀也。又引方氏云："流言不免乎聞，必止之以智也，詎可窮而極乎？"

竊案：陳氏所引方説，又與其説不同。愚謂兩説皆非也。蓋流言之來，本自無根，如管叔流言以謗周公，下文"聞流言不信"是也。昔人云"止謗莫如自修"，又云"有其事不可辨也，無其事不必辨也"，此非不極之謂乎？鄭氏云："不極，不問所從出。"亦通。張子謂"不深思極慮"，過矣。

不斷其威，不習其謀。【集説】"不斷其威"者，言其威容不可得

---

① "知"字後原衍"其"字，據《四庫》本、《禮記正義》删。

② "不知年數之不足，俛焉日有孳孳"原訛作"俛焉日有孳孳，不知年數之不足"，《四庫》本同，據《禮記正義》改。

而挫折也。"不習其謀"者，言其謀必可成，不待嘗試而後見於用也。

竊案：方氏云："威無所屈，人不能斷而絶之。謀有所定，己不必習而成之。"此《集説》所同也。張子云："斷爲'剛斷'之斷，不斷不習，言威常著，謀常足，不臨時旋安排也。"張説較優。

雖危起居，竟信其志。【集説】危起居，謂因事中傷之也。信，音申。信其志，謂志不可奪也。

竊案：起居，猶《詩》言"啓處危起"。居者，言讒人危之，使不得動止自由也。然能自信其志，不爲利害所惑。信，如字，不必作"申"字讀。注、疏又以下句"猶"字連"志"字，而云終能伸己之志謀，尤謬。

陳言而伏，静而正之，上弗知也。麤而翹之，又不急爲也。【集説】吕氏曰："陳言而伏者，入告嘉謀，而順之於外也。静而正之者，將順其美，匡捄其惡，常在於未形也，故曰'上弗知也'。"方氏曰："静而正之者，隱進之也。麤而翹之者，明告之也。静而正之，既不見知，然後麤而翹之，然亦緩而不失節，故曰'不急爲也'。"

竊案：二説不同，吕氏以順美捄惡常於未形，故上弗知。方氏以爲上弗見知。此説近是。晏氏又謂："陳言而伏者，其言雖顯，而其身則隱，所謂伏其身而不見也。"則在未仕者言，與先儒異。

世治不輕，世亂不沮。【集説】方氏曰："世治而德常見重，故曰'不輕'。世亂而志常自若，故曰'不沮'。"應氏曰："治不輕進，若伯夷不仕於武王。亂不退沮，若孔子歷聘於諸國。"

竊案：士處治世而士貴，則不免有輕揚自喜之意，是世貴士而我反不自貴也。處於亂世而士賤，則不免沮喪自棄之心，是世賤士而我亦自賤也。儒者於貴士之世，愈不肯自輕其身，於賤士之世，亦不忍自沮其志，故時有治亂，而其特立獨行，能常貴而不賤。王肅云"不自輕，不自沮"是也。方、應二説未善。

博學以知服。【集説】博學知服，即博文約禮之謂。

竊案：馬氏謂："服，如《中庸》'服膺'之'服'。"方氏謂："學雖博，苟不能服而行之，則亦聖讀而庸行。"故《集説》兼約禮言之。陸氏、吕氏又於"博學以知"句絶，而以"服"字屬下"近文章"，謂博學以知，則有本也；服近文章，則有文也。吴氏亦云："服近，如衣服服之而常近身也，猶曰被服儒術云爾。舊以'服'字屬之上句者，非。"此亦一説，姑存之。

雖分國如錙銖，不臣不仕。【集説】言人君好賢，雖分其國以禄，賢者視之，如錙銖之輕，猶不臣不仕也。

竊案：分國如錙銖，"分國"以人君言，"如錙銖"以儒者言，猶伊尹"禄之以天下弗顧，繫馬千駟弗視"之意。故鄭注云："君分國以禄之，視之輕如錙銖。"《集説》謂人君好賢，而視分國猶錙銖之輕，恐非。

并立則樂，相下不厭。【集説】并立，爵位相等也。相下，以尊位相讓，而己處其下也。

竊案：鄭注："并立，謂同仕朋友。"故《集説》本而言之如此，然未必當也。蓋君子進修，必資朋友相與講習，不可離群索居，故并立則樂，有以成其德，至於相下而不厭也。貴賤皆然，豈必以仕言哉？或以"立"字爲疑，當如舊説，作"立朝"之"立"爲確。不知立德、立言、立功、立身，皆立也。此"并立"承上"合志同方，營道同術"來，則爲立身、立德無疑矣。下文"立義"，亦是一證。

聞流言不信，其行本方立義。【集説】方，即術也。流言，惡聲之傳播也。聞之不信，不以爲實也。其行本方立義，謂所本者必方正，所立者必得其宜也。

竊案：《集説》從注、疏，以"不信"句斷，"其行"屬下"本方立義"。吳氏本韓文，"其行"屬上句，而引《論語》"聽其言而信其行"爲證，謂："雖聞流言，毁其行而已，不以其行爲信如此也。"兩説俱通，更詳之。

陳氏禮記集説補正卷三十七

冠義

《冠義》第四十三。【集説】疏曰："冠禮起早晚，書傳無正文。"《世本》云："黄帝造旒冕。"是冕起於黄帝也。黄帝以前，以羽皮爲冠，以後乃用布帛。其冠之年，天子、諸侯皆十二。

竊案：山陰陸氏曰："'二十曰弱，冠'，則二十而冠，禮之大節在是也。惟天子、諸侯十五而冠，早成其德。先儒謂晋侯曰國君十五而生子，冠而生子，禮也。君可以冠矣。魯襄公是時年十二，諸侯十二冠，誤矣。蓋曰'可以冠'，則非禮之正也。《金縢》'王與大夫盡弁'，成王時年十五，則冠在是歲可知。"陸氏之言是也。十五爲入大學之年，可以成其德矣。十二而冠，保其無有童心乎？而以成人之道責之，過矣。世之人謂文王十五而生武王，尚有伯邑考，又以冠而後生子，故謂天子、諸侯十二而冠。究之文王之事，當闕疑，而以陸氏之言爲正也。

禮義之始，在於正容體，齊顏色，順辭令。【集説】方氏曰："容體欲其可度，故曰正。顏色欲其可觀，故曰齊。辭令欲其可從，故曰順。"

竊案：正容體，齊顏色，順辭令，即"動容貌，斯遠暴慢矣。正顏色，斯近信矣；出辭氣，斯遠鄙倍矣"，此曾子臨啓手足之時，所以告孟敬子者也。君子之道三，終身守此而已。故下文曰："禮義備。"則正之，齊之，順之，非禮義之始與？馬氏其知之矣。

古者冠禮，筮日筮賓，所以敬冠事。敬冠事所以重禮，重禮所以爲國本也。【集説】吕氏曰："禮重則人道立，此國之所以爲國也，故曰'爲國本'。"方氏曰："筮日，所以求夫天之吉；筮賓，所以擇夫人之賢。"

竊案：馬氏曰："旬之外筮日，前期三日筮賓。筮日必吉者，所以期終身之吉。筮賓必賢者，所以要終身之賢。故戒賓辭曰：'願吾子之教之也。'筮則質之於鬼神也。"郝氏曰："日，謂行冠之日。賓，謂加冠之賓。國本，謂君臣、父子、長幼之禮，立國之本也。"是冠者非子自冠之，亦非父冠之，是賓加之也。不特此也，醮與字，亦賓醮之、字之也。而《集説》不言，故補之。且禮有重於君臣、父子、長幼者與^①？不據上文而泛言禮，烏見其爲立國之本乎？

三加彌尊，加有成也。【集説】始加緇布冠，再加皮弁，次加爵弁，三加而服彌尊，亦所以爲成人敬也。

竊案：三加彌尊，不特所加之冠异，而衣裳亦异也。醮於客位，三加而後醮之也。而《集説》不言。長樂 陳氏曰：“上而有冠，則天道也。中而有服，則人道也。下而有履，則地道也。故三加而彌尊，莫不有此三者焉。夫始加也，其冠則緇布，而服則玄端爵韠，履則黑而其絇青。再加也，冠則皮弁，而服則素積素韠，履則白而其絇緇。及其三加，則冠爲爵弁，而授之以纁裳韎韐，履則纁而其絇黑。其加之有序有章，雖衆人由之，亦足以得性命之文，而況夫君子者乎？所謂喻其志，則有成者，凡在是也。”三加而後醮，據《儀禮》。

見於母，母拜之。【集説】母之拜子，先儒疑焉。疏以爲脯自廟中來，故拜受，非拜子也。吕氏以爲母有從子之義，故屈其庸敬，以伸斯須之敬。方氏從疏義，皆非也。此因成人而與爲禮一句，似乎凡冠者皆然，故啓讀者之疑。惟石梁 王氏云：“記者不知此禮爲嫡長子代父承祖者，與祖爲正體，故禮之异於衆子也。”斯言盡之矣。

竊案：數説皆非也。據《儀禮》“冠者奠觶於薦東，降筵，北面坐，取脯，降自西階，適東壁，北面見於母。母拜受，子拜送，母又拜”，注云：“婦人於丈夫，雖其子猶俠拜。”俠，古洽切，音夾，并也。爲童子時，子拜母。而已冠者成人，成人則丈夫，故與爲禮也。疑此者，讀《儀禮》則釋然矣。

玄冠玄端，奠摯於君，遂以摯見於鄉大夫^②、鄉先生，以成人見也。【集説】玄冠，齊冠也。玄端服，天子燕居之服，諸侯及卿大夫士之齊服也。摯用雉。鄉先生，鄉之年德俱高者，或致仕之人也。

竊案：《集説》之言未備。孔氏曰：“此玄冠玄端，則异於朝服之衣。但衣冠，上士則玄裳，中士則黄裳，下士則雜裳。以其初成人，故著玄

端，异於朝服也。若朝服，則素裳。奠摯，奠之於君也。'遂以摯見於鄉大夫、鄉先生'者，以摯，謂以雉也。故《士相見禮》冬用雉，夏用腒。'見於鄉大夫'，在朝之鄉大夫也。'鄉先生'，謂鄉老而致仕者也。"嚴陵方氏曰："'玄冠玄端'者，齊服也。既加以緇布冠矣，而又服玄冠者，蓋緇布則古之齊冠也，玄冠則今之齊冠也。緇布以既冠而敝之，故奠摯則加玄冠焉。摯則夏用腒也，乾雉，以防腐敗之患故也。鄉大夫，則鄉之有職事者。鄉先生，則鄉之有年德者。既加皮弁之朝服，而奠摯止齊服者，取夫潔己以進也。童子則委摯而退耳。以摯見，故曰'以成人見也'。"

昏義

《昏義》第四十四。【集説】疏曰："謂之昏者，娶妻之禮，以昏爲期，因名焉。必以昏者，取陽往陰來之義。"

　竊案：《冠義》言冠之始與冠之年，而昏之始與年未言也。孔氏曰：天地初分之後，遂皇時則有夫婦，是夫婦始自遂皇也。譙周云："太昊制嫁娶，儷皮爲禮。"是儷皮起於太昊也。五帝以前爲昏，不限同姓异姓。三王以來，文家异姓爲昏，質家同姓爲昏。其昏之年，則《大戴禮》男三十，女二十，自天子達於庶人，一也。然舜年三十不娶，謂之鰥。文王十五生武王，尚有兄伯邑考，則人君昏娶早矣。先儒又以男二十冠，女十五而笄，自此以後可以嫁娶。至男三十，女二十，是正禮也。至若嫁娶之時，《周禮》仲春會男女，《周南》"之子於歸"，詠桃華灼灼，序者謂昏姻以時，則昏期在仲春明矣。故時過者有《摽梅》之恨。然《家語》及《荀子》又有"霜降迎女""冰泮殺内"之説，與《周禮》、周《詩》矛盾，故毛、鄭之義各有不同。朱子傳《詩》從鄭，晚年輯《儀禮經傳通解》，又兼存《家語》《荀子》之文。羅願有《昏問》一篇，特從《周禮》，可以折衷諸家矣。

　問名。【集説】問名者，問女生之母名氏也。
　竊案：《集説》同孔氏之説也。孔氏曰："問名者，問其女之所生母之姓名。故《昏禮》云：'爲誰氏？'言女之母何姓氏也。"是問女母之姓氏也。又賈氏《儀禮》疏云："言問名者，問女之姓氏。不問三月之名，故下記問辭云：'某既受命，將加諸卜，敢問女爲誰氏？'鄭云：'誰氏者，謙也，不必其主人之女。'是問姓氏也。然以姓氏爲名者，名有二種：一者是名字之名，三月之名是也。一者是名號之名，故孔安國注《尚書》，以舜爲名。鄭君《目録》以曾子爲名，亦據子爲名，皆是名號爲名者也。

今以姓氏爲名,亦名號之類也。"又下《記》疏云:"納采,則知女之姓
矣。今乃更問女爲誰氏者,恐非主人之女。假外人之女收養之,是謙不敢
必主人之女也。其本云問名,而云誰氏者,婦人不以名行,明本不問女之
三月名。此名即名號之名。若《尚書》孔注云:'虞,氏。舜,名。'舜爲
謐號,猶爲名解之,明姓氏亦得爲名。若然,本問名上氏姓,故云誰氏
也。"是問女之姓氏也。新安朱子曰:"孔疏問名,與《儀禮》賈氏疏義不
同,未詳孰是。"愚則謂問母之姓氏,迂矣。賈疏爲長也。

蓋親受之於父母也。【集説】無解。

竊案:孔氏曰:"'蓋親受之於父母也'者,於時女房中南面,母在
房户外之西,南面。壻既拜訖,旋降出。女出房,南面,立於母左,父西
面誡之,女乃西行,母南面誡之①,是壻親受之於父母。但親受之,非是分
明手有親受,示有親受之義,故云'蓋'以疑之。"京山郝氏曰:"親受,
受女也。父母,女父母也。"

婦執笲,棗、栗、段修以見。【集説】笲之爲器,似筥,以竹或
葦爲之,衣以青繒,以盛此棗、栗、段修之贄。修,脯也。加薑桂治之曰
段修。

竊案:《集説》下言婦席於户牖間矣,而不言舅姑之坐處,何也?孔
氏曰:"'婦執笲,棗、栗、段修以見'者,案《士昏禮》'舅坐於阼間,
西面。姑坐於房外,南面。婦執笲,棗、栗進,東面拜,奠於舅席。訖,
婦又執段修,升進,北面拜,奠於姑席'是也。"舅姑各有坐處,棗、栗、
段修分奠舅姑,而《集説》不言,故補之。

厥明,舅姑共饗婦以一獻之禮,奠酬。【集説】厥明,昏禮之又
明日也。《昏禮》注云:"舅姑共饗婦者,舅獻爵,姑薦脯醢。"又云:"舅
洗於南洗,洗爵以獻婦也。姑洗於北洗,洗爵以酬婦也。"賈疏云:"舅獻
姑酬,共成一獻,仍無妨姑薦脯醢。"此説是也。但婦酬舅,更爵自薦。
又云奠酬,酬酢皆不言處所。以例推之,舅姑之位,當如婦見,舅席於
阼,姑席於房外。而婦行更爵自薦,及奠獻之禮歟?

竊案:《儀禮·士昏禮》饗婦與婦見同日,此云厥明,與《士昏》異。

---

① "誡"字原訛作"戒",《四庫》本同,據《禮記正義》改。

故鄭注曰："《昏禮》不言厥明，此言之者，容大夫以上禮多，或异日。"孔疏曰："此士昏禮也，故有特豚饋於舅姑。若大夫以上，非惟特豚而已。雖以士爲主，亦兼明大夫，故有厥明共饗婦。若士婦，見舅姑之日，即舅姑饗婦。故《士昏禮》舅姑醴婦，醴婦既訖，即饗之，不待厥明也。"《集説》略無分別，何也？又案，舅洗於南洗，洗爵以獻婦云云，乃信齋楊氏《儀禮圖解》之説，而混於《昏禮》鄭注，使讀者不知出自誰氏，誤亦甚矣。

是以古者婦人先嫁三月，祖廟未毀，教於公宮。祖廟既毀，教於宗室。【集説】祖廟未毀者，言此女猶於此祖有服也，則於君爲親，故使女師教之於公宮。公宮，祖廟也。既毀，謂無服也，則於君爲疏，故教之於宗子之家。

竊案：《内則》："女子十年不出，使姆教成之。"是已前恒教也。嫁前三月，而特就公宮之教者，欲尊之也。公宮，天子、諸侯之祖廟也。天子當言王宮，而此言公宮者，謂公之宮，若公邑及官家之宮爾，故知兼天子、諸侯也。此《昏義》雖記士禮，自此以下，廣明天子以下教女及夫婦之義也。教之者，女師，即《詩·周南》云"言告師氏"。則《昏禮》注云："姆，婦人五十無子出者也。"此皆《集説》所未及引者，故詳之。"教於宗室"，《集説》但言宗子之家，而宗有大小，未之別也。孔氏曰："與大宗近者，於大宗教之。與大宗遠者，於小宗教之。此《記》謂君之同姓，若君之异姓，亦有大宗、小宗，其族人嫁女，各於其家也。"此可謂詳明矣。

教成祭之，牲用魚，芼之以蘋藻，所以成婦順也。【集説】祭之者，祭所出之祖也。魚與蘋藻皆水物，陰類也。芼之爲羹也。

竊案：孔氏曰："祭之者，祭女所自出之祖也。此女出於君之高祖，則祭高祖廟。出於君之曾祖，則祭曾祖。以下皆然。女親行祭，《詩》云'誰其尸之？有齊季女'是也。君則使有司告之。若卿大夫以下，則女主之，宗子掌其禮也。"鄭氏曰："掌其禮實，蘋藻爲羹菜。祭無牲牢，告事耳，非正祭也，其齊盛用黍云。"《集説》不言祭者爲誰，告事之祭與正祭有別，故補之。

陳氏禮記集説補正卷三十八

鄉飲酒義

故聖人制之以道鄉人、士、君子。【集説】疏曰：“鄉人，謂鄉大夫也。士，謂州長、黨正也。君子，謂卿大夫也。”

竊案：《集説》依鄭氏，“制之以道”句絶，而以鄉人爲鄉大夫，士爲州長、黨正，君子爲卿大夫，連下“尊於房户之間”爲句，大拘執矣。惟京山郝氏以“聖人制之以道鄉人、士、君子”作一句讀，甚安。然以鄉人、士、君子爲鄉人之賢者，即賓、介、僎之類，則專指鄉人之賓、介、僎矣。不知聖人制鄉飲酒禮，特立賓、介、僎，以教鄉人耳。一以使人尊賢，一以使人敬老，一以使人貴貴，故孔子曰：“吾觀於鄉而知王道之易易也。”愚謂鄉人，泛言一鄉之人也。士、君子，則賓、介、僎并鄉大夫、州長、黨正也。讀從鄭氏，而解鄉人、士、君子當小异。

故曰：“古之學術道者，將以得身也。是故聖人務焉。”【集説】由學而後得於身，則與先得於人心之同然者，亦無异矣。故曰“古之學術道者，將以得身也”。

竊案：《大司徒》：“以鄉三物教萬民，而賓興之。”三物者，六德、六行、六藝也。術即六藝也，有六藝則爲能也。道即六德、六行也，有六德、六行則爲賢也。鄭氏曰“言學術道，則此説賓賢能之禮”是也。而《集説》不明言，何與？

合諸鄉射，教之鄉飲酒之禮，而孝弟之行立矣。【集説】此是黨正屬民飲酒、正齒位之禮，非賓興賢能之飲也。

竊案：鄭氏曰：“此説鄉飲酒，謂《黨正》‘國索鬼神而祭祀，則以禮屬民，而飲酒於序，以正齒位’之禮也。其鄉射，則《州長》‘春秋以禮會民，而射於州序’之禮也。謂之‘鄉’者，州、黨，鄉之屬也。或以鄉之所居州、黨，鄉大夫親爲主人焉，如今郡國下令長於鄉射飲酒，從太守相臨之禮也。”觀鄭氏之説，則州長春秋習射而行鄉飲酒之禮，亦如此也。故《射義》曰：“鄉飲酒之禮者，所以明長幼之序也。”而《集説》止言黨正蜡祭飲酒之禮，則經文合諸鄉射，何以稱焉？

射義

《射義》第四十六。【集說】疏曰："《繫辭》云：'弦木爲弧，剡木爲矢。'又《世本》云：'揮作弓，夷牟作矢。'注云：'二人，黄帝臣。'《書》云：'侯以明之。'夏、殷無文，周則具矣。"

竊案：《儀禮》有鄉射、大射禮，鄭氏又謂射有大射、鄉射、賓射、燕射，而《記》則止《射義》一篇。孔氏曰："鄭《目録》云：'名曰《射義》者，以其記燕射、大射之禮。觀德行取於士之義。'而此篇中有鄉射。又云：'不失正鵠，正則賓射。'然則鄉射、賓射俱有之矣。今《目録》惟云燕射、大射者，但此篇廣説天子、諸侯大射、燕射之義，不專於鄉射、賓射，故特舉大射、燕射也。"京山郝氏曰："天子、諸侯之射，謂之大射。民間之射，謂之鄉射。射必有燕，燕必有賓，未有無賓、無燕而成禮者也。然則賓射、燕射同此鄉射、大射而已。"此《儀禮》之止此二篇也。

故燕禮者，所以明君臣之義也。鄉飲酒之禮者，所以明長幼之序也。【集説】燕與鄉飲，因燕以娱賓，不可以無禮，故有大射、鄉射之禮。禮不可以無義，故明君臣之義，與長幼之序焉。

竊案：君臣之義，長幼之序，《集説》未明言之也。鄭氏曰："言别尊卑老穉，然後射，以觀德行也。"孔氏曰："'燕禮，所以明君臣之義'者，謂臣於堂下再拜稽首，升成拜，君荅拜，似若臣盡竭其力致敬於君[①]，君施惠以報之也。'鄉飲酒之禮，所以明長幼之序'者，此'鄉飲酒'，謂黨正飲酒。以鄉統名，則前篇云'六十者坐，五十者立侍'是也。"此則别尊卑老穉之義也。

諸侯歲獻貢士於天子。【集説】鄭氏曰："三歲而貢士，舊説，大國三人，次國二人，小國一人。"疏曰："《書傳》云：'古者諸侯之於天子也，三年一貢士。一適謂之好德，再適謂之賢賢，三適謂之有功。一不適謂之過，再不適謂之傲，三不適謂之誣。'"

竊案：《集説》既據注、疏，云"三年一貢士"矣，而置"歲獻"不解，不幾"歲獻"之文，祇是貢獻此士與？鄭氏云："歲獻，獻國士之書及計偕物也。"鄭意三年則并與所貢之士偕，故云"歲獻貢士於天子"也。

---

① "似"字原訛作"以"，《四庫》本同，據《禮記正義》改。

何以知三年而貢士？孔氏曰："《書傳》云'一不適謂之過'，注云'謂三年時也'。'再不適謂之傲'，注云'謂六年時也'。'三不適謂之誣'，注云'謂九年時也'。鄭以此知三歲而貢士也。"

天子將祭，必先習射於澤。澤者，所以擇士也。已射於澤，而后射於射宮。【集説】澤，宮名，其所在未詳。疏云："於寬閒之處，近水澤而爲之。射宮即學宮也。"

竊案：澤，即澤宮也。澤宮，即辟雍也。射宮，東序也。故《郊特牲》[1]云："卜之日，王立於澤，親聽誓命。"鄭云："謂既卜，必到澤宮，擇可與祭祀者，因誓敕之以禮也。"而《大射儀》亦云："前射三日，射人宿視滌。"鄭云："滌，謂溉器，掃除射宮。"愚謂先射於澤宮以習之，而後射於射宮以擇之也。長樂陳氏曰："射宮在廟。"非也。

燕義

《燕義》第四十七。【集説】此明君臣燕飲之義。

竊案：《集説》依鄭氏之説也。鄭《目録》云："名曰《燕義》者，以其記君臣燕飲之禮，上下相報之義。"然未明言何事而燕也。賈氏《儀禮》疏曰："燕有四等，《目録》云：'諸侯無事而燕，一也；卿大夫有王事之勞，二也；卿大夫有聘而來，還與之燕，三也；四方聘客與之燕，四也。'知臣子頻聘還與之燕者，《四牡》'勞使臣'是也。知有王事之勞燕者，下《記》云'若以樂納賓，則賓及庭，奏《肆夏》'。鄭注云'卿大夫有王事之勞，則奏此樂焉'是也。知君臣無事有燕者，案《魯頌》云：'夙夜在公，在公明明。振振鷺，鷺於下。鼓咽咽，醉言舞。於胥樂兮。'鄭《箋》云'君臣無事則相與，明事明德。君以禮樂與之飲酒，燕樂以盡其歡'是也。又知異國聘賓有燕者，《聘禮》所云'燕與時賜者'是也。"

掌其戒令。【集説】戒令，謂任之征役也。

竊案：諸侯、卿大夫、士之庶子之卒，司馬已弗正之已，又何征役之有乎？鄭氏曰"戒令，致於太子之事"是也。即下經"國有大事，惟所用之。甲兵之事，軍法治之"，而不可以征役名之也。《集説》誤矣。

---

① "郊"字後原脱"特"，據《四庫》本補。

聘義

大夫郊勞。【集説】郊勞，勞於近郊也。用束帛。

竊案：《聘禮》曰："賓至於近郊，張旜。君使下大夫請行，反。君使卿朝服，用束帛勞。"孔氏亦曰："此大夫郊勞者，即卿也。"鄭注《聘禮》："士請事，大夫請行，卿勞，彌尊賓也。"而《記》但言"大夫郊勞"，則指上大夫卿也，與請行之下大夫有別。孔氏云："大夫即卿。"而不分大夫之上下，猶區別之未精也。而《集説》檃略之，何歟？

賄贈。【集説】還玉畢，加以賄贈之禮。《經》云："賄用束紡。"紡，今之絹也。

竊案：《集説》所言，似主君以賄贈之矣。而《聘禮》："還圭璋畢，大夫賄，用束紡。"孔氏亦曰："'賄贈'者，因其還玉之時，主人之卿并以賄而往，還玉既畢，以賄贈之。"是賄贈者，卿也。《集説》於此失詮，疏矣。

主國待客，出入三積。【集説】出，既行也。入，始至也。積，謂饋之牢禮，米、禾、芻、薪之屬。其來與去皆三饋之積，故云"出入三積"也。

竊案：孔氏曰："'主國待客，出入三積'者，此謂上公之臣，故出入三積。若侯伯以下之臣，則不致積也。故《司儀》云：'諸公之臣，相爲國客，則三積。''出入三積'者，謂入三積，出亦三積。故《司儀》云：'遂行，如入之積。'是去之積如來時之積也。"夫上公之國，二王之後與二伯耳。其待客如此，非侯伯之國盡然也。故《聘禮》於卿致館之後，"宰夫朝服設飧，飪一牢，在西，鼎九，羞鼎三；腥一牢，在東，鼎七"。《聘禮》者，侯伯之禮也。而賈疏云："食不備禮曰飧，對饔餼也。生與腥飪俱有，餘物又多。此飧惟有腥飪而無生，餘物又少，故云不備禮。"而《集説》不區別言之，以凡待客皆出入三積也，國何以供乎？

喪服四制

凡禮之大體，體天地，法四時，則陰陽，順人情，故謂之禮。訾之者，是不知禮之所由生也。夫禮，吉凶异道，不得相干，取之陰陽也。喪有四制，變而從宜，取之四時也。有恩，有理，有節，有權，取之人情也。【集説】體天地，以定尊卑；法四時，以爲往來；則陰陽，以殊吉凶；順人情，以爲隆殺。先王制禮，皆本於此。

竊案：上言"體天地，法四時，則陰陽，順人情"四者，下文不覆説。"體天地"者，孔氏謂："天地包四時、陰陽、人情，無物不總也。"吳氏云："禮之大體，體天地者，總其綱。下三者，分其目。陰陽之氣，四時之序，即天地也。人生天地之間，其情與天地之情通，故天地足以該人情。"《集説》不言，疎矣。又吉、凶、軍、賓、嘉五禮之內，各備陰陽。今但以吉禮爲陽，凶禮爲陰，似太拘。

貴貴尊尊，義之大者也。故爲君亦斬衰三年，以義制者也。
【集説】人臣爲君重服，乃貴貴尊尊之大義，故曰"以義制者也"。

竊案：臣之於君，非特諸侯之於天子，卿大夫、士之於諸侯，凡家臣於卿大夫，亦稱爲君，則亦服之以三年。故鄭氏云："貴貴，謂爲大夫君也。尊尊，謂爲天子、諸侯也。"孔氏云："貴貴，謂大夫之臣，事大夫爲君者也。大夫始入尊境，是貴也。尊尊，謂天子、諸侯之臣，事天子、諸侯爲君者也。天子、諸侯同爲南面，是尊也。以義斷恩，門外如一，雖復大夫與王侯有異，其臣敬君不殊，故并云'義之大者也'。"《集説》混而無別，何歟？又案，"貴貴"與"尊尊"對言則有別，"貴貴"與"尊賢"對言則統尊。尊在其中，故《孟子·友德章》上述孟獻子、費惠公、晉平公、堯、舜等而總之曰"貴貴尊賢，其義一也"。貴貴又兼天子、諸侯、卿大夫，可知矣。

祥之日鼓素琴，告民有終也。【集説】祥日，大祥之日也。素琴，無漆飾也。

竊案：孔子既祥，五日彈琴而不成聲，十日而成笙歌。子夏、子張既除喪而見夫子，皆予之琴。夫曰既祥，曰既除喪，則非祥之日即鼓素琴也。故藍田吕氏曰："《檀弓》云：'祥而縞，是月禫，徙月樂。'自練至祥，漸而即吉，則既祥可樂矣。然又至於禫之徙月爲樂，不忍遽也。此云'祥之日鼓素琴，告民有終'，除喪乃可爲樂，未聞爲樂以告喪之終。仁人孝子之情，疑不出乎此。謂既祥而樂猶可，祥之日鼓素琴，或未然。"《集説》亦未及辨也。

善之，故載之《書》中而高之。【集説】無文。

竊案：古者有號無謐，至周人始以謐易名。武丁號爲高宗者，以其中興之功德甚高而可宗故耳，非"載之《書》中而高之"之謂。《集説》亦應辨明，以曉學者。

禮：斬衰之喪，唯而不對。【集説】於《間傳》注云："唯，應辭也。不對，不荅人以言也。"

竊案：鄭注："此謂與賓客也。唯而不對，侑者爲之應耳。"孔氏亦云："但稱唯而已，不對其所問之事。侑者爲之對，不旁及也。"《集説》不言"侑者爲之對"，似疎。

比終兹三節者，仁者可以觀其愛焉，知者可以觀其理焉，彊者可以觀其志焉。禮以治之，義以正之。孝子，弟弟，貞婦，皆可得而察焉。【集説】篇首言仁、義、禮、智爲四制之本，此獨曰"禮以治之，義以正之"者，蓋恩亦兼義，權非悖禮也。

竊案："篇首論喪之四制，既以仁、義、禮、智言之矣。篇末論喪之三節，又復以仁、義、禮、智言，而加之以彊，蓋彊所以終之也。彊以終之，則有禮、義、仁、智之實，所謂信也。篇首四者，則分而言之，如天地之四時。篇末五者，則就人而言。禮義者，聖人所以立教之道。仁、知、彊者，君子所以修道之德。於喪之禮，能篤於愛者，仁也；於喪之義，能明其理者，知也。始終此仁、知，不易其志者，彊也。彊即《中庸》三達德之勇。有是三者之德，然後能行禮以治喪事，知義以正喪禮，而可知其爲孝子、弟弟、貞婦也已"。此吳氏之説。然則篇末未嘗獨言禮義以該仁知，《集説》亦察之未精矣。

附録:《陳氏禮記集説補正》提要

　　《陳氏禮記集説補正》三十八卷，國朝頭等侍衛納喇性德撰。性德有《删補合訂大易集義粹言》，已著録，是編因陳澔《禮記集説》疏舛太甚，乃爲條析而辨之，凡澔所遺者謂之"補"，澔所誤者謂之"正"。皆先列經文，次列澔説，而援引考證，以著其失。其無所補正者，則經文與澔説并不載焉。頗采宋、元、明人之論，於鄭注、孔疏亦時立异同。大抵考訓詁名物者十之三四，辨義理是非者十之六七。以澔注多主義理，故隨文駁詰者亦多也。凡澔之説，皆一一溯其本自何人，頗爲詳核。而愛博嗜奇，亦往往泛採异説，如《曲禮》"席間函丈"，澔以兩席并中間爲一丈，性德引《文王世子》"席之制，三尺三寸三分寸之一"駁之，是也。而又引王肅本文作"杖"，謂可容執杖以指揮，則更謬於《集説》矣。《月令》"群鳥養羞"，性德既云《集説》未爲不是，而又引《夏小正》"丹鳥羞白鳥"，及項安世人以鳥爲羞之説，云"足廣异聞"，則明知《集説》之不誤，而强綴此二條矣。《曾子問》魯昭公慈母一條，既用鄭注、孔疏以補澔注，又引陸佃之謬解蔓延於《集説》之外，是正陸氏非正《集説》矣。凡斯之類，皆徵引繁富，愛不能割之故。然綜核衆論，原委分明，凡所指摘，切中者十之八九。即其據理推求者，如《曲禮》"很毋求勝，分毋求多"，澔注稱"况求勝者未必能勝，求多者未必能多"，性德則謂"此乃不忮不求，懲忿窒慾之事。陳氏所云，不免計較得失，若是則可以必勝、可以必多，將不難於爲之矣"，是雖立澔於旁，恐亦無以復應也。然則讀澔注者，又何可廢是編歟？

——中華書局1965年版《四庫全書總目》

下編

《陳氏禮記集説補正》研究

緒論

選擇《陳氏禮記集説補正》①一書進行點校整理和研究，主要基於以下兩個原因：一是該書本身的重要性，二是目前學界對該書的研究十分欠缺。

顧名思義，該書是專門針對陳澔《禮記集説》而作，有補有正。所謂"補"者，補澔書之所遺；所謂"正"者，正澔書之所誤。因此，從性質上來説，此書就是一部專門補充和駁正陳澔《禮記集説》的禮學專著。

這樣一部專門之書爲何重要？實際上，在没有展開研究之前，是不能給出明確而清晰的答案的。因此，即使是爲了解決這個問題本身也需要我們對該書進行探析。當然，説此書重要也并不是全無根據。此根據就是前人的評價，尤其是像《四庫全書總目》這樣的權威之作的評論，具有指導意義。其曰：

> 是編因陳澔《禮記集説》疏舛太甚，乃爲條析而辨之。凡澔所遺者謂之"補"，澔所誤者謂之"正"。皆先列經文，次列澔説，而援引考證，以著其失。其無所補正者，則經文與澔説并不載焉。頗采宋、元、明人之論，於鄭注、孔疏亦時立异同。大抵考訓詁名物者十之三四，辨義理是非者十之六七。以澔注多主義理，故隨文駁詰者亦多也。凡澔之説，皆一一溯其本自何人，頗爲詳核……然綜核衆論，原委分明，凡所指摘，切中者十之八九……讀澔注者，又何可廢是編歟？②

從"頗爲詳核""綜核衆論，原委分明，凡所指摘，切中者十之八九"這些字句，可以看到《四庫全書總目》對該書的肯定。由此我們能够確認《補正》是比較重要的禮學專著。而其具體内容如何？有什麽特點？其禮學價值體現在哪些方面？《總目》未能詳論，此則非深入探究而不可知了。但是以目前學界之研究來看，這幾個問題都没有得到回答。事實上，目前我們對《補正》的認識，仍然祇能依賴於《總目》的評語，此皆因我們的

---

① 按：爲行文方便簡略，下文對該書或以全名稱之，或徑以《補正》稱之。

② ［清］永瑢：《四庫全書總目》，北京：中華書局，1965年6月，上册第173頁。

禮學研究尚未能涉及此書文本本身。目前學者對該書的關注，最多涉及到其作者歸屬和版本兩個方面。前者是自《補正》誕生以後就一直聚訟紛紜的話題，屬於歷史遺留問題。後者是因本書最初收入《通志堂經解》中面世，學者對《經解》之版本進行研究，順帶涉及該書。然而即使是上述兩個方面的研究，也仍然有不盡人意處。下文將設專章討論，此不贅述。

　　本文研究思路，第一步工作是點校整理《補正》，在此基礎之上，進而展開探析。通過研究，試圖在如下幾個方面有所推進：一是考證該書作者歸屬問題，二是探明該書成書背景及其創作過程，三是梳理《補正》版本流傳情況，四是闡發該書體例和内容，五是闡明《補正》有什麼特點，反映出什麼思想，六是對該書駁議鄭注、孔疏進行分析，七是從禮學史方面評定該書之地位。

第一章 《陳氏禮記集説補正》的作者與成書

前文已經申明，《陳氏禮記集説補正》的作者究竟爲誰，是歷史遺留問題，需要進一步研究。另外，作者爲何要編撰該書？《補正》成書背景是怎樣的？都需加以探討。

一、《陳氏禮記集説補正》作者考

《陳氏禮記集説補正》最早在《通志堂經解》中收録，署名納蘭性德，但是在當時就有很多學者對此作者身份提出質疑。由於納蘭性德去世較早，又加上其本人詩文集中未提到曾寫過此書，從而使得這個問題更加撲朔迷離。後世更有不少研究者争相辯論，但終究未能有一個明確的結論。爲了詳細地考察這個問題的來龍去脉，并且得出一個合理的結論，本文試展開如下討論：

（一）前人研究綜述

前人關於這個問題提出了很多觀點，非常值得借鑒。爲便於研究，現將各家觀點依時間先後順序列之於下：

（1）主納蘭性德説

納蘭性德，字容若，號楞伽山人，後避太子諱改名成德，滿洲正黄旗人，生於順治十一年（1655），卒於康熙二十四年（1685）。其父乃康熙朝權盛一時的大學士明珠，其師乃崑山徐乾學。他自幼聰穎，擅騎射，長於寫詞，詞名甚高。二十二歲中進士，後官至乾清門一等侍衛。有《飲水詞》《渌水亭雜識》等傳世，并與徐乾學合刻《通志堂經解》。

1.與納蘭性德同時代并與之交好的朱彝尊（1629~1709），在其《經義考》中謂此書乃納蘭性德所作，并引納蘭好友嚴繩孫之言爲證：

> 嚴繩孫曰：“《禮記》不以衛氏《集説》頒諸學官，而專用陳氏《集説》取士，此苟且之圖也。容若爲補證之，習禮者試一取證，非小補矣。”①

---

① 林慶彰等主編：《經義考新校》，上海：上海古籍出版社，2010年12月，第6册第2698頁。

嚴繩孫（1623~1702），字蓀友，一字冬蓀，號秋水，自稱勾吳嚴四，復號藕蕩漁人，江蘇無錫人，一作崑山人。與朱彝尊、姜宸英合稱“江南三布衣”，同納蘭性德交好，往來密切。曾參與《明史》的纂修，著有《秋水集》。他認爲納蘭性德爲陳澔《禮記集説》作補正，對學禮者貢獻頗大，朱彝尊顯然同意這種説法。

2.清代季振宜（1630~?）《季滄葦藏書目》載：“《陳氏禮記集説補正》三十八卷，成德。”①

3.《四庫全書總目》提要曰：“《陳氏禮記集説補正》三十八卷，内府藏本，國朝納蘭性德撰。”②

4.《八旗通志·藝文志》引《四庫全書總目》提要，認爲此書爲納蘭性德撰。

5.清代周中孚（1768~1831）《鄭堂讀書記》載：“《陳氏禮記集説補正》三十八卷，通志堂經解本。國朝納蘭性德撰。性德原作成德，字容若，滿洲正黄旗人，康熙丙辰進士，官至乾清門侍衛。《四庫全書》著録，朱氏《經義考》亦載之。”③

6.清代曾釗（1793~1854）《面城樓集鈔》中有《〈禮記集説補正〉附論序》一文，其文曰：

> 《禮記》舊有鄭氏注，説制度最精核；元陳雲莊《集説》一變而以義理説之；國朝長白納喇氏病其疏舛，爲之補正。然其書考訓詁名物僅十二三，而據義理推求者十六七。④

此文對《陳氏禮記集説補正》有所批評，但是却肯定作者爲納蘭性德。

7.清代謝章鋌（1820~1903）《賭棋山莊詞話》載：“容若所著又有《合訂刪補大易集義粹言》《陳氏禮記集説補正》。”⑤肯定納蘭性德的作者身份。

① ［清］季振宜：《季滄葦藏書目》，《續修四庫全書》第920冊，上海：上海古籍出版社，2002年，第631頁。

② ［清］永瑢：《四庫全書總目》，上册第173頁。

③ ［清］周中孚：《鄭堂讀書記》，北京：北京圖書館出版社，2007年8月，上册第83頁。

④ ［清］曾釗：《面城樓集鈔》，《清代詩文集彙編》第687冊，上海：上海古籍出版社，2010年，第691頁。

⑤ ［清］謝章鋌：《賭棋山莊詞話》，《詞話叢編》本，北京：中華書局，1986年，第3418頁。

8.清代楊鍾羲（1865~1940）《雪橋詩話》載：“至吾鄉著述之散見叢書者，通志堂有成德《合訂删補大易集義粹言》《禮記陳氏集説補正》。”①

9.清代丁仁（生卒年不詳）所撰《八千卷樓書目》中載：“《陳氏禮記集説補正》三十八卷，國朝納喇性德撰，續經解本。”②

10.《清史稿·藝文志》載：“《陳氏禮記集説補正》三十八卷，納喇性德撰。”③同時在納蘭性德的傳記中亦記載：“性德鄉試出徐乾學門。與從擎討學術，嘗裒刻宋、元人説經諸書，書爲之序，以自撰《禮記陳氏集説補正》附焉。”④

11.張任政先生《清納蘭容若先生性德年譜》中遺著考略部分，記有《陳氏禮記集説補正》一書，并引《四庫全書總目》提要對該書的部分評價列之於後，肯定納蘭性德的作者身份。

12.高岸先生在《納蘭成德與〈通志堂經解〉》一文中，認爲納蘭對經學研究有很深的造詣，他説：

　　韓菼《納蘭君神道碑》説他（納蘭性德）“晚乃篤意於經史，且欲窺尋性命之學，將盡裒宋元以來諸儒説經之書以行世，其志蓋日進而未止也”。他的《上座主徐健菴先生書》也説：“承示宋元諸家經解，俱時師所未見，某當曉夜窮研，以副明訓。其餘諸書，尚望次第以授，俾得卒業焉。”可見他對於經史的鑽研是很勤奮的，并且也有一定的成就。《經解》中收入他所寫的兩部書：（一）《陳氏禮記集説補正》三十八卷，（二）《合訂删補大易集義粹言》八十卷。都可看出他的功力。……從這兩本書看來，納蘭對經史之研究，實有很深的造詣。有的人借叢書署名的問題，對納蘭成德進行詆毁，抹殺其在經史方面的成就是違反事實的。我們應作出正確的評價。⑤

高岸對納蘭性德的經史研究予以肯定，并爲納蘭辯護，認定《陳氏禮記集説補正》出於其手。

① ［清］楊鍾羲：《雪橋詩話》，北京：北京古籍出版社，1991年8月，第456頁。

② ［清］丁仁：《八千卷樓書目》，《續修四庫全書》第921册，上海：上海古籍出版社，2002年，第82頁。

③ 章鈺：《清史稿藝文志及補編》，北京：中華書局，1982年4月，第28頁。

④ 趙爾巽：《清史稿·列傳》，北京：中華書局，1977年8月，第44册第13361頁。

⑤ 高岸：《納蘭成德與〈通志堂經解〉》，《承德師專學報》1989年第4期，第70-74頁。

（2）主陸元輔説

陸元輔（1617~1691），字翼王，號菊隱，人稱菊隱先生，江南嘉定人，爲“嘉定六君子”之一。生於明末清初之世，早年拜抗清志士黃淳耀爲師，頗受其影響。康熙十七年（1678）詔舉“博學鴻儒”，被吳文僖推舉應試，竟不中，但是當時學者多雅重其名。陸元輔博學多聞，文詞俱佳，於經學尤有研究，著有《十三經注疏類抄》《續經籍考》《菊隱紀聞》等，後其學生侯開國收其詩文，編成《菊隱先生集》傳世。

1.清代方苞（1668~1749）在其《書〈陳氏集說補正〉後》中提出了質疑，後來得聞張樸村之言確定作者爲陸元輔，他説：

> 余少治《戴記》，見陳氏《集說》於《記》之本指，時有未達而反以蔽晦之者。及得崑山徐司寇所刻《集說補正》，而惑之解者過半，念此必吳中老儒勤一世以爲之。恨子孫不能守而流傳勢家，又怪司寇聽其假托而不辨也。既而思秦、周以前作者名不概見，蓋胸中所知見，不能自已，而欲傳之其人，豈以爭名於没世邪？厥後見嘉定張樸村，叩之，曰：“此吾鄉陸翼王先生所述也。先生於諸經多開闡，兹其僅存者耳。”夫秦、周以前，作者雖不知其誰何，而無有假托者，呂不韋、劉安名以書傳，然衆知其非不韋、安作也。若陸氏此書，非樸村爲徵，則他人據而有之矣。①

張樸村即是張雲章，字漢瞻，號樸村，嘉定人，與陸元輔同鄉。他曾客居徐乾學家，參與過《通志堂經解》的校勘工作。

2.清代陸隴其（1630~1692）爲陸元輔好友，兩人時相往來，他在其《三魚堂日記》中記載：

> 十一月初二，侯大年言陸翼王所著《禮記集說補正》，徐氏以三百金買之，刻在成德名下。②

侯大年即侯開國，人稱鳳阿先生，初受業於陸元輔之門。陸元輔死後，侯開國曾爲其整理過遺書并編定成集。

---

① ［清］方苞：《方苞集》，上海：上海古籍出版社，1983 年 5 月，上册第 116 頁。
② ［清］陸隴其：《三魚堂日記》，《續修四庫全書》第 559 册，上海：上海古籍出版社，2002 年，第 598 頁。

另外，陸隴其在其《讀禮質疑》中提到《陳氏禮記集説補正》時，則直言"陸翼王《集説補正》亦備載孔疏之説"①，更堅信此書作者爲陸元輔無疑。後來汪紱（1692~1759）在作《參讀禮質疑》時就直接沿用了這個觀點，并没有提出質疑。

3.清代秦瀛（生卒年不詳）在其所撰《己未詞科録》中，記載陸元輔小傳：

> 陸元輔，字翼王，號菊隱，江南嘉定人，布衣。著有《十三經注疏類鈔》《續經籍考》《禮記集説補正》《衛道編》《菊隱集》。②

於此傳記中，肯定陸元輔著有《陳氏禮記集説補正》一書。

4.清代周壽昌（1814~1884）在《思益堂日札》"竊襲前人書"條下言：

> 《陳氏禮記集説補正》三十八卷，納蘭性德撰。性德本名成德，字容若，滿洲進士。此書《方望溪集》謂本陸元輔撰，徐健菴刻《經解》時改題性德名。③

《方望溪集》即是方苞之文集，周壽昌所引用乃是方苞《書〈陳氏集説補正〉後》之言，并對此深信不疑，認爲是納蘭性德竊襲陸元輔之書。

5.《（嘉慶）直隸太倉州志》在"藝文"部分記載陸元輔《續經籍考》下有汪照所作的序，其言曰：

> 國朝初，吾邑之以經術著者，必推陸元輔翼王，今學者所稱菊隱先生是也。先生於"十三經"之微言奧旨，靡不甄綜條貫，汰説經家之破析而支裂者，成《注疏類鈔》《禮記陳氏集説補正》共若干卷。嘗慨洪洲王氏《續文獻通考》藝文一門之舛錯，作《續經籍考》以正

---

① ［清］陸隴其：《讀禮質疑》，影印文淵閣《四庫全書》第129冊，臺北：臺灣商務印書館，1986年，第548頁。

② ［清］秦瀛：《己未詞科録》，《續修四庫全書》第537冊，上海：上海古籍出版社，2002年，第206頁。按："《禮記集説補正》《衛道編》"，此處標點有作"《禮記集説》《補正衛道編》"者。查《衛道編》二卷，清代劉紹攽撰，其《自序》作於乾隆二十五年（1760），其時陸元輔去世已多年，可知標點作"《補正衛道編》"不正確。陸元輔可能也作有《衛道編》，它書未見記載，不知《己未詞科録》何據。

③ ［清］周壽昌：《思益堂日札》，北京：中華書局，1987年4月，第123頁。

之，書未及成而殁。今求其遺書，《禮記集説補正》久借刻於納蘭氏，而《注疏類鈔》及《續經籍》稿本皆不可得。惟《菊隱詩鈔》戴處士范雲、王明經輔銘選刻其十之一二，其《菊隱文稿》十卷、《紀聞》四册，爲人所失。①

此序中提到《陳氏禮記集説補正》爲陸元輔所作，衹是後來借刻於納蘭性德。

6.《（嘉慶）直隸太倉州志》"雜綴·紀聞"部分引顧成志《嘐志述聞》云：

> 陸菊隱酷暑讀書不輟，一夕友某訪之，見燈下方閱《儀禮》，丹黄鈎乙，汗流至肘。謂曰："暑甚，何自苦乃爾？"先生笑曰："果熱耶？"有《十三經注疏類抄》，又嘗撰《禮記集説補正》，納蘭侍衛以金購之，易其名，刻入《經解》中，見陸稼書先生《三魚堂隨筆》。今書中尚存菊隱字數處，疑納蘭得之而參以己説也。②

亦提到陸元輔作有《陳氏禮記集説補正》一書，不過却被納蘭性德買去，刻入《通志堂經解》中。

7.清代皮錫瑞（1850~1908）在其《經學通論》中説："陸元輔《陳氏集説補正》足匡陳澔之失。"③認爲此書作者爲陸元輔無疑。

8.清代張之洞（1837~1909）在其《書目答問》中言："《禮記陳氏集説補正》三十八卷，陸元輔代納蘭性德撰。通志堂本。"④張之洞的觀點與前人略有不同，他認爲此書是陸元輔代寫，而非納蘭性德强取或徐乾學買下，在主被動關係上頗值得玩味，但是終歸認定《陳氏禮記集説補正》是出於陸元輔之手。

9.趙秀亭先生在其《納蘭性德著作考》中列出了幾個疑點：

① 〔清〕王昶：《（嘉慶）直隸太倉州志》，《續修四庫全書》第698册，上海：上海古籍出版社，2002年，第154頁。
② 〔清〕王昶：《（嘉慶）直隸太倉州志》，《續修四庫全書》第698册，第216頁。
③ 〔清〕皮錫瑞：《經學通論》，北京：中華書局，1989年4月，第74頁。
④ 〔清〕張之洞撰，范希曾補正：《書目答問補正》，上海：上海古籍出版社，2001年7月，第24頁。

　　《陳氏禮記集説補正》是性德著作麽？拿《通志堂集》檢索，即可發現疑點。《通志堂集》中有衛氏《禮記集説》的序文，也有《合訂大易集義粹言》的序文，却没有《陳氏禮記集説補正》的序文，校勘有序，著述反而没有；爲水準較低的《合訂大易集義粹言》作序，却不爲水準較高、社會重視的《陳氏禮記集説補正》作序，竟是偶然的嗎？

　　另外，《合訂大易集義粹言》有朱彝尊的序文，而遍查性德師友文集，却不見有爲《陳氏禮記集説補正》作的序跋。不僅無序，甚至根本没有人提到這部著作，豈不更爲可疑！何焯評《補正》，没有就内容説一句話，而僅説"不足據"三字，顯然不承認其作者。基於這些疑點，便不好輕易相信《補正》作於性德。張之洞説"陸元輔代納蘭性德撰"，持論十分肯定，必當有他的依據。①

然後引用方苞《書〈陳氏禮記集説補正〉後》一文，并言張雲章爲陸元輔同鄉，又校書通志堂，所言當屬可信。最後"如果把前面的疑點和方文聯繫起來看，《陳氏禮記集説補正》確應爲陸氏之作"。

　　（3）主存疑説

　　有些學者在研究《陳氏禮記集説補正》的作者問題時，態度較爲審慎，他們因爲證據不足等原因，并没有直接或者肯定的下結論，而是列出自己所掌握的材料，更加客觀的呈現研究狀況，有存疑的意思。

　　1.《清朝文獻通考·經籍考》記載：

　　　《陳氏禮記集説補正》三十八卷，納喇性德撰。臣等謹案：方苞《望溪集》謂此書本陸元輔所撰，徐乾學刻經時改題性德撰。②

　　《清朝文獻通考》雖然記載此書是納蘭性德撰，但是却在後面出了一條案語，引用方苞的話，懷疑作者是陸元輔。可能因爲没有證據，故而對方苞的話也没有給出論斷，祗將此説法提出，是存疑的做法。

　　2.清代法式善（1752~1813）在其《陶廬雜録》中記道：

―――――――――

① 　趙秀亭：《納蘭性德著作考》，《滿族研究》1991年第2期，第53-62頁。
② 　［清］清高宗敕撰：《清朝文獻通考》，杭州：浙江古籍出版社，1988年11月，第2册第6779頁。

《禮記陳氏集説補正》三十八卷，成德撰。何焯曰："不足據。"
方苞曰："張樸村以爲陸翼王所述。"按，望溪志樸村之墓云："君始
以校勘宋元經解客徐司寇家。"①

列出方苞《書〈陳氏禮記集説補正〉後》之語，并不肯定誰的説法是正確
的。

3.清代翁方綱（1733~1818）在其《經義考補正》中云："納蘭氏成德，
《禮記陳氏集説補正》。方苞曰：'張樸村以爲陸翼王所述。'"②亦是引用方
苞的話，提出質疑，但是没有下結論。

4.清代蔣超伯（生卒年不詳）在其《南漘楛語》中記載：

> 力攻陳澔：洪稚存督學貴州時，曾奏陳澔《禮記》注肊説空言，
> 絶無師法，宜易以鄭康成注，惜格於部議。然前此成容若已有《禮記
> 集説補正》三十八卷，力攻陳澔《集説》之疏矣。其書據理推求，隨
> 文駁詰，詳明賅博，在方靈皋《禮記析疑》之上。第容若擅長詞曲，
> 傳唱朝鮮，朱竹垞等犇走其門，哀挽詩中未及著書之事，或出門客幕
> 僚之手，未可知耳。③

其中雖提到了納蘭性德著有《陳氏禮記集説補正》，但是對此終究表
示懷疑，猜測可能是出自其門客幕僚之手，并不能真正確定事實。

5.蔣秋華先生《〈陳氏禮記集説補正〉作者考》一文刊於《古文獻研
究集刊》（第五輯），在此文中對"《陳氏禮記集説補正》一書的作者誰
屬問題，略作考察，以彰顯此一爭論的詳細情節"④。文中引用了方苞《書
〈陳氏禮記集説補正〉後》、《四庫全書總目》提要、陸隴其《三魚堂日
記》、張雲章撰《菊隱陸先生墓誌銘》、趙秀亭先生《納蘭叢話（續）》等
内容，主要是闡述前人研究狀況，并未得出確切的結論。

---

① ［清］法式善：《陶廬雜録》，北京：中華書局，1997 年 12 月，第 108 頁。
② ［清］翁方綱：《經義考補正》，《四庫未收書輯刊》貳輯第 28 册，北京：北京出版社，2000 年，第 45 頁。
③ ［清］蔣超伯：《南漘楛語》，《續修四庫全書》第 1161 册，上海：上海古籍出版社，2002 年，第 287 頁。
④ 蔣秋華：《〈陳氏禮記集説補正〉作者考》，《古文獻研究集刊》第 5 輯，2012 年 8 月，第 231–241 頁。

根據以上材料，我們不難看出前人研究這個問題的一些不足：第一，關於《陳氏禮記集説補正》一書作者歸屬的研究，自古及今，學者們所用的材料基本上是沿襲自朱彝尊《經義考》、《四庫全書總目》提要、方苞《書〈陳氏禮記集説補正〉後》、陸隴其《三魚堂日記》等，其間基本没有新的發現和突破。第二，許多清代學者在提到此書作者問題時直接下論斷，中間如何推理無從得知，故而没有説服力。第三，通過提出質疑，進行猜測，缺乏充分的、直接有效的證據就得出結論，這種方法有欠妥當。第四，對納蘭性德和陸元輔師友門人的説法都是直接引用，關於二者相互矛盾及是否爲真一直没有合理的解釋。

（二）《陳氏禮記集説補正》作者考證

有鑒於前人研究的不足，我們在進行這個問題的探討時應當更加謹慎，筆者通過查閱資料，試作以下考證：

納蘭性德書信文集中從未提及自己曾寫作《陳氏禮記集説補正》的事情，但是查檢此書内容，會發現一些蛛絲馬迹，在《檀弓上》"子上之母死而不喪"條下，有案語曰：

> 張子、朱子皆以不喪出母爲正禮，而孔子令伯魚喪出母爲行權，心每疑之。嘗讀吾師徐先生健菴所著《讀禮通考》，然後知喪出母爲禮之正，而記禮者誌其變禮之始不得，反以夫子爲行權也。[1]

中間提到"吾師徐先生健菴"，徐健菴即是徐乾學（1631~1694），字原一，號健菴、玉峰先生，江蘇崑山人，官至刑部尚書，著有《讀禮通考》《憺園文集》等，他還是清代著名藏書家，其藏書樓名爲傳是樓。徐乾學和納蘭性德是師生關係，觀此語氣，頗切納蘭性德身份。

另外，此條下"又案"中駁斥吴澄觀點時提到"吾友姜西溟宸英嘗駁之曰"[2]，卷五《檀弓上三》中"子思之母死於衛"條下又有"其言似得禮，惟所云孔白接續主祭之説，不免鑿空，姜子西溟已辨之矣"[3]之語。此姜

① ［清］納蘭性德：《陳氏禮記集説補正》，康熙年間刊刻《通志堂經解》本，卷三第二頁 B 面。按：康熙年間刊刻《通志堂經解》本《補正》原名《禮記陳氏集説補正》，爲行文方便，以下凡引本書皆作《陳氏禮記集説補正》。
② ［清］納蘭性德：《陳氏禮記集説補正》，卷三第四頁 B 面。
③ ［清］納蘭性德：《陳氏禮記集説補正》，卷五第十一頁 A 面。

西溟即姜宸英（1628~1699），字西溟，號湛園，又號葦間，浙江慈溪人。年七十始舉進士，授編修，初以布衣薦修《明史》，與朱彝尊、嚴繩孫稱"三布衣"。著作有《湛園未定稿》《湛園題跋》《葦間詩集》《西溟文鈔》，後人編撰有《姜先生全集》33卷。姜宸英一生狷介，蔑視權貴，舉動一任自然，不爲名教所縛，惟納蘭性德能賞之，故姜引其爲知音。觀此文中"吾友"二字，亦可證爲納蘭性德無疑。

那麼由此可證《陳氏禮記集説補正》爲納蘭性德所著嗎？似乎不然。觀全書中可顯示爲出自納蘭性德之口的文字僅此三條，而且俱在《檀弓》篇中。這三條僅可以説明納蘭性德似乎於《檀弓》篇有所補正，尚不足以證明他爲《禮記集説》全書作了補正。

又納蘭性德以詩詞知名，於經學未聞有所建樹，此於《通志堂集》中可找到證據。觀其《通志堂集》，除《經解序》之外，其書信、雜文、雜識等，內容或是與友朋唱和，或是評前人詩文；或是談奇聞，或是言佛理；或陳詩詞文賦創作，或叙書畫碑銘題跋，但是却絶少語及經術，更不用説《禮記》了，豈不可怪？《陳氏禮記集説補正》一書，廣徵博引，宋、元、明各《禮記》方面的著作都有所涉及，於多個禮學大家觀點有所評論。若此書爲納蘭性德所作，其必深通禮學，多讀禮書，於師於友多所談論，間或當有妙語出之，朋輩亦當有所記載。但是今檢其《通志堂集》，師友爲其所作，或銘文，或祭文，或誄辭，所言多是其工於詩詞，精於書法，下舉幾例以見之：

1.徐乾學所作之墓誌銘："（納蘭性德）自幼聰敏，讀書一再過即不忘。善爲詩，在童子已句出驚人，久之益上，得開元、大曆間豐格。尤喜爲詞，自唐五代以來，諸名家詞皆有選本，以洪武韵改并聯屬，名《詞韵正略》。所著《側帽集》，後更名《飲水集》者，皆詞也。好觀北宋之作，不喜南渡諸家，而清新秀雋，自然超逸，海內名爲詞者皆歸之。他論著尚多，其書法摹褚河南，臨本褉帖，間出入於《黄庭內景經》。當入對殿廷，數千言立就，點畫落紙，無一筆非古人者。"①

2.嚴繩孫所作之碑銘："始余以文字交於容若，時容若方舉禮部，爲應時之文。丙辰以後，旁覽百氏，習歌詩樂府。既官於朝，不能時時讀書，然嘗所涉覽，輒契古作者之意。於前人書法皆得之，形體結撰之外故不類俗學。比喜小詞，每好爲之，當其合作，宋諸名家不能過也。……足知上

---

① ［清］納蘭性德：《通志堂集》，上海：上海古籍出版社，1979年2月，下册第744頁。

之任用之意未有量，乃竟不得一展其才，而徒以樂府小道，自托於金荃蘭畹之遺，使後世綴文之士，撫卷而三歎也。"①

3.姜宸英所作之祭文："兄今不幸，所欠者年；其不亡者，樂府百篇。詩詞蘊藉，書體精研，吾黨詮次，以待剞劂。"②

　　一般情況下，爲一個人寫墓誌銘、碑文、祭文，應當是極力稱贊其平生成就，唯恐其名不彰於後世。《陳氏禮記集説補正》一書，《四庫全書總目》提要評價頗高，而徐乾學、嚴繩孫、姜宸英等却對此隻字未提，豈不可怪？若説有可能納蘭性德寫了此書，却没有告知於人，是以徐乾學等作祭文時不知，故而不提，這也難以成立。因納蘭性德葬後，徐乾學又收其遺稿，編定成集，名爲《通志堂集》，并在《通志堂集序》中有言曰：

　　　　余里居杜門，檢其詩詞古文遺稿，太傅公所手授者，及友人秦對巖、顧梁汾所藏，并經解小序，合而梓之，以存梗概，爲《通志堂集》。碑志哀挽之作，附於卷後。嗚呼，容若之遺文止此，其必傳於後無疑矣。③

爲了整理納蘭性德遺稿，徐乾學各方面搜集，連他自己都説"容若之遺文止此"，在序中也没提還有其他著作另編成書的事情，可見納蘭性德本人生前根本没寫過《陳氏禮記集説補正》一書。生前没寫過，死後更不可能寫了，然而此書竟署納蘭性德名字，可見應是僞作，作者必定另有其人。

　　至於前文提到的納蘭性德爲《檀弓》篇做補正之事，雖語氣上符合納蘭性德身份，但是否真正出於其口，却難以斷定。有可能是僞作者假托其口，也有可能納蘭性德的確寫過這麼隻言片語，不足以收入《通志堂集》，却恰好在此做了僞作者的材料。但總而言之，整本書的作者應該不是納蘭性德。

　　朱彝尊《經義考》所載納蘭性德作《陳氏禮記集説補正》也不可信。《經義考》中對此書的評價很簡短，祇是引用了嚴繩孫的一句話。嚴繩孫在納蘭性德碑銘中根本没提納蘭性德寫作此書的事情，因爲那時此書還未誕生，以後在《經義考》中有這麼一筆，想必是嚴繩孫亦知此書爲假托，却不好説破。朱彝尊與納蘭性德是好友，應當亦知假托之事，祇是爲朋友

① ［清］納蘭性德：《通志堂集》，下册第 780 頁。
② ［清］納蘭性德：《通志堂集》，下册第 830 頁。
③ ［清］納蘭性德：《通志堂集》，上册第 2 頁。

諱，故而記載是納蘭性德所寫，并不點破僞作之事，以致關於此書的内容、體例等也全不言及了。

既然作者不是納蘭性德，那會不會是陸元輔呢？《（嘉慶）直隸太倉州志》引顧成志《嘐志述聞》言"今書中尚存菊隱字數處"，頗值得注意。查《陳氏禮記集説補正》，書中引用陸元輔觀點共9處，現列之於下：

1.卷一《曲禮上》"臨文不諱"條：

　　陸菊隱元輔曰："唐人最嚴於諱，以'世'爲'代'，以'民'爲'人'，以'治'爲'理'，而昌黎作文獨不諱，凡遇'世''治'等字，皆正言之，深合禮意。"①

2.卷一《曲禮上》"外事以剛日，内事以柔日"條：

　　陸菊隱曰："隱公夏五月辛酉，會齊侯，盟於艾。九月辛卯，及莒人盟於浮來。桓公夏四月丁未，及鄭伯盟於越，其他盟會用柔日，當不可勝數，故先儒但以兵祭言之，必有所據也。"②

3.卷二《曲禮下》"天子未除喪，曰'予小子'。生名之，死亦名之"條：

　　陸菊隱曰："《春秋》景王崩，悼王未逾年，入於王城，不稱天王而稱王猛，所謂'生名之'也。死不稱天王崩，而稱王猛，所謂'死亦名之'也，非稱小子王之謂。小子王者，天子在喪之稱號，其得謂之名乎？"可正二説之誤。③

4.卷二《曲禮下》"藁魚曰商祭"條：

　　陸菊隱曰："商者，傷也，言其枯藁死傷，全無生氣云爾。"④

5.卷十《月令二》"大飲烝"條：

　　陸氏元輔云："孟夏飲酎，則序爵於朝。蓋巳月，《乾卦》用事，故法天道，追暇飲醻，所以示群臣之等，尊尊而卑卑。孟冬飲烝，則序齒於學。蓋亥月，《坤卦》用事，故效地德，同位以齒，同齒以位，

① ［清］納蘭性德：《陳氏禮記集説補正》，卷一第十二頁 A 面。
② ［清］納蘭性德：《陳氏禮記集説補正》，卷一第十三頁 A 面。
③ ［清］納蘭性德：《陳氏禮記集説補正》，卷二第四頁 A 面。
④ ［清］納蘭性德：《陳氏禮記集説補正》，卷二第九頁 B 面。

所以示群臣同體之義，長長而幼幼。"《集説》不言正齒位於序，踈矣。①

6.卷十二《文王世子》"大樂正學舞干戚、語説、命乞言，皆大樂正授數。大司成論説在東序"條：

陸氏元輔曰："成均法，大司樂合國之子弟凡有道有德者，使教焉。死即以爲樂祖，祭於瞽宗。下文記曰：'樂正司業，父師司成。'疑此所謂大司成者，即有道有德之父師也，故使教於成均，以佐大司樂，而謂之司成焉。其亦稱大者，蓋師保之官與大司樂并尊故也。"②

7.卷十二《文王世子》"聖人之記事也，慮之以大，愛之以敬，行之以禮，修之以孝養，紀之以義，終之以仁"條：

陸菊隱謂："先聖先師，人倫之至，年高有德者，無愧於古人，正學士之所當取法也。故天子將養老，必鼓召學士，釋奠於先聖先師，以明大道之所本，所謂慮之以大也。始養老，既釋奠於先老，又列老、更、群老之席位，不敢少有怠忽，所謂愛之以敬也。又適饌省體，迎門發咏，不致傷於質直，所謂行之以禮也。"③

8.卷二十五《雜記下》"大夫士將與祭於公，既視濯而父母死，則猶是與祭也，次於异宫。既祭，釋服出公門外，哭而歸"條：

聞之陸菊隱云："案《記》云'次於异宫'，則必不與祭矣。但不敢即哭而歸，俟君祭畢而後釋服出歸耳。"④

9.卷二十五《雜記下》"衆寡均而倍焉，君子耻之"條：

陸菊隱謂："此合上句，乃君子庶、富、教之事。上文'地有餘而民不足，君子耻之'者，耻其不能使民庶也。禮所謂'地廣大荒而不治，士之辱也'。此'衆寡均而倍焉，君子耻之'者，耻其不如善治國者之能富教其民也。所謂地醜德齊，莫能相尚者也。"如此解，

① ［清］納蘭性德：《陳氏禮記集説補正》，卷十第九頁 B 面。
② ［清］納蘭性德：《陳氏禮記集説補正》，卷十二第二頁 A 面。
③ ［清］納蘭性德：《陳氏禮記集説補正》，卷十二第八頁 A 面。
④ ［清］納蘭性德：《陳氏禮記集説補正》，卷二十五第二頁 B 面。

尤爲明切。①

　　由此9條可以看出，若此書爲陸元輔所作，首先在自稱上不應如此。其次，觀第3條"可證二説之誤"、第8條"聞之陸菊隱云"、第9條"如此解，尤爲明切"數語，若陸元輔自己寫了這書，不應如是口氣。

　　張之洞説此書是陸元輔代納蘭性德所作，若從此角度看，上文第3、8、9條行文語氣就有了一個合理解釋，但是這種説法找不到有力的證據來證明，應該祇是張之洞的猜測之詞。

　　不過至少有一點是能够肯定的，這本書的作者在寫作時肯定參考了陸元輔的著作。這個著作會不會是張樸村和侯開國所説的那本《陳氏禮記集説補正》？或者説陸元輔有没有寫過這樣一本類似或者就叫《陳氏禮記集説補正》的書？根據存世材料來看，這種可能性還是很大的。

　　張樸村在《送陸徵君翼王先生南歸赴中丞余公慕序》中云："徵君少爲黄陶菴先生高足弟子，讀史百家，無不搜扶，而尤邃經學，研精殫思，折衷統貫，皆爲之論注疏説。"②可見陸元輔於經學是十分有研究的。陸隴其《三魚堂日記》記曰："廿六，翼王來會，以胡致堂《崇正辨》示我，抄本也。……又云：'平生最留心於三禮，曾著有《儀禮集説》。'"③明言陸元輔最致力於"三禮"，且著有《儀禮集説》，那麽在《禮記》已有陳澔《集説》的情況下，他爲之作個補正，也是順理成章的。

　　陸元輔弟子侯開國説徐乾學以三百金買下《陳氏禮記集説補正》，并刻在成德名下，應該也是可信的。況且陸元輔所著之書確有被人所奪的情況，張樸村《鳳阿先生傳》載："（侯開國）又以徵君有《十三經注疏類鈔》，欲加詳校而勘定之，惜乎其家此書已爲有力所奪矣。"④即是明證。還有就是陸元輔平生所著之書都是在其死後纔得以刊印流傳的，生前所有都是手稿，若此手稿不被買去或借而不還，《陳氏禮記集説補正》的作者如何得以參考其觀點。

　　《陳氏禮記集説補正》收在《通志堂經解》中，徐乾學是《經解》刊

---

① 〔清〕納蘭性德：《陳氏禮記集説補正》，卷二十五第十一頁 B 面。

② 〔清〕張樸村：《樸村文集》，《清代詩文集彙編》第 175 册，上海：上海古籍出版社，2010 年，第 51 頁。

③ 〔清〕陸隴其：《三魚堂日記》，《續修四庫全書》第 559 册，上海：上海古籍出版社，2002 年，第 496 頁。

④ 〔清〕張樸村：《樸村文集》，《清代詩文集彙編》第 175 册，第 161 頁。

刻的主要負責人，這本書署名納蘭性德，他一定知道其來龍去脉。然而在其藏書書目《傳是樓書目》中記載："《禮記陳氏集說補正》，三十八卷，七本，抄本。"①竟然不列出作者姓名，豈不讓人生疑。我們有理由猜測徐乾學肯定知道此書不是納蘭性德寫的，因其在納蘭性德《通志堂集序》和納蘭的墓誌銘、碑銘、祭文等中從未提及。但是此書最終却署了納蘭性德的名字，而代作之人的名字顯然不能告知於人，故而《傳是樓書目》中直接不提作者。另外，史傳記載徐乾學頗有阿附權貴之事，納蘭性德死時，正是其父明珠權利最盛之日，徐乾學可能爲了在政治上能够有所作爲，故而爲納蘭性德僞造這本書，以討好明珠。至於此書究竟是出於徐乾學本人之手，還是他指使別人代作，却無從考證了。

綜上所述，納蘭性德平生所好在於詩詞書法，晚年雖有志於經學，但是《陳氏禮記集說補正》應該不是出於其手，可以判定此書是僞作。陸元輔寫作類似爲陳澔《禮記集說》作補正的書的可能性很大，并且被徐乾學買去或借而不還。署名納蘭性德的《陳氏禮記集說補正》多處引用了陸元輔的觀點，可以肯定此書至少參考了陸元輔的著作，甚至有可能大篇幅抄襲，參以己意，雜而成書。《陳氏禮記集說補正》的成書與徐乾學有重要聯繫，他作爲負責編輯刊刻《通志堂經解》的人，知其情而避言，可能此書就是出於其手或他指使別人代作。

二、《陳氏禮記集說補正》成書背景探析

《陳氏禮記集說補正》的成書，離不開相關學術及社會背景的影響，其中尤其是明末清初經學思潮的轉變，對《補正》的產生有巨大推動作用。此外，陳澔《禮記集說》本身的長期盛行，影響之大，也爲《補正》的撰寫提供了契機。下面分而論之。

（一）社會及學術背景

經學和禮學的興盛，是清代學術的顯著特徵，其興盛離不開清初政治文化政策的推動，而《補正》的產生，也深受這一方面的影響。有關清初社會變遷、政治文化政策等因素對當時經學、禮學的發展產生促進作用，

---

① ［清］徐乾學:《傳是樓書目》,《續修四庫全書》第 920 册，上海：上海古籍出版社，2002 年，第 657 頁。

不少學者都有所闡發，如林存陽《清初三禮學》^①、曾軍《清前期〈禮記〉學研究》^②、馮素梅《試論清代"三禮"學研究》^③等，其中尤其是林存陽、曾軍二文，較爲詳備，故不煩再加考索，本文僅參考其内容，略述大概即可。

眾所周知，自滿洲貴族以武力入關後，滿漢民族間發生了激烈的碰撞。政治軍事層面，一方面是漢族持續不斷的抗清鬥爭，另一方面是滿清朝廷的瘋狂鎮壓，製造了如"揚州十日，嘉定三屠"這樣的慘劇。思想文化層面，滿清政權爲了加强本族貴族利益，以及維持自身民族習性，推行"圈地""削髮"等政策，再加上"文字獄"等言論壓迫，更激化了兩族文化上的衝突。凡此皆致使滿清貴族雖然奪得了政權，但是却難以維持穩定的統治局面。

爲了鞏固統治，維持社會的和平穩定發展，有識之掌權者，如順治帝、康熙帝等，不得不對漢文化加以認同。由此采取了一些列的政策，如恢復科舉考試製度，開博學鴻詞科，推尊孔子，獎崇儒學等等。不僅如此，統治者還敦促滿清貴族學習漢民族文化，使得部分滿族貴族也有了比較高的漢文化修養。隨著對漢文化認識的加深，滿族掌權者認識到漢文化的核心在於經學，經學中又尤以禮學爲重，以禮治民是教化人心、穩定社會的重要方法。如康熙帝於《日講易經解義序》中明確説到："古帝王立政之要，必本經學……朕以經學爲治法。"^④由此，康熙、乾隆兩朝，爲獎崇儒家學術，還仿照唐、明官修著作纂輯了成就較高的經學注解書籍，即"御纂七經"，包括康熙朝之《御纂周易義》《欽定書經傳説匯纂》《欽定詩經傳説匯纂》《御纂詩義折中》和乾隆朝之《欽定周官義疏》《欽定儀禮義疏》《欽定禮記義疏》。此外，值得注意的是清初官方雖推崇經學，然而其所倡導的學術主流却是程朱理學，尤其是推尊朱熹之學，這一點與當時民間學者的學術主張是有所不同的。但是無論如何，清廷官方對經學、禮學的重視，以及一系列激勵政策的推出施行，無疑爲《補正》的創作提供了

---

① 林存陽：《清初三禮學》，中國社會科學院 2000 年博士學位論文，指導教師：陳祖武教授。

② 曾軍：《清前期〈禮記〉學研究》，華中師範大學 2005 年碩士學位論文，指導教師：張三夕教授。

③ 馮素梅：《試論清代"三禮"學研究》，山西大學 2007 年碩士學位論文，指導教師：馬玉山教授。

④ ［清］愛新覺羅·玄燁：《聖祖仁皇帝御製文集》，影印文淵閣《四庫全書》第 1298 册，臺北：臺灣商務印書館，1986 年，第 187 頁。

良好的政治文化氛圍。

相較於社會變遷、文化政策等因素，學術思潮的轉變，對《補正》的創作成書影響可能更爲巨大。

清初學術思潮的轉變，論其緣由，要上溯至宋代理學。自南宋末年朱熹理學被確立爲官學以後，科舉考試"非朱子之説者不用"。到了明代初年，纂修《五經大全》《四書大全》《性理大全》，朱學更被大大提倡，確立了其學説方面的統治地位。知識分子循依程朱理學，思想禁錮，認爲非孔孟之書不讀，非程朱之學不講。而隨著朱子學説被科舉考試所固化，士子們爲求取功名，專攻程朱理學，記誦朱熹章句之説，於古經文、注、疏則全然不理。由此使得思想僵化，學術停滯不前，乃至衰退，也導致了一系列的社會道德危機。

明代後期，王陽明等針對朱熹理學弊端所帶來的的惡果，創立了心學體系。其批判爲科舉考試而專門記誦朱子言論者曰："記誦之廣，適以長其傲也；知識之多，適以行其惡也。"[①]又提出"致良知"的學説，認爲致良知的方法在於静坐、事上磨煉、必有事焉勿忘勿助、友人砥礪切磋等[②]。後來發展至王學末流，這些方法被大大曲解，廣大士子往往空談心性，不問六經。晚明一些有識之士已經對此有所批判，如焦竑曰："今子弟飽食安坐，典籍滿前，乃束書不觀，游談無根，能不自愧？"[③]

明朝滅亡以後，遺民學者如黄宗羲、顧炎武等，沉痛之餘，開始反思國家覆亡的原因，最終歸罪於陽明後學所帶來的的空疏學風。如黄宗羲於《留別海昌同學序》中曰："今之言心學者，則無事乎讀書窮理；言理學者，其所讀之書不過經生之章句，其所窮之理不過字義之從違，薄文苑爲詞章，惜儒林於皓首，封己守殘，摘索不出一卷之内，其規爲措注，與纖兒細士不見長短。天崩地解，落然無與吾事，猶且説同道異，自附於所謂道學者，豈非逃之者之愈巧乎？"[④]黄氏指出心學學派末流不讀經書，空談義理，而言理學者，則不過求索章句，封己守殘，至國家崩解，也漠不關心。又如顧炎武，也對晚明心學的流弊深惡痛絶，其於《夫子之言性與天

① ［明］王陽明著，葉聖陶點校:《傳習録》，北京：中國致公出版社，2018 年 9 月，第 100 頁。

② 按：詳細論述可參見秦泗岩《陽明心學評議》（黑龍江大學 2016 年博士學位論文，指導教師：張錫勤教授），此不贅述。

③ ［明］焦竑:《焦氏筆乘續集》，卷四，明萬曆三十四年（1615）刻本。

④ ［清］黄宗羲:《黄梨洲文集》，北京：中華書局，1959 年，第 477 頁。

道》篇中説:

> 劉石亂華,本於清談之流禍,人人知之。孰知今日之清談,有甚於前代者。昔之清談談老莊,今之清談談孔孟。未得其精而已遺其粗,未究其本而先辭其末。不習六藝之文,不考百王之典,不綜當代之務,舉夫子論學論政之大端,一切不問,而曰一貫,曰無言,以明心見性之空言,代修己治人之實學。股肱惰而萬事荒,爪牙亡而四國亂,神州蕩覆,宗社丘墟。昔王衍妙善玄言,自比子貢。及爲石勒所殺,將死,顧而言曰:"嗚呼!吾曹雖不如古人,向若不祖尚浮虚,戮力以匡天下,猶可不至今日!"今之君子,得不有愧乎其言。①

顧炎武從史學的角度闡發,以史爲鑒,指出空談爲禍不淺,明末談心學者不能吸取歷史教訓,國家覆亡,其咎難辭。

清初之際,針對陽明心學末流之弊病,有識之士究竟進行了怎樣的探索?提出了什麼樣的解決方案?今之研究者回顧這一時段學術思潮的轉變,都有不同程度和角度的闡發,如羅檢秋《學統觀念與清初經學的轉向》②,從道統和學統觀念的消長這一角度展開論述,指出清代經學主流最終從理學轉向漢學;馮建民、陳會玲《清初"辟王尊朱"經學思潮的形成及其對科舉考試的影響》,論述了"明清鼎革,'辟王尊朱'經學思潮形成,程朱理學重獲意識形態正統地位,而陽明心學則被指爲'叛經亂道'的罪魁禍首。此經學思潮不僅推動了清廷'崇儒重道'文教政策施行,加強了對士習文風的整頓,而且對作爲'掄才大典'的科舉考試影響深刻"③;汪學群《清初經學的特色及影響》,指出"清代初期雖以理學爲盛,但其末流弊端已顯見,補偏救弊的最好方法就是重新拾起古老的經學,作爲扭轉學風的手段,因此經學之風已漸然興起。這一時期的經學特色主要包括縮理學於經學之中、群經辨僞、編纂經籍、通經致用四個方面"④;黃

---

① [清]顧炎武著,黃汝成集釋:《日知録集釋》,上海:世界書局,1936年,第15頁。
② 羅檢秋:《學統觀念與清初經學的轉向》,《清史研究》2020年第2期,第45-60頁。
③ 馮建民、陳會玲:《清初"辟王尊朱"經學思潮的形成及其對科舉考試的影響》,《貴州師範大學學報(社會科學版)》2020年第4期,第69-75頁。
④ 汪學群:《清初經學的特色及影響》,《杭州師範大學學報(社會科學版)》2010年第5期,第56-62頁。

愛平《論明末清初學術向傳統經學的回歸》①，指出明末清初時期，作爲傳統學術由宋明理學向清代漢學轉變的中間環節，實學思潮具有承上啓下的作用；林慶彰《明末清初經學研究的回歸原典運動》②，從詮釋經典的角度展開論述，指出明末清初的“回歸原典”運動，應該是歷次回歸原典要求中，規模最龐大、影響最深遠的一次。學者們提出了經學即理學、習經學要經世致用、説經應以孔孟爲正等理論。

以上研究都指出明末清初的經學思潮發生了轉變，最終走向了漢學，這是歷史的事實。但是由晚明陽明心學轉變爲清中葉漢學，二者之間必有過渡，這個過渡是怎樣的？上述研究揭示出了“辟王尊朱”這一點，但是未及深入。莊會彬、王有芳《樸學：清儒的理學批判與經學發展》一文則作了詳細論述，其認爲此過渡採取了爲“分步走”策略，首先駁斥陽明心學，重新尊奉程朱理學，再提出“經學即理學”的主張，逐漸駁斥程朱理學，最後樹立漢學經學研究的旗幟③。這種觀點大體是不錯的，但是却祇抓主干而忽略了枝節。事實上，當清初有識之士認識到王學末流的弊病以後，爲解決這個問題，不同學者進行了不同的探索，走上了不同的學術研究道路。曾軍《清前期〈禮記〉學研究》對此有所論述，其曰：

> 清初諸儒對明學的批判是從不同角度進行的。有的出於王學，但能矯正王學弊端，走務實之路，比如“其時的理學家中的王學，孫奇逢重實用，其門人湯斌、耿介、張沐，則與程朱日日趨近。李二曲重踐履，教人反切自躬，注重日課。姚江書院如沈國模、邵廷采等，以述姚江自命”。有的偏於程朱，如王夫之尊程朱，但更崇張載。張爾岐好談理學，兼治經術，精於三禮……也有的對程朱、陸王并加攻擊，如顏元對於宋明皆加攻擊，於程朱爲甚。④

較之曾軍之論，羅檢秋的闡發則更爲詳明，對我們加深認識這一時期

① 黃愛平：《論明末清初學術向傳統經學的回歸》，《中國文化》2004 年 01 期，第 48-57 頁。
② 林慶彰：《明末清初經學研究的回歸原典運動》，《孔子研究》1989 年 02 期，第 100-110 頁。
③ 莊會彬、王有芳：《樸學：清儒的理學批判與經學發展》，《平頂山學院學報》2015 年第 4 期，第 53-55 頁。
④ 曾軍：《清前期〈禮記〉學研究》，第 12 頁。

學術研究的變化有所助益。其曰：

> 　　清初承晚明學術之緒，士人治學多拘束於陸、王或程、朱。但在天崩地解的文化震盪中，朝野學術呈現鮮明的反差和分流。當廟堂理學盤旋於道學、道統之時，一些民間學者轉向更爲實證的學術建構……就學術傾向而言，民間學者有的修正、發展了理學，如王夫之、孫奇逢、李顒；有的完全摒棄道統、走出理學，如傅山、顏元；有的則轉重名物訓詁、考證儒經，如顧炎武、閻若璩、胡渭；甚至像黃宗羲、全祖望那樣轉重儒學史研究。他們摒棄性理空談，轉重實證之學，以致青睞漢儒的經注經解。在清初漢、宋學的遞嬗過程中，士人的學術步伐參差不齊，有的停留於重釋或批判理學，有的則已沉潛於漢學。①

　　因此，清初學術思潮轉變的真實情況絶不是簡單的由心學到重舉理學，再到批判理學，最後樹立漢學。而是批判心學末流，轉向多方探索。在這個過程中，一開始是提倡理學者占據主流，并爲統治者所標舉。但是民間學者的其他思想理論也不容忽視，影響力并不小。他們所提出的重歸原典、經學致用、重視實學等主張，最終逐漸形成氣候，并影響到官學，促使其回歸經學，最終到乾隆年間，漢學成爲主流，經學思潮的轉向正式完成。

　　而《補正》之成書，在康熙年間。其時官方推舉程朱理學，但是民間學者則不少都摒棄空談義理，轉向更爲實證的學術探索。在那種情形下，民間學術與官學也有碰撞，整個學術環境仍能呈現出較爲活躍的狀態，雖不能稱之爲百花齊放，但也絶不是獨尊一家。也正因爲如此，後人評價這一時期的學術，多稱其具有包容性，并未形成漢學宋學之間的藩籬，二者多有交融。我們可以認爲《補正》的產生，也未嘗不是當時學術探索的方式之一。而當時學術思潮的特點，也深深影響到了《補正》，使其具有鮮明的時代特色，即張之洞《書目答問》中所謂"宋、漢兼采"。

（二）陳澔《禮記集説》提供契機

　　《補正》是專爲駁正補充陳澔《禮記集説》而作，清代以前，《禮記》

---

① 羅檢秋：《學統觀念與清初經學的轉向》，《清史研究》2020 年第 2 期，第 59 頁。

相關著作并不少，作者爲什麽唯獨選中了此書作爲研究的對象？其原因與《禮記集説》本身的特點和歷史地位密不可分。

陳澔，字大可，號雲莊（一稱云住），人稱歸經先生，生於宋景定二年（1261），卒於元至正元年（1341）①。陳澔身處宋元易代之際，有感於國破家亡，自入元後，隱居不仕，他承繼家學，博學好古，潛心經術，尤精於《易》《書》《禮》，最終成爲元代著名理學家、教育家，有《禮記集説》傳世。因此書與宋代衛湜《禮記集説》同名，故又稱《禮記陳氏集説》或《雲莊禮記集説》，以示區别。

《禮記集説》問世後，被廣泛注意和接受。自明永樂十三年（1415）至乾隆元年（1736）三百多年間，陳澔《禮記集説》一直與朱熹的《四書章句集注》一樣，是明清兩代科舉考試與書院教學的“御定教材”，影響相當巨大。同爲元代大儒的吳澄稱其“可謂善讀書者，其論《禮》無可疵矣”②。明代胡廣等編纂《禮記大全》，在衆家疏中選定陳澔此書。

《禮記集説》的成功，與陳澔所宗之學派及該書的定位和特點等是密切相關的。陳澔學宗朱熹，其本身即是朱熹的四傳弟子。其父陳大猷師從饒魯，饒魯師從黄幹，黄幹又是朱熹女婿。元明時期，程朱理學爲官方所重，成爲權威。陳澔治理學，自然與學術主流相合。《四庫全書總目》謂“南宋寶慶以後，朱子之學大行，而澔父大猷師饒魯，魯師黄幹，幹爲朱子之婿，遂借考亭之餘蔭，得獨立學官”③，雖然將《禮記集説》得立官學的主要原因歸結於陳澔的身份上，有失公允，但是也并非毫無根據。陳澔之身份及其治學所宗確實爲其帶來一定助益，這是毫無疑問的。

而編纂《禮記集説》之宗旨，陳澔已於自作序中明言：“欲以祖明之説，使初學讀之即瞭其義，庶幾章句通則藴奥自見。”④表明其著書目的在於取便初學者，因此全書表現出了諸如在語詞、名物制度的詮釋上力求簡

---

① 按：此生卒年取錢大昕《疑年録》之説。實際上，陳澔之生卒年及其字號皆存爭議，歷來説法不一，可參見金曉東校點《禮記集説》之《前言》（《國學典藏》叢書，上海：上海古籍出版社，2016 年 11 月版，第 1–2 頁）。

② 柯邵忞：《新元史》，北京：中國書店，1988 年 8 月，第 913 頁。按：中國書店影印出版《新元史》，封面題作者爲“何紹忞”，正文前附有《大總統令》，言“教育部呈柯邵忞所著《新元史》精審完善”，二者不同，作“柯邵忞”爲是。

③ ［清］永瑢：《四庫全書總目》，上冊第 170 頁。

④ ［元］陳澔：《禮記集説序》，元天曆元年（1328）建安鄭明德宅刻本《禮記集説》，中國國家圖書館藏。

潔，博采諸家禮説而尤喜淺近者等特點①。《四庫全書總目》評論《禮記集説》曰："蓋説《禮記》者，漢、唐莫善於鄭、孔，而鄭注簡奧，孔疏典贍，皆不似澔注之淺顯。宋代莫善於衛湜，而卷帙繁富，亦不似澔注之簡便……特禮文奧賾，驟讀爲難，因其疏解，得知門徑，以漸進而求於古。於初學之士，固亦不爲無益。"②對其淺顯簡便這一特點大爲表彰，説明陳澔實現了其所立之著述宗旨。

由於《禮記集説》長時間立於官學，具有一定權威性，故而一旦學術思潮發生轉變，新學術的興起必定會以打破舊有的權威爲任務。明末清初，廣大士子反思程朱理學和陽明心學，學術思變，盛行三百餘年的《禮記集説》自然成爲批判的對象。《禮記集説》淺顯簡便的特點，本是其在元明時期取得成功的重要原因，但是隨著時代的更迭、學術思潮的轉變，這一特點反而成了《禮記集説》被批駁的著力點。最著名的當是朱彝尊"兔園册子"的譏諷，謂陳氏書"於其度數品節，擇焉不精，語焉不詳。禮云，禮云，如斯而已乎"③。《四庫全書總目》曰：

> 澔所短者，在不知禮制當有證據，禮意當有發明。而箋釋文句，一如注《孝經》《論語》之法，故用爲蒙訓則有餘，求以經術則不足。朱彝尊《經義考》以"兔園册子"詆之，固爲已甚，要其説亦必有由矣！④

此説與朱彝尊略同，而更爲公允。其實陳澔《禮記集説》不注重考證制度名物，本身并没有什麽問題，因爲其著述宗旨本來也不在於此。衹不過學風轉變，清人開始摒棄大談義理而更多的轉向實證，纔使其廣受批判。

相較於單純的指摘，當時不少學者則走得更爲深遠。劉千惠《陳澔〈禮記集説〉之研究》述曰：

---

① 按：有關這一點，曾軍《從民間著述到官方教材—從元陳澔〈禮記集説〉看經典詮釋的獨特現象及其思想史意義》（《華中師範大學學報》2007年第4期，第96-100頁）一文闡述較爲詳細，可參看，此不贅述。

② ［清］永瑢：《四庫全書總目》，上册第170頁。

③ 林慶彰等主編：《經義考新校》，上海：上海古籍出版社，2010年12月，第6册第2645頁。

④ ［清］永瑢：《四庫全書總目》，上册第170頁。

　　肇因於對《禮記集說》一書的不滿，清儒對其書多有補正之作，此又可分爲二類。一是以爲其書有所疏略，故作補正之書；另一類以爲是書不足可取，故重撰新的著作以解《禮記》。前者如：戴冠《禮記集說辯疑》、納蘭性德《陳氏禮記集說補正》、李調元《禮記補注》、陳鱣《禮記集說參訂》；後者如：徐師曾《禮記集注》、李光坡《禮記述注》、朱彬《禮記訓纂》等。甚至有專門爲補某篇所作，如李文察《樂記補說》，其專欲以訓詁章句來補陳注《樂記》之不足。[①]

　　此所言重撰新著一類，其出發點固然是由於對陳澔之書的不滿，但是其新著内容本身并不是專門針對《禮記集說》，故而不在本文討論範圍之内。况且如朱彬《禮記訓纂》，已是清代中期的作品了，也與本文所討論的清初時間段不相符合。故而我們重點關注其所舉補正一類，這些著作專爲《禮記集說》而作。一方面《禮記集說》本身的權威性，爲其提供了批駁補正的靶子。另一方面，《禮記集說》本身的簡潔淺顯性爲其補正及闡發新說提供了突破口。而《補正》正是其中之一，因此可以説是陳澔《禮記集說》爲其産生提供了契機。

小　結

　　本章主要解决兩個問題，一是《補正》之作者歸屬，二是該書成書背景。通過研究，認爲《補正》應該并非納蘭性德所作，書中徵引了陸元輔相關觀點，表明作者確實參考過陸氏相關著作。其成書應與徐乾學關係密切，有可能是出於其手，或者是徐氏指使他人代作。關於其《成書》背景，我們認爲清廷官方對經學、禮學的重視，以及一系列激勵政策的推出施行，爲《補正》的創作提供了良好的政治文化氛圍。學術思潮的轉變，對《補正》的創作成書影響更爲巨大，使其具有鮮明的時代特色。此外，陳澔《禮記集說》爲《補正》的産生提供了契機。《禮記集說》本身的權威性，爲其提供了批駁補正的靶子；而《禮記集說》之簡潔淺顯性則又爲該書補正及闡發新說提供了突破口。

---

① 劉千惠：《陳澔〈禮記集說〉之研究》，私立東吳大學中國文學系碩博士班 2008 年碩士論文，指導教師：陳恒嵩教授，第 121 頁。

第二章　《陳氏禮記集説補正》版本探析

目前學界并無專門文章探討《補正》之版本源流，僅有的研究成果，還是因爲《補正》最早是收録於《通志堂經解》叢書中，人們因對該叢書版本的研究而順及於《補正》。至於《補正》其他版本具體如何，各版本之源流如何，則皆需再加探究。

一、《陳氏禮記集説補正》版本源流

《補正》具體有哪些版本？不少目録著作有所言及，其中尤以王鍔師《三禮研究論著提要》所記最爲完備，引述如下：

（1）《通志堂經解》本。
（2）《四庫全書》本。
（3）和刻本。《陳氏禮記集説補正》38卷，清納喇性德撰，日本享和二年（清嘉慶七年・公元1802年）江戸學問所御藏板製本頒行所刻本，9冊。《北京圖書館館藏普通綫裝書書名目録》《中國館藏和刻本漢籍書目》載之，國家圖書館、北京大學圖書館、華東師範大學圖書館、南京圖書館藏有此本。①

先生此記，爲我們提供了方便，美中不足者，亦未言明各版本之具體情況及其源流關係，因此仍有必要一一考證。

（一）《通志堂經解》本

首先，現存《通志堂經解》本情況較爲複雜，實際有初刻、遞修、重刻之別，詳論如下。

初刻指康熙朝刻本，即《通志堂經解》之初刻本。該本精寫付刻，嚴整疏秀，自然大方，堪稱清初寫刻本的典範，有"清代宋版書之稱"。刻本封面題"宋元善本，新刊經解，通志堂藏版"，框高一九九毫米，寬一四九毫米，行款半頁十一行，行二十字，白口，左右雙邊，單黑魚尾。

---

① 王鍔：《三禮研究論著提要》（增訂本），蘭州：甘肅教育出版社，2007年9月，第332頁。

魚尾上方記字數，下方記書名、卷第、頁次。版心下方左刻刻工名，右刻“通志堂”三字（書影見圖一）。

所謂遞修本，是指乾隆朝補刊之本。此本之由來，王愛亭先生《崑山徐氏所刻〈通志堂經解〉版本學研究》①、楊國彭先生《〈通志堂經解〉及其書版入藏内府考》②兩文已有闡述。楊先生供職故宫博物院，條件得天獨厚，不僅目驗多部館藏《通志堂經解》，甚至得見部分印版，故考論尤爲詳細可信，兹概括其觀點，略述遞修本之大概：《通志堂經解》自康熙三十年（1691）八月前後在崑山刻成後，印版最初儲於徐乾學家，其後歸蘇州織造府貯藏。乾隆三十八年（1773），“時任江蘇按察使的胡季堂等在蘇州設局收書，在搜集徐乾學傳是樓的藏書過程中，發現了《經解》之書版。於是他聯合時任江蘇學政的彭元瑞、江蘇松太道員袁鑒等，對此書版進行補刊，并作《補刊〈徐氏經解〉序》，彭元瑞作《重補〈通志堂經解〉序》，以詳述其經過”③。此補刊事并未引起清高宗關注。及至乾隆四十八年（1783），奉清高宗之命，書版被運至京師，貯藏内府。由於版片中有三千五百餘頁殘缺模糊，故高宗即令四庫館臣於武英殿修書處仿寫刊補，至乾隆五十年完成。因此，該本實際經過兩次補刊，其印本自當有別於初刻印本。

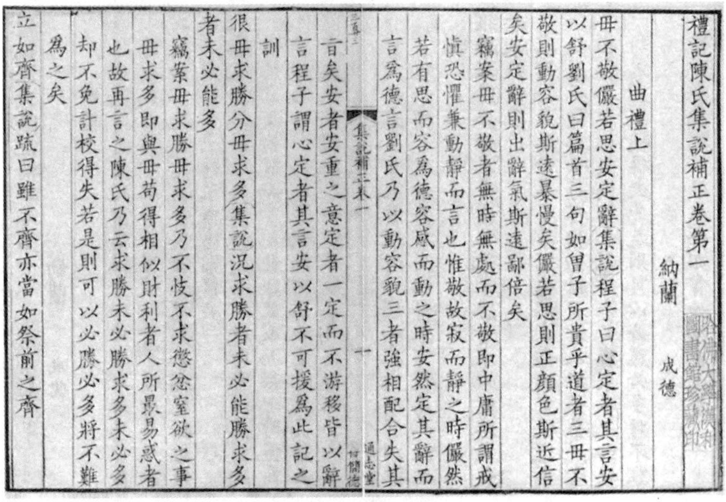
禮記陳氏集説補正卷第一
納蘭　成德
曲禮上
毋不敬儼若思安定辭集説程子曰心定者其言安以舒劉氏曰篇首三句如曾子所貴乎道者三毋不敬則動容貌斯遠暴慢矣儼若思則正顔色斯近信矣安定辭則出辭氣斯遠鄙倍矣
竊案毋不敬者無時無處而不敬即中庸所謂戒慎恐懼兼動靜而言也惟敬故寂而靜之時儼然若有思而容爲德容感而動之時安然定其辭而言爲德言劉氏乃以動容貌三者強相配合失其旨矣安者安重之意定者一定而不游移皆以辭言程子謂心定者其言安以舒不可援爲此記之訓
很毋求勝分毋求多集説況求勝者未必能勝求多者未必能多
竊案毋求勝毋求多乃不忮不求懲忿窒欲之事毋求多即與毋苟得相似財利者人所最易惑者也故再言之陳氏乃云求勝未必勝求多未必多却不免計校得失若是則可以必勝必多將不難爲之矣
立如齊集説疏曰雖不齊亦當如祭前之齊

圖一　康熙朝《通志堂經解》本書影

① 王愛亭：《崑山徐氏所刻〈通志堂經解〉版本學研究》，山東大學2009年博士學位論文，指導教師：杜澤遜教授，第75–77頁。

② 楊國彭：《〈通志堂經解〉及其書版入藏内府考》，《故宫博物院院刊》2019年第7期，第67–76頁。

③ 楊國彭：《〈通志堂經解〉及其書版入藏内府考》，第67–76頁。

重刻本是指同治十二年（1873）粵東書局刻本，時任兩廣鹽運使鍾謙鈞主其事。鍾氏有序曰：

> 梓人踴躍，趨事赴功，甫一歲而畢，此始願不及者。原書楷字精工，覆刻必不能及，然則刻書之意，欲有益於讀書者，不在乎楷字之美。其校對亦但改新刻之誤，至原本可疑者，則仍其舊，無失其真。①

可見該本歷時一年即告成功。其言校對"改新刻之誤"，表明重刻之底本爲乾隆朝遞修本《通志堂經解》，并非康熙朝初刻本。匆匆刻成，其字體不如底本精美，鍾氏已承認。而其校勘，亦距所言有些差距，王愛亭先生《崑山徐氏所刻〈通志堂經解〉版本學研究》一文已有詳論，此不贅言。總而言之，該本刻工及校勘皆遠不及初刻。江蘇廣陵古籍刻印社1993年影印出版之全十六冊《通志堂經解》（書影見圖二），即據此本，差强人意。

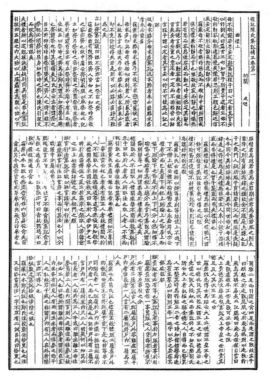

圖二　江蘇廣陵古籍刻印社影印《通志堂經解》本書影

---

① ［清］納蘭成德輯：《通志堂經解》，揚州：江蘇廣陵古籍刻印社，1993年，第1冊第3頁。

（二）《四庫全書》本

《四庫全書》本《陳氏禮記集説補正》所依據之底本，必然是《通志堂經解》本，但是該《通志堂經解》本到底是康熙朝初刻本還是乾隆朝遞修本，就難以確定了。文淵閣本《四庫全書》中《陳氏禮記集説補正》書前提要末曰："乾隆四十六年九月恭校上。"①此時《通志堂經解》書版尚未進呈内府，似乎可以説明所用底本當爲康熙朝初刻本。但是《四庫全書》"書前提要與所在圖書的正文不是同時、也不是同一個人抄寫的。書前提要是事先另外抄好，然後放置於相應的圖書前面的"②。考慮到《通志堂經解》貯藏内府後，乾隆皇帝命四庫館臣補刊印行，因此也不能排除以此爲底本的可能。再退一步講，即使康熙朝刻本《經解》當初有損毁，也未必是《陳氏禮記集説補正》部分，倘若如此，則就該書來説，使用初刻本或遞修本爲底本，其實并無差別。

在編修《四庫全書》過程中，四庫館臣對《陳氏禮記集説補正》作了校勘，於個別字詞有所改動，并在《欽定四庫全書考證·經部》中詳細記述③，計有6條。

（三）和刻本

和刻本《陳氏禮記集説補正》刊刻時間在清嘉慶七年（1802），其所據之底本亦爲《通志堂經解》本，但是同樣難以斷定該底本是康熙朝初刻本還是乾隆朝遞修本。

綜上所述，我們可以梳理《補正》之版本源流關係如下：康熙年間刻成的《通志堂經解》本爲其初刻本，至乾隆年間，該本續有補刊。《四庫全書》本、粵東書局重刻本、和刻本則皆以《通志堂經解》本爲底本，其中粵東書局重刻本所據底本爲乾隆朝遞修本，餘二者之底本則難以考實，不能斷定具體是康熙朝初刻本還是乾隆朝遞修本。

---

① ［清］納蘭性德：《陳氏禮記集説補正》，影印文淵閣《四庫全書》第127冊，臺北：臺灣商務印書館，1986年，第16頁。

② 江慶柏等整理：《四庫全書初次進呈存目》，北京：人民文學出版社，2015年6月，第3頁。

③ ［清］王太岳等纂輯：《欽定四庫全書考證·經部》，影印文淵閣《四庫全書》第1497冊，臺北：臺灣商務印書館，1986年，第342頁。

二、通志堂本與《四庫》本《補正》之比較

通過上文所述可知，《四庫全書》本（下文簡稱"《四庫》本"）《補正》經過四庫館臣的校勘，改正了《通志堂經解》本（下文簡稱"通志堂本"）中的六處錯誤，那麼是否表明《四庫》本要優於通志堂本呢？這個問題的答案關乎點校整理《補正》以何者爲底本，因此有必要仔細考證。而最可靠的辦法就是將兩個版本進行校勘，逐條分析其異同是非。

（一）通志堂本與《四庫》本《補正》校勘札記

我們以哈佛大學漢和圖書館藏通志堂本《補正》對校文淵閣《四庫》本《補正》，用札記的形式反映校勘成果如下①：

1.卷一頁二B面行一：若服之則太重，"服"字，《四庫》本同。

按：據《禮記正義》原文，"服"字作"報"，故二本皆誤。

2.卷一頁二B面行十一：使上不過下，"過"字，《四庫》本同。

按：據《禮記正義》原文，"過"字作"逼"，故二本皆誤。

3.卷一頁五B面行七：所奉席之頭，"之"字，《四庫》本同。

按：據《禮記正義》原文，"之"字作"席"，二本作"之"，亦通。

4.卷一頁八A面行十一：士喪禮云，"士喪禮"三字，《四庫》本作"既夕禮"。

按：考此下引文，實出自《儀禮·既夕禮》，故通志堂本誤。

5.卷一頁十B面行一：取其鐵也，"也"字，《四庫》本同。

按：阮元《禮記正義校勘記》"銳底曰鐏，取其鐏地；平底曰鐵，取其鐵地"條曰："惠棟校宋本作鐏地、鐵地，嘉靖本同，宋監本同。此本'鐏地'字不誤，'鐵地'誤'鐵也'。閩、監、毛本二'地'字俱誤'也'，岳本同。"據此，"也"字當作"地"，故二本皆誤。

6.卷一頁八B面行一：甕三醯醢屑，第一個"醢"字，《四庫》本作"醯"。

按：據《儀禮·既夕禮》原文，作"醯"爲是，故通志堂本誤。

7.卷二頁一B面行二：因商奄之人，"人"字，《四庫》本同。

按：據《春秋左傳正義》原文，作"民"爲是，此所據底本或爲避諱改"人"字。

---

① 按：校勘札記中所據"十三經"及相關文獻之版本，見本書上編《整理説明》，本文不再一一注明。

8.卷二頁三B面行六：何以恤來，“來”字，《四庫》本作“我”。

按：據《春秋左傳正義》原文，作“我”爲是，故通志堂本誤。

9.卷三頁五A面行五：爲人後者爲其父母衰，“衰”字，《四庫》本同。

按：據《儀禮注疏》原文，作“報”爲是，故二本皆誤。

10.卷三頁五A面行七：不言非大宗不立後，“非”字，《四庫》本作“惟”。

按：下文言“奪宗”，是指變非大宗爲大宗，據文意，則此句當作“非大宗”爲是，《四庫》本誤。

11.卷三頁十B面行四：蓋治土爲甄，“治”字，《四庫》本作“冶”。

按：據《禮記正義》《禮記集説》原文，作“冶”爲是，此形近而訛，故通志堂本誤。

12.卷三頁十一A面行三：即燭頭爐也，“即”字，《四庫》本作“聖”。

按：據《禮記正義》原文，作“即”爲是，《四庫》本誤。

13.卷四頁一B面行五：祥亦凶事先遠日，“先”字，《四庫》本同。

按：據《禮記正義》原文，作“用”爲是，故二本皆誤。

14.卷四頁一B面行五：由外除也，“由外除”三字，《四庫》本同。

按：據《禮記正義》原文，作“除由外”爲是，故二本皆誤。

15.卷四頁十二A面行五：謂明器衣裳之屬多也，“裳”字，《四庫》本同。

按：據《禮記正義》原文，作“衾”爲是，故二本皆誤。

16.卷五頁二A面行二：垂涕洟，“洟”字，《四庫》本作“淚”。

按：據《禮記正義》原文，作“洟”爲是，《四庫》本誤。

17.卷五頁三A面行二：夏、殷質則積仲周文則積叔，二“積”字，《四庫》本同。

按：阮元《儀禮注疏・校勘記》曰：“《通解》《要義》同，毛本‘積’作‘稱’。”考上下文意，當作“稱”。故二本皆誤，然其誤乃沿襲前人所致。

18.卷五頁四A面行一：周盤承浴汁也，“周”字，《四庫》本作“用”。

按：據《禮記正義》原文，作“用”爲是，通志堂本誤。

19.卷五頁四B面行八：爾小臣未嘗有出一言，“小”字，《四庫》本作“衆”。

按：據《宋季三朝政要》原文，應作“小大”爲是，故二本皆誤。

20.卷五頁五B面行一：以觀斯丘耳，“丘”字，《四庫》本作“邱”。

按：考此經文“吾子樂之，則瑗請前”之上句曰：“樂哉，斯丘也。”

則此處當作"丘"爲是,故《四庫》本誤。

21.卷五頁六A面行九:釋文前儒之説,"説"字,《四庫》本作"釋"。

按:考文意,二字皆可通。

22.卷五頁六B面行十:師字,"師"字,《四庫》本作"氏"。

按:此釋"師"字義,故作"字"爲是,《四庫》本誤。

23.卷五頁七B面行七:故一爲從母之夫服,"一爲從母之夫服"七字,《四庫》本無。

按:經文言"從母之夫、舅之妻,二夫人相爲服",故知此處所言分別涉及從母之夫和舅之妻。《四庫》本顯然脱文。

24.卷五頁九A面行十:何得云失魯司寇,"云"字,《四庫》本無。

按:考文意,此疑經文所記爲僞,故不得云"失魯司寇",當有"云"字。《四庫》本脱文。

25.卷五頁九B面行七:今加仲於憲,"於"字,《四庫》本作"爲"。

按:考文意,作"爲"不通,故作"於"爲是,《四庫》本誤。

26.卷五頁十六A面行二:其義如外城之椁也,"椁"字,《四庫》本作"郭"。

按:上文曰:"蓋椁猶郭也,外城周於内城者爲郭。"故此處作"郭"爲是,通志堂本誤。

27.卷六頁三A面行四:以士虞禮不同素器故也,"同"字,《四庫》本作"用"。

按:此《欽定四庫全書考證·經部》已辨之,乃形近而訛,作"用"爲是,通志堂本誤。

28.卷六頁三A面行四:虞以前視喪未久,"視"字,《四庫》本同。

按:考吳澄《禮記纂言》原文,當作"親"字,故二本皆誤。

29.卷六頁三B面行十一:故吳氏駁之,"之"字後,《四庫》本有"以"字。

按:考文意,有"以"字不通。故《四庫》本爲衍文。

30.卷六頁八B面行四:謂之杜舉,"謂"字,《四庫》本作"爲"。

按:據《禮記正義》原文,作"謂"爲是,《四庫》本誤。

31.卷七頁五B面行三:丹楹刻角,"角"字,《四庫》本作"桷"。

按:《春秋左傳正義》卷十有"刻桓宮桷"之文,故作"桷"爲是,通志堂本誤。

32.卷七頁五B面行三:皆稱桓宮,"宮"字,"四庫"本作"公"。

按:據上一條所舉例,作"宮"爲是,《四庫》本誤。

33.卷七頁五B面行十一：帥帥救徐，第二個“帥”字，《四庫》本同。

按：據《春秋左傳正義》原文，作“師”爲是，故二本皆誤。

34.卷七頁六A面行六：國中男女服齊衰，“齊”字，《四庫》本作“衰”。

按：據《禮記集説》原文及文意，作“齊”爲是，《四庫》本誤。

35.卷七頁六B面行十一：凡在宮者，“宮”字，《四庫》本作“官”。

按：阮元《禮記注疏·校勘記》曰：“閩、監、毛本同，《石經》同，衛氏《集説》同。岳本‘宮’作‘官’，嘉靖本同，《考文》引古本、足利本同。《正義》云：‘此“在宮”字，諸本或爲“在官”，恐與上“在官”相涉而誤也。’據此，則作‘在官’者，亦孔氏所見之本，而非《正義》所用之本也。”可見孔穎達原意即是作“宮”字，故此處《四庫》本誤。

36.卷七頁八B面行十一：亦不必言奂爛衆多也，“奂”字，《四庫》本作“焕”。

按：據上文《禮記集説》作“奂”，可證此處亦當作“奂”，《四庫》本誤。

37.卷七頁十B面行七：蓋據韓詩外傳，“據”字，《四庫》本無。

按：考文意，此言鄭玄依據《韓詩外傳》之文而知叔譽爲叔向，無“據”字則語法不通。故《四庫》本脱文。

38.卷七頁十B面行八：集説當引韓詩爲證，“當”“詩”二字，《四庫》本無。

按：考文意，無此二字則句意不明。故《四庫》本脱文。

39.卷七頁十一B面行六：問答之繁曲，“曲”字，《四庫》本作“由”。

按：考文意，當作“由”，此形近而訛。《四庫》本誤。

40.卷七頁十二A面行十一：而不用其實情於母，“情”字，《四庫》本作“其”。

按：據《禮記集説》原文，作“情”爲是，《四庫》本誤。

41.卷八頁二A面行十：馮氏説云，“馮”字，《四庫》本同。

按：據《禮記集説》原文，作“馬”爲是，故二本皆誤。

42.卷八頁四B面行四：斯亦足矣，“亦”字，《四庫》本作“不”。

按：上句經文曰：“喪用三年之仂。”意思是喪事的費用占三年開支的十分之一。劉氏之注解，顯然是據此而發，其意思是用三年之仂來辦喪事，也足够了，故作“亦”爲是。《四庫》本誤。

43.卷八頁五A面行二：封土爲丘壟，“丘”字，《四庫》本作“邱”。

按：據文意，此言丘壟，作“丘”爲是，《四庫》本誤。

44.卷八頁六 B 面行八：春祭亦如天子之牷，"牷"字，《四庫》本作"祫"。

按：此言諸侯四時之祭與天子之不同。下句已言"秋冬祭亦如天子之祫"，則此句若作"祫"，是與下句重複，不應如此，故作"牷"爲是。《四庫》本誤。

45.卷八頁六 B 面行十一：趙、吳一氏之疑，"一"字，《四庫》本作"二"。

按：據文意，趙、吳自然是"二氏"，通志堂本誤。

46.卷八頁七 B 面行四：商丘，"丘"字，《四庫》本作"邱"。

按：據《春秋左傳正義》原文，作"丘"爲是，《四庫》本誤。

47.卷八頁七 B 面行六：有逢伯陵因之，"逢"字，《四庫》本作"逄"。

按：據《春秋左傳正義》原文，作"逢"爲是，《四庫》本誤。

48.卷八頁八 B 面行五：不無相配之意，"不無"二字，《四庫》本作"有"。

按：考文意，兩説意思相同，然應以通志堂本爲準。

49.卷八頁八 B 面行十一：烹牛羊豕必爲鼎實，"實"字，《四庫》本作"矣"。

按：據《禮記集説》原文，作"實"爲是，《四庫》本誤。

50.卷九頁三 B 面行二：與春夏秋所祭相合，"與"字，《四庫》本無。

按：據文意，此言必改《記》文，纔能使五行生克與春、夏、秋所祭相匹配，無"與"字則不知所云。故《四庫》本脱文。

51.卷九頁四 A 面行三：西堂當太室也，"堂"字，《四庫》本無。

按：據前後文例，當有"堂"字，《四庫》本脱文。

52.卷九頁五 A 面行九：吳幼清則謂太寢乃聽政之所，"謂"字，《四庫》本作"爲"。

按：作"謂"爲是，此音近而訛。《四庫》本誤。

53.卷九頁六 A 面行五：由門右，"門"字，《四庫》本同。

按：據《禮記正義》《禮記纂言》原文，作"闈"爲是，故二本皆誤。

54.卷九頁七 B 面行八：麥自苗至實，"自"字，《四庫》本作"有"。

按：項氏之意謂麥從苗到結出果實，故作"自"爲是，《四庫》本誤。

55.卷九頁七 B 面行十：夏三月食菽與雞，"雞"字，《四庫》本作"稷"。

按：經文曰："夏食菽與雞。"故此當作"雞"，《四庫》本誤。

56.卷九頁七 B 面行十：稷專受土氣，"稷"字，《四庫》本作"黍"。

按：下文曰："故中央之月食稷與牛，皆土類也。"故知此處當作"稷"，《四庫》本誤。

57.卷九頁八Ａ面行一：仲秋嘗麻，"麻"字，《四庫》本作"麥"。

按：經文曰："仲秋，以犬嘗麻。"故此當作"麻"，《四庫》本誤。

58.卷九頁八Ａ面行九：中央則食稷與牛，"則"字，《四庫》本作"而"。

按：考字意，二本皆通。

59.卷九頁八Ｂ面行八：黍火畜，"畜"字，《四庫》本同。

按：據《禮記正義》原文，作"穀"爲是，故二本皆誤。

60.卷九頁八Ｂ面行十一：若羊之類則以大爲耳，"耳"字，《四庫》本作"美"。

按：此《欽定四庫全書考證·經部》已辯之，作"美"爲是，通志堂本誤。

61.卷九頁十Ａ面行八：臨川吳氏謂，"謂"字，《四庫》本作"曰"。

按：考字意，二本皆通。

62.卷九頁十Ｂ面行五：鳩復化爲鷹，"復"字，《四庫》本無。

按：孔穎達謂"化者，返歸舊形之謂"，則言鳩又化爲鷹，當有"復"字，《四庫》本脱文。

63.卷九頁十二Ｂ面行一：爲一庫，"庫"字後，《四庫》本有"幹"字。

按：據《禮記集説》原文，并無此字，故《四庫》本衍文。

64.卷九頁十三Ｂ面行四：反舌者蟲鳴，"鳴"字，《四庫》本同。

按：阮元《禮記正義校勘記》"蔡云蟲名鼀也"條曰："惠棟校宋本作'名'，此本'名'誤'鳴'，閩、監、毛本同。"據此，作"名"爲是，故二本皆誤。

65.卷九頁十三Ｂ面行六：共住城北水中，"住"字，《四庫》本同。

按：據《禮記正義》原文，作"往"爲是，故二本皆誤。

66.卷九頁十三Ｂ面行七：後此以蝦蟇爲反舌之自也，"之"字，《四庫》本作"也"。

按：此言後世以蝦蟇爲反舌始自何事，作"也"字文意不通，當爲"之"。《四庫》本誤。

67.卷九頁十四Ａ面行二：周書月令云反舌有聲佞人在側，"有"字，《四庫》本作"無"。

按：據《周書·月令》原文，作"有"爲是，《四庫》本誤。

68.卷九頁十六 B 面行七：鮮潔而墮落也，“墮”字，《四庫》本作
“隨”。下文 “故穀鮮潔而墮落” 之 “墮” 同。

按：據《禮記集説》原文，作 “墮” 爲是，此形近而訛。《四庫》本
誤。

69.卷十頁一 B 面行八：鷃，“鷃”字，《四庫》本作“鵪”。

按：據《項氏家説》原文①，作 “鷃” 爲是，《四庫》本誤。

70.卷十頁一 B 面行八：鶉，“鶉”字，《四庫》本同。

按：據《項氏家説》原文②，作 “鴈” 爲是，故二本皆誤。

71.卷十頁一 B 面行八：鳩，“鳩”字，《四庫》本無。

按：據《項氏家説》原文③，《四庫》本脱文。

72.卷十頁二 A 面行九：裘冕九章釋之，“裘”字，《四庫》本作“袞”。

按：此言陳氏釋 “制有小大” 之誤。上文引《禮記集説》曰：“小大，
小則玄冕之一章，大則袞冕之九章也。”故此應與之一致，作 “袞” 爲是。
通志堂本誤。

73.卷十頁四 A 面行七：陸氏云，“云”字，《四庫》本作“曰”。

按：考字義，二本皆可通。然上文 “《夏小正》云”“鄭氏云”，皆作
“云”字，文例如此，此亦當作 “云”，《四庫》本誤。

74.卷十頁四 A 面行十：不知孟秋言來，“孟”字，《四庫》本作“仲”。

按：上文曰 “《集説》見仲秋言鴻雁來而不言賓”，此文承上文而言，
故作 “仲” 字爲是，通志堂本誤。

75.卷十頁四 B 面行一：旅寓遷留於外，“寓”字，《四庫》本無。

按：據文意，《四庫》本脱文。

76.卷十頁五 B 面行九：時欲爲一代興王之典禮也，“時”字，《四庫》
本作“將”。

按：此出自陳澔《禮記集説》引劉氏文，原文作 “將”，故通志堂本
誤。

77.卷十頁七 A 面行二：集説，“説”字，《四庫》本作“記”。

按：據文例，作 “説” 爲是，《四庫》本誤。

78.卷十頁七 B 面行四：猶仍舊誤，“誤”字後，《四庫》本有“以”

---

① ［宋］項安世:《項氏家説》，影印文淵閣《四庫全書》第 706 册，臺北：臺灣商務
印書館，1986 年，第 528 頁。

② ［宋］項安世:《項氏家説》，影印文淵閣《四庫全書》第 706 册，第 528 頁。

③ ［宋］項安世:《項氏家説》，影印文淵閣《四庫全書》第 706 册，第 528 頁。

字。

按：考文意，多“以”字不通，故《四庫》本衍文。

79.卷十頁七B面行七：塋丘壟之大小，“丘”字，《四庫》本作“邱”。下文“丘壟”之“丘”皆同。

按：據《禮記正義》原文，作“丘”爲是，《四庫》本誤。

80.卷十頁九A面行十：稱彼兕觥受福無疆，“受福”二字，《四庫》本作“萬壽”。

按：《詩經》原文作“萬壽無疆”，然此出自《禮記正義》中鄭注，作“受福”，故《四庫》本誤。

81.卷十頁九B面行六：朋酒斯享，“享”字，《四庫》本同。

按：據《禮記正義》原文，作“饗”爲是，故二本皆誤。

82.卷十頁九B面行六：享謂享禮，二“享”字，《四庫》本作“饗”。

按：據《禮記正義》原文，作“饗”爲是，故通志堂本誤。

83.卷十一頁三A面行二：案哀公三十一年薨，“哀”字，《四庫》本作“昭”。

按：據《禮記正義》原文，作“襄”爲是，故二本皆誤。

84.卷十一頁三A面行二：昭公十九猶童心，《四庫》本同。

按：據《禮記正義》原文，“猶”字後有“有”字，故二本皆脱文。

85.卷十一頁三B面行十一：今墓遠，“墓”字，《四庫》本作“基”。下“園是墓之園”之“墓”同。

按：據《禮記正義》原文，作“墓”爲是，此形近而訛。《四庫》本誤。

86.卷十一頁四B面行五：謂裁植草木處，“裁”字，《四庫》本作“栽”。

按：考文意，草木當是栽植，故作“栽”爲是，通志堂本誤。

87.卷十一頁五A面行八：未常用棺與車載也，“常”字，《四庫》本作“嘗”。

按：考詞義，“未嘗”“未常”皆有“未曾”義，可通用。

88.卷十二頁三A面行四：於成均，“於”字，《四庫》本作“于”。

按：《禮記正義》原文作“於”。二字本通，然涉及經文，當做區别，以經文爲準。故《四庫》本誤。

89.卷十二頁五B面行十：它之意，“它”字，《四庫》本作“他”。

按：《禮記集説》原文作“他”。二字本通，然有原文可據，當依從，故通志堂本誤。

90.卷十二頁七Ａ面行十：不與父族齒，"父"字後，《四庫》本有"兄"字。

按：二説未知孰是，姑兩存之。

91.卷十三頁一Ａ面行十：以禮樂而贊陰陽，"禮樂而贊陰陽"六字，《四庫》本作"陰陽而贊禮樂"。

按：前言"其始也，法陰陽而作禮樂"，故其終也，應爲"以禮樂而贊陰陽"，如此方通。《四庫》本誤。

92.卷十三頁四Ｂ面行九：無以昭明政治也，"政治"二字，《四庫》本作"治政"。

按：據《禮記集説》原文，作"政治"爲是，《四庫》本誤。

93.卷十三頁六Ａ面行八：爲政必本於天者，"爲政"二字，《四庫》本無。

按：經文言"夫政必本於天"，故知此處應有"爲政"二字，《四庫》本脱文。

94.卷十三頁六Ｂ面行十一：自天子至於諸侯卿大夫士均祀之，"諸侯"二字，《四庫》本無。

按：此言門、户、中霤、竈、行等，天子、諸侯、卿大夫、士皆可祀之，故應有"諸侯"二字，《四庫》本脱文。

95.卷十三頁八Ａ面行九：別生支節，"支"字，《四庫》本作"枝"。

按：此成語，作"枝"爲是，通志堂本誤。

96.卷十三頁九Ａ面行二：五味六和十二月食，"月"字，《四庫》本同。

按：據《禮記正義》原文，并無"月"字，故二本皆衍文。

97.卷十三頁九Ａ面行七：畫績之事，"績"字，《四庫》本作"繪"。

按：兩字義同，二本皆通。

98.卷十三頁九Ｂ面行六：每時三月衣食雖同，"衣食"二字，《四庫》本無。

按：據《禮記正義》原文，當有"衣食"二字，《四庫》本脱文。

99.卷十三頁九Ｂ面行六：大總攷之，"攷"字，《四庫》本作"考"。

按：據《禮記正義》原文，作"言"爲是，故二本皆誤。

100.卷十三頁十Ａ面行三：愚按，"愚"字，《四庫》本作"竊"。

按：依文例，作"竊"爲是，通志堂本誤。

101.卷十三頁十一Ａ面行十一：無不主養字爲説者也，"主"字，《四庫》本無。

按：此言諸家注解無不認爲當作"養"字，是主"養"字説，當有
"主"字乃通。《四庫》本脱文。

102.卷十三頁十一B面行三：婚有士婚禮，二"婚"字，《四庫》本作
"昏"。

按：兩字義同，二本皆通。

103.卷十四頁一A面行六：至於大備，"於"字，《四庫》本無。

按：據《禮記集説》原文，當有"於"字，《四庫》本脱文。

104.卷十四頁一B面行七：籩簝蒙璆，"籩"字，《四庫》本作"蘧"。

按：據《國語·晋語》原文，作"籩"爲是，《四庫》本誤。

105.卷十四頁一B面行七：戚施直埔，"埔"字，《四庫》本作"鎛"。

按：據《國語·晋語》原文，作"鎛"爲是，通志堂本誤。

106.卷十四頁一B面行七：矕瞶司火，"瞶"字，《四庫》本同。

按：據《國語·晋語》原文，作"瞶"爲是，故二本皆誤。

107.卷十四頁四A面行五：爲先與次耳，"耳"字，《四庫》本作
"爾"。

按：考文意，二本皆通。

108.卷十五頁四B面行五：議曰，"曰"字，《四庫》本作"云"。

按：考文義，二本皆通。

109.卷十五頁七B面行六：酏醴，"酏"字，《四庫》本作"醯"。

按：據《禮記正義》原文，作"醯"爲是，通志堂本誤。

110.卷十五頁九A面行十一：緇布缺項，"布"字後，《四庫》本同。

按：據《儀禮注疏》，"布"字後原有"冠"字，故二本皆脱文。

111.卷十五頁九A面行十一：缺讀如，"缺"字，《四庫》本作"項"。

按：據《儀禮注疏》原文，作"缺"爲是，《四庫》本誤。

112.卷十五頁十B面行三：言冠邸而不厭，"言"字，《四庫》本作
"吉"。

按：此《欽定四庫全書考證·經部》已辯之，有陳祥道《禮書》原文
可據，作"吉"爲是。通志堂本誤。

113.卷十五頁十五A面行七：詔安尸，"安"字，《四庫》本作"妥"。

按：據經文，作"妥"爲是，此形近而訛。通志堂本誤。

114.卷十六頁二B面行四：令其代己也，"代"字，《四庫》本作
"助"。

按：經文言"舅姑使冢婦，無怠"，項氏之意，舅姑讓冢婦做事，冢
婦不要懈怠，不要讓衆婦代替自己去做。查《欽定禮記義疏》引項氏此

言，亦作"代"。《四庫》本誤。

115.卷十六頁三A面行五：敵耦，"敵"字，《四庫》本作"怨"。

按：經文作"敵耦"，故《四庫》本誤。

116.卷十六頁四B面行一：唯有黍稷稻粱，"唯"字，《四庫》本作"惟"。

按：考字義，二本皆通。

117.卷十六頁五A面行二：水周官一水六飲之四也，"水"字後，《四庫》本有"即"字。

按：前後句皆有"即"字，依文例，此處當有"即"字，通志堂本脱文。

118.卷十六頁七B面行一：鄭彼注云，"彼"字，《四庫》本作"氏"。

按：前後文皆作鄭氏、孔氏、劉氏、方氏，是文例如此，且作"彼"不通，故通志堂本誤。

119.卷十六頁八A面行六：唯雁故耳，"唯"字，《四庫》本作"惟"。

按：兩字義同，二本皆通。

120.卷十六頁九A面行一：故曰芝栭，"栭"字，《四庫》本無。

按：此釋芝栭，當有"栭"字，《四庫》本脱文。

121.卷十六頁九B面行八：遂謂燕居有等爲燕饗之食乎，"饗"字，《四庫》本作"享"。

按：本段開頭已言"《集説》燕食爲燕享之食"，前後相證，知此亦當作"享"，通志堂本誤。

122.卷十六頁十B面行十：較鄭注近是，"鄭"字，《四庫》本無。

按：此言陸氏、方氏、吳氏等所論雛鷖、去乙較之鄭玄更加準確，故當有"鄭"字，《四庫》本脱文。

123.卷十六頁十二B面行六：夫七十則婦六十以下，"下"字，《四庫》本同。

按：據《禮記正義》原文，作"上"爲是，故二本皆誤。

124.卷十六頁十二B面行七：婦唯六十以下，"下"字，《四庫》本作"上"。

按：據《禮記正義》原文，作"下"爲是，《四庫》本誤。

125.卷十六頁十五A面行十一：實於豆者爾，"爾"字，《四庫》本作"耳"。

按：考字義，二本皆通。

126.卷十七頁四B面行五：亦謂尋嘗也，"嘗"字，《四庫》本同。

按：據《禮記集說》原文，作"常"爲是，故二本皆誤。

127.卷十七頁八Ｂ面行二：其豆經一尺，"經"字，《四庫》本同。

按：據《禮記集說》原文，作"徑"爲是，故二本皆誤。

128.卷十七頁八Ｂ面行二：亦不害其加於黑羔裘之上，"羔"字，《四庫》本作"羊"。

按：禮典所記，有黑羔裘，無黑羊裘，作"羔"爲是，《四庫》本誤。

129.卷十七頁九Ａ面行八：然後得乘飾車騎馬，"騎"字，《四庫》本同。

按：據《毛詩正義》所引《書傳》文，作"駢"爲是，故二本皆誤。

130.卷十七頁十Ｂ面行六：故尚義也，"也"字，《四庫》本無。

按：考句義，句末有語氣詞"也"字較合理，故《四庫》本脫文。

131.卷十七頁十一Ｂ面行六：杕扶，"杕"字，《四庫》本作"杕"。

按：《杕扶》爲《詩經》篇名，作"杕"爲是，此形近而訛。通志堂本誤。

132.卷十八頁六Ｂ面行三：揩擊謂祝敔，"祝"字，《四庫》本作"柷"。

按：據《禮記正義》原文，作"柷"爲是，通志堂本誤。

133.卷十八頁六Ｂ面行四：戛擊，"戛"字，《四庫》本作"夏"。

按："戛"本爲"夏"之異體字，然《尚書正義》作"戛"，故從之。《四庫》本誤。

134.卷十八頁七Ａ面行六：以君天下，"君"字，《四庫》本作"尹"。

按：據《春秋左傳正義》原文，作"尹"爲是，通志堂本誤。

135.卷十八頁七Ａ面行六：分晋，"晋"字，《四庫》本作"魯"。

按：《欽定四庫全書考證·經部》已辨之，據《春秋左傳正義》原文，作"魯"爲是。通志堂本誤。

136.卷十八頁八Ａ面行二：犧尊飾以翡翠羽，"羽"字，《四庫》本同。

按：據《周禮注疏》原文，當無"羽"字，故二本皆衍文。

137.卷十八頁八Ａ面行二：象尊以象鳳凰，"以"字前，《四庫》本有二"尊"字。

按：據《周禮注疏》原文，當祇有一"尊"字，《四庫》本衍文。

138.卷二十一頁一Ｂ面行五：毋誓衣服成器，"誓"字，《四庫》本作"觜"。

按：據《禮記正義》原文，作"觜"爲是，通志堂本誤。

139.卷二十一頁四Ｂ面行三：旁求俊又，"又"字，《四庫》本作

"乂"。

按：據《尚書正義》原文，作"彥"爲是，故二本皆誤。

140.卷二十一頁四B面行十一：富貴無妄，"妄"字，《四庫》本作"忘"。

按：此富貴無相忘之義，故作"忘"爲是，通志堂本誤。

141.卷二十一頁九A面行六：穎刀鐶也，"鐶"字，《四庫》本作"環"。

按：據《禮記集説》原文，作"鐶"爲是，且下文言"至於'授穎'之穎，恐非刀鐶"，正作"鐶"，可相證。《四庫》本誤。

142.卷二十一頁十二A面行三：執食飲以進之時，"食飲"二字，《四庫》本作"飲食"。

按：據《禮記集説》原文，作"食飲"爲是，且經文亦言"洗盥執食飲者"。《四庫》本誤。

143.卷二十二頁三A面行三：熊明來，"明"字，《四庫》本同。

按：此人名，當作"朋"字爲是，故二本皆誤。

144.卷二十三頁一B面行六：蓋衛國自宣公、宣姜宣淫於上，第三個"宣"字，《四庫》本無。

按："宣淫"爲固定用法，如《左傳》宣公九年："洩冶諫曰：'公卿宣淫，民無效焉，且聞不令。君其納之！'"杜預注曰："宣，示也。"故《四庫》本脱文。

145.卷二十三頁二B面行二：故曰有遺音者矣，"音"字，《四庫》本無。

按：據《禮記正義》原文，當有"音"字，《四庫》本脱文。

146.卷二十三頁四A面行七：故得其序而無邪辟，"辟"字，《四庫》本作"僻"。

按：據《禮記集説》原文，作"僻"爲是，通志堂本誤。

147.卷二十三頁五B面行十：則善人皆來聚，"聚"字，《四庫》本無。

按：下文言"所向惡，則惡人皆來聚"，善、惡對舉，故此當有"聚"字。《四庫》本脱文。

148.卷二十三頁七A面行十一：減殺也，"減殺"二字，《四庫》本同。

按：據《禮記集説》原文，作"殺減"爲是，故二本皆誤。

149.卷二十三頁七B面行一：鄭注志微，"注"字，《四庫》本無。

按：考引文内容，出自鄭玄注，故當有"注"字。《四庫》本脱文。

150.卷二十三頁八A面行七：文采節奏樂之飾也，"樂"字，《四庫》

本同。

按：據《禮記集説》原文，作“聲”字爲是，故二本皆誤。

151.卷二十三頁十B面行一：丘瓊山，“丘”字，《四庫》本作“邱”。

按：邱瓊山爲人名，姓氏當作“邱”，通志堂本誤。

152.卷二十三頁十二A面行四：驕奢淫泆，“泆”字，《四庫》本作“佚”。

按：據《春秋左傳正義》原文，作“泆”爲是，《四庫》本誤。

153.卷二十三頁十二B面行八：志也，“志”字，《四庫》本同。

按：據《禮記集説》原文，作“事”字爲是，故二本皆誤。

154.卷二十三頁十三B面行九：鍵囊言閉藏兵甲，“鍵囊”二字，《四庫》本無。

按：據《禮記正義》原文，有此二字，故《四庫》本脱文。

155.卷二十四頁三A面行九：非若有所居止，“居”字，《四庫》本作“拘”。

按：據前所引《集説》之文“然其容貌亦若有所拘止，而不得肆者”，可知此處亦當作“拘”。通志堂本誤。

156.卷二十四頁五A面行一：葵丘之會，“丘”字，《四庫》本作“邱”。

按：葵丘爲地名，作“丘”爲是，《四庫》本誤。

157.卷二十四頁五A面行十：凡主兄弟之喪，“主”字，《四庫》本作“王”。

按：據《禮記正義》原文，作“主”爲是，《四庫》本誤。

158.卷二十四頁六A面行十：先路與褒衣不以襚，“褒”字，《四庫》本作“襃”。

按：據《禮記正義》原文，作“褒”爲是，《四庫》本誤。

159.卷二十四頁七B面行三：而后折入，“后”字，《四庫》本作“後”。下“而后折入”之“后”同。

按：後、后二字本通，且在此文中本應作“後”爲是。然《禮記正義》原文作“后”，故遵從經文。《四庫》本誤。

160.卷二十五頁一A面行六：潁犬迴反，“迴”字，《四庫》本作“迥”。

按：據《禮記正義》原文，作“迴”爲是，《四庫》本誤。

161.卷二十五頁二A面行八：之恩於臣子，“子”字，《四庫》本無。

按：此言君祭於太廟，若有大夫卒，當祭已終事，聽聞之，則不繹祭。其原因是爲了能自始至終保全對於臣子的恩寵，顯示對臣子的寵遇。故此文有"子"字更合理。《四庫》本脱文。

162.卷二十五頁三A面行五：衹奠置所薦之物而已，"衹奠"二字，《四庫》本無。

按：此言古人禮質，無獻酬、酳、酢等禮，有奠禮，衹奠置所薦之物而已。推測文意，爲表强調，有"衹奠"二字更合理。故《四庫》本脱文。

163.卷二十五頁三A面行十一：而或啐之，"而"字，《四庫》本無。

按：考文意，此言或嚌或啐，中間有"而"字顯是多餘，故通志堂本衍文。

164.卷二十五頁七B面行五：姪與兄弟爲之齊衰不杖期，"之"字，《四庫》本無。

按：據《禮記集説》原文，當有此字，《四庫》本脱文。

165.卷二十五頁七B面行九：経直云期喪，"経"字，《四庫》本作"經"。

按：據《禮記正義》原文，作"經"爲是，通志堂本誤。

166.卷二十五頁七B面行十：鄭知爲姑姊妹無主者，《四庫》本作"是"。

按：此《欽定四庫全書考證·經部》已辯之，作"是"爲是，通志堂本誤。

167.卷二十五頁八A面行五：黄氏云，"黄"字，《四庫》本同。

按：據《禮記正義》原文，當作"皇"字，故二本皆誤。

168.卷二十五頁八A面行六：功衰下脱一不字，"字"字後，《四庫》本有"者"字。

按：考文意，吕氏謂經文"功衰吊"當爲"功衰不吊"，是脱"不"字，推測其語氣，當無"者"字更通順。故《四庫》本衍文。

169.卷二十五頁八B面行十：集説舍鄭注而取説文乳漿之云，"云"字，《四庫》本作"文"。

按：此謂《集説》徵引《説文解字》之文，故當爲"文"字，通志堂本誤。

170.卷二十五頁十二B面行十：百日之蜡始於春，"日"字，《四庫》本作"年"。

按：經文云"百日之蜡"，作"年"則差之遠矣，《四庫》本誤。

171.卷二十五頁十三B面行二：終於哀十九年之卒，"哀"字，《四庫》本作"襄"。

按：據《春秋左傳正義》，作“襄”爲是，通志堂本誤。

172.卷二十五頁十四A面行六：子男五寸，“寸”字，《四庫》本無。

按：據《禮記正義》原文，當有“寸”字，《四庫》本脱文。

173.卷二十五頁十五A面行十：典瑞云，“云”字，《四庫》本作“曰”。

按：二字本皆通，然《禮記正義》原文作“云”，故《四庫》本誤。

174.卷二十六頁二A面行十：浴則去之，“浴”字，《四庫》本作“俗”。

按：據《禮記集説》原文，作“浴”爲是，《四庫》本誤。

175.卷二十六頁五A面行一：稷雖爲五穀之長，“雖”字，《四庫》本無。

按：推此句意，爲轉折關係，有“雖”字更準確合理，故《四庫》本脱文。

176.卷二十六頁五B面行七：天子當百二十稱，“稱”字，《四庫》本無。

按：下文言“上公九十稱，侯、伯、子、男七十稱”，皆言“稱”，故知此處當有“稱”字。《四庫》本脱文。

177.卷二十六頁七A面行十一：且於下凡斂者六人之文巧合，“下”字，《四庫》本無。

按：經文“凡斂者六人”正是本條經文之下句，故當有“下”字。《四庫》本脱文。

178.卷二十六頁十一A面行六：疏説分二色，“分”字，《四庫》本無。

按：孔疏釋“裏棺”，謂“朱繒貼四方，緑繒貼四角”，是爲二色，故當有“分”字。《四庫》本脱文。

179.卷二十六頁十一B面行八：欑木題湊象椁上四注如屋以覆之，“如”字，《四庫》本作“加”。

按：據《禮記正義》原文，作“如”字爲是，《四庫》本誤。

180.卷二十七頁一B面行十一：恐非侯國所當備，“侯”字，《四庫》本作“侯”。

按：此言侯國宗祀之禮，作“侯”不通，故通志堂本誤。

181.卷二十七頁二B面行二：非有功德不爲祖宗，“祖宗”二字，《四庫》本作“宗祖”。

按：前言“非天子不建宗祖”，則“宗祖”爲被建者，是事物等類别。而此言“非有功德不爲”，表明主語爲人，人可用“祖宗”，於意更明，故作"祖宗"爲是。《四庫》本誤。

182.卷二十七頁三B面行十一：艮位東北，"北"字，《四庫》本作"南"。

按：據《禮記集說》原文，作"北"爲是，《四庫》本誤。

183.卷二十七頁四A面行七：丘陵，"丘"字，《四庫》本作"邱"。下"丘陵"之"丘"同。

按：據《禮記正義》原文，作"丘"爲是，《四庫》本誤。

184.卷二十七頁四B面行三：釋上文泰壇泰折等祀也，"祀"字，《四庫》本作"記"。

按：《禮記正義》原文曰："'及夫日、月、星辰，民所瞻仰也'者，釋上文'燔柴於泰壇，瘞埋於泰折，王官祭日，夜明祭月，幽禜祭星'之等，及上有祭地、祭天、祭四時、祭寒暑、祭水旱。"指出日月星辰等是釋上文泰壇、泰折等祭祀，故此當作"祀"字。《四庫》本誤。

185.卷二十八頁一B面行四：思之孰也，"孰"字，《四庫》本作"熟"。下"思之孰也"之"孰"同。

按：此句非《禮記集說》內容，實出自朱熹《儀禮經傳通解》。考孰、熟二字義同，故二本皆通。

186.卷二十八頁二A面行四：知齊有之思明矣，"有之"二字，《四庫》本作"之有"。

按：此言齊時非屏絕思慮，"乃思之誠一，而無從妄想耳"，故齊有思。"之有"的"之"字爲助詞，無實際意義，若作"有之"則不可通。故通志堂本誤。

187.卷二十八頁二A面行五：而無朋從妄想耳，"朋"字，《四庫》本同。

按：考此句意，謂齊時思慮誠敬專一，故不會妄想了。則"朋"字當爲衍文。故二本皆衍文。

188.卷二十八頁四A面行一：夫子時未然也，"子"字後，《四庫》本有"子"字。

按：考此句意，"子"字顯爲衍文，此《四庫》本換頁抄寫致誤。

189.卷二十八頁四B面行七：鄭氏既以相愛用情并言，"并"字，《四庫》本作"兼"。

按：兩字義同，二本皆通。

190.卷二十八頁四B面行七：臭爲陽，"爲"字，《四庫》本作"主"。

按：此句與下句相對應，下句曰"味爲陰"，知此亦當作"爲"，《四庫》本誤。

191.卷二十八頁六Ｂ面行一：未常易者，"常"字，《四庫》本作"嘗"。

按：考詞義，"未嘗""未常"皆有未曾義，可通用。

192.卷二十九頁六Ａ面行六：故以爲夏殷禮者，"禮"字，《四庫》本無。

按：此句與下句句式相同，下句言"直以爲周禮者"，知此當有"禮"字。《四庫》本脱文。

193.卷三十頁二Ａ面行十：豈百姓所得事與，"與"字，《四庫》本作"歟"。

按：兩字義同，二本皆通。

194.卷三十頁四Ｂ面行五：德有福也，《四庫》本作"有"。

按：此《欽定四庫全書考證·經部》已辯之，作"有"爲是，通志堂本誤。

195.卷三十頁四Ｂ面行七：丘也小人，"丘"字，《四庫》本作"邱"。

按："丘"爲孔子名，故《四庫》本誤。

196.卷三十頁五Ａ面行八：或云當作朝廷，"云"字，《四庫》本作"曰"。

按：據《禮記集説》原文，作"云"爲是，《四庫》本誤。

197.卷三十一頁二Ｂ面行一：熊氏則謂籥勺也，"也"字，《四庫》本無。

按：此判斷句式，有"也"字爲當，《四庫》本脱文。

198.卷三十一頁三Ａ面行五：弦瑟而歌清廟，"弦"字，《四庫》本作"絃"。

按：兩字義同，二本皆通。

199.卷三十一頁三Ｂ面行一：無少減殺於其送賓之有禮，"其"字，《四庫》本無。

按：此"其"字爲代詞，有此字，句子意思更明確。《四庫》本脱文。

200.卷三十一頁三Ｂ面行三：各以三事爲句，"事"字，《四庫》本作"字"。

按：此言前"以雍徹""以振羽"兩句皆三字，作"事"則不可解，故通志堂本誤。

201.卷三十一頁四Ａ面行六：不言之指也，"指"字，《四庫》本作"旨"。

按：兩字作"用意""主旨"講可相通。

202.卷三十一頁七A面行三：注以命爲教令，"令"字，《四庫》本作
"命"。下"令以坊民"之"令"同。

按：據《禮記正義》原文，作"令"爲是，此形近而訛。《四庫》本
誤。

203.卷三十二頁一A面行七：蓋節文既辨，"節"字，《四庫》本作
"質"。

按：據《禮記集説》原文，作"節"爲是，《四庫》本誤。

204.卷三十二頁一B面行三：再衣之裼，"再"字，《四庫》本作
"載"。

按：此《詩經》文，作"載"爲是，通志堂本誤。

205.卷三十二頁一B面行十一：豈聘禮必冬行之乎，"豈聘禮"三字，
《四庫》本作"聘禮豈"。

按：此言《聘禮》所謂裼、襲是指用於玉帛者，而非用於裘者，因爲
聘禮不一定都是在冬季舉行。依此句意，作"豈聘禮"更爲合適。《四庫》
本誤。

206.卷三十二頁三B面行七：使人勸事樂功也，"勸事樂功"四字，
《四庫》本作"樂事勸功"。

按：據《禮記正義》原文，作"勸事樂功"爲是，《四庫》本誤。

207.卷三十二頁四A面行六：詞同而意自异，此六字，《四庫》本無。

按：此言"令色鮮仁"與"令儀令色"之令色，字雖同，但是意思却
是不一樣的，故可斷《四庫》本脱文。

208.卷三十二頁四B面行六：未有定説，"説"字，《四庫》本作
"禮"。

按：據《禮記集説》原文，作"説"爲是，《四庫》本誤。

209.卷三十二頁四B面行八：凡事涖卜，《四庫》本同。

按：《禮記集説》原文亦如此，然考《周禮·太卜》原文，作"凡小
事，涖卜"，故二本并《禮記集説》皆脱"小"字。

210.卷三十二頁六B面行四：從山陰陸氏之説也，"從"字，《四庫》
本無此字。

按：《陳氏禮記集説補正》文例，針對陳澔之説，"皆一一溯其本自何
人"。此追溯澔説出自山陰陸氏，故當有"從"字。《四庫》本脱文。

211.卷三十三頁三A面行三：無政教而徒加爵刑，"刑"字，《四庫》
本作"賞"。

按：上句曰"而馬氏及長樂陳氏則謂政教者，爵刑之本"，此句承上句，當作"爵刑"。又下句曰"故不足勸善耻惡"，勸善以爵，耻惡以刑，亦可推知上句當作"爵刑"。若作"爵賞"，則無以對應"耻惡"。《四庫》本誤。

212.卷三十四頁三B面行五：大功之喪，"喪"字，《四庫》本同。

按：《禮記集説》原文作"喪"，然考《禮記正義》原文，當作"哭"字，故知二本之誤實始於《集説》。

213.卷三十四頁三B面行七：雖哀聲之從容亦可也，"哀"字，《四庫》本作"俟"。

按：據《禮記集説》原文，作"哀"爲是，《四庫》本誤。

214.卷三十四頁五A面行一：齊衰居堊室，"室"字，《四庫》本作"廬"。

按：經文言"齊衰之喪，居堊室"，知此當作"室"，《四庫》本誤。

215.卷三十四頁五B面行八：至於受服者而言，"至"字，《四庫》本作"主"。

按：此言喪服之禮是主要針對受服者而言，若作"至"字，則難以講通。故通志堂本誤。

216.卷三十五頁二A面行二：各持一見，"見"字，《四庫》本作"説"。

按：兩字義同，二本皆通。

217.卷三十五頁三A面行七：故謂中也，"謂"字，《四庫》本作"爲"。

按：此爲解釋"中"，故作"謂"爲是，《四庫》本誤。

218.卷三十五頁三A面行十：古賓主席皆南鄉，"鄉"字，《四庫》本作"向"。

按：上引《集説》之文曰"賓主之席皆南向"，此當與其保持一致，故作"向"爲是。通志堂本誤。

219.卷三十五頁四B面行四：蓋此記自主人奉矢至請徹焉十節，"矢"字，《四庫》本作"使"。

按："主人奉矢"爲《禮記》原文，作"矢"爲是，此音同而訛。《四庫》本誤。

220.卷三十五頁四B面行九：絃歌者也，"絃"字，《四庫》本作"弦"。

按：兩字義同，二本皆通。

221.卷三十六頁二A面行九：儒有居處齊難，"齊"字，《四庫》本作"齋"。本條中下幾"齊"字同。

按：二字本通，然經文原文作"齊"，當遵從之。《四庫》本誤。

222.卷三十六頁二B面行十：人皆以爲有力，"有"字，《四庫》本無。

按：前言"人皆以爲勇"，固無"有"字。此句與彼對應，然去掉"有"字則覺不通，有此字乃安。《四庫》本脱文。

223.卷三十六頁三A面行九：不知其年數之不足，"其"字，《四庫》本無。

按：據《禮記正義》原文，當無"其"字，通志堂本衍文。

224.卷三十六頁三A面行八：俛焉日有孳孳不知年數之不足，《四庫》本同。

按：此《禮記·表記》原文，據原文當作"不知年數之不足，俛焉日有孳孳"，故二本皆誤。

225.卷三十六頁三B面行三：流言不免乎聞，"乎"字，《四庫》本作"于"。

按：據《禮記集説》原文，作"乎"爲是，《四庫》本誤。

226.卷三十六頁五B面行三：苟不能服而行之，"能"字，《四庫》本無。

按："不能服"與"不服"意思有本質上的差别，無"能"字顯然不妥。《四庫》本脱文。

227.卷三十六頁五B面行十一：如錙銖，"銖"字，《四庫》本作"錙"。

按：據《禮記正義》原文，作"銖"爲是，《四庫》本誤。

228.卷三十六頁六B面行七：謂雖聞流言，"謂"字，《四庫》本無。

按：此言吴氏之説，以"謂"字提起，無此字則不知所云。《四庫》本脱文。

229.卷三十七頁二A面行一：正顔色，"色"字，《四庫》本無。

按：據《論語注疏》原文，當有"色"字，《四庫》本脱文。

230.卷三十七頁二B面行五：且禮有重於君臣父子長幼者與，"與"字，《四庫》本作"歟"。

按：兩字義同，二本皆通。

231.卷三十七頁二B面行七：加有成也，"加"字，《四庫》本作"示"。

按：據《禮記正義》原文，作"加"爲是，《四庫》本誤。

232.卷三十七頁三B面行八：俠古洽切，"洽"字，《四庫》本作"挾"。

　　按：下文言"音夾"，故讀音當爲"古洽切"。《四庫》本誤。

233.卷三十七頁三B面行十一：遂以摯見於卿大夫，"卿"字，《四庫》本同。本條下幾"卿大夫"之"卿"字同。

　　按：據《禮記正義》原文，作"鄉"爲是，故二本皆誤。

234.卷三十七頁五B面行九：鄭云誰氏者，"鄭"字後，《四庫》本有"氏"字。

　　按：據《儀禮注疏》原文，并無"氏"字，《四庫》本衍文。

235.卷三十七頁六A面行十：孔疏問名與儀禮賈氏疏義不同，"義"字，《四庫》本無。

　　按：此言孔疏與賈疏於"問名"之解釋不同，故有"義"字乃安。《四庫》本脱文。

236.卷三十七頁六B面行五：父西面誡之，"誡"字，《四庫》本作"戒"。

　　按：據《禮記正義》原文，作"誡"爲是，《四庫》本誤。

237.卷三十七頁六B面行五：母南面戒之，"戒"字，《四庫》本同。

　　按：據《禮記正義》原文，當作"誡"，故二本皆誤。

238.卷三十七頁八B面行五：而宗有大小，"有"字，《四庫》本作"之"。

　　按：二字皆可通，然考句意，在於强調宗還有大小之別，陳澔未及闡發。故作"有"字更恰當。

239.卷三十七頁九A面行三：有齊季女，"齊"字，《四庫》本作"齋"。

　　按：此《詩經》原文，作"齊"爲是，《四庫》本誤。

240.卷三十八頁三B面行四：以若臣盡竭其力，"以"字，《四庫》本同。

　　按：據《禮記正義》原文，作"似"爲是，故二本皆誤。

241.卷三十八頁四B面行三：故郊牲云，"郊"字後，《四庫》本有"特"字。

　　按：考其引文内容，出自《郊特牲》，故當有"特"字。通志堂本脱文。

242.卷三十八頁六B面行七：宰夫朝服設飧，"飧"字，《四庫》本作"殯"。

按：據《儀禮注疏》原文，作"飱"爲是，《四庫》本誤。

243.卷三十八頁六B面行七：飪一牢，"飪"字，《四庫》本作"餁"。下"生與腥飪"之"飪"同。

按：據《儀禮注疏》原文，作"飪"爲是，《四庫》本誤。

（二）兩版本校勘之分析

梳理上述校勘札記，最終將兩個版本的差異及正誤情況分門別類，統計其具體條目，這樣孰優孰劣，便可一目瞭然。分類及統計如下：

（1）通志堂本誤，《四庫》本不誤：4、6、8、11、18、26、28、31、45、60、72、74、76、82、86、89、95、100、105、109、112、113、118、121、131、132、134、135、138、140、146、151、155、165、166、169、171、180、186、194、200、204、215、218，合計44條。

（2）通志堂本不誤，《四庫》本誤：10、12、16、20、22、25、30、32、34、35、36、39、40、42、43、44、46、47、49、52、54、55、56、57、66、67、68、69、73、77、79、80、85、88、91、92、104、111、114、115、124、128、133、141、142、152、156、157、158、159、160、170、173、174、179、181、182、183、184、190、195、196、202、203、205、206、208、211、213、214、217、219、221、225、227、231、232、236、238、239、242、243，合計82條。

（3）二本皆誤：1、2、5、9、13、14、15、17、19、33、41、53、59、70、81、83、99、106、123、126、127、129、139、143、148、150、153、167、212、224、233、237、240，合計33條。

（4）通志堂本脱文：117、241，合計2條。

（5）《四庫》本脱文：23、24、37、38、50、51、62、71、75、93、94、98、101、103、120、122、130、144、145、147、149、154、161、162、164、172、175、176、177、178、192、197、199、207、210、222、226、228、229、235，合計40條。

（6）二本皆脱文：84、110、209，合計3條。

（7）通志堂本衍文：163、223，合計2條。

（8）《四庫》本衍文：29、63、78、137、168、188、234，合計7條。

（9）二本皆衍文：96、136、187，合計3條。

（10）二本皆通：3、7、21、48、58、61、64、65、87、97、102、107、108、116、119、125、185、189、191、193、198、201、216、220、230，合計25條。

（11）未知孰是孰非：90，合計1條。

根據以上分類及統計，除二本皆誤、皆脱文、皆衍文、皆通的情況外，通志堂本訛、脱、衍合計48條，而《四庫》本之訛、脱、衍則合計達129條。并且所謂"二本皆通"的情況，實際是《四庫》本擅自改字，考慮到通志堂本爲《四庫》本之底本，其改字雖通，但是仍應算誤。因此，兩個版本正誤之差异如此巨大，孰優孰劣，不待多言。

同時可見，儘管四庫館臣對《陳氏禮記集説補正》作了考證，也改正了其中某些錯誤，但是在抄録過程中，反而産生了更多的訛誤。後世學者多有批評《四庫全書》版本不精者，但是往往泛泛而言，少有實據。本文通過全面細緻地對比兩個版本，分析其差异及正誤，明確了至少《補正》之《四庫》本確實難稱精善，也爲諸學者之論斷提供一佐證。

綜上所述，《陳氏禮記集説補正》之通志堂本爲初刻本，版本上早於其《四庫》本，内容上又優於《四庫》本。若對該書進行點校，理應選擇通志堂本爲底本。并且隨著當今掃描、影印等技術的發展，該本早已不似過去般難以得見，應當好好加以利用。

小　結

本章對《補正》之版本源流專門探析。分別對其《通志堂經解》本、《四庫全書》本、粤東書局重刻本、和刻本幾個版本進行具體研究，梳理《補正》之版本源流關係爲：康熙年間所刻《通志堂經解》本係初刻本，至乾隆年間有所修補刊印。其後之《四庫全書》本、粤東書局重刻本、和刻本則皆以《通志堂經解》本爲底本，其中粤東書局重刻本所據底本爲乾隆朝遞修本，餘二者之底本則難以考實。將《補正》之通志堂本與《四庫》本進行了詳細的校勘，并整理出校勘札記243條。根據分析，可知除二本皆誤、皆脱文、皆衍文、皆通的情況外，通志堂本訛、脱、衍合計48條，而《四庫》本之訛、脱、衍則合計達129條，以實證的方式判定通志堂本確實優於《四庫》本。

第三章 《陳氏禮記集説補正》的體例和内容

《四庫全書總目》中對《補正》體例已有所言及，其曰："皆先列經文，次列澔説，而援引考證，以著其失。其無所補正者，則經文與澔説并不載焉。"[①]但是此言簡略，又對該書内容并無歸納，因此有必要詳論。

一、《陳氏禮記集説補正》體例分析

爲行文條理且簡略，我們采取從整體到部分的方法分析。先總體闡述該書的結構設置，再述其正文體例，最後闡發每條中案語的體例。

（一）全書整體結構設置

《陳氏禮記集説補正》依《禮記》四十九篇之舊次爲序，根據篇幅大小，或一篇一卷，或一篇若干卷，或若干篇合爲一卷，共38卷，18萬字左右。由於此書是爲陳澔《禮記集説》作補正，而陳澔《禮記集説》中《大學》《中庸》兩篇俱以《朱子章句》之説爲準繩，未有集説，祗列篇名，因此《陳氏禮記集説補正》對此兩篇亦没有補正，連篇名也不列出。此書於陳澔《禮記集説》"無所補正者，則經文與澔説并不載焉"，即它不是對《禮記集説》每條都做補正。另外，《禮記》經文每篇篇幅長短不同，所以《陳氏禮記集説補正》每卷所作的補正條數也有所差別，個别條目也有合并起來祗作一條補正的，總計659條。爲方便明瞭起見，現將《陳氏禮記集説補正》一書卷次安排、陳澔《禮記集説》注解條數及《陳氏禮記集説補正》補正條數列表於下：

卷次	卷名	《集説》條數	補正條數	備　　注
卷一	《曲禮上》	228	39	
卷二	《曲禮下》	115	22	"稷曰明粢"條與"稻曰嘉蔬"條合爲一條補正。

---

① ［清］永瑢：《四庫全書總目》，上册第173頁。

續表

卷次	卷名	《集説》條數	補正條數	備　　注
卷三	《檀弓上》	149	15	"爾毋從從爾"條與"南宫縚之妻"條順序未依《禮記集説》，順序倒了。
卷四	《檀弓上二》		18	
卷五	《檀弓上三》		25	
卷六	《檀弓下一》	142	18	
卷七	《檀弓下二》		17	
卷八	《王制》	165	20	①"天子諸侯宗廟之祭"條、"天子犆祫"條、"諸侯祫則不禘"條、"諸侯祫犆"條合爲一條補正。②"命鄉論秀士"條與"升於司徒者不徵於鄉"條合爲一條補正。
卷九	《月令一》	267	24	第二條、第三條、第四條都是抽取四時祭祀、居處、飲食總而論之，不依《禮記》經文順序，如第二條："春祭先脾，夏季先肺，中央祭先心，秋祭先肝，冬祭先腎。"
卷十	《月令二》		20	
卷十一	《曾子問》	64	8	
卷十二	《文王世子》	50	11	
卷十三	《禮運》	62	16	
卷十四	《禮器》	73	17	
卷十五	《郊特牲》	89	25	
卷十六	《内則》	115	33	
卷十七	《玉藻》	149	25	
卷十八	《明堂位》	45	15	
卷十九	《喪服小記》	92	11	
卷二十	《大傳》	22	7	"别子爲祖"條與"有小宗而無大宗者"條合爲一條補正。

卷次	卷名	《集説》條數	補正條數	備　　注
卷二十一	《少儀》	81	24	"枕几穎"條與"刀卻刃授穎"條合爲一條補正。
卷二十二	《學記》	29	17	
卷二十三	《樂記》	84	19	
卷二十四	《雜記上》	76	20	"大夫爲其父母兄弟之未爲大夫者之喪服"條、"士爲其父母兄弟之爲大夫者之喪服"條、"士之子爲大夫"條合爲一條補正。
卷二十五	《雜記下》	94	26	
卷二十六	《喪大記》	74	20	"皆升自東榮"條與"復衣不以衣尸"條合爲一條補正。
卷二十七	《祭法》	26	4	
卷二十八	《祭義》	55	11	
卷二十九	《祭統》	39	12	
卷三十	《經解》	7	1	"合二姓之好"條未列出"集説"的内容。
	《哀公問》	17	8	
卷三十一	《仲尼燕居》	15	1	
	《孔子閒居》	9	4	
	《坊記》	37	8	
卷三十二	《表記》	50	8	
卷三十三	《緇衣》	25	8	
	《奔喪》	22	6	
	《問喪》	9	2	
卷三十四	《服問》	18	2	
	《間傳》	16	11	
	《三年問》	7	3	
卷三十五	《深衣》	5	3	
	《投壺》	13	6	
卷三十六	《儒行》	19	14	

卷次	卷名	《集説》條數	補正條數	備　注
卷三十七	《冠義》	6	6	
	《昏義》	10	7	
卷三十八	《鄉飲酒義》	19	3	
	《射義》	16	4	
	《燕義》	6	2	
	《聘義》	11	3	
	《喪服四制》	11	6	

以上是此書整體的卷次結構設置，其於《檀弓上》《檀弓下》和《月令》三篇分卷較多，亦可見作者對此三篇用功之深。

（二）正文的體例

此書正文部分，體例上的安排是"皆先列經文，次列澔説，而援引考證，以著其失"。具體來説就是先列出所要補正的經文，此經文或長或短，或抽取某句，或列出整段；然後在經文後面附上陳澔《禮記集説》針對此經文的注解，此注解或是陳澔之説，或是陳澔引他人之説，或是全段抄録，或是截取片言，注解前冠以"集説"二字；最後在"集説"後面是作者針對陳澔《禮記集説》內容的補正，段首冠以"竊案"二字。下舉正文中一條，以明其體例[1]。

> 很毋求勝，分毋求多。【集説】況求勝者未必能勝，求多者未必能多。
> 竊案："毋求勝""毋求多"，乃不忮不求，懲忿窒欲之事。"毋求多"即與"毋苟得"相似，財利者，人所最易惑者也，故再言之。陳氏乃云求勝未必勝，求多未必多，却不免計校得失。若是，則可以必勝、必多，將不難爲之矣。[2]

按：此條先列出經文"很毋求勝，分毋求多"，接着在經文後列出陳

---

① 按：文中所舉《陳氏禮記集説補正》例子，格式及標點均爲筆者所加，後文凡有此類皆同。
② ［清］納蘭性德：《陳氏禮記集説補正》，卷一第一頁 B 面。

澔《禮記集說》關於此經文的解釋，標以"集説"二字。此條中"集説"的内容就是節引，陳澔原文是："狠毋求勝，忿思難也；分無求多，不患寡而患不均也。況求勝者未必能勝，求多者未必能多，徒爲失己也。難、分，并去聲。"可見《陳氏禮記集說補正》對《禮記集說》的訂正補充是有選擇性的，有針對性的。"集説"後面是此書作者的觀點，段首以"竊案"二字提示。

另外，《陳氏禮記集說補正》個別條目會於"竊案"後又作補正，名之曰"又案"，所針對的同樣是"集説"的内容。舉《内則》中一條爲例：

毋敢敵耦於冢婦。【集説】敵耦者，欲求分任均勞之意。言舅姑若以事使介婦爲之，則介婦亦當自任其勞，不可謂己與冢婦爲敵耦，欲求均配其勞也。

竊案：兩相抗爲敵，兩相合爲耦。言舅姑若使介婦，介婦不得恃舅姑之命而傲冢婦，故曰"毋敢敵耦"。下文不敢并行、并命、并坐，正其目也。《記》無分任均勞之意。

又案：鄭注："雖有勤勞，不敢掉磬。"孔疏："庾氏云：'齊人謂之差訐。'崔氏云：'北海謂相激之事爲掉磬。'《隱義》云：'齊人謂相絞訐爲掉磬。'"愚謂注、疏以"掉磬"釋"敵耦"，恐亦非是。①

按：此條解"毋敢敵耦於冢婦"，陳澔認爲"敵耦"是介婦想要和冢婦平均分擔勞務的意思，《陳氏禮記集說補正》認爲應該理解爲介婦不能够憑藉舅姑的命令而對冢婦傲慢無禮。作者於"竊案"之後又加"又案"，討論的仍是這個問題，但是内容爲對鄭注孔疏觀點的批評，顯示了作者對此問題的長久關注，認識的不斷深入。

經統計，這種帶有"又案"的補正在全書中有12條。

（三）案語部分的體例

此書中案語部分都是直接成段，其中不再作格式上的劃分，但是觀其行文，却有内在的體例。大體上可以分成兩個部分，一部分是考證"集説"中觀點的最早出處，另一部分是作者本人的補正。前一部分溯源陳澔

---

① ［清］納蘭性德：《陳氏禮記集說補正》，卷十六第二頁 B 面。

之説本自何人，并不是每條都有，個別條目會省略掉這點。後一部分補正，"凡澔所遺者謂之'補'，澔所誤者謂之'正'"，但是僅僅用"補正"來概括這部分似嫌籠統。仔細考察，我們會發現這部分其實還可以做更細緻的劃分，而這種劃分作者本人雖未言明，但是却處處體現於行文之中，下面分類論述：

1. "補"之類

此類又分兩種，一種是《禮記集説》未有解説，爲之補正，在這種情况裏，《補正》一般會直接在"集説"中注明"無解""無文"或"某某無解"等，兹舉卷十五《郊特牲》中一例：

> 牲用騂，尚赤也。【集説】無文。
> 竊案：周人尚赤，牲用騂，《牧人》所謂"陽祀騂牲"是也。然《大宗伯》以蒼璧禮天，牲幣各放其器之色，則祀天之牲宜用青牛矣。而此與《牧人》不然者，蓋赤爲陽之盛色，而蒼與青其類也，故祀天之牲不必用蒼，亦從其盛者而已。《集説》未辨及此。[1]

按：《陳氏禮記集説補正》對"牲用騂，尚赤也"這條經文進行解釋，《牧人》之義與《大宗伯》不同，二者在祭天之牲的顏色上有所區別，作者認爲祭天的牲畜不一定要用蒼色，是爲了"從其盛者而已"。陳澔對此没有辯論，因此在這裏提出。

另一種情况是陳澔《禮記集説》有所解説，但是不够全面，爲之補充，這種情况的"補"在全書中數量不少，補充的方法，或是作者直接發揮，加以補充，或者引取他人之説足之，中間亦多有辨正。舉卷十八《明堂位》中一例：

> 米廩，有虞氏之庠也。序，夏后氏之序也。【集説】《孟子》言："夏曰校，殷曰序。"
> 竊案：《集説》引《孟子》以見异，而不解其所以，予取方氏説足之：《孟子》以殷爲序，周爲庠，而此以夏后爲序，虞爲庠者，蓋以其養人於此，則皆可謂之庠；以其習射於此，則皆可謂之序也。[2]

---

① ［清］納蘭性德：《陳氏禮記集説補正》，卷十五第二頁 A 面。
② ［清］納蘭性德：《陳氏禮記集説補正》，卷十八第六頁 B 面。

　　按：此處解"庠"與"序"，二者都是先秦學校的名稱，陳澔因《孟子》"夏曰校，殷曰序"之文與此經文不同，故提出質疑，但是沒有辯證。《補正》引方氏之説，認爲養人於此學校則皆可稱庠，習射於此學校則皆可稱序，解釋了陳澔的疑惑。

　　2. "正"之類

　　所謂"正"，是指對各家觀點批駁指正。《補正》中"正"的内容占全書大部分，所針對的主要是陳澔本人的解説，這種情況在"正"的内容中所占比例大概在百分之七十。關於其他諸家觀點，批駁辨正鄭注、孔疏的更多一些，宋、元、明各家解説也祇是隨所遇而補正，并未有專門針對。舉《曲禮上》中一例如下：

> 　　水潦降，不獻魚鼈。【集説】水涸魚鼈易得，不足貴，故不獻。
> 　　竊案：此記"水潦降"與《左傳》"水潦方降"同，謂天降下水潦，非水涸也。惟水潦盛昌，則魚鼈豐足，不必獻之，以饒益其多，故鄭注云"不饒多也"。《集説》反謂水涸而魚鼈多，失記意矣。然盧植、庾蔚、孔穎達等并以爲天降水潦，魚鼈難得，則又誤解鄭注"不饒多"之意。①

　　按：此條解"水潦降，不獻魚鼈"，陳澔解"水潦降"作"水涸"，《補正》以爲陳澔之説有誤，遂解"水潦降"作"天降下水潦"。考《左傳》有"水潦方降"，《禮記·月令》有"水潦盛昌"，可見此"水潦降"當作天降下大水講，《補正》批駁陳澔説命中要害，有理有據。《補正》接著又批評盧植、庾蔚、孔穎達等"魚鼈難得"的觀點，認爲不是魚鼈難得而不獻，是因爲魚鼈易得，不足貴，故不獻。其實《補正》和盧、庾、孔之觀點都是各憑己意推測而已，并無實據可以駁倒對方。反而後世孫希旦之説，似乎更有説服力些。孫希旦曰："古者三時取魚，惟夏不取，蓋以水蟲方孕，又水大則魚鼈難得故也。"② 又曰："水潦降，不獻魚鼈，非其時也。"可知此不獻魚鼈，一是因爲水深魚鼈難得，二是因爲魚鼈方孕，也不是捕撈之時。但是無論《補正》之觀點正確與否，其除了駁正陳澔之説外，對其他諸家觀點也有所批評，是確定無疑的。

---

① ［清］納蘭性德：《陳氏禮記集説補正》，卷一第九頁 B 面。
② ［清］孫希旦撰，沈嘯寰、王星賢點校：《禮記集解》，北京：中華書局，2012 年 11 月，上册第 64 頁。

3. "存疑" 之類

此處所説存疑，是指在補正陳澔之書時，綜合各家觀點，不能判斷出孰是孰非，對《禮記》經文不能給出一個確切的解釋，留有疑問，以待他日或後來者解答。舉卷十八《明堂位》一例，如：

> 夏后氏以龍勺，殷以疏勺，周以蒲勺。【集説】龍勺，刻畫爲龍頭。疏勺，刻畫疏通也。蒲勺者，合蒲爲鳧頭之形，其口微開，如蒲草，本合而末微開也。三者皆謂勺之柄頭耳。
> 竊案：龍勺爲龍頭，無疑矣。以蒲勺爲鳧頭，恐未必然。陸氏又以疏勺爲雉頭，不知何據。豈雉曰疏趾，故爲此説歟？更詳之。①

按：此解龍勺、疏勺、蒲勺之形制，陳澔認爲蒲勺爲鳧頭，《補正》不以爲然，也不同意陳澔疏勺之説，又引陸氏 "疏勺爲雉頭" 之説，亦不能確定有何根據，故而存疑。

《禮記》流傳日久，有些經文不能明曉，尤其是涉及名物制度的部分，實屬正常。在注解中，惟抱 "知之爲知之，不知爲不知" 的態度，不明則存疑，纔是正確的注解方法。此例中所涉是有關名物的，其他關乎禮儀制度等的存疑亦往往有之。

4. "存异" 之類

此處所説存异，是指在補正之時，博引諸家之説，認爲各家所説俱有道理，都能講得通，故而將其并列，以廣見聞，舉卷二十一《少儀》一例，如：

> 君子下行，然後還立。【集説】凡僕之禮，升在君子之先，下在君子之後。故君子下車而步，僕者乃得下而還車以立，以待君子之去也。
> 竊案：此本之注、疏。而疏中尚有一説可存："或云君車將駕，則僕執策立於馬前。故君子將下車，則僕亦下車立於馬前，待君子下行，乃更還車立，以俟君去。"②

按：《禮記》經文中難以理解的地方很多，同一段經文，不同的人從

---

① ［清］納蘭性德:《陳氏禮記集説補正》，卷十八第六頁 A 面。
② ［清］納蘭性德:《陳氏禮記集説補正》，卷二十一第七頁 B 面。

不同的角度解説，所言都有道理，於是就産生了存異的情況。此例中講的是關於駕車之僕上下車在主人前後的問題，澔説取自注、疏，然孔疏中仍有另一説，亦可備考。

綜上所述，不難看出，《陳氏禮記集説補正》在體例的安排上有一個全盤的規劃，由整體到部分，層次分明，有條不紊。

二、《陳氏禮記集説補正》内容概括

《陳氏禮記集説補正》書中經文和"集説"部分都抄録自陳澔《禮記集説》，唯有"竊案""又案"部分是作者所作，也是全書的主體，因此我們所要討論的"内容"指的就是案語部分。由於此書是補正性的著作，凡作者發現陳澔《禮記集説》有不妥之處，即爲之補充駁正，故而其内容駁雜，殊不分明。但是綜觀全書，大致可歸納成如下諸類：

1.補正篇名題解

陳澔《禮記集説》中《曲禮上》《檀弓上》《王制》《月令》《禮運》《禮器》《郊特牲》《内則》《玉藻》《喪服小記》《大傳》《少儀》《學記》《祭統》《仲尼燕居》《表記》《間傳》《冠義》《昏義》《鄉飲酒義》《射義》《燕義》《聘義》《喪服四制》共24篇有篇名的注解。而《陳氏禮記集説補正》則對《禮運》《喪服小記》《大傳》《學記》《祭統》《間傳》《冠義》《昏義》《射義》《燕義》10篇篇名注解有所補正，多有發明，舉卷二十九《祭統》爲例：

> 《祭統》第二十五。【集説】鄭氏曰："統，猶本也。"
> 竊案：鄭氏見篇内有"忠臣孝子，其本一也"，及"求助之本""祭者，教之本""禘嘗，治國之本"等語，遂以"本"釋"統"字。而近世徐氏又以"統"指心而言：祭有法有義，皆統於心。亦以篇内有"祭之心""孝子慈孫之心"等語也。然愚以爲皆非也。夫統者，總統之義，故《易》以乾元統天，謂貫天德之始終也。《春秋》大一統，謂天王爲列國之綱紀也。此篇盡志盡物，官備具備，惠術可以觀爲政，廟中可以象竟内，以至祭有三重，有三倫，及於衛之鼎銘，魯之重祭，莫不該載，統括靡遺，故名《祭統》。非"本"與"心"之謂也。①

---

① ［清］納蘭性德：《陳氏禮記集説補正》，卷二十九第一頁 A 面。

　　按：此處《補正》作者於"統"字有一新解，認爲"統"是"莫不該載，統括靡遺"之意，與鄭注釋爲"本"、徐氏解作"統於心"皆不同。《補正》之説亦未必爲不刊之論，但足可備爲一説。

　　2. 正字詞之義，如卷三十三《淄衣》中一例：

　　　　《詩》云："有梏德行，四國順之。"【集説】梏，當依《詩》作"覺"，言有能覺悟人以德行者，則四國皆服從之也。
　　　　竊案：《詩》之言有覺者二：《斯干》"有覺其楹"及《抑》之"有覺德行"是也。有覺其楹，言楹之直而大。有覺德行，言德行之直而大。故《毛傳》以覺爲高大，鄭又以爲直也，朱子取之。自華谷嚴氏引《釋文》覺悟之語，而云"猶《孟子》所謂先覺，言有覺悟者，德行也。有德行，則四國服從之。欲明明德者，先致其知"。於是陳氏本之，而小變其説。夫《大學》之致知，乃明明德之初事，必合誠意、正心、修身，乃成德行，非如禪子祗取大覺也。況以有覺爲覺悟，則所謂"有覺其楹"者，又將何以通之乎？ ①

　　按：此解《詩經》中"有梏德行"之"梏"的意思，陳澔以爲作"覺悟"講，雜有佛家禪宗頓悟之説的成分。《補正》引《毛傳》、鄭玄、朱子之説，加以否定，認爲當作"高大、直"講，所言更貼近《詩經》要表達的意義。

　　3. 正名物

　　名物制度乃是研讀《禮記》時會隨處碰到的問題，不弄懂經文中所講的器物之模樣、名稱之所由，就没辦法對禮制有更深刻的理解。《補正》於名物制度的考察頗多，補正陳澔《禮記集説》釋名物之失亦多，舉卷九《月令一》一例如下：

　　　　反舌無聲。【集説】反舌，百舌鳥。疏又以反舌爲蝦蟇，未知是否。
　　　　竊案：百舌能反覆其舌而爲百鳥語，故謂之反舌。其鳴也，感陽中而作，故感微陰而無聲。若蝦蟇，則五月中始得水，方噪聒入耳，何反無聲？疏所以引之者，蓋舉舊説而駁之，非真以反舌爲蝦蟇也。蔡云："反舌者，蟲名，黽也，今謂之蝦蟇。其舌本前著口側而末向

---
　　① ［清］納蘭性德：《陳氏禮記集説補正》，卷三十三第一頁 B 面。

內，故謂之反舌。"《通卦驗》曰："搏勞鳴，蝦蟇無聲。"又靡信云："昔於長安中，與書生數十，共往城北水中，取蝦蟇，屠割視之，其舌反向後。"此以蝦蟇爲反舌之自也。然時候今不殊於古，百舌鳥至仲夏，其鳴稍止，蝦蟇則不然，則知讖緯與俗儒之言，不足信矣。《集説》又何疑焉？反舌能爲百鳥語，故一名百舌。又春則鳴，夏則無聲，故一名呼春。杜甫咏百舌詩云："過時如發口，君側有讒人。"是亦以反舌爲百舌，而非蝦蟇之謂矣。案《周書·月令》云"反舌無聲，佞人在側"，杜蓋用其意。黃山谷讀《周書》至此，始悟杜詩之旨。[1]

按：《禮記》中所涉名物，都是漢代及其以前的，有的到後世已經不流傳，後世解經家去古已遠，不能見到實物，僅憑經文，實難明其究竟，故爭論亦多。有時候也受自身學識及見聞的約束，不能明瞭。此例中陳澔因孔疏中存有"以反舌爲蝦蟇"一説，故而猶豫不決，不能下定論。《補正》以爲"百舌"作"蝦蟇"之説，與現實情況不符。蝦蟇即今蛤蟆，夏天鳴叫，而《月令》中説此百舌夏季無聲，可知不是蛤蟆。作者考證出此百舌是指百舌鳥，又名"呼春"，并引杜詩、《周書》之言爲證，似更可靠。

4.考人名，如卷五《檀弓上三》一例：

仲憲言於曾子。【集説】仲憲，孔子弟子原憲也。

竊案：此鄭注説也。然原憲名憲，字思，今加"仲"於"憲"，是以名爲字矣。此必當時之人有字爲仲憲者，或姓仲名憲，爲子路之族，亦未可知。而鄭注誤指爲原憲也。[2]

按：《禮記》中出現人名最多的當屬《檀弓上》《檀弓下》兩篇，故《補正》中考人名的内容主要集中於此。經統計，《補正》中此兩篇所涉及考證人名如下：公儀仲子、南宫絳、仲憲、公孫木、太宰嚭、知悼子、公輸若、考公、叔譽。

5.考官職，如卷十二《文王世子》一例：

樂正司業。【集説】樂正，主世子《詩》《書》之業。

---

① ［清］納蘭性德：《陳氏禮記集説補正》，卷九第十三頁 A 面。

② ［清］納蘭性德：《陳氏禮記集説補正》，卷五第九頁 B 面。

　　竊案：樂正，即大司樂，以樂德樂舞教國子，故謂之司業。業者，筍簴上板刻之截業如鋸齒者也。其以《詩》《書》《禮》《樂》造士，蓋兼爲之，非專主《詩》《書》之業也。《集説》蓋孔疏之誤。①

　　按：此條主要考證"樂正"這一官職的主要職務。陳澔以爲樂正的主要職務是教世子《詩》《書》，《補正》認爲樂正即是大司樂，主掌教國子樂德、樂舞，教《詩》《書》《禮》《樂》祇是兼職。《禮記·王制》"樂正崇四術，立四教，順先王《詩》《書》《禮》《樂》以造士"，鄭注："樂正，樂官之長，掌國子之教。"②《周禮·春官》"大司樂，中大夫二人"，鄭注："大司樂，樂官之長。"孔疏："大司樂掌教國子六樂六舞等。"③可知樂正即是大司樂，所掌乃是國子之教，非專主世子《詩》《書》之業，《補正》之説考證十分確當。

　　6.正字音，如卷十一《曾子問》一例：

　　　反葬，奠而後辭於殯，遂修葬事【集説】殯，音賓。及葬母而反，即於父殯設奠，告語於賓，以明日啓父殯之期。賓出之後，孝子遂修營葬父之事也。

　　　竊案：鄭注："殯，當爲賓。辭於賓，謂告將葬啓期也。"《集説》本之。然辭於殯，吳臨川謂："告殯以啓期，不須改'殯'爲'賓'。"其説殊當。④

　　按：此條"殯"字讀音不同，意義也不同。鄭玄認爲當讀作"賓"，意思是父殯設奠後，告訴賓明日啓父殯之期。《補正》引吳澄之説，認爲讀如字，意思是"告殯以啓期"。《曾子問》此條屬變禮，雖爲變禮，有法可循，因此孔子能爲解説。葬母之後又葬父，其中儀節及行禮時間，賓應當已經提前知道，不需專門在禮文中提出告賓一事，故而此處吳澄之説更爲恰當。

---

① ［清］納蘭性德：《陳氏禮記集説補正》，卷十二第六頁 B 面。

② ［漢］鄭玄注，［唐］孔穎達正義，呂友仁整理：《禮記正義》，上海：上海古籍出版社，2008 年 9 月，上冊第 546 頁。

③ ［漢］鄭玄注，［漢］賈公彥疏，彭林整理：《周禮注疏》，上海：上海古籍出版社，2011 年 10 月，中冊第 630 頁。

④ ［清］納蘭性德：《陳氏禮記集説補正》，卷十一第一頁 B 面。

7.正句讀

韓愈在《師説》中言："句讀之不知，惑之不解。"即指不知句讀，就不能正確理解文意，可見句讀之重要。從先秦到現代的所有《禮記》注解書中，幾乎都有談到句讀的問題，《補正》對句讀問題時有關注，觀點也往往與鄭注、孔疏不同，舉卷五《檀弓上三》一例如下：

> 將軍文氏之子，其庶幾乎！亡於禮者之禮也。【集説】文氏之子，其近於禮乎！雖無此禮而爲之禮。又引疏曰："庶幾堪行乎無於禮文之禮也。"
> 竊案：陳氏前之所云，是以"其庶幾乎"爲句，"亡於禮者之禮也"爲句，後引孔疏，又似作一句讀。兩説無定，當以孔疏爲正。①

按：經文原文："將軍文子之喪，既除喪，而後越人來吊，主人深衣練冠，待於廟，垂涕洟。子游觀之，曰：'將軍文氏之子，其庶幾乎亡於禮者之禮也，其動也中。'"講的是變禮的問題，據孔疏："亡，無也。其始死至練祥來吊，是有文之禮。祥後來吊，是無文之禮。"②因此子游稱贊文氏之子能夠在沒有禮文指導的情況下行禮得當。可知陳澔在"其庶幾乎"後斷句，顯然不合理，故而《補正》從孔穎達之句讀。

8.補正句義，如卷二十五《雜記下》一例：

> 鄉人五十者從反哭，四十者待盈坎。【集説】同鄉之人五十者，始衰之年，故隨主人反哭，而四十者待土盈壙乃去。
> 竊案：玉巖黃氏曰："四十者待盈坎，非徒執紼以待而已，蓋爲之執紼以下棺及實土也。故《儀禮·既夕禮》'實土三，主人拜鄉人'，注云'謝其勤勞'是也。"《集説》"待土盈壙"，則是袖手旁觀，全不事事也，豈故人助喪之義乎？③

按：此條經文，陳澔解"四十者待盈坎"作"四十者待土盈壙乃去"，誠有所失。故《補正》引黃乾行之説，認爲應當作四十者"非徒執紼以待而已，蓋爲之執紼以下棺及實土也"解，并引《既夕禮》經文及鄭注爲

---

① [清]納蘭性德：《陳氏禮記集説補正》，卷五第二頁A面。
② [漢]鄭玄注，[唐]孔穎達正義，呂友仁整理：《禮記正義》，上册第295頁。
③ [清]納蘭性德：《陳氏禮記集説補正》，卷二十五第八頁A面。

證，確實更符合經文要表達的意思。此類補正中，"正"的部分更有意義。

9.正禮制

《禮記》本就是一部爲《儀禮》作注解的書，故而其中所涉禮儀制度的内容亦多。禮儀制度本不易懂，各家説解遂有異同。陳澔《禮記集説》中援引各家觀點，附以己見，其中多涉禮制，而《補正》於此亦頗多批評，舉卷二十六《喪大記》一條爲例：

> 小斂之衣，祭服不倒。君無襚，大夫、士畢主人之祭服，親戚之衣受之，不以即陳。【集説】君無襚，謂悉用己衣，不用它人襚送者。大夫、士盡用己衣，然後用襚。
>
> 竊案：《士喪禮》小斂之時，但有襚者，而無君襚。至大斂陳衣，而後云君襚祭服、散衣，庶襚凡三十稱。則此記"君無襚，大夫、士畢主人之祭服"，當從熊氏、胡氏之説矣。熊氏曰："小斂之時，君無以衣襚大夫、士。雖有，不以斂。至大斂，則得用君襚。"廬陵胡氏曰："此謂小斂，君不以衣襚大夫、士。若大斂，則君襚。"臨川吴氏雖以爲鑿，然其説合於《儀禮》，可信據也。①

按：此經文所言乃是君、大夫、士入殮所用襚衣制度的問題。陳澔解"君無襚，大夫、士畢主人之祭服"一句，認爲"君無襚"是指國君而言，謂國君小斂時全部用自己的衣服，不得用他人助喪送來的衣服。"大夫、士畢主人之祭服"是指大夫、士小斂時先把自己的衣服全部穿用，再用賓客所送的衣服。《補正》據《儀禮·士喪禮》經文，并引熊氏、胡氏之説，認爲此句當合起來講，意思是小斂之時，君不賜給大夫、士入殮用的衣服，或者即使有賜，大夫士也不得用，到了大斂的時候，大夫、士纔能用君所賜之衣。吴澄曰："此章每節皆言君與大夫、士三者之禮，如熊説，則此節不言君禮，而但言大夫、士禮，與前後節立文之例不合。孔氏兩存其義，猶或有疑，胡氏專主其説，則偏矣。"②所謂"孔氏兩存其義"，是指孔穎達一方面認爲"國君陳衣及斂，悉宜用己衣，不得陳用他人見襚

① ［清］納蘭性德：《陳氏禮記集説補正》，卷二十六第六頁 A 面。
② ［元］吴澄：《禮記纂言》，影印文淵閣《四庫全書》第 121 册，臺北：臺灣商務印書館，1986 年，第 256 頁。

送者"①，同時又引熊氏之説，謂"其義俱通，故兩存焉"②。吴澄之説不僅考慮到了不同注解的分歧，還從文例上進行論證，似乎更爲合理。胡氏之説過於偏執，《補正》以之爲據，且不同意吴澄説，顯然亦失於詳考。由此可見，《補正》對於陳澔所論禮制的批駁，未必都是正確的，這是我們研讀該書時需要注意的。

10. 疑經文，如卷五《檀弓上三》一例：

昔者夫子失魯司寇，將之荆，蓋先之以子夏，又申之以冉有，以斯知不欲速貧也。【集説】將適楚而先使二子繼往者，蓋欲觀楚之可仕與否，而謀其可處之位歟？

竊案：孔子之出處，進禮退義，故雖欲得君行道，而必不肯自輕。所謂"先之以子夏，又申之以冉有"者，已爲可疑，況考之《史記·世家》，孔子失魯司寇在定十四年，之楚在哀六年，其間年月相去甚遠，又有適衛、適宋、適鄭、適陳、遷蔡等事，何得云失魯司寇，將之荆？其事尤可疑也。孔氏謂哀六年，孔子之荆，是失魯司寇之後，非謂失司寇之年即之荆。是亦不得其説，從而爲之辭。惟何氏孟春云："孔子之欲仕，非爲富也，爲行道也。欲富而瞰且趨焉，以求利於蠻夷之國，非孔子之所爲也。《檀弓》所載，蓋傳聞之謬者。"得之矣。③

按：疑經風氣自宋代大興以來，歷代解經作品中都有懷疑經文的痕迹，《補正》疑經文之處不在少數。此例中是疑《檀弓》所載孔子"不欲速貧"之説是否真實。凡此之類，下文有專門討論，這裏先不贅言。

11. 附辨其他書中之觀點，如卷八《王制》一例：

用民之力，歲不過三日。【集説】用民力，如治城郭、塗巷、溝渠、宫廟之類。《周禮》：豐年三日，中年二日，無年則一日而已。若師旅之事，則不拘此制。

竊案：《集説》引《周禮》以證，是也。若《大全》引長樂陳氏之説，則非矣。陳氏云："《周官》：豐年旬用三日，中年旬用二日，

---

① ［漢］鄭玄注，［唐］孔穎達正義，吕友仁整理：《禮記正義》，下册第 1739 頁。
② ［漢］鄭玄注，［唐］孔穎達正義，吕友仁整理：《禮記正義》，下册第 1740 頁。
③ ［清］納蘭性德：《陳氏禮記集説補正》，卷五第九頁 A 面。

無年旬用一日。則歲不過三日云者，非周制也。"然歲不過三日，謂
雖豐歲，用力亦不過三日耳。中年二日，無年一日，已包舉其中。此
正是周制，何得以爲非？附辨於此。①

按：此條本應補正陳澔的觀點，而《禮記大全》中亦有關於此條經文
的注解，引用的是長樂陳氏的觀點，作者因見其不合理，故而附辨於此，
所補正的其實已經是《禮記大全》。

綜上所述，可知《補正》一書所包含的內容十分廣博，凡聲音、文
字、句讀、義理俱有，器物、人物、官職、禮制皆涉。根據該書卷次安排
及內容的駁雜情況，可以看出此書實際上是一本關於陳澔《禮記集説》的
讀書札記，衹不過在編纂時僅保留了駁正及補充的內容，最後冠以"補
正"之名。

小　結

本章對《補正》之體例和內容進行闡發。《補正》體例分明，自有其
內在邏輯。我們從全書整體結構設置、正文的體例、案語部分的體例三個
方面，從大到小，從整體到部分，依次展開論述。內容方面，使用分類
法，將全書內容分爲補正篇名解題、正字詞之義、正名物、考人名、考官
職、正字音、正句讀、補正句義、正禮制、疑經文、附辨其他書中之觀
點，共十一個方面，分別舉例説明。

---

① ［清］納蘭性德:《陳氏禮記集説補正》，卷八第十頁 A 面。

第四章　《陳氏禮記集説補正》的特點及思想

作爲專門針對陳澔《禮記集説》而作之書，《補正》具有哪些特點，使其與同時代類似之作區別開來？又《補正》成書正值學術思潮發生深刻的變化，那麼其所藴含的思想是否與時代風氣息息相關？是否對學風轉變有所影響？下面試爲探析。

一、《陳氏禮記集説補正》特點分析

（一）針鋒相對，意主糾駁

《補正》一書最大的特點在於糾駁方面，它具有極强的針對性，從多個層面對陳澔《禮記集説》作了補正，立場十分鮮明，風格十分突出，具體表現如下：

1. 批陳澔《禮記集説》解經之簡

陳澔在《禮記集説序》中説："蓋欲以坦明之説，使初學讀之即瞭其義，庶幾章句通則藴奥自見，正不必高爲議論而卑視訓詁之辭也。"①《四庫全書總目》提要也説："蓋説《禮記》者，漢、唐莫善於鄭、孔，而鄭注簡奥，孔疏典贍，皆不似澔注之淺顯。宋代莫善於衛湜，而卷帙繁富，亦不似澔注之簡便。"②由此可見，《禮記集説》最大的特點是淺顯，爲此陳澔在注解時或簡化删改鄭注孔疏，或概括禮制、禮義，或對複雜考據略而不談。這樣簡化處理，雖有利於初學者，但有時也會使禮義不明，禮制不備，乃至有所謬誤，例如：

①卷十六《内則》：

> 三牲用藙。【集説】藙，茱萸也。
> 竊案：鄭注："藙，煎茱萸也。"不但以茱萸釋藙，而必曰煎，則有人工作之矣。猶秋用芥，以芥醬釋之也。故孔氏引賀氏説，申之曰："今蜀郡作之，九月九日取茱萸，折其枝，連其實，廣長四五寸，一升實可和十升膏，名之藙。"《集説》既從舊注，以芥爲芥醬矣，於茱

---

① ［元］陳澔著，金曉東校點：《禮記集説》，第7頁。
② ［清］永瑢：《四庫全書總目》，上册第170頁。

莫獨去"煎"字，何也？①

　按：陳澔解經，意在使讀者明經意，於器物知其大概即可。鄭注釋"薮"爲煎的茱萸，而陳澔在引用此條時去掉了"煎"字，直接釋"薮"爲茱萸，從本質上來說是不錯的，但是如此解釋就讓人不明白這茱萸到底是直接采摘來的，還是經過加工的，不利於讀者瞭解禮制器物原貌。《禮記集説》中此類引鄭注、孔疏而删字的情況數量不少，作者俱有辯論。

　②卷三十五《投壺》：

　　設中。【集説】取中以進而設之。
　　竊案：此中設於何處也？孔氏曰："司射西階上取中，稍進，東面而設中也。"此中亦設於西階上也。②

　按：《儀禮》中禮節繁多，複雜難明，涉及到具體的細節更是讓人窮於探究，因此世人常歎其難讀。陳澔在注解《禮記》時遇到此類禮節時，往往不會深究，祇要能讓人明其義理即可，故而類似上例中但解"設中"而不管其設於何處的解説時常有之。這種注解固然是因陳澔以淺顯爲宗旨而起，但一味淺顯確實也不利於考察禮儀制度的實際狀況，《補正》於此多有批評。

2.批陳澔本人解經之虛妄

　陳澔本人解説《禮記》經文，時有根據自己的理解，不管禮義，妄自解説的，不仔細考察，究其原委，往往會輕易看過，錯會經文主旨。這點前人多有詬病，《補正》則用力更多，逐一批評糾正，如：

　①卷一《曲禮上》：

　　很毋求勝，分毋求多。【集説】况求勝者未必能勝，求多者未必能多。
　　竊案："毋求勝""毋求多"，乃不忮不求，懲忿窒欲之事。"毋求多"即與"毋苟得"相似。財利者，人所最易惑者也，故再言之。陳氏乃云求勝未必勝，求多未必多，却不免計校得失。若是，則可以必

① ［清］納蘭性德：《陳氏禮記集説補正》，卷十六第九頁 B 面。
② ［清］納蘭性德：《陳氏禮記集説補正》，卷三十五第三頁 B 面。

勝、必多，將不難爲之矣。①

按：此二句鄭注、孔疏俱以"有小小鬭很，當引過歸己，不可求勝""所分之物，毋得求多也"解之，頗中禮義，後儒亦多持此説。陳澔之言，不思經文大義，祇是隨口解説，欲加發揮，反而過猶不及，不似聖人之言。這種解經方式，《禮記集説》中往往有之，并非個例，故而《補正》匡正其失，解經務求準確適中，迴歸聖人本意，正是有感而發，有的放矢。

②卷二十二《學記》：

> 皮弁祭菜，示敬道也。【集説】示之以尊敬道藝。
> 竊案：古者始入學，必釋菜於先聖先師，故有司皮弁，行釋菜禮，蓋示學者以敬先聖先師之道也。《集説》云"尊敬道藝"，而不及先聖先師，與釋菜無涉矣。②

按：鄭注曰："祭菜，禮先聖先師。"孔疏曰："'皮弁祭菜'者，謂天子使有司服皮弁，祭先聖先師以蘋藻之菜也。'示敬道也'者，崔氏云：'著皮弁，祭菜蔬，并是質素，示學者以謙敬之道矣。'"③可知"皮弁釋菜"的目的是爲了"禮先聖先師"，并向學者顯示要尊敬師道，這樣釋菜禮纔有意義。崔氏所解不夠明確，陳澔之説則是祇看字面意思解釋了，將"敬道"解作"尊敬道藝"，確實於禮義不合。《補正》根據鄭注，對陳澔加以糾正，十分確當。

3.批陳澔《禮記集説》所引諸家説中之誤

陳澔《禮記集説》之名，實由集諸家之説而來，因此書中大量引用了前人的觀點，這些觀點正確與否，頗值得考量。《陳氏禮記集説補正》於此十分關注，并且對其中有誤者做出了辨正，下舉例以説明：

①卷五《檀弓上三》：

> 朝奠日出，夕奠逮日。【集説】方氏曰："朝奠以象朝時之食，夕奠以象夕時之食，孝子事死如事生也。"

---

① ［清］納蘭性德：《陳氏禮記集説補正》，卷一第一頁 B 面。
② ［清］納蘭性德：《陳氏禮記集説補正》，卷二十二第三頁 B 面。
③ ［漢］鄭玄注，［唐］孔穎達正義，呂友仁整理：《禮記正義》，中册第 1430 頁。

竊案：方氏之説似是而非，若云"事死如事生"，則生時不但朝夕二食而已，更有午食，何以日中不奠？故不如鄭注爲精。鄭氏曰："陰陽交接，庶幾遇之。"吴氏申之曰："陰闇陽明，日出者，由闇而明，陰交接陽也。及日將入，由明而闇，陽交接陰也。奠者，所以聚死者之神。死而神混於天地陰陽之中，故於天地陰陽交接之際求之。"①

按：此處解釋"朝奠""夕奠"之事，方氏以象"朝時之食""夕時之食"爲説，言"孝子事死如事生"，實屬臆測。《儀禮》中之禮節多有寓意，何時行何禮節，必有講究。此處鄭玄、吴澄以"天地陰陽交接之際"釋行朝、夕奠之原因，較方氏更勝一籌。

②卷十六《内則》：

有善則記之，爲惇史。【集説】方氏曰："五帝之憲也，而老者未嘗無言，要之以德爲主耳。故曰'有善則記之'，蓋可記者言故也。"

竊案："有善"之善，蓋指老者之德行而言，非謂記其善言也。故孔疏云："老人有善德行則記録之，使衆人法則，爲惇厚之史。"《集説》以爲"可記者言"，謬矣。若徒記善言，何以爲惇史？②

按：此處引孔疏解"有善"之善爲"善德行"，批評方氏"善言"之説。惇史即是惇厚之史，其中所記的内容是爲了使衆人法則。那麼可使衆人法則的不僅有善德行，善言亦可爲人法則，方氏説固然不全面，孔疏亦未必盡之，兩説相合乃善。

（二）追本溯源，考辨學術

《陳氏禮記集説補正》案語中一般會先指明"集説"中之觀點本自何人，有時在辯證中引用別人觀點，也指出其淵源。這種嚴謹的考證，不僅爲讀者提供了方便，而且表現了作者實事求是的態度、深厚的學術功底。這也是此書解經上的一個重要特點，以下具體討論：

1.溯源陳澔之説所本

這種情况在《陳氏禮記集説補正》中占很大比例。此書"集説"中列出陳澔自己發明、闡述禮義的内容，在"案語"中首先考明陳澔所説本自

---

① ［清］納蘭性德:《陳氏禮記集説補正》，卷五第十五頁 A 面。

② ［清］納蘭性德:《陳氏禮記集説補正》，卷十六第十二頁 A 面。

何家。經統計，陳澔之説絕大部分可以從鄭注孔疏中找到淵源，少部分是本自其他解經家之觀點，舉卷二《曲禮下》一例：

> 在朝言禮，問禮對以禮。【集説】朝廷之上，凡所當言者，皆禮也，一問一對，必稽於禮。
>
> 竊案：鄭氏曰："於朝廷無所不用禮。"孔氏曰："朝事既重，謀政不輕，殷勤戒之，言及問對，則宜每事稱禮也。"《集説》本之，然一事而分爲三條，未免支離。吴氏曰："在朝議禮，問此一禮則對以此一禮。"其説爲當。①

按：此條討論"在朝言禮，問禮對以理"的問題。《補正》列出鄭玄和孔穎達的觀點，再和陳澔的説法相對比，明顯可以看出陳澔觀點是引申自鄭注、孔疏，衹是求之過甚，發揮太多，反而支離。

2.溯源陳澔所引諸家説之所本

陳澔《禮記集説》中時常引用其他解經家的觀點，《補正》於這些解經家的觀點本自何處，也有所考證，但是所占比例不大，舉卷七《檀弓下二》一例説明如下：

> 仕而未有禄者，君有饋焉曰"獻"，使焉曰"寡君"。違而君薨，弗爲服也。【集説】《王制》云："位定然後禄之。"蓋初試爲士，未廩禄者，有饋於君，則稱"獻"；使他國，則稱"寡君"。此二事皆與群臣同。獨違離之後而君薨，則不爲舊君服。此則與群臣异。所以然者，以其未嘗食君之禄也。又引方氏曰："湯之於伊尹，學焉而後臣之。方其學也，賓之而弗臣，此所謂仕而未有禄者，若孟子之在齊是也。惟其賓之而弗臣，故有饋焉。不曰'賜'而曰'獻'，將命之使不曰'君'而曰'寡君'，蓋'獻'爲貢上之辭，而'寡'則自謙之辭故也。以其有賓主之道，而無君臣之禮，故違而君薨，弗爲服也。其曰違，則居其國之時，固服之矣。"
>
> 竊案：二説中方氏爲優，《集説》初一條本之注、疏，削之可也。然方氏又有所本。臨川王氏曰："君有饋焉，而解曰'有饋於君'，似非。臣之饋君謂之獻，豈問有禄未有禄乎？"老泉蘇氏曰："禮曰：'仕而未有禄者，君有饋焉曰獻，使焉曰寡君。違而君薨，弗爲服也。'

---

① ［清］納蘭性德：《陳氏禮記集説補正》，卷二第十頁 A 面。

古之君子重以其身臣人者，蓋爲是也哉？子思、孟軻之徒至於是國，國君使人餽之，其詞曰：'寡人使某有獻於從者。'布衣之尊而至於此，惟不食其禄也。"李氏曰："立於其朝矣，命廩人繼粟，庖人繼肉，而不以官定食，所謂仕而未有禄者也。餽焉則獻，使焉則不以主君，賓焉而不臣之也。賓之，故有獻而無賜。《玉府》之職曰：'掌王之獻玉。'是王有獻賢之禮也。"長樂陳氏曰："賓之而弗臣，故有餽焉，不曰賜而曰獻。其將命之使，不曰君而曰寡君，若子思之仕魯、孟子之仕齊是也。違而君薨弗服，則在國而君薨，爲之服矣。"山陰陸氏曰："未純於臣，則雖君餽之，猶曰獻。雖違之他邦，弗爲君服。"案此數家之説，方氏所本也，勝注、疏多矣。①

按：此例中言方氏之説本自臨川王氏、老泉蘇氏、李氏、長樂陳氏、山陰陸氏數家。實際情況中，此以上數家可能相互之間有所借鑒，方氏也未必就將這幾家觀點盡數看過，但是作者在這裏這樣指出，却是從學術史的角度出發，將關於這個問題的研究狀況一一展現，有點綜述的味道，也自有其特別意義。

3.溯源其他諸家説之所本

《補正》在批駁陳澔《禮記集説》觀點時，經常引用到其他人的説法，對於其中一些人的説法也偶爾考證其所本，如卷四《檀弓上二》一例：

> 行道之人皆弗忍也。【集説】行道之人皆有不忍於親之心，然而遂除之者，以先王之制，不敢違也。
> 竊案："行道"有兩説：鄭氏謂"行道，猶行仁義"。臨川吳氏本之，謂"稍知率性之道而行之者，其性必過厚，故以禮制其情，則皆有所不忍也"。方氏、胡氏則以爲"行道之人"與《孟子》所謂"行道之人弗受"同。《集説》雖不分別言之，應是從鄭注之説，然而謬矣。②

按：此例中《陳氏禮記集説補正》辯駁陳澔的觀點，引用到了吳澄的説法，在吳澄之説前先列鄭注，并指出後者對前者的繼承發揮，來龍去脉，十分清楚。

根據上面的論述，我們可以看出，《陳氏禮記集説補正》溯源諸家説

---

① ［清］納蘭性德：《陳氏禮記集説補正》，卷七第三頁 A 面。
② ［清］納蘭性德：《陳氏禮記集説補正》，卷四第三頁 A 面。

所本的做法，較之其他解經家，的確特點突出。不能否認，這樣的工作，是需要以廣博見聞和博覽衆家爲支撐的，没有這個條件，在當時那種文獻檢索條件較爲落後的情况下，要做到這個地步，也是難以想像的。

（三）博綜衆論，證明己説

《陳氏禮記集説補正》在解經過程中，廣泛援引各家觀點，多方采納，其性質頗類似“集説”，但是又有所不同，因爲作者會對所引衆家觀點區分對錯，厘定是非，給出己見，體現了作者本人的解經意志。爲方便説明，下面將此書引用各家説概况列於表中。所列皆是引用次數較多者，還有引用次數雖不多，但是在經學上有較大成就或與本文某項研究内容相關者。

朝代	所引人名	相關資料	次數
東漢	鄭玄（127~200）	字康成，北海高密（今山東）人，東漢經學家。曾入太學攻《京氏易》和公羊學，又師從張恭祖習《古文尚書》《周禮》和《左傳》等，最後師從馬融學習古文經。游學歸里，聚衆講學，門徒數千。後遭黨禍，杜門著書，遍注群經，終爲大儒。其學世稱“鄭學”，爲區别於鄭興、鄭衆父子，人稱其“後鄭”。	約150條[1]
南朝梁	皇侃（488~545）	吴郡（今江蘇蘇州市）人，經學家，師從賀瑒，精於“三禮”、《孝經》、《論語》。著有《論語集解義疏》《禮記義疏》《孝經義疏》等。	5條
北朝	熊安生	生卒年不詳。字植之，北朝經學家，通五經，精於“三禮”，著有《周禮義疏》二十卷、《禮記義疏》四十卷、《孝經義疏》一卷。	12條
唐	陸德明（約550~630）	名元朗，字德明，蘇州人，隋唐間經學家、訓詁學家。著有《經典釋文》《周易注》《周易兼義》等。《舊唐書》《新唐書》有其傳記。	6條
	孔穎達（574~648）	字冲遠，孔子三十二代孫，隋唐間經學家，冀州衡水(今河北衡水市)人，曾任國子博士、國子司業、國子祭酒等職。以精通“五經”稱於世，尤明《左傳》《尚書》《毛詩》和王弼注《易》。奉詔編定《五經正義》，爲經學的統一作出很大貢獻。	約150條

---

① 按：此類統計中出現約數，主要是由《陳氏禮記集説補正》所引諸家稱謂不明確引起的。如其中可確定爲陸佃的有41條，其他尚有稱“陸氏”者，不可確考，故取約數。下仿此。

續表

朝代	所引人名	相關資料	次數
北宋	張載（1020~1077）	又稱張子，字子厚，祖籍大梁（今開封），後徙家鳳翔郿縣橫渠鎮，人稱"橫渠先生"。北宋哲學家，理學支脉——關學創始人，封先賢，奉祀孔廟。著有《正蒙》《經學理窟》《橫渠易説》《張子語録》等。	18條
	程頤（1033~1107）	字正叔，北宋理學家。與其兄程顥共創"洛學"，爲理學奠定了基礎，人稱"二程"。後追封洛國公，配祀孔廟。有《二程集》傳世。	3條
	吕大臨（1040~1092）	字與叔，號蕓閣，京兆藍田（今陝西藍田）人，北宋學者、金石學家。師從張載、二程，一生著述頗多，主要有《禮記解》《大學解》《吕氏家禮》等。	13條
	陸佃（1042~1102）	字農師，號陶山，越州山陰（今浙江紹興）人。精於禮家名數之説，著有《爾雅新義》、《禮記解》四十卷、《禮象》十五卷、《述禮新説》四卷、《儀禮義》十七卷、《禮記新義》等。	約50條
	陳祥道（1053~1093）	字用之，北宋經學家。曾師從王安石，一生長於"三禮"之學，著有《禮記講義》二十四卷、《禮書》一百五十卷、《禮例詳解》十卷。	33條
	葉夢得（1077~1148）	字少藴，號石林居士，吳縣（今蘇州）人，宋代著名詞人。於《春秋》《禮記》《論語》《孟子》等均有著述。傳世有《石林燕語》十卷、《避暑録話》二卷、《石林詩話》二卷等。	7條
	方愨	生卒年不詳，字性夫，浙江桐廬人。一生致力於禮學，著有《禮記解》。	67條
	馬晞孟	字彦醇，著有《禮記解》七十卷。	16條
南宋	項安世（1129~1208）	字平父（一作平甫），號平庵。其先括蒼（今浙江麗水）人，後移家江陵（今屬湖北）。淳熙二年進士，著有《易玩辭》《項氏家説》《平庵悔稿》等。	5條
	朱熹（1130~1200）	字元晦，又字仲晦，號晦庵，別號紫陽先生、考亭先生、滄洲病叟等，謚號文，稱朱文公。南宋理學家、教育家、閩學派的代表人物，儒學大師，世稱朱子。平生著述甚多，如《四書章句集注》《楚辭集注》《詩集傳》《近思録》等。	26條

朝代	所引人名	相關資料	次數
	劉礪 （1157~1204）	字用之，號在軒。受學於朱子。	約8條
	輔廣	生卒年不詳。字漢卿，號潛庵，崇德（今浙江桐鄉）人。專攻周敦頤和二程學説，先後師從吕祖謙和朱熹，學者稱其傳貽先生。其《詩童子問》《晦庵先生語録》《朱子讀書法》爲《四庫全書總目》著録，另有《六經集解》《尚書注》《四書纂疏》《論語答問》《孟子答問》《通鑒集義》等。	5條
	應鏞	字子和，蘭溪人。著有《尚書約義》《禮記纂義》等。	3條
	黄震 （1213~1281）	字東發，號文潔，人稱於越先生，慶元慈溪（今浙江慈溪東南）人。學宗朱熹，主張經世致用，反對空談義理，創立東發學派。著有《春秋集解》《黄氏日鈔》《禮記集解》《古今紀要》等。	3條
元	熊朋來 （1246~1323）	字與可，號天慵子，豫章（今江西南昌）人。宋末元初著名音樂家兼經學家。	2條
	吴澄 （1249~1333）	字幼清，號草廬，撫州崇仁（江西崇仁咸口）人，宋元之際學者、理學家，爲朱熹四傳弟子，在當時被認爲是南方學者之宗，死後追封爲臨川郡公，謚號文正。著有《吴文正集》一百卷、《易纂言》十卷、《易纂言外翼》八卷、《禮記纂言》三十六卷、《書纂言》四卷、《儀禮逸經傳》兩卷、《春秋纂言》十二卷、《孝經定本》一卷、《道德真經注》四卷等。	117條
明	胡廣 （1369~1418）	字光大，江西吉安人。明朝書法家、大學士，官至内閣首輔，謚號文穆。曾奉命纂修《五經四書大全》，有《胡文穆公文集》傳世。	16條
	黄乾行	字玉巖，福建福寧人，嘉靖癸未（二年，1523）進士，官至重慶府知府，著有《禮記日録》三十卷。	13條
	徐師曾 （1517~1580）	字伯魯，號魯庵。嘉靖三十二年（1553）進士，幼先習儒，長而博學，兼通醫卜、陰陽等。撰有《周易演義》《醫家大法》等書。	9條
	郝敬 （1558~1639）	字仲輿，號楚望，京山（今湖北京山）人。萬曆十七年（1589）進士。通經學，著述頗多。有《禮記通解》二十二卷。	13條
	歸有光 （1506~1571）	字熙甫，又字開甫，别號震川，又號項脊生，江蘇崑山人。在散文創作方面有很大成就，著有《震川文集》《三吴水利録》。	2條

朝代	所引人名	相關資料	次數
清	顧炎武 （1613~1682）	本名絳，字忠清，明亡後改名炎武，字寧人，亦自署蔣山傭，人稱亭林先生，江蘇崑山人。明末清初著名思想家，著有《日知録》《音學五書》等。	4條
	陸元輔 （1617~1691）	字翼王，一字默庵，號菊隱，嘉定人，爲"嘉定六君子"之一。學識淵博，詩文出衆。	9條
	姜宸英 （1628~1699）	字西溟，號湛園，又號葦間，浙江慈溪人。	1條
	徐乾學 （1631~1694）	字原一，幼慧，號健庵、玉峰先生，江蘇崑山人，清代學者、藏書家。曾主持編修《明史》《大清一統志》《讀禮通考》等，有《憺園文集》傳世。	1條

　　除以上所引諸家外，還有長樂黄氏、延平周氏、晏氏、李氏等，被徵引次數在3次左右，但不可考其姓名生平。其餘如程大昌、吕祖謙、何孟春、伊繼山、楊復、敖繼公、金華邵氏、廣安游氏、金仁山氏、華谷嚴氏、慈湖楊氏、臨川王氏、秦溪楊氏、朱汝礪氏、汪氏、張氏、饒氏等，被徵引或一次，或兩次，於全書影響不大，故不列入表中，亦不述其生平。

　　由表中所列數據可以看出，《陳氏禮記集説補正》徵引鄭注孔疏條數最多，俱在150條以上，其次是吴澄117條，其次方慤67條，其次陸佃約50條，其次陳祥道32條，其次朱熹26條，其餘俱在20條以下。若以學派師承劃分，鄭玄、孔穎達可謂一脉相承，爲一派；據《宋元學案》，陸佃、陳祥道、馬晞孟、方慤俱是王安石門下，可稱王氏"新學"一派；吴澄爲朱熹四傳弟子，二人又可稱一派。如此可見，三派被徵引條目數量都不少，這種現象首先反映了《陳氏禮記集説補正》作者的廣博見聞，旁徵博引，所用材料十分豐富；其次反映出作者多方采納，并不專於一家一派之言，并不固守"漢學""宋學"之壁壘，凡能爲其所用者，凡言之有理者，皆爲收納；第三，這還反映了作者解經言必有據，援引先儒之説，少有空言。

　　《陳氏禮記集説補正》所引諸家注解甚多，但却不是爲了附從這些觀點，而是爲了化爲己用，論證自己的想法。與自己見解相合者，自是"先得我心"，就拿來用爲論據。有與自己見解不相合者，則或存異，或存疑，但是更多的是批判。通過這種批判他人論點，樹立起自己的觀點，其間又廣引諸説，務求有理有據，論證詳實。舉卷二十一《少儀》一例以説明：

毋測未至。【集説】君子以誠自處，亦以誠待人，不逆料其將然也。未至而測之，雖中亦僞。

竊案：《集説》蓋本"不逆詐，不億不信"之意，恐非記者之旨。孔氏云："未至之事，聖人難之，凡人固不可預。欲測量之也，若終不驗，則傷知也。"胡氏亦云："測未至，謂幸中，如子貢。"二説甚當。子張問"十世可知乎"，夫子不過即三代已往之因革以斷之，非若讖緯術數之家，用其私智以推測也。至人且然，況學者乎。"①

按：《補正》認爲，還未發生之事，本就難以預料，如果强行預料，結果却不中，就會傷智，因此聖人不爲。這與陳澔用"君子以誠待人、待己"之解不同，故而引用孔疏和胡氏的觀點，來證明多數解經家都持此説。觀此條注解，陳澔之説確實不如《補正》高明。

除所引諸家觀點較多外，《補正》所引用的各類書籍也不在少數。"十三經"中，《禮記》《儀禮》《周禮》自不必説，其他如《周易》《尚書》《詩經》《春秋》《左傳》《公羊傳》《爾雅》《孟子》等俱有涉及。史書類中，主要引書有《史記》《漢書》《後漢書》《三國志》等。子書類中，《老子》《莊子》《吕氏春秋》《白虎通義》等往往被引到。許慎《説文解字》、陸德明《經典釋文》等被徵引次數較多。其他諸書如朱熹《四書章句集注》、黄震《黄氏日鈔》、黄乾行《禮記日録》、吳澄《禮記纂言》等，隨所引到之人而連帶提到。這些引書也都是爲了配合《補正》作者的論證，也是作者見聞廣博的體現。

（四）與鄭注孔疏時立异同

鄭注、孔疏是諸多《禮記》注解著作中最重要的兩部，後世習禮、研禮者都給予了高度的重視。陳澔《禮記集説》中所引觀點最多的就是鄭注、孔疏，《補正》也是，但在對二者的態度上，兩書有所不同。陳澔《禮記集説》凡所引用鄭注、孔疏者，基本上是以贊成其觀點爲主。在對二者的利用上，或是删減注、疏内容，或是簡化注、疏之文，或是對注、疏加以總結，或是對注、疏加以補充。陳澔雖不盲從鄭注、孔疏，但是也很少對其提出質疑辨正。相比之下，《補正》在對鄭注、孔疏的處理上則有其特別之處，即它所持的是一種辯證的態度，對鄭注、孔疏觀點有贊

---

① ［清］納蘭性德：《陳氏禮記集説補正》，卷二十一第五頁 B 面。

同，也有批評指正。作者對鄭注、孔疏并沒有表現出十分明顯的傾向性，
祇是就事論事，取其所需而已。

《四庫全書總目》謂《補正》"於鄭注、孔疏亦時立异同"①，這裏的
"异同"，應當是偏重指差异。《補正》中對鄭注、孔疏之"异"大體表現
在兩個方面，一是批駁鄭、孔，二是對鄭、孔之説存疑和存异，下面分別
略加説明。

1. 批駁鄭注孔疏的情況

《補正》在案語中一般先追溯陳澔之説本自何人，往往追到鄭、孔，
若發現有不妥當之處，即加駁正。在此情況下，表面上是補正陳澔《禮記
集説》，實際針對的是鄭注、孔疏。這種批駁大體分兩種，一是認爲鄭注、
孔疏完全錯誤，加以駁正；二是鄭注、孔疏不完備，取他説加以補充，舉
例如下：

（1）認爲鄭注、孔疏完全錯誤，加以駁正，舉卷四《檀弓上二》中一
例：

> 冉子攝束帛乘馬而將之。【集説】攝，貸也。
> 竊案：鄭注："攝，猶貸也。"孔疏："孔子之使未至，貸之束帛
> 乘馬而行禮。"此《集説》所本也。然以"貸"訓"攝"，於義未當。
> 愚謂"攝"猶"攝祭""攝王""攝位"之攝，江陵項氏曰："攝，代
> 也。孔子之賻贈未至，冉有爲之代出束帛乘馬是也。"②

按：此條經文原文爲："伯高之喪，孔氏之使者未至，冉子攝束帛乘
馬而將之。孔子曰：'异哉！徒使我不誠於伯高。'"解"攝"字，孔疏從
鄭注之義，但是在注解"孔子曰"至"伯高"一段時，孔疏又曰："冉有
代孔子行吊，非孔子本意，是非孔子忠信，虛有吊禮。"③又似乎訓"攝"
爲"代"。孔穎達在疏解鄭注時，多是闡發鄭玄之解，但是并不是説他自
己沒有見解，這種見解有時會在別的地方表現出來，因此這裏就出現了同
一個字有不同注解的情況。此條中孔穎達應該是主張訓作"代"的，與鄭
玄不同。《補正》也主張訓作"代"，并引江陵項氏的觀點爲證，批駁鄭注
之誤。

---

① ［清］永瑢：《四庫全書總目》，上册第 173 頁。
② ［清］納蘭性德：《陳氏禮記集説補正》，卷四第五頁 B 面。
③ ［漢］鄭玄注，［唐］孔穎達正義，吕友仁整理：《禮記正義》，上册第 269 頁。

（2）補充鄭注孔疏不完備者，舉卷十四《禮器》中一例：

> 五獻之尊，門外缶，門內壺。君尊瓦甒。此以小爲貴也。【集説】
> 引疏曰：“壺大一石，瓦甒五斗，缶又大於壺。”
> 　竊案：鄭注云：“缶大小未聞。”故《集説》亦不言數。然案方氏
> 則云：“《爾雅》言盎謂之缶。雖不言其所容，以算法推之，掬四謂
> 之豆，積之至於缶二謂之鍾，則缶蓋四石之名也。缶之名雖同，缶之
> 用則不一。有用之以盛酒者，若《坎》所謂用缶是也；有用之以汲水
> 者，若《比》所謂盈缶是矣；有用之以節樂者，若《離》所謂鼓缶
> 是矣。”陸氏又謂：“《燕禮》‘司宫尊於東楹之西，兩方壺’，豈所謂
> ‘門內壺’者耶？公尊瓦，本在尊南上，豈所謂‘君尊瓦甒’者耶？
> 士旅食於門而兩圓壺，豈所謂‘門外缶’者耶？圓壺雖非缶，其陳設
> 之序則然。①

　按：此條是考證器物，缶的大小，鄭注言未聞，孔疏止言比壺大，具
體也不詳。《補正》引用方氏之説，認爲缶容四石，無論此説正確與否，
但比鄭、孔進一步。又言同是稱作缶，用途却不一樣，有用來盛酒的，有
用來汲水的，有用來節樂的，較之鄭、孔又詳細。

2.存异、存疑的情况

　《補正》有時對鄭注、孔疏與其他諸家觀點難以取捨，無法判斷孰是
孰非，就會采取存异、存疑的做法。當然這種處理態度在此書中所占比例
很小，以下舉卷七《檀弓下二》一例以見之：

> 穆公召縣子而問然。【集説】無解。
> 　竊案：鄭氏曰：“然之言焉也。”山陰陸氏曰：“問然，問其所以
> 然。”《集説》無解，未知孰是。②

　按：此句原文爲：“歲旱，穆公召縣子而問然，曰：‘天久不雨，吾欲
暴尪而奚若？’曰：‘天則不雨，而暴人之疾子，虐，毋乃不可與！’”而
在《檀弓上》篇中有“陳莊子死，赴於魯，魯人欲勿苦，繆公召縣子而問
焉”一句，正與此句句式相同，兩文互證，可知此處“然”字當作“焉”

---

① ［清］納蘭性德：《陳氏禮記集説補正》，卷十四第四頁 B 面。
② ［清］納蘭性德：《陳氏禮記集説補正》，卷七第十二頁 B 面。

講。山陰陸氏以"問其所以然"爲説，雖可通，恐非記禮者本意。

綜上所述，除了以上四個方面的特點外，《補正》還有其他特點，比如"義理爲主，考據爲輔"，但是這個特點是與其所針對的《禮記集説》本身就偏重義理有關，故而不需再做詳述。

二、《陳氏禮記集説補正》思想闡述

清初的學術可謂風雲激蕩，其時處於宋學向漢學轉變的中間環節，各種思想激烈碰撞。而《補正》正是在這種環境下誕生，因此它必然被深深地烙上了時代印記。同時作者本人也有自身的思想主張，借著書以傳達。下面試爲探析。

（一）漢宋兼采

經學劃分爲漢學、宋學始於清代。漢學又指考據之學，漢代學者研究經學注重名物、訓詁，其治學根本方法在"實事求是""無徵不信"，其研究範圍以經學爲中心，而衍及小學、音韵、史學、天算、水地、典章制度、金石、校勘、輯佚等等。其引證取材，多極於兩漢。宋學與漢學相對，"即宋明理學，其學術要旨，在於闡發儒家經典所蘊含的義理，褒貶議論，重視發揮"①。學術史上，漢學與宋學形成對立乃至壁壘森嚴，是在清乾嘉時期，而清初階段，經學思想的發展，呈現的是以程朱理學爲主導，同時多元探索的狀態。當然這種狀態的形成也需要一個過程。

明朝覆亡之後，有識之士反思原因，歸罪於王學末流的清談蹈虚，欲對其矯正，自然首先想到程朱理學，於是"由王返朱""合會朱陸"等學説紛紛興起。但是程朱理學也談心性之學，也屬道學者流，也有弊端，如何解決這些問題？由此出發，必然要上溯到漢唐注疏，直至經書本身。當時不少學者對於心性之學與經書的關係有新的認識，如湯斌曰：

> 夫所謂道門者，六經、四書之旨體驗於心，躬行而有得之謂也。非經書之外，更有不傳之遺學也。②

這種認識上升到理論高度，即顧炎武所提出的"古之所謂理學，經學

---

① 王記録、李艷：《漢學、宋學和清代史學》，《山西師大學報》2005 年第 32 期，第 81–85 頁。

② ［清］湯斌：《湯潛庵集》卷上，北京：中華書局，1985 年。

也"①，更直白的説法就是"經學即理學"。因此，經書本身的重要性被凸顯出來，此即後世學者所謂的"回歸原典"。但是對於經書内容的理解，仍然要借助於歷代注疏，尤其是鄭玄注和孔穎達疏。由此便形成了當時治學雖宗程朱，但也以經書原典充實宋學性道的特點。趙爾巽總結曰："清興，崇宋學之性道，而以漢儒經義實之。"②

以原典經義充實宋學之性道，落實到具體操作層面，就是不管漢唐注疏，還是宋明義理，凡有助於解釋原典的，都加以利用。這種治學方法在清初的經學研究中多被使用，其突出代表就是"御纂七經"，趙爾巽所謂"御纂諸經，兼收歷代之説"是也③。

假如我們概括這種治學方法的指導思想，比較合適的説法應該是張之洞於《書目答問》中所歸納的"漢宋兼采"。當然，需要特別指出的是，清初學者尚未如清中葉學者一樣，形成嚴格的漢學、宋學對立的觀念。甚至可以説，清初學者尚未有約定俗成的所謂"漢學"的概念。他們博綜漢唐經注和宋明義理的做法，純粹是出於對以往注解的吸收利用，也帶有總結和批判的意圖。皮錫瑞《經學歷史》於此有所辯解，其曰："國初諸儒治經，取漢、唐注疏及宋、元、明人之説，擇善而從。由後人論之，爲漢、宋兼采一派；而在諸公當日，不過實事求是，非必欲自成一家也。"④因此，"漢宋兼采"的實質是指對前代任何經注都加以徵引利用，祇是由於學術史上對漢唐的注疏之學和宋明的義理之學概括爲"漢學"和"宋學"，爲了表述上的方便，我們權且沿用前人之説，稱清初的這種學術思想爲"漢宋兼采"。

作爲清初學術變革時代的産物，《補正》自然也以"漢宋兼采"爲指導思想展開撰述，這一點可以從前文所總結之《補正》徵引統計得到明證。首先是其所徵引之廣博，從鄭玄以至作者所處時代之學者，都有涉及，并沒有表現出認爲哪一時期或哪一種學説更爲優秀的傾向性。其次，其所引鄭玄、孔穎達注、疏次數都在150次以上，而徵引朱熹、吳澄等理學家觀點合計也幾乎與鄭、孔相當了，可見對兩種學派都表現出了重視。第三，即使是對當時占學術主導地位的程朱，《補正》也并不是處處維護，

---

① ［清］顧炎武：《亭林文集》，《續修四庫全書》第 1402 册，上海：上海古籍出版社，2002 年，第 98 頁。

② 趙爾巽：《清史稿·儒林傳》，第 43 册第 13099 頁。

③ 趙爾巽：《清史稿·儒林傳》，第 43 册第 13099 頁。

④ ［清］皮錫瑞：《經學歷史》，北京：中華書局，2008 年 8 月版，第 305 頁。

一樣有所批判。比如卷三《檀弓上》"子上之母死而不喪"條，《補正》曰：

> 張子、朱子皆以不喪出母爲正禮，而孔子令伯魚喪出母爲行權，心每疑之，嘗讀吾師徐先生健菴所著《讀禮通考》，然後知喪出母爲禮之正，而記禮者誌其變禮之始，不得反以夫子爲行權也。[①]

此引徐乾學《讀禮通考》以論朱熹之非。徐乾學曰："玩經傳所言，爲出母之喪者，父在則齊衰杖期。父殁，嫡子爲父後，嫌於不祭，則無服。若衆子，則雖父没，猶得爲出母服。伯魚母死與子上母死皆當父在之時，則齊衰杖期，固其禮矣……朱子曰：'出母既得罪於祖，則不得入祖廟，不喪出母，禮也。'是不分父在父没、衆子嫡子，而皆以爲不當服矣。"[②]徐氏將爲出母喪具體劃分成幾種情況，不同情況下有喪有不喪者，似較朱熹之武斷更爲全面。

又如卷十八《明堂位》"周獻豆"條。此釋"獻"字，鄭玄讀此"獻"爲"犧"，又音"犧"爲"摩莎"之"莎"。《補正》則以爲鄭玄之説爲非，謂讀本音即可。因又附帶批朱熹解《閟宫》詩，其曰："觀於《閟宫》之詩，朱子不取毛氏沙飾之説，而今獨取鄭氏摩莎之音，豈非過乎？"[③]不管其所論正確與否，《補正》對朱熹之説并非是一切依循，而是也有所批駁的，這是無可置疑的。

至於《補正》對鄭注、孔疏之批駁，則更不鮮見，下文詳述，此不多言。因此，在清初學術研究多元取向的影響下，《補正》也秉持"漢宋兼采"的思想，博綜歷代之説，并不區別對待，凡有助於解經者，皆加利用。凡有誤者，能駁正則必加以論辯。

（二）疑經思想

關於疑經的定義，楊新勛先生説："疑經屬於我國傳統學術的經學領域，是指古代儒生對儒家經籍作者和文本真實性、合理性、完整性的懷疑，内容主要有：懷疑前人公認的經書作者、懷疑經書的真實性和完整性、非議經書部分内容的合理性，範圍包括古代的五經和後來升格的經書共十三經。屈萬里先生認爲疑經可以分爲'懷疑先儒所公認的經書作

---

① ［清］納蘭性德：《陳氏禮記集説補正》，卷三第二頁 B 面。
② ［清］納蘭性德：《陳氏禮記集説補正》，卷三第三頁 A 面。
③ ［清］納蘭性德：《陳氏禮記集説補正》，卷十八第七頁 A 面。

者''懷疑經義的不合理'和'懷疑經文的脱簡、錯簡、訛字等'。"①

疑經思想在先秦已有之,孟子曰:"盡信書則不如無書,吾於《武成》,取二三册而已。"如果説孟子的懷疑思想是基於現實理性的考慮,以及參雜了不少個人傾向,那麼"隨著經學時代的到來,經籍地位空前提升,經學家繼承此前儒生懷疑經籍的思想、言論和思路來疑經時,他們的這種意圖變得更加豐富和複雜了,其中屢雜了繼承懷疑傳統、基於文獻學發展甚至是社會思潮、學術派别等其他因素"②。也正是因爲有諸多因素的影響,疑經在逐漸轉變成有連貫性的學術思路和傳統的過程中,湧現出了不少突出的案例,不同時代的疑經也表現出不同的特徵③。

兩漢時期的疑經,主要是由先秦文獻的發現、整理古籍以及注解經書等引起的。先秦文獻的發現,包括《周禮》的出現,以及古文《尚書》《禮古經》《禮記》《古論語》《古孝經》等出於孔壁,開啓了歷時長久的今古文之争。整理古籍是指西漢後期劉向、劉歆等大規模的校理皇家藏書,提出了很多問題,比如典籍版本的差異、古文經書與當時通行的今文經的文字差異、部分書籍或爲偽書等。注解經書方面,主要是指東漢馬融、鄭玄等,他們在注解經書的過程中,對部分經籍產生懷疑,如馬融、鄭玄疑《尚書·泰誓》爲偽,趙岐懷疑《孟子》等。魏晋南北朝時期,王肅、杜預、皇侃等懷疑漢代讖緯之學,對其加以否定。

唐代劉知幾首先提出"六經皆史"的觀點,他所著之《史通》中《疑古》《惑經》兩篇,對疑經思潮的發展尤其具有重要推動作用。《疑古》篇中,劉氏在分析疑古原因的基礎上,羅列了十條"疑事",包括對堯、舜、禹禪讓等歷史事件的真實性的懷疑,以及對經書中自相乖亂處的詰責,涉及《春秋》《尚書》《論語》等。《惑經》篇則"針對孔子修《春秋》時,產生的筆法體例不一的情況提出了十二'未諭'和批評後人對《春秋》的五種虛美評價"④。

劉知幾之後,有所謂的中唐"新經學派",代表人物爲啖助、趙匡、

---

① 楊新勛:《論宋儒疑經與文獻學發展的關係》,《圖書與情報》2007年第5期,第134-137頁。

② 楊新勛:《宋代疑經研究》,北京:中華書局,2007年,第47頁。

③ 按:楊新勛先生《宋代疑經研究》一書中《中國古代的懷疑傳統、文獻學發展與唐宋疑經》一節,對中國古代疑經發展歷程的闡發最爲詳明,實可借鑒。下文之論述,多參考該書觀點,特此説明。

④ 孔祥玲:《對劉知幾的疑經思想的再探析》,《長春理工大學學報(社會科學版)》2014年第10期,第57-69頁。

陸質等。他們主要針對《春秋》經和"三傳"，尤其是懷疑"三傳"對經文的解釋。《新唐書·儒學傳贊》曰：

> 三家（指"三傳"）言經，各有回舛，然猶悉本之聖人，其得與失蓋十五，義或繆誤，先儒畏聖人，不敢輒改也。啖助在唐，名治《春秋》，摭訕三家，不本所承，自用名學，憑私臆決，尊之曰"孔子意也"，趙、陸從而唱之，遂顯於時。①

啖、趙、陸三人治《春秋》學，"自用名學，憑私臆決"，尤其自我標榜是闡述孔子之意，帶有鮮明的追求義理的特點。故而今時研究者論其疑經曰："明顯有重視經義理論的時代性和價值觀的傾向，説明他們已經在經學理論方面明確反對漢代傳統，開始了新的政治理性主義經學的創建，這對宋代經學尤其是疑經產生了巨大的影響……我們甚至可以説宋儒疑經是沿著啖趙陸疑經的思路發展的。"②啖、趙、陸之後對疑經思想的發展有重要貢獻的是韓愈、柳宗元。自唐代官修《五經正義》之後，經學的發展漸失活力，士子專習注疏，墨守陳義。故而韓、柳等發起古文運動，反對專攻注疏之學，提倡"約六經之旨而成文"，即以六經爲根本，把握經學大義。"對傳統注疏之學的否定，促使古文運動諸人積極尋找經學新解，并最終發展至對'經'本身的辨析疑難。這種風氣發展至宋代終於蔚爲大觀"③。

宋代之經學，皮錫瑞《經學歷史》稱之爲"經學變古時代"，其突出體現就是疑經風氣的盛行。《經學歷史》轉引陸游之言曰："唐及國初，學者不敢議孔安國、鄭康成，況聖人乎！自慶曆後，諸儒發明經旨，非前人所及；然排《繫辭》，毀《周禮》，疑《孟子》，譏《書》之《胤征》《顧命》，黜《詩》之序，不難於議經，況傳注乎！"④可見其盛況。楊新勛先生概括宋代疑經的特點曰：

---

① ［宋］歐陽修：《新唐書》，北京：中華書局，1975 年，第 5707 頁。
② 楊新勛：《宋代疑經研究》，第 50 頁。
③ 郭畑：《求新解到疑經：唐代古文運動與經學變古》，《貴州文史叢刊》2013 年第 2 期，第 83-87 頁。
④ ［清］皮錫瑞：《經學歷史》，第 220 頁。按：陸游此言最早見載於王應麟《困學紀聞》卷八，亦爲轉引。

一是參與人數多，筆者在葉國良先生的基礎上考訂出165位疑經者，其中以歐陽修、劉敞、李覯、王安石、司馬光、張載、程顥、程頤、蘇軾、蘇轍、晁説之、鄭樵、胡宏、王質、呂祖謙、朱熹、朱簡、蔡沈、王柏、金履祥等爲代表；二是涉及範圍廣，自《周易》至《孟子》《爾雅》十三經幾乎都有不同程度的懷疑和改動；三是影響廣泛，舉凡經學、史學、文學、文獻學等都染上了新色彩，其中對經學影響尤其巨大，可以説疑經與"宋學"的形成關係十分密切。①

當然，這種疑經思潮并非一蹴而就，它也是在某些學術思想運動的助推下逐漸形成的。最重要的助推力即儒學復興運動，它自唐代興起後，到北宋慶曆前後逐漸形成高潮。學者致力於"把握儒家精神，弘揚'經旨'。即闡述儒學'大義''義理'，不再拘守漢唐章句注疏的舊學"②。因而慶曆、熙寧之際，疑經思潮得益於儒學復興運動，大爲盛行，陸游所描述者即當時情景。

南宋之疑經實以北宋爲基礎，而有所推進，并呈現出了新的面貌。楊新勛先生從學術思想和風格上將南宋疑經的發展分爲兩大派別，一是偏向經學、文獻學方面的疑經派，二是理學疑經派③。南宋之疑經主要表現在《周易》《尚書》《詩經》《周禮》《禮記》等領域。

元、明兩朝經學承接宋代程朱理學，其疑經風氣也承續兩宋。但是學界對於元代的疑經思潮少有論及，今見徐玉梅《元人疑經改經考》④、劉千惠《陳澔〈禮記集説〉之研究》等有所闡述。總的來説，元人疑經改經，多爲承襲宋人之説，亦有自己之見解。其中代表者，如吳澄疑《禮記》經文雜亂多爲錯簡所致，故其《禮記纂言》則重新編排經文次序，以求連屬貫通，可謂標新立异。又如陳澔《禮記集説》，劉千惠歸納其疑經包括篇章作者、經文錯簡及改易文字、非聖人之意、意有未合等四類⑤。陳澔雖多引述前人之説，但有時也闡明自己對經文的解釋和質疑。而明代之疑經，

---

① 楊新勛：《宋代疑經研究》，第1頁。

② 劉復生：《北宋中期儒學復興運動》，《文獻》1991年01期，第151–159頁。

③ 楊新勛：《宋代疑經研究》，第155頁。

④ 徐玉梅：《元人疑經改經考》，私立東吳大學中國文學研究所碩士論文。

⑤ 劉千惠：《陳澔〈禮記集説〉之疑經改經探析》，浙江大學古籍研究所編《禮學與中國傳統文化——慶祝沈文倬先生九十華誕國際學術研討會論文集》，北京：中華書局，2006年12月第1版，第258頁。

皮錫瑞論明代經學曰："論宋、元、明三朝之經學，元不及宋，明又不及元。"①因此明代疑經亦因循宋元，未見有突出成就，今時學者亦罕有論及。

到了清初時期，疑經的主要特點表現爲"群經辨僞"。推其興起之緣由，在於明朝覆亡後，有識之士對宋明程朱理學與陽明心學進行反思，進而提出"經學即理學"的主張，倡導研讀儒家經書原典。但是要研讀經書原典，面臨不少經書流傳過程中所帶來的偏失，林慶彰先生將其歸納爲六點，引述如下：

> 1. 闕脱亡佚：如《尚書》原有百篇，僅剩二十九篇；《詩經》缺《笙詩》六篇；《儀禮》原有五十六篇，僅存十七篇；《周禮》缺《冬官》；《樂經》全部亡佚。
>
> 2. 誤認作者：如以《易經》爲伏羲、文王作；《十翼》爲孔子作；《詩序》爲子夏作；《周禮》爲周公作；《大學》《中庸》爲孔、曾之書；《左傳》爲左丘明作；《孝經》爲孔子作；《爾雅》爲周公之書。
>
> 3. 僞造仿冒：如漢初的僞《泰誓》；張霸的《尚書百兩篇》；晋代的《古文尚書》五十八篇；明代的《子夏易傳》、外國本《尚書》、《子貢詩傳》、《申培詩説》、《魯詩世學》、《石經大學》、《石經中庸》、《孟子外傳》等。
>
> 4. 依托附會：如宋代出現的《河圖》《洛書》《先天圖》《後天圖》，皆依附《周易》而行，以爲伏羲、文王之作，實來自佛、老；《太極圖》雖非附經而行，然其思想亦來自佛、老，非儒家本真。
>
> 5. 删改填補：如以《詩經》有淫詩而加以删削；將《大學》《中庸》從《禮記》中裁篇而出，更動其章節，并以己意填補；以《周禮》缺《冬官》，依易他官之官職以填補空缺。
>
> 6. 夾雜佛老：除前述牽引二氏之學以作《易圖》外，明萬曆以後，學者解經多雜佛、老之言，而美其名曰"三教合一"。②

因此清初學者想要追求研讀原典，就必須解決以上所列諸多問題，即錢謙益所言"誠欲反經，必自正經始"。如何"正經"，一方面當然要對經書之真僞進行辨別，這個方面取得的成就最大，代表者如閻若璩《古文尚書疏證》、毛奇齡《詩傳詩説駁議》等。另一方面，也要對前人尤其是

---

① ［清］皮錫瑞：《經學歷史》，第283頁。
② 林慶彰：《清初的群經辨僞學》，上海：華東師範大學出版社，2011年5月，第48頁。

宋人過度疑經、删經、改經等加以糾正，代表者如毛奇齡，其曰："宋人學問，專以非聖毀經爲能事，即夫子手著《春秋》《易大傳》，亦尚有訾謷之不已者，何況《孝經》！故凡斥《尚書》，擯《國風》，改《大學》，删《孝經》，全無顧忌。此固不足據也。"①

以上梳理了自先秦以至清初疑經思想的發展歷程，可見不同時代的疑經雖然各有特點，但是前代之疑經思潮總是對後代有所影響，這種影響或表現爲繼承關係，或表現爲反思批判關係。

《補正》一書成於清初，其中頗有疑經的言論。那麼其疑經思想是繼承前代多些，還是受當時批判宋人過度疑經、改經等影響深刻些呢？解答這個問題，我們首先對其疑經内容作分類歸納，再探其究竟。分類如下：

1.疑經文脱文、衍文

《禮記》經文紛繁複雜，後人注解遇其不可解處，往往懷疑是否脱文、衍文。《補正》疑經，亦有此類，下面各舉一例以見之：

①卷八《王制》"小國二卿，皆命於其君"條，《補正》曰：

> 鄭氏云："小國亦三卿，一卿命於天子，二卿命於其君。此文似誤脱，或者欲見畿内之國二卿與？"吳臨川亦云："案上文'小國之上卿位當大國之下卿，中當其上大夫，下當其下大夫'，則是小國亦有上、中、下三卿。而此云'小國二卿'，鄭氏疑爲文脱，誠然。"《集説》竟置不辨，踈矣。②

按：此是疑經文脱字。經文言"小國二卿"，鄭玄因前有"小國之上卿位當大國之下卿，中當其上大夫，下當其下大夫"之文，故疑此有脱文，吳澄亦據此疑爲脱文，《補正》同意這種説法，故引之爲據。

②卷十《月令二》"飭死事"條，《補正》曰：

> 《周禮》仲冬教大閲，《月令》飭死事於仲冬，固合教大閲之義。然下文又"命有司毋起大衆，以固而閉"，則與此又相矛盾矣。故《吕覽》及《淮南子·時則訓》《唐月令》并無之，而朱子亦以三字爲衍文也。③

---

① ［清］毛奇齡：《西河合集·經集·孝經問》，清康熙年間蕭山城東書留草堂刻本。

② ［清］納蘭性德：《陳氏禮記集説補正》，卷八第三頁 B 面。

③ ［清］納蘭性德：《陳氏禮記集説補正》，卷十第十頁 A 面。

按：此是疑"飭死事"三字爲衍文。《周禮·大司馬》記曰："仲冬，教大閲。"鄭注："至冬大閲，簡軍實。"此時必集結軍隊。《月令》此言"飭死事"亦於仲冬。鄭注曰："飭軍士，戰必有死志。"是亦集結軍隊。因此《月令》所記是能和《周禮·大司馬》對應上的。但是《月令》接著又記"命有司毋起大衆，以固而閉"，"毋起大衆"是不要集結衆人的意思，自然與"飭死事"集合軍隊相矛盾，難以解釋。《補正》因見《吕氏春秋》《淮南子》《唐月令》皆無此文，再加上朱熹已經懷疑此三字爲衍文，故沿襲其説。

2.疑經文、記文虛妄

《禮記》中有些經文所記之事，或關乎先賢，或關乎孔聖，或關乎七十子，以後人看來，似乎有些不能理解，故而便疑經文爲虛妄。《補正》中亦有之，試舉兩例：

①卷三《檀弓上》"子上之母死而不喪，門人問諸子思"條，此條言及孔子出妻事，《補正》因辨之曰：

> 孔子年十九娶宋亓官氏女，明年生子，適魯昭公賜之二鯉，孔子榮君之賜，因以名之。至六十六而亓官夫人卒，則無出妻之事可知。聖門禮義之宗，豈有不能刑於而三世出妻者？其爲异學詆毁無疑也。[1]

按：此處記文記載子思門人問其父孔鯉是否爲出母服喪，以及子思爲何自己及兒子都不給出母服喪之事。子思爲孔子之孫，他没有否認其父爲出母服喪，因此也就間接承認了孔子有出妻之事。又説自己不如先父道隆德盛，故而不給出母服喪，也不讓自己的兒子給出母服喪，則孔鯉、子思亦有出妻之事，是以孔門三代出妻。陳澔《禮記集説》没有對此提出質疑，相當於是默認記文的真實性。《補正》提出懷疑，認爲孔子制禮作樂，禮義之宗，垂法後世，怎麼可能出現聖門三代出妻的事情？又簡述孔子生平，云未見有記載孔子出妻之事，故而認爲此處記文是异學詆毁，絶非真實。孔門是否真有三代出妻之事，難以確考，《補正》之疑，固然不無道理，但是所述孔子生平，没有根據，亦恐難以讓人信服。

②卷四《檀弓上二》一例，録其全文如下：

---

① ［清］納蘭性德：《陳氏禮記集説補正》，卷三第二頁 B 面。

孔子蚤作，負手曳杖，消搖於門，歌曰："泰山其頹乎！梁木其壞乎！哲人其萎乎！"既歌而入，當户而坐。子貢聞之，曰："泰山其頹，則吾將安仰？梁木其壞，哲人其萎，則吾將安放？夫子殆將病也！"遂趨而入。夫子曰："賜，爾來何遲也？夏后氏殯於東階之上，則猶在阼也；殷人殯於兩楹之間，則與賓主夾之也；周人殯於西階之上，則猶賓之也。而丘也，殷人也。予疇昔之夜，夢坐奠於兩楹之間。夫明王不興，而天下其孰能宗予？予殆將死也。"蓋寢疾七日而没。
【集説】夢坐於兩楹之間，而見饋奠之事，知是凶徵者，以殷禮殯在兩楹間，孔子以殷人而享殷禮，故知將死也。又自解夢奠之占，云今日明王不作，天下誰能尊己，而使南面坐於尊位乎？此必殯之兆也。自今觀之，萬世王祀，亦其應矣。

竊案：《集説》不過順文爲解，吴氏則於此多致疑焉，其言曰："澄竊詳此文所載，事辭皆妄。聖人德容，始終如一，至死不變，今負手曳杖，消搖於門，盛德之至，動容周旋中禮者不如是，其妄一也。聖人樂天知命，視死生如晝夜，豈自爲歌辭以悲其死，且以哲人爲稱，又以泰山、梁木爲比？若是他人悲聖人之將死而爲此歌辭則可，聖人自爲歌辭而自稱自比乃若是？其妄二也。聖人清明在躬，志氣如神，生死固所自知，又豈待占夢而後知其將死哉？其妄三也。蓋是周末七十子以後之人撰造爲之，欲表明聖人之豫知其死，將以尊聖人，而不知適以卑之也。記者無識，而采取其言，《記》文既妄，而諸家解尤謬，不足論也。"①

按：此文所載乃是孔子將殁之前的情形及對子貢述夢之事。陳澔不疑記文，順文爲解，《補正》加以批駁，引吴澄之説，認爲此記文有三處虚妄之處：一是孔子動容周旋中禮，不當"負手曳杖，消搖於門"；二是孔子樂天知命，不當"自爲歌辭以悲其死"，也不當自比作泰山、梁木；三是孔子自然是知道自己生死之期的，不當占夢之後纔知自己之死期。故而認定此記文是七十子以後之人杜撰，爲表聖人之明，反而用力過頭，有損聖尊。此處吴澄及《補正》疑經，情有可解，但是所述理由不免參雜想當然的成分，純粹推想，實際缺乏説服力。

3.疑經文經義不合理

卷三《檀弓上》"有虞氏瓦棺，夏后氏塈周，殷人棺椁，周人牆置翣"

① ［清］納蘭性德：《陳氏禮記集説補正》，卷四第十頁 A 面。

條，《禮記集説》曰："瓦棺，始不衣薪也。塈周，或謂之土周。塈者，火之餘燼，蓋冶土爲甎，而四周於棺之坎也。殷世始爲棺椁，周人又爲飾棺之具，蓋彌文矣。"并未有疑，《補正》則曰：

> 案《易傳》云："古之葬者厚衣之以薪，後世聖人易之以棺椁。"説者以後世聖人爲黄帝、堯、舜。《孟子》亦言："古者棺椁無度，中古棺七寸，椁稱之。"則是上古之時已有棺椁矣。今謂有虞氏始以瓦棺易衣薪，夏后氏始以土塈周於棺，有椁之象，殷人始以木爲棺椁，易瓦棺、塈周，與《易傳》《孟子》不合。吴氏謂此記之説，未可盡信，當矣。[①]

按：此經文説的是由有虞氏到夏后氏，到殷，再到周，棺制的變化。陳澔《禮記集説》引鄭注孔疏之言，認爲有虞氏時期用瓦棺，夏後氏時期用塈周，殷人始用棺椁，周人又使用飾棺之具。《補正》則引《易傳》《孟子》之文，指出商代之前已有棺椁，與此經文不同，又因吴澄謂此經文不可全信，故而疑此經文所記不合理。

4.疑記文爲誤

《禮記》是爲《儀禮》作注解的書，故而後世稱《儀禮》爲經文，《禮記》爲記文。後來《禮記》被列爲經典，於是也稱經文了。本文爲表達明確，此處所言記文，就是指的《禮記》。舉卷二十六《喪大記》"君沐粱，大夫沐稷，士沐粱"條爲例，《禮記集説》曰："君與士同用粱者，士卑，不嫌於僭上也。"《補正》辨之曰：

> 《士喪禮》沐稻，此云士沐粱，不同者，鄭注："蓋天子之士也。"孔疏："若《士喪禮》云，是諸侯之士。今此云士沐粱，故疑天子之士也。"《集説》又有"士卑，不嫌於僭上"之説。愚謂皆非也。古者貴賤有等，君與士雖尊卑濶絶，無僭逼之嫌，然五穀之中，豈無次者可用，而必用粱？况天子之士，僅尊於諸侯之士，亦未可遂同於諸侯。疑是《記》文之誤，當以《士喪禮》爲正。又案，稷雖爲五穀之長，而味美莫如粱，故古人曰膏粱。此君用粱，不同於大夫之用稷也。孔疏以《公食大夫禮》黍稷爲正饌，稻粱爲加，謂稻粱卑於黍

稷。其云稻卑於黍稷，是矣。以粱卑於黍稷，恐未盡然也。①

按：此處記文説君沐粱，士亦沐粱，君與士尊卑不同，而所沐相同，已令人疑惑。而《士喪禮》又記"士沐稻"，經文、記文所記不同，故作者疑爲記文之誤。

綜上所述，我們將《補正》之疑經内容大致分成疑經文脱文衍文、疑經文記文虛妄、疑經文經義不合理、疑記文爲誤四類。通過對所舉例證的分析，大體可知《補正》之疑經有如下兩個特點：一是所疑之處多沿襲前人之説，其論證亦引前人之説爲據，此"前人"主要是指宋元理學家，其中以吴澄居首。二是其疑經之論證方法，多從義理方面推衍，少有徵引相關文史資料加以考據者，比如前所舉其疑孔門出妻例，竟謂"聖門禮義之宗，豈有不能刑於而三世出妻者"，純粹想當然爾。因此，《補正》之疑經，無論是所疑之處和論證思路方法，都帶有强烈的宋元理學家疑經的特點，説明其疑經思想主要是受宋代疑經思潮的影響。

那麽《補正》有沒有受到清初糾正宋人疑經過甚的思潮的影響呢？今檢書中内容，確有批駁宋人過於疑經、改經處，但僅一條而已。此即卷十三《禮運》"《禮運》第九"條，《禮記集説》曰："此篇記帝王禮樂之因革，及陰陽造化流通之理。"《補正》曰：

《集説》似矣，而未詳明。取黄氏《日録》發揮之，黄叔暘曰："運，謂氣運，以所值之會而言也。氣運在人，則爲帝王禮樂之因革。在天，則爲陰陽造化之流通。然天時、人事相爲符應，禮樂、陰陽相爲表裏。故其始也，法陰陽而作禮樂；其終也，以禮樂而贊陰陽。此篇大意，不過如此。疑出於子游門人之所記，中有格言，頗入精微，似非漢儒所及。獨篇首大同小康之説，乃謂禮起忠信之衰，道德之薄，是即老、莊之遺意，豈孔子之言哉？讀者擇焉可也。"愚謂風會遷流，江河日下，五帝之世有异三皇，三王之世不同五帝，五伯之世更不及三王，世變使然。聖人制禮，不過因勢會所趨而爲之沿革耳，程子所謂"不先天以開人，每因時而立政"是也。古時治多亂少，後世治少亂多，故有大同小康之别。賴禹、湯、文、武、成王、周公六君子，居小康之時，成郅隆之治，當大道之隱，俾大道之行，則是帝

① ［清］納蘭性德：《陳氏禮記集説補正》，卷二十六第四頁 B 面。

王异世而同道也。故夫子於大道之行，及三代之英，皆云有志未逮，何嘗薄視三、五以下乎？石梁王氏以爲有老氏意，非儒者語，黄氏遂欲削去《記》文，過矣。[1]

按：此條引黄乾行《禮記日録》内容，黄氏曰："獨篇首大同小康之説，乃謂禮起忠信之衰，道德之薄，是即老、莊之遺意，豈孔子之言哉？讀者擇焉可也。"此疑《禮運》中大同小康之説非儒家者言，實本之石梁王氏，其曰："以五帝之世爲大同，以禹、湯、文、武、成王、周公爲小康，有老氏意。而注又引以實之，且謂禮爲忠信之薄，皆非儒者語。所謂'孔子曰'，記者爲之辭也。"[2]《補正》認爲"古時治多亂少，後世治少亂多，故有大同小康之别"，這屬於歷史發展的事實，故不可謂之"有老氏意"，因此批駁石梁王氏，而對於黄震因疑經而欲删去這部分記文，則更加反對。

單純從此一例來看，很難説明《補正》是有意識地反對宋人過分疑經、改經，反而判定其爲偶然之舉，似乎更爲合理。因此，《補正》之疑經，主要是受宋代疑經思潮的影響，這與清初程朱理學占據學術主流應當不無關係。

（三）闕疑態度

"闕疑"最初是一種學術品格，孔子時代就已提出，孔子在《論語·子路》中説："君子於其所不知，蓋闕如也。"在《論語·爲政》中説："多聞闕疑，慎言其餘，則寡尤。"在《論語·述而》中又説："蓋有不知而作之者，我無是也。"同時告誡弟子們"知之爲知之，不知爲不知"。孔子的這種學術品格爲後世學者繼承，到了宋代，"朱熹則把'闕疑'這一品格提升爲一種積極的治學方法，并運用於解經方面，主張通過主動闕疑保證經書本義不受歪曲。因此他在《周易本義》注文中留下了大量闕疑，并云'經書有不可解處，衹得闕。若一向去解，便有不通而謬處'"[3]。可惜到了明代，明人治學，喜好空談，不僅如此，遇有不懂處，便常常妄自闡發，更甚者篡改經文的行徑也有的。如此這般，"闕疑"的治學方法少

---

① ［清］納蘭性德：《陳氏禮記集説補正》，卷十三第一頁 A 面。

② ［元］陳澔著，金曉東校點：《禮記集説》，第 248 頁。

③ 李夏：《淺論孔子"闕疑"治學法及其影響》，《烟臺師範學院學報》2006 年第 2 期，第 33–36 頁。

有人問津，幾乎斷了傳承。故而有清一代，學者大力批判明儒學問空疏的同時，也漸漸的將"闕疑"的治學方法運用起來。到了乾嘉學派，考據訓詁，凡事主張無徵不信，於是將"闕疑"推崇到了一種思想精神上的高度。

而《補正》成書之時，明代學問空疏的流風尚有相當的影響，此書作者在當時的背景下，解經能夠抱有實事求是的態度，於書中多處標榜闕疑，實在也是難能可貴的。以下舉卷四《檀弓上二》一例以見其主張：

> 孔子既祥，五日彈琴而不成聲，十日而成笙歌。【集説】引孔子事，以見餘哀未忘也。
> 竊案：吳氏謂："成者，樂曲之一終。聲者，曲調之聲也。不成聲，謂不終曲也。祥終可以彈琴矣，然猶有餘哀，故彈之不終一曲而又廢也。十日之後則不但彈琴終曲，吹笙而歌亦終曲矣，哀情之殺以漸也"。然近日玉巖黃氏疑之，蓋以上文"魯人朝祥暮歌"章觀之，可見祥後逾月禫訖方可歌。聖人喪親，縱不敢越中道，亦宜如定制，豈有祥未逾月，但五日而即彈琴，十日而成笙歌，不又將爲子路所笑乎？《集説》以爲"餘哀未忘"，而不察《記》文之自相背戾。惟鄭玄略識此意，故"於既"祥下注云："逾月且异旬也。祥亦凶事，用遠日，五日彈琴，十日笙歌，除由外也。"是以既祥爲逾月且异旬，故合正禮。但據本文是言祥祭之後，五日彈琴，十日笙歌，鄭注雖爲曲解，未免啓千古不決之疑，當闕以俟知者。①

按：例中討論"孔子既祥，五日彈琴而不成聲，十日而成笙歌"的問題，孔子既祥後便彈琴笙歌，於禮似有所不合，但後世人以爲聖人製作禮樂，所爲不當不合禮，故而一定要爲孔子找出個説法，鄭玄便是如此。《補正》卻以爲鄭玄雖有解説，但畢竟屬曲解，因此主張闕疑。

（四）批判精神

前文已經闡明《補正》一書意主糾駁，具有十分鮮明的批判思想。它廣泛引用注解《禮記》諸家之觀點，同時對這些觀點有所取捨，有所辨正。其最主要針對的就是陳澔之説，行文中時常用到諸如"不免疏

---

① ［清］納蘭性德：《陳氏禮記集説補正》，卷四第一頁 A 面。

漏""其説謬矣""語焉不詳,疑誤後學"之類的詞語,可謂針鋒相對。對於其他解經家觀點也時有批評,如對鄭注孔疏,贊同和批評的比例幾乎相當,對吳澄之説引用甚多,但是也常有辨證。對於前賢如朱熹、張載、程頤等俱用"子"稱呼,可以看出作者對其尊敬之意,儘管如此,對於他們的觀點,也有所批評,其中對張子觀點的批評尤多,例如卷四《檀弓上二》:

> 使西河之民疑女於夫子。【集説】張子曰:"子夏不推尊夫子,使人疑夫子無以异於子夏,非如曾子推尊夫子,使人知尊聖人也。"
> 竊案:"疑女於夫子",諸解不同。注、疏謂不稱其師,自爲談説,辨慧聰睿,絶异於人,使西河之人疑女道德與夫子相似。皇氏謂疑子夏是夫子之身。李氏謂子夏得聖人之一體而未得其全,故行有不合於聖人之道,則人將疑夫子之道於子夏。人之疑聖人,子夏之過也,非謂疑子夏若夫子爲子夏之過也。吳氏謂"疑"當讀如"擬",謂比擬於夫子也。後篇"疑於君""疑於臣"、《易·文言》"陰疑於陽"并同。蓋合張子説,凡四家,而皇氏最爲紕繆。蓋子夏,魏人,居在西河之上,西河之民無容不識,而言是魯國孔氏,不近人情矣。張子謂"使人疑夫子無以异於子夏",是疑夫子於女,非疑女於夫子也。李氏之説似乎稍鑿。吳氏改"疑"作"擬",亦屬不必。惟注、疏得之。《集説》舍孔而引張,何也?①

按:此處解"使西河之民疑女於夫子",陳澔《禮記集説》引張子之説,認爲是子夏不推尊孔子,讓人懷疑孔子跟子夏一樣,不如曾子稱贊孔子,使人知道尊敬聖人。《補正》列舉諸家觀點,同意鄭注、孔疏之説,認爲子夏言不稱其師,自爲談説,讓人懷疑他的道德跟孔子相似。張子之説與注疏之解在誰像誰的觀點上截然相反,故而被批駁。

值得注意的是《補正》雖然具有廣泛的批判性,但是它的批判却不是僅憑個人喜好的,而是有自己的評價標準和立足點,即本自經文,依於禮義,據乎實際。如在討論禮制時,《補正》往往徵引《禮記》《儀禮》《周禮》經文,有時還會求諸《春秋》《左傳》等,務必保證言而有據,無徵不信。求之不得,則或存疑,或闕疑。在討論義理時,往往徵引諸家之説,

① 〔清〕納蘭性德:《陳氏禮記集説補正》,卷四第六頁 B 面。

尤其重視吳澄觀點，諸家之説不足據，則從經文所述之制度禮節出發，想像其實際情况，考察其本意，如卷十五《郊特牲》一例：

> 士使之射，不能，則辭以疾，懸弧之義也。【集説】生而懸弧於門左，已有射道，但未能耳。今辭以疾而未能，則亦與初生之未能相似，故云懸弧之義。
>
> 竊案：男子初生，即懸弧於門左，以示將有志於天地四方。則射者，男子所有事也。士苟不能，不可直曰不能，當辭以疾，以始生即有懸弧之義故耳。《集説》泥於注、疏，以初生未能相似解之，未當。①

按：《射義》云："故男子生，桑弧蓬矢六，以射天地四方。天地四方者，男子之所有事也。"因此"懸弧之義"正指此男子有志於天地四方，不是"未能"，《補正》所解更符合禮義。

綜上所述，我們歸納總結了《補正》漢宋兼采、疑經、闕疑、批判精神四個方面的思想。其成書之時代，學術思潮以程朱理學爲主導，同時多種思想相互碰撞，主張考據的實學也已經嶄露頭角。受此影響，《補正》之解經思想既有對宋明理學的繼承，也有對其時代學術思潮的吸收。

小　結

本章致力於探討《補正》之特點及思想。我們總結《補正》具有四個方面的特點：一是針鋒相對，意主糾駁。此爲該書之最大特點，主要針對陳澔之説，或批其解經之簡，或斥其解經虛妄，或指出《禮記集説》所引諸家説中之誤。二是追本溯源，考辨學術。《補正》之溯源，包括追尋陳澔之説所本，陳澔所引諸家説之所本，其他諸家説之所本等幾個方面，顯示了深厚的功力。三是博綜衆論，證明己説。通過對《補正》所引諸家之説列表統計，可以看出其所用材料十分豐富，博取歷代注解，爲證明己説服務。四是與鄭注、孔疏時立異同，所謂"異同"，主要是指"異"，表現爲一是批駁鄭注、孔疏，二是對鄭、孔之説采取存異、存疑的態度。而《補正》之思想，我們歸納爲漢宋兼采、疑經、闕疑、批判精神四個方面。其中重點闡述了其疑經思想，認爲此思想更多的是承襲自宋明疑經傳統。將其疑經內容歸納爲疑經文脱衍、疑經文記文虛妄、疑經文經義不合理、疑經文有誤四個方面。

---

① ［清］納蘭性德：《陳氏禮記集説補正》，卷十五第五頁 B 面。

第五章　《陳氏禮記集説補正》駁議鄭注、孔疏辨析

《四庫全書總目》評議《陳氏禮記集説補正》曰："於鄭注、孔疏亦時立异同。"之所以特別指出這一點，是緣於鄭注、孔疏在《禮記》注解方面具有無可置疑的權威性，對鄭、孔的批駁議論往往具有較高的學術價值。本書既然對於鄭、孔多有駁議，那麼這些批評是否在理？較之其他注解是否更精確？皆需細緻探討。下面專設駁議鄭注、駁議孔疏兩類，分別辨析。

一、駁議鄭注辨析

1.卷一《曲禮上》：拾級聚足。

《集説》：拾級，涉階之級也。

《補正》：此本鄭氏説也。鄭氏注《投壺》云"拾，更也"，此注又云"拾當爲涉"，一字不宜有二訓。吕氏曰："拾，更也。射者拾發，投壺者拾投，踊者拾踊，皆更爲之也。拾級者，左右足更上也。"其説甚善，陳氏何舍之而取鄭乎？①

按：此訓"拾"字。鄭注曰："拾，當爲'涉'，聲之誤也。"鄭又注《鄉射禮》"司射猶挾乘矢，以命三耦：'各與其耦讓取弓矢，拾'"之文曰："拾，更也。"《補正》據此謂一字不當有二訓，并引吕大臨之論爲證。

實際上，關於此"拾"字，歷代共有三種訓釋：其一，鄭玄也。其二，北宋吕大臨也。明代郝敬大體同於吕氏，曰："拾，更迭也。"然其又言："兩足更迭升，前足俟後足至而前足更上也。"②較吕説更爲細緻。清代姚際恒、孫希旦則全同吕説。清代蔣兆錫則并録鄭、吕之説，先吕後鄭，雖傾向吕説，但有存异的意思。其三，南宋胡銓也。胡氏曰："拾級聚足，拾，掇也。拾物必俯，言躐等級必俯視地，若拾物然。"③

吕氏之説，清代江永《禮記訓義擇言》駁之曰："按，'拾級'當從舊説，吕氏謂左右足更上，如此則不得聚足矣。左右足更上者謂之歷階。栗

---

①　[清]納蘭性德：《陳氏禮記集説補正》，卷一第五頁 A 面。

②　王鍔編纂：《曲禮注疏長編》，揚州：廣陵書社，2018 年 12 月，第 1 册第 430 頁。

③　王鍔編纂：《曲禮注疏長編》，第 1 册第 427 頁。

階，有急事升降則爲之，喪禮略威儀，謂之散等。平時賓主升階，當不栗階散等，吕說誤矣。"①清代《欽定禮記義疏》亦駁之曰："拾級若如吕說，則不聚足矣，顯與經文背。"②又駁胡氏曰："胡謂俯視地，則東西階賓主不相顧，亦非。"③胡氏之說，其誤明顯，無需贅言。吕氏之說，二書駁其"左右足更上"則不得聚足矣，甚善。《補正》以之爲據，亦誤。

然郝氏謂兩足更迭升，又言"前足俟後足至而前足更上也"，則考慮到了聚足的問題，似難駁倒，可存之以備考。

2.卷一《曲禮上》：葱渫處末。

《集説》：渫，烝葱。

《補正》：此鄭注也。郝氏敬曰："葱渫處末，'渫'與'渫'通作'泄'。《易》云'井渫不食'，古字借作'屑'，《内則》'屑桂與薑'，《既夕禮》云'甕三，醯、醢、屑'是也。"而注曰"烝葱"，非矣。④

按：此釋"渫"字，《補正》引郝敬之說駁鄭注。考歷代關於"渫"字注解，概括起來約有三種：鄭玄，一也。郝敬，二也。清代郭嵩燾，三也。郭嵩燾《禮記質疑》曰："禮，葱與薤皆切而實於醢，無云'烝葱'者。鄭注《少儀》'牛羊魚之腥，聶而切之爲膾'，云：'聶之言牒。'《説文》：'牒，薄切肉也。'《正韻》：'牒，縷切也。'《釋文》'葱渫'作'葱渫'。渫，渫本字，疑渫當爲'牒'，葱之切而佐膾，以實於醢者也。據《内則》'春用葱，秋用芥'之文，則葱渫與芥醬互用。"⑤

阮元校勘記曰："《釋文》出'葱渫'。案：渫，本字；渫，唐人避諱字。《石經》中凡偏旁涉'世'字者，多改從'云'，如'棄'作'弃'。"⑥故此"渫"字本作"渫"。鄭玄謂渫爲烝葱，不知何據，且不可考。郝氏所引《周易》"井渫不食"之"渫"字，孔穎達曰："渫，治去穢污之名也。"⑦縱古字借作"屑"，也是"清潔"的意思，與《内則》"屑桂與薑"、

---

① 王鍔編纂：《曲禮注疏長編》，第 1 册第 431 頁。

② 王鍔編纂：《曲禮注疏長編》，第 1 册第 435 頁。

③ 王鍔編纂：《曲禮注疏長編》，第 1 册第 435 頁。

④ ［清］納蘭性德：《陳氏禮記集説補正》，卷一第八頁 A 面。

⑤ 王鍔編纂：《曲禮注疏長編》，第 2 册第 692 頁。

⑥ ［清］阮元校刻：《十三經注疏（附校勘記）》，北京：中華書局，1980 年 9 月，第 1246 頁。

⑦ ［清］阮元校刻：《十三經注疏（附校勘記）》，第 60 頁。

《既夕禮》“甕三醯醢屑”之“屑”不同義。故郝氏之説不足信,《補正》據之駁鄭注亦難以服人。郭氏訓“渫”作“㵩”,謂“葱渫”爲葱之切而佐膽,以實於醢者也。較之郝氏更爲合理。

3.卷一《曲禮上》：君命召,雖賤人,大夫、士必自御之。

《集説》：御讀爲迓,迎也。

《補正》：《詩·召南》“百兩御之”,《春秋傳》“跛者御跛者,眇者御眇者”,皆迓也。故鄭氏謂“御”當爲“迓”,而陳氏本之。然上文皆言乘車之禮,而此類記之,則御當如字讀。張子曰：“御謂御車,奉君命而召,雖所召者賤,使者當親御之。”方氏曰：“自御,爲之僕也。”其説允矣。①

按：此釋“御”字。鄭玄訓作“迓”,迎也。《補正》引張載、方慤之説,謂當作如字讀,訓作御車。明代郝敬《禮記通解》亦主此説②。

考鄭注之由,孔穎達闡發最明,其曰：“鄭引《春秋》證御者,迓也。成二年季孫行父、臧孫許會晉郤克、衛孫良夫、曹公子首及齊侯戰於鞌。《公羊傳》云：‘前此者,晉郤克與臧孫許同時而聘於齊。蕭同姪子者,齊君之母也,窺客或跛或眇,於是使跛者迓跛者,眇者迓眇者。二大夫歸,相與率師爲鞌之戰。’《穀梁傳》云：‘曹公子手僂,同時聘齊。齊頃公使跛者御跛者,眇者御眇者,禿者御禿者,僂者御僂者。齊頃公母蕭同姪子處臺上而笑之也。’鄭言彼既以爲‘迓’,此‘御’故宜是‘迓’,而世人亂之,讀云‘御’耳。”③

而張、方之説,則自有駁之者。江永曰：“《詩》‘百兩御之’,《春秋傳》‘跛者御跛者’,御之音迓者多矣,當從鄭氏注。方氏、張子各爲一説,皆未安。如君使賤人來召,其人未必皆乘車。若謂使者親御所召之人,則所召者必俟駕而後行乎？君使賤人召大夫,固有之；使大夫召賤人,恐無是事。如有之,必是賢者,不可謂賤人。”④《欽定禮記義疏》曰：“《詩》‘百兩御之’、《儀禮》‘媵御沃盥’,‘御’字并詁‘迓’字。鄭注自不可易,竟作‘御車’解,非。”⑤二説甚明,故此“御”字應從鄭注,《補正》

---

① ［清］納蘭性德：《陳氏禮記集説補正》,卷一第十四頁 B 面。
② 王鍔編纂：《曲禮注疏長編》,第 3 册第 1188 頁。
③ ［漢］鄭玄注,［唐］孔穎達正義,呂友仁整理：《禮記正義》,上册第 130 頁。
④ 王鍔編纂：《曲禮注疏長編》,第 3 册第 1190 頁。
⑤ 王鍔編纂：《曲禮注疏長編》,第 3 册第 1193 頁。

駁之不當。

4. 卷一《曲禮上》：國中以策彗邮，勿驅，塵不出軌。

《集説》：彗，音遂。邮，蘇没反。勿，音没。引疏曰："入國不
馳，故不用鞭策，但取竹帶葉者爲杖，形如埽帚，故云策彗，微近馬
體搔摩之。邮勿，搔摩也。行緩，故塵埃不飛揚出軌外也。"

《補正》：此節當以"國中以策彗邮"爲句，"勿驅"爲句，"塵
不出軌"爲句。策，馬杖也。彗，埽之也。"邮"與"恤"同，撫邮
之意。蓋車行國中，宜徐不宜疾，故但以馬策埽馬背，若有不忍鞭筞
而撫邮之之意，此之謂"以策彗邮"。"勿驅"者，勿以策策馬，令疾
行也。"塵不出軌"者，馬行不疾，則車塵不遠，故不出軌。陳氏沿
注、疏之説，誤矣。然孔疏猶"驅"字句絶，今人讀屬下句，其誤加
甚。馬可言驅，塵安可言驅乎？是以郝氏深非之。與可熊氏云以彗爲
竹帚，未安。馬有策可也，若入國旋添竹帚，馬上何從得此？蓋用策
如用彗，但搔摩之而不加鞭，撫邮之而不必驅。[1]

按：此釋本句句意及句讀。鄭注曰："入國不馳。彗，竹帚。邮勿，
搔摩也。"故孔穎達疏解"策彗"曰"取竹帶葉者爲杖，形如埽帚，故云
策彗"。據此，本句句讀爲"國中以策彗邮勿驅，塵不出軌"。考歷代注解，
頗有不同於此者。

朱熹曰："策彗，疑謂策之彗，若今時鞭末韋帶耳。"[2]

吳澄曰："彗，帚也，此作虛字用，猶云掃也，非是取竹之帶葉形如
埽帚者，別爲策彗，以代常時所用之策也。邮與恤同音，依注讀爲蘇没
切，猶云拂也。彗邮，謂埽拂之，或云如彗帚之邮拂也，'邮'字句絶。
勿，讀如字。驅，謂以策策馬，令疾行也。'勿驅'二字爲句。以策彗邮
而勿驅者，言車行國中，宜徐不宜疾。但以馬策埽拂馬背，勿鞭筞之。"[3]
此將"彗邮"二字連讀，作爲一個詞，意爲"埽拂之，或云如彗帚之邮拂
也"。其句讀爲"國中以策彗邮，勿驅，塵不出軌"。

郝敬曰："車入國中不馳，則不用鞭策。彗，策末也。邮，撫摩也。
以策彗撫恤其馬，勿令疾驅，垂鞭信步，塵不揚出軌外也。鄭以'勿'字

---

① ［清］納蘭性德：《陳氏禮記集説補正》，卷一第十四頁 B 面。
② 王鍔編纂：《曲禮注疏長編》，第 3 册第 1177 頁。
③ 王鍔編纂：《曲禮注疏長編》，第 3 册第 1183 頁。

連上讀作‘没’，鑿也。”①此句讀與吳氏同，惟“策彗”連讀，取朱熹之説，謂爲策末。而“邺”字則釋作“撫摩”。

《補正》句讀同於吳氏、郝氏。其釋“彗”作掃，同於吳氏，而釋“邺”字謂撫邺之意，則又與吳、郝皆不同。

郭嵩燾則綜論以上諸説，其曰：“《説文》：‘彗，埽竹也。’用以埽者，竹之梢也。朱子經説‘疑謂策之彗，若今時鞭末韋帶’，是也，似不當別取竹帚爲策。經意謂舉策而垂其彗，以搔摩馬背，不振而揚之。《説文》：‘勿，州里所建旗，象其柄，有三游。’‘勿’本以趣民，而下所建旗則止，故又引申爲禁止。‘邺’有撫邺之意，言以策彗搔馬背，若撫摩之。‘勿’字多借爲‘没’字，故鄭注作‘没’音。《爾雅·釋詁》‘蠠没’，郭注：‘猶黽勉也。’《漢書》劉向疏作‘密勿’。鄭注《周易》：‘亹亹，猶没没也。’其注《祭義》云：‘勿勿，猶勉勉也。’經言‘邺勿’，與‘蠠勿’義略近。吳氏澄以‘彗邺’句、‘勿驅’二字句，云：‘彗邺者，謂埽拂之。’然經言‘驅之，五步而立’，則猶在路門内。‘軍驅而騶’，則猶在大門内。‘馳’‘驅’二字自別。《説文》：‘馳，大驅也。’《廣韵》：‘馳，疾驅也。’走馬謂之馳，策馬謂之驅，‘以策彗邺勿’即所以驅也。國中不得言‘勿驅’，明矣。此自當以鄭注爲正。”②

郭氏釋“策彗”，取朱熹説。而釋“邺勿”，則輾轉考證，解釋鄭説，或有牽強。重點釋“驅”字，謂“驅”“馳”有別，驅是緩緩驅趕，即“以策彗邺勿”。若言“勿驅”，是不得緩緩驅趕，明顯錯誤，此説有理。故此句以“勿”字後斷句，當符合經義。

綜上所述，《補正》以“勿驅”斷句，駁斥鄭説，不當。本句“策彗”訓釋，當從朱熹説。“邺勿”之訓釋，以常理推之，釋“邺”作撫邺，以“勿驅”二字連讀，是比較容易想到的，鄭玄却偏偏將“邺勿”解作“搔摩”，必有依據，但難以考實。

5.卷二《曲禮下》：君子行禮，不求變俗。祭祀之禮，居喪之服，哭泣之位，皆如其國之故，謹修其法而審行之。

《集説》：言卿大夫有徙居他國者，行禮之事，不可變其故國之俗，皆當謹修其典法，而審慎以行之。

《補正》：此鄭氏説也，諸儒多從之。此乃誤認“如其國之故”一語，遂謂人臣去國者，不變其故國之俗，與下文“去國三世”混爲

---

① 王鍔編纂：《曲禮注疏長編》，第 3 册第 1189 頁。
② 王鍔編纂：《曲禮注疏長編》，第 3 册第 1213 頁。

一事，殊非本義。此君子蓋指在位者言，不求變俗，不改其舊俗也。特言喪祭者，尤人情所不忍變也。《王制》云"修其教，不易其俗"，《左傳》封魯，因商奄之民；封康叔於殷墟，啓以商政；封唐叔於夏墟，啓以夏政，皆因其舊俗也，豈得以下章之説爲此章之説乎？李氏及廣安游氏、廬陵胡氏皆常以注義爲非，今即其説而引伸之。①

按：此句重在闡釋"如其國之故"。歷來解説有二：

一者，鄭玄曰："求，猶務也。不務變其故俗，重本也。謂去先祖之國，居他國。"孔穎達因疏之曰："此一節論臣去本國行禮之事。"

二者，謂如其所居之國之故，非故國之故。持此論者衆多，大同小异，舉其一二以見之。胡銓曰："謂去父母之國而居他國者，非也。此但謂行禮，安知去國乎？俗，謂本國之俗。君子居本國，不當變易風俗，求合於禮而已。"②清代姜兆錫曰："求，猶務也。不務變其故俗，所謂宜於土俗也。其法，即所謂國之故也。如其故，則不變。然謹修而審行之，則亦不至以俗而違禮矣。熊氏曰：'《王制》云："修其教，不易其俗"，又《左傳》云：封魯，因商奄之人；封康叔於殷墟，啓以商政；封唐叔於夏墟，啓以夏政。皆因其舊俗也。'李氏曰：'先王盛時，道德一於上，風俗齊於下，而喪祭哭泣之禮，有不同者，無害其爲同也。《周官·太宰》八則，"禮俗，以馭其民"，《土均氏》"禮俗、喪紀、祭祀，皆以其地美惡爲輕重之法"，蓋地不齊，故禮俗异，而治之法不復同也。'愚按，二説則本章，上節謂'開國定制者，不求變其國之故俗'，而下節謂'去本國之新國者，不即忘其本國之故俗'也，其義例各見如此，而舊注混上下節爲一義，則率矣。"③

以上二説，顯以後者更符合經文本意。而姜兆錫之論，綜合前人之説，尤爲詳細。《補正》沿襲李氏④、胡銓之説而引申之以駁鄭，雖不如姜氏詳明，但大體不誤。

6.卷二《曲禮下》：天子未除喪，曰"予小子"。生名之，死亦名之。

《集説》：鄭氏曰："生名之曰'小子王'，死亦曰'小子王'也。晉有小子侯，是僭號也。"吕氏曰："《春秋》書'王子猛卒'，不言

① ［清］納蘭性德：《陳氏禮記集説補正》，卷二第一頁A面。
② 王鍔編纂：《曲禮注疏長編》，第3册第1290頁。
③ 王鍔編纂：《曲禮注疏長編》，第3册第1293頁。
④ 按：李氏爲誰不可考。

小子，臣下之稱與史策之辭异也。”

《補正》：鄭、吕二説，心嘗疑之，陸菊隱曰：“《春秋》景王崩，悼王未逾年，入於王城，不稱天王而稱王猛，所謂‘生名之’也。死不稱天王崩，而稱王猛，所謂‘死亦名之’也，非稱小子王之謂。小子王者，天子在喪之稱號，其得謂之名乎？”可正二説之誤。[1]

按：此論天子未除喪之稱。歷來論者，多從史傳記載入手，援引其例，與此經文及鄭注相互印證，但是往往互有出入，莫衷一是。《補正》引陸元輔之論，亦從這個角度入手，然謂“小子王者，天子在喪之稱號”，則未見其論證，不知何據而言此。

歷代引證及論述最爲詳備者，當推郭嵩燾，其曰：“《書·顧命》：康王始喪，稱‘予末小子’；即位，及朝諸侯，稱‘予一人釗’。因以春秋時事推之，僖公九年夏，會於葵丘，稱‘宋子’。《穀梁傳》云：宋稱子，未葬之辭也。《左傳》：‘凡在喪，王曰小童，公侯曰子。’左氏固以未葬爲在喪。僖公二十八年，會於温，稱‘陳子’。定四年，會於召陵，稱‘陳子’。杜注《左傳》：‘先君未葬，例在九年。’僖公二十五年冬，盟於洮，稱‘衛子’。杜注《左傳》：衛文公既葬，成公不稱爵，降名，從未成君。二十八年，盟於踐土，稱‘衛子’。杜注《左傳》：衛侯出奔，其弟叔武即位，從未成君之禮。似《春秋》之例，凡未改元，皆稱子。而襄公三十二年冬十有二月，晉侯重耳卒，三十三年夏四月，晉敗秦師於殽。《左傳》云：子墨衰絰，敗秦師於殽，遂墨以葬文公。其秋，晉侯敗狄於箕。是《左氏傳》例，未葬，稱子；既葬，稱侯。莊公三十二年，子般卒，《公羊傳》：君薨稱子某，逾年稱公。僖公十年，晉里克弑其君之子奚齊。襄公三十一年，子野卒。皆其例也。昭十一年，楚子虔誘蔡侯般，殺之於申。冬，楚滅蔡，執蔡世子有以歸，亦未逾年稱子某之例。文公十八年，子卒，以未正其爲君子而不名。《公羊》及《左氏》義各有取。凡君薨，逾年改元，三代皆然，而禮辭不必稱公。《公羊》《左氏》并著《春秋》改元之義，鄭氏引《公羊·文九年傳》‘三年稱子’。此經所云‘予小子’，即其徵也。案，文九年‘毛伯來求金’。《左傳》：‘不書王命，未葬也。’《公羊氏》以爲逾年即位而未稱王，以天子三年稱王，亦知諸侯於其封内三年稱子。疑三年稱王，於禮無徵，當以《左傳》爲正。而據晉小子侯爲

---

①　［清］納蘭性德：《陳氏禮記集説補正》，卷一第四頁A面。

例，則恐未然。《左氏傳》桓公三年，曲沃武公伐翼，獲哀侯。七年，曲沃伯誘晋小子侯，殺之。八年，滅翼。《史記》：曲沃武公殺晋哀侯，國人立哀侯子小子爲君，是爲小子侯。四年，曲沃武公殺小子侯，國人立哀侯之弟緡。小子侯及緡，皆無謚，則‘小子’者，其名也。即位四年，不得以未除喪爲例，明矣。意或曲沃武公以其年幼，爲之名，以虐之，豈得爲僭？《禮記》之文，有雜取三代遺制，約略爲之説者，此經所述，與《周禮》及《春秋》義例不必盡同。此經云‘除喪’，《春秋》或斷以既葬，或斷以改元，疑三代典禮固有參差，記禮者折衷以取義。所云‘予小子’與‘生名之，死名之’各爲一義。‘予小子’若《顧命》之稱‘予末小子’。‘生名之，死亦名之’，則昭二十二年景王崩，《春秋》於悼王書‘王猛’，其卒書‘王子猛卒’。書名而繫之王，正其爲君也。書王子卒，未即位也。三者有自稱，有書史之稱，固不當混而爲一也。《康王之誥》稱‘予一人釗’，則生亦自名。”①

郭氏總結《春秋》之例，似凡未改元，皆稱子，如宋子、陳子之類。而《左傳》之例，未葬，稱子，既葬，稱侯。此經史之義例。而“《禮記》之文，有雜取三代遺制，約略爲之説者，此經所述，與《周禮》及《春秋》義例不必盡同。此經云‘除喪’，《春秋》或斷以既葬，或斷以改元，疑三代典禮固有參差，記禮者折衷以取義”。又謂“予小子”乃自稱，而下一句“生名之，死亦名之”，則書史之稱，不當混爲一談。同時郭氏還駁斥鄭玄“小子侯”之説，考證“小子”實爲人名，不當引以爲證。其論有理有據，較之《補正》爲優。

7.卷三《檀弓上》：人之見之者，皆以爲葬也。其慎也，蓋殯也。

《補正》：鄭注云：“慎，當爲‘引’，禮家讀然，聲之誤也。孔子是時以殯引，不以葬引。”《集説》本之，而爲此解。然不若如字讀之爲允。山陰陸氏曰：“慎，讀如字。”張子曰：“孔子殯母於五父之衢，其殯周慎，有如葬然，故人之見者皆以爲葬也。其周慎實是殯，故曰‘其慎也，蓋殯也’。”臨川吳氏曰：“人見將殯出外，皆以爲正葬。其禮又甚謹慎，與正葬同，雖甚謹慎如葬，蓋但是殯，而非葬也。‘蓋’者，記人度孔子之心，欲得訪求父墓所在，而舉以合葬也。其時非不訪求，人皆不能知，故且權殯也。”②

---

① 王鍔編纂：《曲禮注疏長編》，第 4 册第 1496 頁。

② ［清］納蘭性德：《陳氏禮記集説補正》，卷三第九頁 B 面。

按：此釋"慎"字，兼及句意。除鄭注外，還有其他解説：

一者，陸佃也。《補正》言及，然徵引未盡。陸佃曰："慎，讀如字。慎，誠也。蓋，曰其誠也。蓋殯也，《詩》曰：'予慎無辜。'"[①]

二者，張載也，《補正》已備載，其所引吳澄之説實際是沿襲自張氏。釋曰"其殯周慎，有如葬然"。

三者，江永也，其言曰："蓋古人埋棺於坎爲殯，殯淺而葬深，孔子父墓實淺葬於五父之衢，因少孤不得其詳，但見墓在五父之衢，不知其爲殯也。如今人有權厝而覆土掩之，謂之浮葬，正此類也。五父衢墓，不惟孔子之家以爲已葬，即道旁見之者亦皆以爲已葬。至是母卒，欲從周人合葬之禮，卜兆於防。惟以父墓淺深爲疑，如其殯而淺也，則可啓而遷之，若其葬而深也，則疑體魄已安，不可輕動。'其慎也'，蓋謂夫子再三審慎，不敢輕啓父墓也，後乃知其果爲殯而非葬，由問其耶曼父之母而知之。"[②] 江氏釋"慎"爲再三審慎，而理解句意謂其父爲殯。

四者，郭嵩燾也，其曰："《史記》：'孔子生魯昌平鄉耶邑。'即叔梁父所治之鄹邑也，在曲阜東南。而《史記》叙其先曰防叔，《索隱》引《家語》云：'防叔畏華氏之偪，奔魯。'《闕里志》稱其仕魯，爲防大夫。《左傳·襄十七年》，齊高厚圍臧紇於防，耶叔紇送臧孫如師，而復守防。疑防叔所治邑即此，叔梁爲鄹大夫，而防猶其宗邑，故與臧氏守防。經云'合葬於防'，蓋自防叔以下竝葬防，實孔氏之私地域也。五父之衢爲叔梁殯地，其時孔子甫三歲，而孟皮廢足，不能遠葬，權葬於此，歲久而遂疑叔梁葬於五父之衢。所謂'不知其墓'，言不知叔梁之墓之爲葬與殯也。下云：'殯於五父之衢，人之見之者皆以爲葬也。其慎也，蓋殯也。'曲盡前後情事，意謂防叔、伯夏兩世葬防，叔梁不於防而於五父之衢，孔子亦心疑之。慎者，謂審知其事也。既審知其事，又得耶曼父之母問以證之。"[③] 郭氏解"慎"作"審知其事"，其於句意之理解又不同於前人。

此外，尚有明代郝敬，力駁鄭注，其曰："鄭玄之徒，一切以爲聖經，附會其説，而不折諸理，可怪也。'其慎'改'其引'，謂殯引飾棺以輴，

① ［清］衛湜：《禮記集説》，影印文淵閣《四庫全書》第117册，臺北：臺灣商務印書館，1986年，第319頁。

② ［清］江永：《禮記訓義擇言》，影印文淵閣《四庫全書》第128册，臺北：臺灣商務印書館，1986年，第307頁。

③ ［清］郭嵩燾：《禮記質疑》，《續修四庫全書》第106册，上海：上海古籍出版社，2002年，第247頁。

葬引飾棺以柳翣。按《周禮·大司徒》，六引以挽柩，行則有之，殯則焉用引？殯引飾棺以輤，據《雜記》，諸侯、大夫、士行死於道者，□□即今棺罩，所謂柳也，葬行有柳，殯將焉用？古者殯塗其棺，似今人淺埋之類，焉得有引與輤使人見？見則暴棺，豈五父之衢而暴親之柩乎？"①

考郝氏之説，謂不得有殯引，唯有葬引，此乃就常禮推之。然孔子當時情況特殊，孔穎達曰："云孔子既少孤失父，其母不告父墓之處。今母既死，欲將合葬，不知父墓所在，意欲問人。故若殯母於家，則禮之常事，他人無由怪已。故殯於五父之衢，欲使他人怪而致問於已。外人見柩行路，皆以爲葬。但葬引柩之時，飾棺以柳翣，其殯引之禮，飾棺以輤。當夫子飾其所引之棺以輤，故云'其引也，蓋殯也'。殯不應在外，故稱'蓋'，爲不定之辭。"②如此，則孔子爲求他人怪而問之，用反常之殯引，亦可説通了，故郝氏駁鄭難以成立。

事實上，歷來學者多有疑此節爲僞者，如朱軾曰："禮經之謬，無過於此，亟當刪之。"③孫希旦曰："此記所言，蓋事理之所必無者。"④而諸家解説，皆是以己意揣度之，未知孰是，可存之以備考。

8.卷三《檀弓上》：有虞氏瓦棺，夏后氏墍周，殷人棺椁，周人牆置翣。

《集説》：瓦棺，始不衣薪也。墍周，或謂之土周。墍者，火之餘燼。蓋冶土爲甎，而四周於棺之坎也。殷世始爲棺椁，周人又爲飾棺之具，蓋彌文矣。

《補正》：此注、疏舊説也。然案《易傳》云："古之葬者厚衣之以薪，後世聖人易之以棺椁。"説者以後世聖人爲黃帝、堯、舜。《孟子》亦言："古者棺椁無度，中古棺七寸，椁稱之。"則是上古之時已有棺椁矣。今謂有虞氏始以瓦棺易衣薪，夏后氏始以土墍周於棺，有椁之象，殷人始以木爲棺椁，易瓦棺、墍周，與《易傳》《孟子》不合。吴氏謂此記之説，未可盡信，當矣。⑤

按：此論上古之時是否有棺椁。

① ［明］郝敬：《禮記通解》，《續修四庫全書》第 97 冊，上海：上海古籍出版社，2002 年，第 122 頁。

② ［漢］鄭玄注，［唐］孔穎達正義，呂友仁整理：《禮記正義》，上冊第 235 頁。

③ ［清］江永：《禮記訓義擇言》，影印文淵閣《四庫全書》第 128 冊，第 307 頁。

④ ［清］孫希旦撰，沈嘯寰、王星賢點校：《禮記集解》，上冊第 171 頁。

⑤ ［清］納蘭性德：《陳氏禮記集説補正》，卷三第十頁 B 面。

《補正》之説，實際取自吴澄，吴氏曰："澄按，《易傳》云：'古之葬者，厚衣之以薪，後世聖人易之以棺椁。'説者以後世聖人爲黄帝、堯、舜，《孟子》亦言上古棺椁無度，則是上古之時，已有棺椁矣。今此記注疏則謂有虞氏始以瓦棺易衣薪，殷人始以木爲棺椁，易瓦棺聖周，竊疑此記之説，未可盡信。"[1]

考《集説》中"殷世始爲棺椁"一句，其實并非鄭玄之語，鄭玄説："椁，大也。以木爲之，言椁大於棺也。殷人上梓。"未言及殷商始爲棺椁，故《補正》引吴澄説祇是駁陳澔注，鄭玄并無誤。

而鄭玄注"有虞氏瓦棺"曰："始不用薪也。有虞氏上陶。"根據現有考古成果來看，"瓦棺即甕棺，可與新石器時代的甕棺對應"[2]，故"有虞氏瓦棺"一説，是可以成立的。鄭玄之説也大體不誤。

吴澄又謂"竊疑此記之説，未可盡信"。考經文"夏后氏聖周"一句，"聖周即用火烘烤墓壁，從考古資料看，夏代墓葬基本没有這種現象"，因此經文此句似不符合事實。而棺椁之制，從考古研究來看，早於夏商的良渚文化和龍山文化時期，"出現的一棺一椁葬制就可視爲棺椁制度的開端"[3]。因此吴澄説上古之時已有棺椁是對的。而其疑經文不可信，也是對的。

綜上所述，《補正》實際引吴澄説駁鄭，但是鄭玄之意，大概是有虞氏以瓦棺爲主，殷人以棺椁爲主，并無錯誤。《補正》所駁斥的實際是陳澔之語，不過自己誤以爲乃鄭注罷了。然其引吴澄説疑經文不可信，則確有道理。

9.卷三《檀弓上》：夏后氏尚黑，大事斂用昏，戎事乘驪，牲用玄。殷人尚白，大事斂用日中，戎事乘翰，牲用白。周人尚赤，大事斂用日出，戎事乘騵，牲用騂。

《集説》：禹以治水之功得天下，故尚水之色。湯以征伐得天下，故尚金之色。周之尚赤，取火之勝金也。

《補正》：三代所尚色不同，先儒亦多异説，鄭氏謂夏后氏尚黑，"以建寅之月爲正，物生色黑"。殷人尚白，"以建丑之月爲正，物牙色白"。周人尚赤，"以建子之月爲正，物萌色赤"。此與緯書注同，

---

① ［元］吴澄：《禮記纂言》，影印文淵閣《四庫全書》第 121 册，第 353 頁。

② 袁勝文：《棺椁制度的産生和演變述論》，《南開學報》（哲學社會科學版），2014年 03 期，第 94-101 頁。

③ 袁勝文：《棺椁制度的産生和演變述論》，第 94-101 頁。

不足據也。……惟吳幼清謂：“夏以金德王而色尚黑，黑，水之色。水者，金之所生也。周以木德王而色尚赤，赤，火之色。火者，木之所生也。夏、周之道先親親，故以我所生而相者爲所尚。殷以水德王而色尚白，白，金之色。金者，水之所從生也。殷道先尊尊，故以我所從生而休者爲所尚。”其言差爲有理，然三代所尚物色，祇是隨時損益，以新天下之耳目，一天下之心志而已，其實無甚取義。諸儒紛紛，皆不免臆説也。①

按：此論三代所尚色不同。除上所列鄭注、陳澔、吳澄説外，尚有如下幾種觀點：

江永曰：“三代所尚之色，陳氏説爲長。鄭注未確。吳氏説則鑿矣。”②

《欽定禮記義疏》曰：“夏道近人而忠，故尚黑，黑，最卑下近人者也。殷道駿肅，故尚白，白，最清潔，亦色之本也。周道文，故尚赤，赤者，文明之至也。《史記》云：‘王者易姓受命，必慎始初，改正朔，易服色。’義如是矣。”③

姚際恒曰：“此文已爲不韋《月令》開端。尚黑、白、赤，未詳其義。疏引舊説，謂‘正色有三’，然青、黃非正色乎？鄭氏以物生色黑及芽白、萌赤解之，此緯書注，甚鑿。陳可大謂禹治水，尚水色。水非黑色，觀《禹貢》別言‘黑水’可見。湯征伐得天下，尚金色。於周無可言，乃取五行相尅之義，以爲火勝金。吳幼清祖其説，變相尅爲相生，謂夏以金德王。黑，水色，水者，金之所生。周以木德王。赤，火色，火者，木之所生。於殷無可言，爲以水德王。白，金色，金者，水之所從生。又與上義反，皆鑿謬。揆此，則三代尚色之義，恐附會也。”④

孫希旦曰：“愚謂三代所尚之色不同者，蓋欲各爲一代之制，以示其不相襲禮也。”⑤此説大體同於吳澄。

以上諸觀點，或主相生説，或主相尅説，或謂代有不同，示不相襲而

---

① ［清］納蘭性德：《陳氏禮記集説補正》，卷三第十一頁 A 面。

② ［清］江永：《禮記訓義擇言》，影印文淵閣《四庫全書》第 128 册，第 308 頁。

③ ［清］乾隆敕撰：《欽定禮記義疏》，影印文淵閣《四庫全書》第 124 册，臺北：臺灣商務印書館，1986 年，第 274 頁。

④ ［清］杭世駿：《續禮記集説》，《續修四庫全書》第 101 册，上海：上海古籍出版社，2002 年 4 月，第 157 頁。

⑤ ［清］孫希旦撰，沈嘯寰、王星賢點校：《禮記集解》，上册第 173 頁。

已。紛繁複雜，或非一時可辨明，姑存諸家説以備考。

10.卷三《檀弓上》：細人之愛人也以姑息。

《補正》：鄭注："息，猶安也。姑息言苟且安息也。"孔疏："不顧道理，且相寧息。"《集説》無解，想同之也。然以"姑"爲"姑且"之姑，以"息"爲"安息"之息，殊無所據。案《尸子》云："紂棄黎老之言而用姑息之語。"注："姑，婦女也。息，小兒也。"其義始明。楊慎《丹鉛録》亦辨之。①

按：此釋"姑息"。《補正》駁鄭注釋作"苟且安息"爲非，然則鄭注原文曰："息，猶安也。言苟容取安也。"何嘗有"苟且安息"之語？《補正》不知何所據，其引鄭注文既誤，則釋鄭意亦有所偏差。至若其引《尸子》文及注，楊慎所辨曰："案：姑息，猶言姑婦，所謂'婦人之仁'也。鄭訓'苟容取安'，亦通。"②是楊氏亦不以鄭注爲非，何《補正》遽然謂鄭注"殊無所據"耶？

考經文之義，從義理上説，楊氏與鄭注觀點都可講通，姑兩存之。唯《補正》引文誤，所引楊氏説又不全，故難以成立。

11.卷四《檀弓上》：行道之人皆弗忍也。

《補正》："行道"有兩説：鄭氏謂"行道，猶行仁義"。臨川吳氏本之，謂"稍知率性之道而行之者，其性必過厚，故以禮制其情，則皆有所不忍也"。方氏、胡氏則以爲"行道之人"與《孟子》所謂"行道之人弗受"同。《集説》雖不分別言之，應是從鄭注之説，然而謬矣。③

按：此釋"行道"。歷來注解，《補正》謂有兩説，實則不然。

經文全文曰："子路有姊之喪，可以除之矣，而弗除也。孔子曰：'何弗除也？'子路曰：'吾寡兄弟而弗忍也。'孔子曰：'先王制禮。行道之人皆弗忍也。'子路聞之，遂除之。"考經文之義，子路爲姊服喪，當除而不除，子路的理由是自己"寡兄弟而弗忍"。孔子勸其除之，原因是先王制定了禮法，應當遵照禮法除喪。後面這句，依鄭玄之説，當釋作行仁義之人都有不忍除之心，但是仍然於當除喪服時除之，這是遵禮而行，言下之

---

① ［清］納蘭性德：《陳氏禮記集説補正》，卷三第十四頁 A 面。

② ［清］乾隆敕撰：《欽定禮記義疏》，影印文淵閣《四庫全書》第 124 册，第 281 頁。

③ ［清］納蘭性德：《陳氏禮記集説補正》，卷四第三頁 A 面。

意是子路應當學習他們。孫希旦曰："孔子言服行道義之人，皆有不忍其親之意，然而不得不除者，則以先王制禮而不敢過焉耳。"①極得鄭注本意。而吳澄之説，以"行道之人"爲"稍知率性之道而行之者"，與鄭注迥然，《補正》謂其本之鄭注，實爲大謬，吳澄説固自成一家。

考吳澄之意，謂以禮約束稍知率性之道而行之者之情，皆有所不忍，明顯與經文"先王制禮"相悖。既已制禮，自然是爲了約束，再言有所不忍，於理不通。

方愨、胡銓等以"行道"爲在道路上之人，方氏曰："行道之人，與孟子'呼爾而與之，行道之人弗受'同義。先王制禮，於可除而必除之，行道之人於可除而弗忍焉，必除之者，公義也。弗忍焉者，私情也。"②則其意思是：那些在道路上的人，在可以除喪的時候一定就除，他們皆有不忍除喪之心，但是却仍然除之，因爲這是公義。其不忍之心是私情。言下之意是不可以私情害公義。與此相似者，方苞曰："'行道之人'，猶言塗之人。塗之人寡兄弟者，皆有不忍之心。而不聞有易喪期者，以先王制禮，不敢過也。"③總結可謂精到。

綜上諸説，"行道"釋義，當以方愨、胡銓、方苞等人之説爲優。行仁義之人有不忍之心而除喪，畢竟不如道路之人有不忍之心而除喪更有説服力。因爲行仁義者修爲高，有不忍之心而做到除喪，不是困難的事，而道路之人境界低，猶能做到有不忍之心而依禮除喪，説服力强，你子路是習禮之人，反不如道路之人嗎？故《補正》闡釋吳澄説雖有誤，然其駁鄭注良是。

12. 卷四《檀弓上》：始死之奠，其餘閣也與？

《集説》：閣所以庋置飲食，蓋以生時庋閣上所餘脯醢爲奠也。

《補正》：此注、疏説也。山陰陸氏則曰："閣其餘者，幸其更生，若有待焉爾。如先儒説，以其閣之餘奠，不惟於文不安，亦大夫七十而後有閣'，則大夫死有無閣者矣。"④

按：此論本句經文禮義。鄭注曰："不容改新。閣，庋藏食物。"孔疏

---

① ［清］孫希旦撰，沈嘯寰、王星賢點校：《禮記集解》，上册第 183 頁。
② ［宋］衛湜：《禮記集説》，影印文淵閣《四庫全書》第 117 册，第 336 頁。
③ ［清］方苞：《禮記析疑》，影印文淵閣《四庫全書》第 128 册，臺北：臺灣商務印書館，1986 年，第 25 頁。
④ ［清］納蘭性德：《陳氏禮記集説補正》，卷四第四頁 A 面。

曰："'始死之奠'者，鬼神所依於飲食，故必有祭酹，但始死未容改異，故以生時庋閣上所餘脯醢以爲奠也。《士喪禮》復魄畢，以脯醢'升自阼階，奠於尸東'，此之謂也。"

《補正》所引陸佃之語，歷代於其説不乏駁正者，如陸氏謂"亦'大夫七十而後有閣'，則大夫死有無閣者矣"，《欽定禮記義疏》駁之曰："分言之，則大夫曰'閣'，士曰'坫'。通言之，則凡庋飲食之板皆謂之'閣'。土坫之上，未嘗不用一板也。"[1]姚際恒則整體駁陸説曰："閣，庋藏食物之名。始死之奠，用閣之餘，此注疏説似是。閣餘，作餘閣，亦倒裝字法也。陸農師曰：'其餘，幸得更生，若有待焉。如先儒説以閣之餘奠，不惟於文不安，亦大夫七十而有閣，則大夫死有無閣者矣。'此説新巧，然近牽强。至於'大夫七十而有閣'，乃《王制》之説，不當駁於此。"[2]

考《士喪禮》，始死有復魂之禮，張爾岐曰："復者，猶冀其生。復而不生，始行死事。"[3]是復魂之禮後皆爲死事，始死之奠亦然，陸氏謂之"幸得更生，若有待焉"，不合禮義。《補正》引之，沿襲其誤。

方慤曰："閣與'大夫七十而有閣'同，以閣食物。人之始死，以禮則未暇從其新，以情則未忍易其舊。故其奠也，止以閣之餘物。"[4]申説鄭注，較爲該洽。

13.卷四《檀弓上》：冉子攝束帛乘馬而將之。

《集説》：攝，貸也。

《補正》：鄭注："攝，猶貸也。"孔疏："孔子之使未至，貸之束帛乘馬而行禮。"此《集説》所本也。然以"貸"訓"攝"，於義未當。愚謂"攝"猶"攝祭""攝王""攝位"之攝，江陵項氏曰："攝，代也。孔子之賻贈未至，冉有爲之代出束帛乘馬是也。"[5]

按：此釋"攝"字。鄭注訓作"貸"字，《補正》駁之，訓作"代"。

---

① ［清］乾隆敕撰：《欽定禮記義疏》，影印文淵閣《四庫全書》第124冊，第293頁。

② ［清］杭世駿：《續禮記集説》，《續修四庫全書》第101冊，第174頁。

③ ［清］張爾岐著，郎文行校點，方向東審定：《儀禮鄭注句讀》，上海：上海古籍出版社，2016年11月，第313頁。

④ ［宋］衛湜：《禮記集説》，影印文淵閣《四庫全書》第117冊，第341頁。

⑤ ［清］納蘭性德：《陳氏禮記集説補正》，卷四第五頁B面。

考“貸”字,《説文解字》曰:“貸,施也。”①可以引申爲“假借”之意。則此句意思是冉有假借孔子名義行禮。訓作“代”,是冉有代替孔子行禮,其中包括假借之意。因此,訓爲“代”字,似乎更明白曉暢《補正》駁鄭注不無道理。

14.卷四《檀弓上》:衰,與其不當物也,寧無衰。

《集説》:疏曰:“物,謂升縷及法制長短幅數也。”

《補正》:長樂黄氏曰:“此謂人服齊衰而心貌無哀戚之實,其云‘寧無衰’者,謂若人但謹服衰而心貌忻悦者,寧如不服衰也。蓋言‘物’者,謂哀戚心貌之實也。何以驗之?《左傳》載晋平公有卿佐之喪,而奏樂飲宴,膳夫屠蒯入諫,罰其嬖叔曰:‘汝爲君目,將司明也。服以將禮,禮以行事,事有其物,物有其容。今君之容非其物也,而汝不見,是不明也。’以此驗之,物者,心貌之實,以稱其服,若‘介胄則有不可犯之色’之類也。蓋哀戚者,喪禮之實也;齊衰者,制度外飾之容。若但服衰在身而無哀戚,豈得合禮而爲孝哉?”其言至切,優於注、疏遠矣。以“實”訓“物”,如《易·家人》所云“言有物”之物。②

按:此釋“物”字,并解句意。《補正》引黄幹之説,名爲駁孔疏,實爲駁鄭注。鄭注曰:“不當物,謂精麤、廣狹不應法制。”孔疏不過闡釋鄭説而已。

鄭、黄兩説,歷來以支持鄭説爲是者居多,然清代郭嵩燾獨謂黄説較優,其曰:“嵩燾案,黄氏幹引《左傳》‘服以將禮,禮以行事,事有其物,物有其容。今君之容,非其物也’,物謂哀戚心貌之實,足以稱其服,黄氏之言是也。而物自爲升縷長短、制度之數,所以求當於物者,則心貌之實也。《間傳》:‘斬衰貌若苴,齊衰貌若枲,大功貌若止。’所謂‘當物’也。下文‘齊衰不以邊坐,大功不以服勤’,蓋喪服之制如此,亦使人因文以生其情,而求稱於物也。鄭注分析言之,恐誤。”③觀郭氏此論,重申黄説,并無發明。

《欽定禮記義疏》駁黄説曰:“先王制服,升之多少,幅之廣狹,制之

---

① 〔漢〕許慎撰,〔清〕段玉裁注:《説文解字注》,上海:上海古籍出版社,2017年6月,第280頁。

② 〔清〕納蘭性德:《陳氏禮記集説補正》,卷四第七頁 B 面。

③ 〔清〕郭嵩燾:《禮記質疑》,《續修四庫全書》第106冊,第253頁。

長短，皆有法度。此云'不當物'，似非但言其心也。孔氏云'衰以表情'，黄説亦在其中，如舊解，固兩義兼到也。"①此説持論平正，申明鄭注，駁黄説有理。故《補正》謂黄説"其言至切，優於注、疏遠矣"，實未詳審注、疏。

15.卷四《檀弓上》：齊衰不以邊坐。

《集説》：疏曰："喪服宜敬，坐起必正，不可著衰而偏倚也。"

《補正》：以邊坐爲偏倚，舊説相承如此。横渠張子則曰："有喪者專席而坐也，故齊衰不以邊坐。"②

按：此釋"邊坐"。《補正》引張載之説，名爲駁孔疏，實爲駁鄭注。鄭注曰："邊，偏倚也。"

考歷代注解所從，不外鄭、張兩説。然頗有不以張説爲然者，如江永曰："按，當從注説，專席而坐謂不與人共坐，非不以邊坐之謂也。"③又如《欽定禮記義疏》曰："張子以專席坐，解不邊之義，理似可通。考《雜記》'齊衰皆居堊室，三年之喪，盧堊室之中，不與人坐'，《喪大記》'既練，居堊室，不與人居'，注云：'居，即坐也。'據此，齊衰無與人共坐之理，鄭義似穩。"④

據《欽定禮記義疏》之考證，《雜記》《喪大記》之文可證齊衰無與人共坐之理，即專席而坐。則經文"齊衰不以邊坐"，其隱含的意思是齊衰專席而坐，專席而坐時不以邊坐。由此可見，鄭玄之解更爲安穩。而張載之説，則僅解到第一層，兩相比較，高下立見。故《補正》引張説，存异則可，以之駁鄭則不確。

16.卷四《檀弓上》：主人既祖，填池。

《集説》：填，音奠。池，音徹。劉氏曰："葬之前一日，曾子往吊，時主人已祖奠矣，曾子至，主人榮之，遂徹奠，推柩而反向内以受吊。所以徹奠者，奠在柩西，欲推柩反之，故必先徹而後可旋轉也。"

《補正》："填池"改作"奠徹"，《集説》取鄭注也。案盧陵胡氏作如字讀，曰："池以竹爲之，衣以青布，喪行之飾，所謂'池視重

① ［清］乾隆敕撰：《欽定禮記義疏》，影印文淵閣《四庫全書》第124册，第301頁。

② ［清］納蘭性德：《陳氏禮記集説補正》，卷四第八頁A面。

③ ［清］江永：《禮記訓義擇言》，影印文淵閣《四庫全書》第128册，第312頁。

④ ［清］乾隆敕撰：《欽定禮記義疏》，影印文淵閣《四庫全書》第124册，第301頁。

雷'是也。填，謂懸銅魚以實之，謂將行也。鄭改爲'奠徹'，未詳。"
吳幼清曰："胡氏不改'填池'二字，則'填'當爲陟刃切，'填'猶
云安頓也，謂已安頓棺飾之池而將行也。但考之士禮，填池在朝祖
後，階下載柩之時，今二字在'既祖'之下，則亦可疑，未敢必以不
改字爲是。"愚案，如胡、吳之説，則池者，柳車之池也。生時既屋，
有重雷以行水，死時柳車亦象宮室，而於車覆鼈甲之下，牆帷之上，
織竹爲之，形如籠，衣以青布，以承鼈甲，名之爲池，以象重雷，此
所謂"填池"者。胡氏謂"懸銅魚以實之"是也，不必以朝祖後載柩
時爲疑。郝氏曰："'填池'本謂填起柩前柳池，使見棺行禮也，而變
作'奠徹'，非。"山陰陸氏則云："池，殯坎也。既祖則填之，故曰
'主人既祖，填池'。《孔叢子》曰'埋柩謂之殔，殔坎謂之池'是也。"
是又一説。要之，改字者非矣。①

按：此釋"填池"，并及句意。歷來有五説，一者，鄭玄也。二者，
胡銓也，三者，郝敬也。四者，陸佃也。五者，江永也。胡、郝、陸三説，
《補正》已備載，不必贅言。

鄭玄説曰："填池，當爲'奠徹'，聲之誤也。奠徹，謂徹遣奠，設
祖奠。"孔穎達疏曰："云'奠徹，謂徹遣奠，設祖奠'者，案《既夕禮》，
祖日明旦，徹祖奠，設遣奠。曾子正當設遣奠時來，主人乃徹去遣奠，還
設祖奠，似若不爲遣奠。然經云'主人既祖'，祖之明日既徹祖奠之時，
故謂之既祖。鄭云'祖，謂移柩車去載處'者，解正祖之名也。"②

江永説曰："按，舊讀'填池'爲'奠徹'，文義未安。胡氏以池爲
柩車上之池，近之。謂填爲懸銅魚以實之，文義亦未協。魚躍拂池，在池
下，非實於池中。且負夏，主人當是士，士飾棺亦無銅魚。又考《儀禮》，
飾棺在祖前，即有魚，豈待祖而後設乎？愚疑'填池'，即既夕禮所謂祖
還車也。柩車上有池，象宮室之承雷，禮云'商祝飾柩，一填池'。當讀
如鎮，或讀如奠，填之爲言鎮也，故填星亦謂之鎮星，鎮即有奠定之義。
前此柩遷於祖廟，用輁軸，正柩於堂上兩楹間。既朝祖，卻下，以屬車載
於階間，北首，飾棺訖。日昃時，乃還轉柩車向外，南首，爲行始，謂之
祖。曾子吊，當其時柩車已還而鎮定，所謂填池者也。"③江氏謂"池"爲

① ［清］納蘭性德：《陳氏禮記集説補正》，卷四第十二頁A面。
② ［漢］鄭玄注，［唐］孔穎達正義，呂友仁整理：《禮記正義》，上册第291頁。
③ ［清］江永：《禮記訓義擇言》，影印文淵閣《四庫全書》第128册，第314頁。

柩車上之池，讀"填"爲"鎮"，謂填池乃柩車已還而鎮定之意。郭嵩燾之論同於江氏，而總結最明，其曰："《雜記》'魚躍拂池'，下有振容，柩行則魚躍。經云'填池'，謂車還池動，稍引而定之。填、鎮字通，以志還車之容也。"①

以上五説之外，其餘解經家之解説，則或因循，或辯駁，而尤以辯駁者較有參考價值，羅列如下：

吳澄説，《補正》已載。

方苞曰："《既夕禮》，朝祖之後，載柩而束之，商祝飾柩，一池，設披，屬引。所謂填池，即繫魚下垂池中，所謂'魚躍拂池'也。於是商祝御柩，乃祖，而婦人降於階間，蓋曰御柩，則已轉柩而鄉南矣。故推柩而反之，降婦人，而行受吊之禮。記文辭事本明，注疏未喻其義，乃易'填池'爲'奠徹'，謂曾子來吊，當既徹祖奠之後、設遣奠之時，主人乃徹去遣奠，更設祖奠，又令婦人升堂，至將旦，婦人從堂更降而行遣奠之禮，不惟於記文，絕不可通，獨不思祖與遣隔日？若吊當遣奠之時，而又反宿，則葬期且爲之更易矣。況曾子云：'祖，胡爲其不可以反宿？'則爲葬前一日、朝祖後之事顯然，而可憑臆爲無稽之説乎？"② 此申説胡銓之論而駁斥鄭注。

《欽定禮記義疏》曰："又諸經無以殯輴爲'池'者，此在既祖之後，尤不應言'填池'也。陸氏好爲異説，此亦其一耳。又飾柩一池，在'祖奠'前，胡氏移之'既祖'後，亦非。且'填'亦不可訓爲'縣'也。"③ 此駁陸佃之説堪稱正解，陸説之誤，不必多言。《義疏》之意，顯然是申明鄭注。

上述諸家，若定是非，仍需立足經文。經文曰"主人既祖"，然後曰"填池"，欲明"填池"之義，必先梳理"既祖"相關喪禮儀節。《儀禮·既夕禮》一篇載之，可從柩遷於祖廟講起。《既夕禮》記載柩遷到祖廟後，"正柩於兩楹間"，所謂"正柩"，就是把柩放正，柩頭朝北。此時"主人從升，婦人升"，即主人和婦人都到了堂上。然後"席升設於柩西。奠設如初，巾之"，這個奠名爲"從奠"，因爲是跟從柩自殯宮遷來的。張爾岐梳理總結此章內容爲"遷柩朝祖"④。

---

① ［清］郭嵩燾：《禮記質疑》，《續修四庫全書》第106册，第255頁。

② ［清］方苞：《禮記析疑》，影印文淵閣《四庫全書》第128册，第26–27頁。

③ ［清］乾隆敕撰：《欽定禮記義疏》，影印文淵閣《四庫全書》第124册，第312頁。

④ ［清］張爾岐著，郎文行校點，方向東審定：《儀禮鄭注句讀》，第343頁。

《既夕禮》接著又記載："薦車直東榮，北輈。質明滅燭。徹者升自阼階，降自西階。乃奠如初，升降自西階。"這個"薦車"是指死者生前所用的車，爲乘車、道車、槁車三種。"質明"是指下葬前一天天亮的時候，先是徹去了從奠或曰啓殯之奠，然後陳設遷祖之奠。這一章主要内容就是"薦車馬、設遷祖之奠"。

接下來，《既夕禮》記載："有司請祖期。曰：'日側。'主人入，祖。乃載。踊無筭。卒束，襲。降奠當前束。商祝飾柩，一池，紐前䌰後緇，齊三采，無貝。設披，屬引。"有司請示設祖奠的時間，主人答曰"日側"。這裏"日側"指的是日偏西的時候，即剛過中午之時。接著將堂上之柩裝載到庭中柩車上，把遷祖之奠的奠物從堂上移到堂下擺在柩車西、當柩的前束的地方。然後商祝開始裝飾柩車，經文所記"一池"，即在柳前設一池。這個池就是上文胡銓、郝敬及《補正》等所言之柳池。由經文來看，此時設柳池，即吳澄所謂"考之士禮，填池在朝祖後，階下載柩之時"。《檀弓》經文謂"主人既祖，填池"，而據《既夕禮》記載，設柳池時并無"既祖"，顯然《檀弓》所云"填池"并非柳池之謂，則吳澄所疑爲是，胡銓、郝敬及《補正》等皆誤。

那麽何時"祖"呢？《既夕禮》接著記載，陳明器和喪具之後，"徹奠。巾、席俟於西方。主人要節而踊，祖。商祝御柩，乃祖。踊，襲，少南當前束。婦人降，即位於階間。祖，還車，不還器。祝取銘置於茵。二人還重左還。布席，乃奠如初"。據此，商祝御柩時，乃祖。所謂"商祝御柩"，是指商祝指揮將柩車調頭朝南。祖，鄭玄釋其義曰："將行而飲酒曰祖。祖，始也。"[1]則"乃祖"，指的是柩將出行時，這是出行的開始。據鄭玄之意，此時似乎還要飲酒，或是給死者奠酒？不可考矣。經文下面又曰"祖，還車"，這個"祖"指的是薦車之祖，薦車也調轉車頭。完成這個"祖"的儀節，就是所謂的"既祖"了。

"既祖"，婦人從堂上降下，即位於階間。然後布席，"乃奠如初"，這指的是設祖奠。因此奠是爲祖而設，故名祖奠。《既夕禮》又載，到了下葬的這一天早上，要撤掉祖奠，陳設葬奠。之後就與"祖"無關了。

梳理清楚以上諸儀節，則可見"既祖"後并無所謂"填池"，則"填池"如鄭玄所解，釋爲"奠徹"，較爲可通。今時學者侯婕有《"曾子吊於負夏"舊解發覆》一文，重申鄭注，論證清晰，觀點可靠，可結本案，

---

① ［漢］鄭玄注，［唐］賈公彦疏，賈海生點校：《儀禮注疏》，《中華禮藏·禮經卷》本，杭州：浙江大學出版社，2016 年 9 月，第 1006 頁。

不煩贅述，兹引其結論如下："'既祖'指的就是啓殯之日，即下葬前一日，主人所舉行的將柩車調轉使柩首朝南的儀式，柩車轉向後，設祖奠，婦人由堂上降於兩階之間原本停放柩車的位置。'填池'即'奠徹'，指的是撤去啓殯之日柩車轉向後所設祖奠。曾子吊於負夏氏時，主人已經調轉柩車向外，舉行完祖奠儀式。此時遇曾子來吊，爲表尊敬，主人撤去所設祖奠，將柩車推回兩階之間，調轉柩車使得柩首向北。婦人爲避讓柩車，由階間退回堂上之位。柩車停宿一夜，第二日再次調轉向外，婦人下堂跟隨柩車之後，繼續行遣奠之禮。"[①]

　　綜上所述，胡銓、陸佃、方苞等諸家説皆不正確，而《補正》駁鄭玄亦不成立。

17.卷五《檀弓上》：仲憲言於曾子。

　　《集説》：仲憲，孔子弟子原憲也。

　　《補正》：此鄭注説也。然原憲名憲，字思，今加"仲"於"憲"，是以名爲字矣。此必當時之人有字爲仲憲者，或姓仲名憲，爲子路之族，亦未可知。而鄭注誤指爲原憲也。[②]

　　按：此論仲憲爲誰。

　　鄭玄曰："仲憲，孔子弟子原憲。"孔穎達疏曰："案《仲尼弟子傳》云：'原憲，字子思。'彼注云：'魯人'也。"

　　吳澄曰："澄按，原憲名憲，字思，今'憲'上加'仲'，而鄭注指爲原憲，未詳。"[③]

　　《欽定禮記義疏》曰："案：原憲，名憲，字思。古無加'仲'於名者，或仲氏而名憲與？"[④]

　　仲憲何人，史料有闕，吳氏及《欽定禮記義疏》皆不能確證，故《補正》駁鄭注誤指爲原憲，是駁其言之無據。

18.卷五《檀弓上》：縣棺而封。

　　《集説》：封，音窆。縣棺而封，謂以手懸繩而下之，不設碑繂也。

---

①　侯婕：《"曾子吊於負夏"舊解發覆》，《古籍整理研究學刊》2018 年第 4 期，第 93-98 頁。

②　［清］納蘭性德：《陳氏禮記集説補正》，卷五第九頁 B 面。

③　［元］吳澄：《禮記纂言》，影印文淵閣《四庫全書》第 121 册，第 372 頁。

④　［清］乾隆敕撰：《欽定禮記義疏》，影印文淵閣《四庫全書》第 124 册，第 328 頁。

《補正》：鄭注云：“封當爲窆，窆，下棺也。《春秋傳》作‘堋’。”《集説》取之。然《易傳》“古之葬者，不封不樹”，此《記》亦言‘孔子葬防，封之，崇四尺’，門人葬孔子，‘三斬板而已封’。封皆指築土爲墳而言。則此亦當如字讀，謂以手縣繩下棺，而築土爲墳耳，不必改字而後通也。①

按：此訓“封”字。鄭玄改字，以“窆”釋之。王安石則不同於此，其曰：“凡禮言‘封’者，復土以閉壙之名爾，何用改爲‘窆’乎？《王制》‘庶人不封不樹’，《易》以‘不封不樹’爲古。則周有封樹之制，不必下逮庶人。”②

《欽定禮記義疏》駁王説曰：“古篆‘封’字，有‘圭’，從之、土，會意，即‘窆’字也。有‘圭’，從土、丰，諧聲，亦作‘釭’，乃訓‘高’也，後混爲一。鄭氏始改讀‘窆’以別之。孔子葬於防，封之，崇四尺；門人葬孔子，三斬板而已封。彼封指築墳言。古葬者不封，謂不築土也。周文，故有封樹。此言‘縣棺’，則‘封’自當作‘窆’，指‘下棺’言，王説非也。”③這是從字形的角度展開論證，謂篆書“封”字作‘圭’形，會其意爲入土，本與“窆”同義。且經文言“懸棺”，表明棺尚未安穩入土，不能復土以閉壙。此駁王安石之説甚是，然“封”字何以音“窆”，其説則未能圓通。

考“窆”字，《説文解字》曰：“葬下棺也。從穴乏聲《周禮》曰：‘及窆執斧。’方驗切。”段玉裁注曰：“土部曰：‘堋，葬下土也。《春秋傳》‘朝而堋’，《禮》謂之封，《周官》謂之窆。’按，《禮》，謂十七篇也。《士喪禮》下篇曰：‘及窆，主人哭踊無筭。’注：‘窆，下棺也。今文窆爲封。’然則許十七篇從今文，鄭從古文而疊今文也。凡《戴記》皆作‘封’，《戴記》從今文也。《周官》謂之‘窆’者，《周禮·鄉師》云：‘及窆，執斧以涖匠師。’先鄭云：‘窆，謂葬下棺。《春秋傳》所謂堋，《禮記》所謂封也。’按，堋、窆、封三字，分蒸、侵、東三韵，而一聲之轉。”④段氏論證了“封”“窆”二字本爲今、古文，故自然意思相同。而其讀音，堋、窆、封三字，不過一聲之轉。

_____

① ［清］納蘭性德：《陳氏禮記集説補正》，卷五第十二頁 B 面。

② ［宋］衛湜：《禮記集説》，影印文淵閣《四庫全書》第 117 册，第 388 頁。

③ ［清］乾隆敕撰：《欽定禮記義疏》，影印文淵閣《四庫全書》第 124 册，第 335 頁。

④ ［漢］許慎著，［清］段玉裁注：《説文解字注》，第 347 頁。

綜上所述，《補正》之説同於王安石，釋"封"之義皆誤，并不能駁倒鄭注。鄭玄讀"封"爲"窆"，自有其依據。

19.卷六《檀弓下》：咏斯猶，猶斯舞。

《集説》：引疏曰："咏歌不足，漸至動摇身體。乃至起舞，足蹈手揚，樂之極也。"

《補正》："猶"字，《集説》依注、疏讀爲摇，謂身體動摇也。吴氏則以猶爲手動，舞爲足蹈。手之摇動，"陽舒之氣爲樂，而形於手容者也"。以足蹈地，"陽舒之氣爲樂，而形於足容者也。凡言舞而兼言蹈，則動手爲舞，舉足爲蹈。此言舞而先言摇，則摇即手之舞，舞即足之蹈也"。愚以爲皆不然，摇者，因咏歌而首動摇。舞雖是手動，而足蹈亦該其中矣。廬陵胡氏曰："猶，若所謂'君子蓋猶猶'之猶。"郝氏曰："猶，合也。凡歌必有節以合之，如今人唱則拍板拊手之類。乃作摇讀，非也。未有歌而摇者。"并存之以備考。①

按：此訓"猶"字。考歷代注解，約有五説。

一者，鄭玄曰："猶，當爲'摇'，聲之誤也。摇，謂身動摇也。秦人'猶''摇'聲相近。"②此訓"猶"爲"摇"，歷代不乏申之者，各有差異，引之如下：第一，吴澄説，《補正》已備列，謂摇爲手動，舞爲足蹈。第二，《補正》之説，謂摇乃因咏歌而首動摇。第三，臧琳曰："案《爾雅·釋詁》'鬱陶、繇，喜也'，郭注引《孟子》《禮記》爲證。又曰：'猶，即繇也，古今字耳。'《説文·系部》云：'繇，隨從也。从系，䚻聲。'《手部》云：'摇，動也。从手，䚻聲。'二字聲義皆相近。隨從則有喜意，隨從則身動摇。鄭注'摇，謂身動摇'，與《爾雅》《説文》皆合。"③

二者，胡銓説，《補正》已備列。

三者，郝敬曰："按，'猶'之言如也，與'由'通，自然嚮赴之意。人歌則抵掌頓足，按節而應，謂之'猶'，莫知其所以然而然，是起舞之漸也。鄭康成作'摇'，未聞歌有摇者。"④

四者，《補正》所引郝氏説，此與明代之郝敬説有異，不知爲誰。

---

① ［清］納蘭性德：《陳氏禮記集説補正》，卷六第六頁 B 面。

② ［漢］鄭玄注，［唐］孔穎達正義，吕友仁整理：《禮記正義》，上册第 385 頁。

③ ［清］朱彬：《禮記訓纂》，《續修四庫全書》本第 105 册，上海：上海古籍出版社，2002 年，第 379 頁。

④ ［明］郝敬：《禮記通解》，《續修四庫全書》第 97 册，第 157 頁。

五者，姚際恒曰："猶，鄭氏謂當爲'搖'，言身動搖也，豈有歌而搖者？吳幼清祖鄭説，謂'猶'爲手動，'舞'爲足蹈，尤杜撰。郝仲輿謂'猶，如字，與"由"通，自然嚮赴之意。人歌則抵掌頓足，按節而應，謂之"猶"'，若是則仍與搖之説相似矣。按《説文》'嗂'字，徐鍇引禮'咏斯猶'，謂'猶，即嗂。嗂，喜也'，其説似是。"①

以上諸説，姚際恒謂"猶"訓作"喜也"，有前人之説爲據，看似立得住，實則於理不通。因本節經文"人喜則斯陶，陶斯咏，咏斯猶，猶斯舞"，從前往後，是順承或遞進的關係。"咏斯猶"之前已然"人喜"，此若復"喜"，顯然違背經文的意思。至若《補正》所引郝氏訓作"合"，則臆説也。"猶"與"合"字，字形、聲音皆無關聯，郝氏不過望文生義，强爲之解釋而已。

胡銓之説，未必不可通。然鄭玄訓作"搖"，聲音上是比較接近的，臧琳已申説。吳澄、《補正》實際皆順著鄭玄之意繼續説，而郝敬之解，意思上亦與鄭説相近。由此，此"猶"字訓釋，或主鄭玄説，或從胡銓説，皆可通，可爲存異。《補正》雖自言駁鄭，實際遵從鄭説。

20.卷七《檀弓下》：美哉，輪焉！美哉，奐焉！

《集説》：輪，輪囷高大也。奐，奐爛衆多也。

《補正》：此輪即"廣輪揜坎"之"輪"，從之深爲輪，橫之深爲廣，言輪足以該廣，則此輪爲室之深廣也。《集説》謂輪囷高大者，非是。奐，本亦作"焕"，與"焕乎有文章"之"焕"通，衹謂室之華麗，亦不必言奐爛衆多也。此皆本鄭注而失之。②

按：此訓"輪""奐"二字，并及經文之義。歷來注家之説如下：

第一，鄭玄曰："輪，輪囷，言高大。奐，言衆多。"孔穎達疏曰："輪，謂輪囷高大也。《春秋外傳》曰'趙文子爲室，斲其椽而礱之，張老諫之'是也。'美哉奐焉'者，奐，謂其室奐爛衆多也。既高又多文飾，故重美之。王云：'奐，言其文章之貌也。'"③《集説》遵從此説。

第二，吳澄曰："輪謂室之深廣。從之深爲輪，橫之廣爲廣，言輪以該廣也。奐，謂室之華麗，與'焕乎有文章'之'焕'通。"④《補正》之説

① ［清］杭世駿：《續禮記集説》，《續修四庫全書》第101册，第243頁。

② ［清］納蘭性德：《陳氏禮記集説補正》，卷七第八頁B面。

③ ［漢］鄭玄注，［唐］孔穎達正義，呂友仁整理：《禮記正義》，上册第431頁。

④ ［元］吳澄：《禮記纂言》，影印文淵閣《四庫全書》第121册，第413頁。

顯然是從此出。

第三，姚際恒曰："輪，鄭氏謂'輪囷'，然是盤曲意，非高大也，此指節梲之盤曲。奐，寬廣意，《詩》'伴奐爾游'，此指舍宇之寬廣。"①

第四，王引之曰："奐，古'煥'字，《廣韵》：'奐，文彩明皃。'《玉篇》：'煥，明也。亦作"奐"。'《大雅·卷阿篇》'伴奐爾游矣'，《毛傳》曰：'伴奐，廣大有文章也。'《論語·泰伯》篇'煥乎其有文章'，何注曰：'煥，明也。''美哉奐焉'者，室有文彩奐然明也。《大戴禮·四代》篇'奐然而與民壹始'，即焕然也。漢《冀州刺史王純碑》'奐矣王君'，即'煥矣'也。《後漢書·張奐傳》：'奐，字然明。'《吴志·孫奐傳》：'奐，字季明。'《南史·王奐傳》：'奐，字道明。'皆用古'煥'字爲名，而字曰'明'。明者，'煥'之正訓也。"②

綜合以上諸説，"奐"字之解釋，當以王肅"言其文章之貌也"之説爲是，吴澄不過重複王説，《補正》則又沿襲吴説，王引之則申明王説，舉證豐富，最爲詳明。而姚際恒引《詩經》文解"奐"字，斷章取義，顯然有誤。

"輪"字之訓，鄭玄謂"輪囷，言高大"，不知何據。姚際恒因《史記·天官書》有"若煙非煙，若雲非雲，郁郁紛紛，蕭索輪囷，是謂卿雲"之文，其"輪囷"釋作屈曲盤繞之貌，故駁鄭注。然姚説亦未必然，節梲似無屈曲盤繞之狀。

考《檀弓》"廣輪揜坎"，鄭注曰："輪，從也。""從"即"縱"。故吴澄及《補正》之解皆從此出，言此"輪"乃指室之深廣。此説明白曉暢，且有鄭注原文爲據，優於"輪囷"説。

因此，《補正》駁鄭注"輪囷"説成立，其引王肅説駁鄭注"奐"字，雖成立，但不若王引之之説爲詳明。

21.卷七《檀弓下》：叔仲皮學子柳。叔仲皮死，其妻魯人也，衣衰而繆絰。叔仲衍以告，請繐衰而環絰，曰："昔者吾喪姑、姊妹亦如斯，末吾禁也。"退，使其妻繐衰而環絰。

《集説》：引疏曰："言叔仲皮教訓其子子柳，而子柳猶不知禮。叔仲皮死，子柳妻雖是魯鈍婦人，猶知爲舅著齊衰而首服繆絰。衍是皮之弟、子柳之叔，見當時婦人好尚輕細，告子柳云：'汝妻何以

① ［清］杭世駿：《續禮記集説》，《續修四庫全書》第101册，第266頁。
② ［清］王引之撰，虞思徵等校點：《經義述聞》，上海：上海古籍出版社，2016年11月，第2册第802頁。

著非禮之服?'子柳見時皆如此,亦以爲然,乃請於衍,令其妻身著
縓衰,首服環経。衍又答云:'昔者吾喪姑、姊妹亦如此,縓衰環経,
無人相禁止也。'子柳得衍此言,退,使其妻著縓衰而環経。"

《補正》:鄭、孔以子柳爲皮之子,以衍爲皮之弟、子柳之叔,
以其妻爲子柳之妻,以"請縓衰而環経"爲子柳請於衍,以"曰"爲
衍之言,以"退,使其妻縓衰而環経"爲子柳從衍之言,而使其妻如
此。皆出於臆決,非有的然依據。愚謂以兩"其妻"爲子柳之妻,是
矣。其餘云云,未可盡以爲信也。應是衍告於子柳,請柳之妻服時尚
輕細之縓衰環経,而曰"昔者吾喪姑、姊妹亦如斯,末吾禁也",於
是子柳得衍之言,退使其妻縓衰而環経。如此解経,頗覺徑直,無許
多問答之繁曲。注、疏之所以多其問答者,以衍爲子柳之叔,尊請於
卑,於禮有違耳。然考之注、疏,衍之爲皮弟,本無確證,安知非子
柳之兄弟乎?①

按:此解経文之義。考歷來注解,衆説紛紜,莫衷一是。其中姚際恒
總結前人之説較爲全面,可省搜檢之力,其曰:"以子柳爲皮之子,以上
'其妻'爲子柳之妻。以衍爲皮之弟、子柳之叔,以'告'爲告子柳,以
'請'爲子柳請,以'曰'爲衍答,以'退'爲子柳退,以下'其妻'亦
爲子柳之妻,此鄭、孔之説也。以子柳爲皮之子,以上'其妻'爲子柳
之妻,以衍爲子柳之兄弟,以'告'爲告子柳,以'請'亦爲衍請,以
'曰'亦爲衍語,以'退'爲子柳退,以下'其妻'亦爲子柳之妻,此近
世成容若之説也。以子柳爲皮之師,以上'其妻'爲皮之妻,以衍爲皮
之弟,以'告'爲告子柳,以'請'亦爲衍請,以'曰'亦爲衍語,以
'退'爲衍退,以下'其妻'爲衍之妻爲夫之兄服,此郝仲輿之説也。以
子柳爲皮之師,以上'其妻'爲皮之妻,以衍爲皮之子,以'告'爲告其
母,以'請'亦爲衍請,以'曰'爲皮妻答,以'退'爲衍退,以下'其
妻'爲衍之妻爲舅服,此孫文融之説也。按如鄭氏及成氏之説,皆以首句
'學'字訓作'斅'字解,未安,而鄭作衍既告子柳,又請衍,又告,更
迂折。如郝氏、孫氏之説,於首句順矣,但郝説無子柳之答。似疏、孫説
於首句之子柳,全失照應,更疎。且皆以兩'其妻'爲兩人,亦不協。四
説之中,似成説較直捷,然終以'學'字未安,爲難通耳。大抵《檀弓》

<hr />

① [清]納蘭性德:《陳氏禮記集説補正》,卷七第十頁 B 面。

係高才人手筆，不肯爲旨明辭順之文，故時似脱略其義，卒難通曉。解者各竭所見以求之，而終不可盡通，則非解者之故，乃作者之故矣。"①

由此可見，因經文簡奧，此句實際難以考明。衆家之説，不過據己之理解各爲闡發而已，可存之以備考。姚氏之後，郭嵩燾又立一新説，并錄之以爲存異。郭氏曰："嵩燾案，《喪服》女子子適人者大功。《士喪禮》苴絰，散帶垂。牡麻絰，亦散帶垂。婦人之帶，牡麻結本，在房。是凡齊衰服皆繆絰。總衰，治其縷如小功而成布六升半，稍次於齊衰。《喪服·記》序之大功之上，其服亦牡麻絰。環絰不繆，蓋從簡。叔仲皮爲魯公族。子柳蓋魯賢者，叔仲皮師事之，子柳之妻與叔仲皮爲昆弟。經云'魯人'者，謂亦魯公族也。爲叔仲皮齊衰，以爲父後之昆弟服之。'叔仲衍以告'，謂告於子柳之妻辭重服。總衰環絰下於齊衰一等，亦非正服也。其云'吾喪姑、姊妹亦如斯'，即喪服之云'姑、姊妹報'者是也。子柳，魯之高節者，亦不樂加厚妻之族，因從而爲之服，語意甚明。鄭注直以子柳爲叔仲皮之子，經義乃始糾紛矣。"②

因此，《補正》雖駁鄭注，實際自家説也無確證，難稱定論。此經文之訓解，祇能存異。

22. 卷八《王制》：其有中士、下士者，數各居其上之三分。

《集説》：鄭氏曰："謂其爲介，若特行而并會也。居，猶當也。此據大國而言，大國之士爲上，次國之士爲中，小國之士爲下。士之數，國皆二十七人，各三分之，上九、中九、下九。"疏曰："今大國之士既定在朝會，若其有中國之士、小國之士者，其行位之數，各居其上國三分之二。謂次國以大國爲上，而次國上九當大國中九，次國中九當大國下九，是各當其大國三分之二。小國以次國爲上，小國上九當次國中九，小國中九當次國下九，亦是居上三分之二也。是各居上之三分。"

《補正》：此節次於"下當其下大夫"之下，故鄭氏通解爲并會之序，且謂大國之士爲上，次國之士爲中，小國之士爲下，而"數各居其上之三分"一句，説甚難通。惟吳臨川移此節於"上士二十七人"之下，而取方、陸、胡三家之説者，近是。蓋其上之上指上士而言，二十七人者，上士之數。若二分其數，則爲五十四人。三分其數，則爲八十一人也。今列三説於後：嚴陵方氏曰："言三等之國，

---

① ［清］杭世駿：《續禮記集説》，《續修四庫全書》第 101 册，第 270 頁。
② ［清］郭嵩燾：《禮記質疑》，《續修四庫全書》第 106 册，第 280 頁。

止曰上士二十七人，則知中、下之士，諸侯之國，或有或亡矣。故以其有言之，其有者，一有一亡之辭也。三分者，三分而等之也。上士二十七人，中、下之士與之爲三分焉，則合焉而八十一矣，故曰數各居其上之三分，猶言各與上爲三分也。"山陰陸氏曰："後言上士二十七人，而未有中士、下士之數，故言之如此。三分，讀如去聲，謂上士二十七人，則中士、下士合八十一人。"廬陵胡氏曰："前云中士倍下士，上士倍中士，諸侯之國自有上、中、下三等之士也。鄭以大國士爲上士，次國士爲中士，小國士爲下士，誤矣。"①

按：此訓經文之義。鄭玄之説，除《補正》所引外，在"上九、中九、下九"後，尚有"以位相當，則次國之上士當大國之中，中當其下，小國之上士當大國之下。凡非命數，亦無出會之事"幾句。而與鄭、孔不同者，當推吳澄錯簡説影響最大，後世多沿襲其説，《補正》即在其列。吳澄説并方愨、陸佃、胡銓之説，《補正》已備列。

此外，有黃震及陳祥道二説，黃氏曰："'其有'者，不常有之詞。中士、下士或有之，則制禄之數當居上士三分之一。"②陳氏曰："卿、大夫，則賓也。賓以位序，故以位言之，士則介也。介則待之以數而已。《傳》曰：'名位不同，禮亦異數。'中士之禮居上士之三分，下士之禮居中士之三分。"③

《欽定禮記義疏》則於鄭、孔及吳、方、陸、胡、黃、陳等諸説皆有辨析，其曰："大國有孤一人，卿三人，大夫五人，合之則九。故上士三之而二十七，則中、下士必視國之大小而遞加，或三之，或倍之矣。故草廬吳氏及吳江徐氏皆以爲'上二十七人'下之脱簡也。鄭氏以爲頻聘之等。今考下大夫五人可分二等，則上士二十七人分爲三等，亦未可知。但本文明言其有中士、下士，不應又即上士分爲中、下士也。至方氏或有或無，黃氏不常有，胡氏合中、下士得上士小半之説，尤不確。《孟子》明言'上士一位，中士一位，下士一位'，若無中、下士，爵止四等矣。本篇亦言上大夫、下大夫、上士、中士、下士，凡五等，若無中士、下士，止三等矣。天子六鄉五家之比長即下士，六遂爲内諸侯食邑，故比外諸侯，而二十五家之里宰爲下士，則侯國之中、下士亦多矣，豈有無中、下

_____

① ［清］納蘭性德：《陳氏禮記集説補正》，卷八第一頁A面。
② ［清］乾隆敕撰：《欽定禮記義疏》，影印文淵閣《四庫全書》第124冊，第445頁。
③ ［清］乾隆敕撰：《欽定禮記義疏》，影印文淵閣《四庫全書》第124冊，第445頁。

士與合中、下士而僅得上士之半者哉？ 鄭氏言非命士不出會，則小國之卿與下大夫止一命耳，又安有命士出會者？ 陳氏言卿、大夫爲賓，士則爲介，義略可通。然《聘禮》於歸饔餼云：‘士介四人，皆饔大牢，米百筥’，設飧則衆介皆少牢，安見中士之禮止得上士三分之一，下士之禮止得中士三分之一耶？ 恐俱不可從。”①

《欽定禮記義疏》據《王制》《孟子》等記載爵分五等，斷定方慤、黄震、胡銓等謂中士、下士或有或無及不常有等説爲誤，誠然。其駁鄭玄“非命士不出會”之説，謂小國之卿與下大夫止一命，較之地位更低的上、中、下士則無命矣，自然不得有命士出會。故鄭玄以“覿聘并會之序”解此經文不確。陳祥道説亦從“出會”入手，自然也難以成立。故《欽定禮記義疏》以爲鄭、孔、方、黄、胡等説皆不可從。惟吳澄及後來之徐師曾持錯簡説，《欽定禮記義疏》則未加駁斥，或贊成其論。

綜合前代各家注解，鄭玄説確實於理難通，而吳澄錯簡説似更合理，今人研究亦有從吳氏説者，如熊健《淺説〈禮記·王制〉的爵禄制度》②。然吳氏説亦未有確鑿證據，故祇得存疑。《補正》謂鄭注爲非，而以吳澄説爲是，不無道理。

23. 卷九《月令》：天子親載耒耜，措之於參保介之御間。

《補正》：此本鄭、孔注、疏也。然以介爲甲，是矣。以保爲衣，則有未安。蓋保爲保護之義，人君之車必使勇士衣甲居右，而參乘所以備非常而保護之也，故曰參保介。措耒耜於參保介、御者二人之間，而曰“參保介之御間”。③

按：此訓“保介”。歷來注解約有如下幾種：

一者，訓爲車右。鄭玄首倡此説，其曰：“保介，車右也。……人君之車，必使勇士衣甲居右而參乘，備非常也。保猶衣也。介，甲也。”孔穎達疏之曰：“保介，車右也。御者，御車之人。車右及御人，皆是主參乘。……云‘保，猶衣’者，保即褓保，保，謂小被，所以衣覆小兒，故云‘保，猶衣也’。”④

① ［清］乾隆敕撰：《欽定禮記義疏》，影印文淵閣《四庫全書》第 124 册，第 445 頁。

② 熊健：《淺説〈禮記·王制〉的爵禄制度》，《邢臺學院學報》2013 年第 4 期，第 78-89 頁。

③ ［清］納蘭性德：《陳氏禮記集説補正》，卷九第九頁 B 面。

④ ［漢］鄭玄注，［唐］孔穎達正義，吕友仁整理：《禮記正義》，上册第 619 頁。

其後陸佃亦曰："保介，車右也，保君而甲者也。《詩》曰'嗟嗟臣工'，又曰'嗟嗟保介'。臣工，其臣也。保介，其僕也。"①吳澄曰："參保介，謂車右也。參謂參乘，保謂護衛，介謂甲士也。措末耜於參保介及御者二人之間，而曰參保介之御。其立文猶《書·立政》言有司及牧夫，而曰'惟有司之牧夫'也。"②陸、吳二說雖皆主"車右"說，但是較之鄭注，仍有些微差別。《補正》之說，則純粹沿襲吳氏，并無發明。

二者，訓作"神之保右"。應鏞曰："保介，謂神之保右。介，助乎農事者也。尸代神位，故《楚茨》之詩謂尸爲神保，《楚詞》謂巫爲靈保。御者則參陪而立，措之於此間，依神以求福也。親自車上載而措之，示將親耕也。觀《臣工》之詩曰：'嗟嗟保介，亦又何求？'則可見非車右也。"③

三者，訓作"農官之副"。朱熹曰："保介，蓋農官之副。"④

四者，訓作"農官"。周發曰："參乘，副車也。保介，農官也。天子親載末耜，措之於副車及保介之車中，非天子車中參御之間，亦非天子車中有保介也。"⑤

五者，訓作"掌末耜者"。郭嵩燾曰："車右爲保介，不見他文。高誘注《呂覽》：'副也'。《周頌》'嗟嗟保介'，專言農事，朱子因訓爲農官之副。應氏鏞引《詩·楚茨》尸爲神保，《楚辭》巫爲靈保，因以保介爲農神，御者參陪而立，措之此間，依神以求福也。然神何神？天子之車與神并載，恐無是事。《載芟》詩：'有依其士，有略其耜。'《毛傳》士子弟耕而負耒者子弟，天子耕耤，負耒之農正謂之保介。《國語》'命農大夫，戒農用'，韋昭注："農大夫，田畯。農用，田器也"。耕耤之耒耜，必有司掌之。《國語》又云'王耕一墢'，韋注：'一耦之發也。耜廣五寸，二耜爲耦。'贊王耜而比耦曰保介，高誘所謂副者，此也。《周禮》戎右，中大夫；齊右，下大夫；道右，上士。有常職。而司右掌群右，凡勇力之士屬焉，無常職。此云'參保介'者，參乘兼掌末耜，居御者之右，而措末耜於其間也。參者，車右也。保介，贊王之末耜。鄭通以車右釋之，《周頌》

① ［宋］衛湜：《禮記集說》，影印文淵閣《四庫全書》第 117 冊，第 784 頁。
② ［元］吳澄：《禮記纂言》，影印文淵閣《四庫全書》第 121 冊，第 138 頁。
③ ［宋］衛湜：《禮記集說》，影印文淵閣《四庫全書》第 117 冊，第 786 頁。
④ ［清］乾隆敕撰：《欽定禮記義疏》，影印文淵閣《四庫全書》第 124 冊，第 583 頁。
⑤ ［清］杭世駿：《續禮記集說》，《續修四庫全書》第 101 冊，第 403 頁。

之云‘嗟嗟保介’，義不可通矣。”①

綜觀以上諸論，周發之説最靠不住，因經文已明言“天子親載耒耜”，則何來措之於副車及保介之車中？其次，應氏訓爲“神之保右”，言下之意是天子之車與神并載，恐乃出於臆想。朱熹訓作“農官之副”，是因此記爲農事。然其言“蓋”，是不確定之辭，亦屬猜測。郭嵩燾舉《詩經·載芟》爲證，釋保介之職爲掌耒耜，實際是無常職之勇力之士兼掌，位置在御者之右。此説較鄭玄等不細分其職掌而通以車右釋之爲長。

因此，《補正》雖駁鄭注，然其説一是完全沿襲吳澄，未有發明；二是注解也不準確。諸家中惟郭嵩燾説爲優，駁鄭注有理有據。

24.卷九《月令》：開府庫，出幣帛，周天下；勉諸侯，聘名士，禮賢者。

《集説》：周濟其不足也。

《補正》：《集説》之云，本之鄭注。然嘗考方氏、吳氏之説，則謂開府庫所以出幣帛，將以聘名士，禮賢者也。周天下，以言聘禮之廣。古者諸侯必貢士於天子，以是勸勉諸侯，欲其所聘所禮，周於天下，而一無所遺也。則周天下蓋指聘禮而言，若謂周濟其不足，則上已言發倉廩，賜貧窮，振乏絶，此所云出幣帛，繫於賜貧窮之上，足矣。且舉天下之無衣者，而皆以帛周之，必有所不給，似不若方氏、吳氏之説爲長也。②

按：此訓“周天下”。鄭玄曰：“周，謂給不足也。”③《補正》引方慤、吳澄説以駁之，謂周天下指聘禮而言，誠然。《欽定禮記義疏》曰：“文義，‘命有司’領起，‘發倉廩’‘開府庫’對舉。惟方説最爲分明。若如鄭説，則天下之不足者多矣，府庫之幣帛，有幾能盡天下，而周之乎？”其義同於《補正》。另有方苞曰：“‘發倉廩’以下，行惠也。‘開府庫’以下，布德也。”④闡其義理較明。

因此，《補正》駁鄭注切中要害，其説更優。

25.卷九《月令》：命四監大合百縣之秩芻，以養犧牲。

《集説》：四監即《周官》山虞、澤虞、林衡、川衡之官也。前

① ［清］郭嵩燾：《禮記質疑》，《續修四庫全書》第106册，第309頁。
② ［清］納蘭性德：《陳氏禮記集説補正》，卷九第十一頁B面。
③ ［漢］鄭玄注，［唐］孔穎達正義，呂友仁整理：《禮記正義》，上册第648頁。
④ ［清］方苞：《禮記析疑》，影印文淵閣《四庫全書》第128册，第57頁。

言百縣，兼内外而言；此百縣，鄉遂之地也。

《補正》：鄭注："四監，主山、林、川、澤之官。百縣，鄉遂之屬，地有山、林、川、澤者也。"孔氏疏之曰："《周禮》有山虞、澤虞、林衡、川衡之官。秩芻出於山林。鄭云'百縣，鄉遂之屬'，知非諸侯者，以取芻養牲，不可太遠，故知是畿内鄉遂。云鄉遂，不兼公卿大夫之采邑也。仲夏命百縣雩祀，則兼内外諸侯也。"此《集説》之所本也。然《周禮》雖有縣之名，未可謂百縣，百縣自是秦制。故臨川吳氏云："凡屬秦地，皆名爲縣，不可依周制，有鄉遂采邑及諸侯之分也。四監亦不可以周制解之。"《集説》一仍注、疏之舊，非也。①

按：此釋"百縣"。鄭、孔之後，注家多謂不可以周制解之，"百縣"自是秦制。《補正》引吳澄之説，亦持此論。這種觀點之依據在於相關典籍之記載，如《漢書·地理志》曰："秦……并兼四海，以爲周制微弱，終爲諸侯所喪，故不立尺土之封，分天下爲郡縣，蕩滅前聖之苗裔，靡有孑遺者矣。"②

然考縣制之起源，《漢書·地理志》等記載實際是不準確的。今時學者已多有著述論及，如陳劍《論縣制起源的時間》③，王暉《西周春秋"還（縣）"制性質研究—從"縣"的本義説到一種久被誤解的政區組織》④。現在的結論是比較明確的，縣起源於西周時期，至戰國時期，縣制已經不罕見了。

因此《補正》之駁鄭注實際是錯誤的，鄭玄時去古未遠，於相關典章制度之認識尚有其依據，未可輕易否定。

26.卷十《月令》：盲風至。

《集説》：盲風，疾風也。

《補正》：孔疏："皇氏：'秦人謂疾風爲盲風。'"故鄭玄取以解《月令》，而《集説》本之。然"盲"字義終不甚明。惟嚴陵方氏以爲

① ［清］納蘭性德：《陳氏禮記集説補正》，卷九第十五頁 B 面。

② ［漢］班固撰，［唐］顏師古注：《漢書》，北京：中華書局，1962 年 6 月，第 6 册第 1542 頁。

③ 陳劍：《論縣制起源的時間》，《古籍整理研究學刊》2009 年第 4 期，第 83-85 頁。

④ 王暉：《西周春秋"還（縣）"制性質研究—從"縣"的本義説到一種久被誤解的政區組織》，《史學集刊》2017 年第 1 期，第 39-47 頁。

"盲者，閉暗之義，當建酉閽户之月，故其風謂之盲風，又謂之閶闔以此"。其説爲當。①

按：此釋"盲風"。考歷來注解，約有兩説：

一者，鄭玄訓作"疾風"。

二者，方慤之説，《補正》已備引。清代郭嵩燾説與方慤略同，其曰："荀卿《佹詩》：'列星隕墜，旦暮晦盲。'秋後日色暗閉，不雨而風，塵沙上揚，有若晦盲，故曰盲風。"此外，郭氏於孔疏所引皇氏説亦有質疑，其曰："案：蔡邕《月令章句》云：'秦人謂蓼風爲盲風。'"②

鄭玄釋作"疾風"，不知何據。孔穎達引皇侃"秦人謂疾風爲盲風"之説以釋之，然蔡邕《月令章句》曰"秦人謂蓼風爲盲風"，則究竟作"疾風"還是"蓼風"，二者有文本上的差異。考慮到皇氏之説亦不知所出，而蔡邕之文則有傳世文獻可據，故當以蔡邕文爲可靠。

蔡邕《月令章句》早佚，然後世典籍有徵引其文者，保存了部分内容。如唐代《初學記》卷三"蓼風"條下記載："蔡邕《月令章句》曰：'仲秋白露節，盲風至，秦人謂蓼風爲盲風。'"③

考清人黄奭輯《月令章句》"秦人謂蓼風爲盲風"後按語曰："案《吕覽》：'西方曰飂風。''蓼'實'飂'之借。《莊子》：'翏翏長風。'聲亦作飂。《説文》：翏，高飛也。飂，高風也。慧苑《華嚴音義》：'風暴疾而起謂之長風。'合諸訓而蓼風爲疾風明矣。"④此訓蓼風爲疾風，亦即盲風爲疾風，與鄭注同。然則其引《莊子》《説文》《華嚴音義》等，皆旨在解"翏翏長風"，實際不能得出飂風或曰蓼風即疾風之義。反倒是其所引《吕覽》"西方曰飂風"，提供了綫索。

高誘注"西方曰飂風"曰："兑氣所生，一曰閶闔風。"⑤兑指正西。據此可知，秦人謂盲風爲蓼風，或曰飂風，又名閶闔風，實際即是西方之風，亦即西風。則本句經文"盲風至，鴻鴈來"，意思當是西風至，大雁

---

① ［清］納蘭性德：《陳氏禮記集説補正》，卷十第一頁 A 面。

② ［清］郭嵩燾：《禮記質疑》，《續修四庫全書》第 106 册，第 315 頁。

③ ［唐］徐堅：《初學記》，影印文淵閣《四庫全書》第 890 册，臺北：臺灣商務印書館，1986 年，第 50 頁上欄。

④ ［漢］蔡邕著，［清］黄奭輯：《蔡邕月令章句》，《漢學堂經解》本。

⑤ 許維遹撰，梁運華整理：《吕氏春秋集釋》，北京：中華書局，2009 年 9 月版，第281 頁。

從北方飛來。西風於仲秋至，則又可稱秋風。從時節上看，秋風來時雁南飛，也合情理。

綜上所述，《補正》謂鄭注"盲風，疾風也"非是，引方慤説爲證，有其道理。然方氏等從"盲"字解説入手，亦屬牽强。"盲風"當據蔡邕《月令章句》之文爲説，解作西風，亦即秋風。

27. 卷十《月令》：乃命司服，具飭衣裳，文繡有恒，制有小大，度有長短。

《集説》：小大，小則玄冕之一章，大則袞冕之九章也。

《補正》：虞制，衣裳繪繡共十二章，周亦十二章，以爲九章者，鄭氏之誤耳。[①]

按：此解周之冕服章數。鄭玄以爲周制袞冕九章，其注《禮記·王制》"有虞氏皇而祭，深衣而養老……周人冕而祭，玄衣而養老"之文曰："有虞氏十二章，周九章。"[②]又注《周禮·司服》曰："玄謂《書》曰：'予欲觀古人之象，日、月、星辰、山、龍、華蟲作繢，宗彝、藻、火、粉米、黼、黻希繡。'此古天子冕服十二章，舜欲觀焉。華蟲，五色之蟲。《繢人職》曰'鳥獸蛇雜四時五色以章之謂'是也……王者相變，至周而以日月星辰畫於旌旗，所謂'三辰旂旗，昭其明也'。而冕服九章，登龍於山，登火於宗彝，尊其神明也。九章，初一曰龍，次二曰山，次三曰華蟲，次四曰火，次五曰宗彝，皆畫以爲繢；次六曰藻，次七曰粉米，次八曰黼，次九曰黻，皆希以爲繡。則袞之衣五章，裳四章，凡九也。鷩畫以雉，謂華蟲也，其衣三章，裳四章，凡七也。毳畫虎蜼，謂宗彝也，其衣三章，裳二章，凡五也。希刺粉米，無畫也，其衣一章，裳二章，凡三也。玄者衣無文，裳刺黻而已，是以謂玄焉。凡冕服皆玄衣纁裳。"[③]

《補正》則認爲鄭玄九章説爲誤，謂周亦十二章，但是却并未提出相關論證。實際上，先秦冕服章數具體如何，至今也未有定論。王關仕《儀禮服飾考辨》一書總結了歷代研究，計有二十二家説[④]，亦不能有確切結論。此外，閻步克《服周之冕—〈周禮〉六冕禮制的興衰變异》一書也對

---

① ［清］納蘭性德：《陳氏禮記集説補正》，卷十第二頁 A 面。

② ［漢］鄭玄注，［唐］孔穎達正義，呂友仁整理：《禮記正義》，上册第 575 頁。

③ ［漢］鄭玄注，［唐］賈公彥疏，彭林整理：《周禮注疏》，上海：上海古籍出版社，2011 年 10 月，中册第 791 頁。

④ 王關仕：《儀禮服飾考辨》，臺北：文史哲出版社，1977 年 12 月，第 81–100 頁。

周朝冕服章數進行了考察，認爲："先秦禮服，已畫有或繡有火、龍、黼、黻及山幾種服章了。爵位較高者，可用的服章大概就多一些。從册命金文及文獻中的'袞衣'看，龍顯然是高貴的服章。朱、玄等服色可能也有等級意義。但不能斷言，周朝已有了定制十二章，以及十二章、九章、七章、五章、三章這樣的服章等級。"[①]

因此，關於周朝袞冕章數到底是多少，尚無法考實。鄭玄及《補正》不過各主一説，實際不能確定孰是孰非。

二、駁議孔疏辨析

1.卷一《曲禮上》：鸚鵡能言，不離飛鳥；猩猩能言，不離禽獸。

《集説》：禽者，鳥獸之通名。鳥不可曰獸，獸亦可曰禽，故鸚鵡不曰獸，而猩猩則通曰禽也。

《補正》：此本孔疏也。然《周禮》"禽作六摯"，《易》"從禽""失前禽"，及《月令》"戮禽"，皆省文單舉，非與飛鳥對舉者也。《爾雅》"二足而羽謂之禽，四足而走謂之獸"，故《孟子》曰："麒麟之於走獸，鳳凰之於飛鳥。"然則以走獸對飛鳥，其稱不易矣。此記鸚鵡曰飛鳥，猩猩自當曰走獸，盧植本正作"走獸"，可正俗本之訛。[②]

按：此訓"禽獸"。孔穎達曰："今案，禽獸之名，經記不同。《爾雅》云：'二足而羽謂之禽，四足而毛謂之獸。'今鸚鵡是羽曰禽，猩猩四足而毛，正可是獸。今并云禽獸者，凡語有通別，別而言之，羽則曰禽，毛則曰獸。所以然者，禽者，擒也，言鳥力小可擒捉而取之；獸者，守也，言其力多，不易可擒，先須圍守，然後乃獲，故曰獸也。通而爲説，鳥不可曰獸，獸亦可曰禽，故鸚鵡不曰獸，而猩猩通曰禽也。故《易》云：'王用三驅，失前禽。'則驅走者亦曰禽也。又《周禮·司馬職》云：'大獸公之，小禽私之。'以此而言，則禽未必皆鳥也。又康成注《周禮》云：'凡鳥獸未孕曰禽。'《周禮》又云：'以禽作六摯，卿羔，大夫鴈。'《白虎通》云：'禽者，鳥獸之摠名。'以此諸經證禽名通獸者，以其小獸可擒，故得通名禽也。"《補正》認爲孔疏所舉《周禮》"禽作六摯"，《易》"從

① 閻步克：《服周之冕—〈周禮〉六冕禮制的興衰變异》，北京：中華書局，2009年11月，第76頁。
② ［清］納蘭性德：《陳氏禮記集説補正》，卷一第三頁B面。

禽""失前禽",及《月令》"戮禽"等例,皆省文單舉,故不足爲據。訓此"禽獸"二字,當從與"飛鳥"對舉入手。於是據《爾雅》《孟子》及盧植本,斷定經文"禽獸"當作"走獸"。

《補正》之説有兩點可質疑,第一,其所引《爾雅》"四足而走謂之獸",其實有誤,《爾雅》原文實作"四足而毛謂之獸"。引證既誤,則不足爲據,其結論難保可靠。第二,若將本句經文改作"走獸",就本句來説,固然可通。但是經文下幾句又言:"今人而無禮,雖能言,不亦禽獸之心乎?夫唯禽獸無禮,故父子聚麀。是故聖人作爲禮以教人,使人以有禮,知自別於禽獸。"這裏幾個"禽獸"顯然是與本句之"禽獸"意思相承的,若本句作"走獸",則下幾句何來"禽獸"?故《補正》駁孔疏,并不成立。

然孔疏謂此句確有可商榷者。《欽定禮記義疏》曰:"《考工記》'天下之大獸五:脂者、膏者、臝者、羽者、鱗者',則羽屬、鱗屬亦通謂之獸。"①此可駁孔疏"鳥不可曰獸"之説。

2.卷一《曲禮上》:水潦降,不獻魚鱉。

《集説》:水涸魚鱉易得,不足貴,故不獻。

《補正》:此記"水潦降"與《左傳》"水潦方降"同,謂天降下水潦,非水涸也。惟水潦盛昌,則魚鱉豐足,不必獻之,以饒益其多,故鄭注云"不饒多也"。《集説》反謂水涸而魚鱉多,失記意矣。然盧植、庾蔚、孔穎達等并以爲天降水潦,魚鱉難得,則又誤解鄭注"不饒多"之意。②

按:《集説》謂"水潦降"爲水涸,《補正》駁之甚是,又兼駁孔疏。

關於此句,考歷代之注解,約有以下諸説:其一,鄭玄曰:"不饒多也。"③其二,孔穎達曰:"'水潦降,不獻魚鱉'者,案定四年《左傳》云:'水潦方降。'今謂'水潦降'者,天降下水潦,魚鱉難得,故注云'不饒多也'。盧植、庾蔚之等并以爲然。或解鄭云'不饒多'者,以爲水潦降下,魚鱉豐足,不饒益其多。"④其三,南宋胡銓曰:"水涸,魚鱉易得,不

① 王鍔編纂:《曲禮注疏長編》,第1册第157頁。

② [清]納蘭性德:《陳氏禮記集説補正》,卷一第九頁B面。

③ [漢]鄭玄注,[唐]孔穎達正義,吕友仁整理:《禮記正義》,上册第88頁。

④ [漢]鄭玄注,[唐]孔穎達正義,吕友仁整理:《禮記正義》,上册第89頁。

必獻。"①此陳澔《集説》所本。其四，張氏曰："水潦降時，魚鼈方孕，故不取。"②其五，彭氏曰："水潦暴至，恐人因取魚鼈傷生，故不獻。"③其六，南宋朱申曰："水深則魚鼈難取。"④此與孔穎達説略同。

綜觀以上諸説，皆從義理方面訓釋。"水潦降"，有《左傳》之文可參證，當訓作天降下水潦，故水深。不獻魚鼈之原因，當從文意入手。下句曰："獻鳥者佛其首。"原因是其喙傷人。則不獻魚鼈，自然是因有害於人。何以有害於人？水深也。諸家謂魚鼈難得，固然不誤，然不若解作水深傷人更進一步。張氏説較優。孔穎達説固有不足，然《補正》駁之亦未當。

3.卷一《曲禮上》：臨文不諱。

《補正》：臨文不諱，鄭氏云："爲其失事正。"孔氏引何胤之説，謂"臨文謂執禮文行事時也。若有所諱，則并失事正，故不諱"。此《集説》取以爲解者也。然經意實不然，蓋謂爲文章時不避君親之諱耳，如箕子爲武王陳《洪範》曰"邦其昌"，周公作頌曰"克昌厥後""駿發爾私"，孔子作《春秋》，書同盟、書壬申、書黑肱、書庚午、書宋公之類是也。陸菊隱元輔曰："唐人最嚴於諱，以'世'爲'代'，以'民'爲'人'，以'治'爲'理'，而昌黎作文獨不諱，凡遇'世''治'等字，皆正言之，深合禮意。"⑤

按：此釋"臨文"。鄭注但言禮義，未訓及"臨文"。孔穎達引何胤説，謂臨文爲"執禮文行事時"。然歷代注解，有不同於此説者。

吕大臨曰："文字所以示於衆，有所諱，則失事之實，必有害也。"⑥此釋"文"爲文字，稍不同於孔疏。

胡銓曰："臨文不諱，文，謂文章也。舊云禮文，恐非。故《玉藻》云：'教學、臨文不諱。'"⑦此釋"臨文"爲臨文章。

郝敬曰："不以諱易記載之文。"⑧此釋"文"作記載之文。

《補正》謂"臨文"爲爲文章，是承胡氏之説，而援引北宋李格非所

① 王鍔編纂：《曲禮注疏長編》，第 2 册第 800 頁。
② 王鍔編纂：《曲禮注疏長編》，第 2 册第 811 頁。按：張氏爲誰，不可考。
③ 王鍔編纂：《曲禮注疏長編》，第 2 册第 811 頁。按：彭氏爲誰，不可考。
④ 王鍔編纂：《曲禮注疏長編》，第 2 册第 811 頁。
⑤ ［清］納蘭性德：《陳氏禮記集説補正》，卷一第十一頁 B 面。
⑥ 王鍔編纂：《曲禮注疏長編》，第 3 册第 1051 頁。
⑦ 王鍔編纂：《曲禮注疏長編》，第 3 册第 1051 頁。
⑧ 王鍔編纂：《曲禮注疏長編》，第 3 册第 1058 頁。

舉之例。李氏曰:"《詩》《書》不諱,臨文不諱。《詩》云'駿發爾私',箕子爲武王陳《洪範》而曰'邦其永昌'是也。"①

清代孫希旦則曰:"愚謂臨文,凡官府文書、國史記載皆是,非惟禮文而已。魯定公名宋,《春秋》不諱宋。"②此又擴大"文"的範圍,認爲不獨禮文,并文書等皆包含在内。其所舉之例,《補正》已備列。

"臨文不諱"於《禮記》中出現兩次,除《曲禮》"《詩》《書》不諱,臨文不諱"外,《玉藻》亦曰:"教學、臨文不諱。"孔穎達疏此"臨文不諱"曰:"臨文,謂簡牒及讀法律之事也,若諱則失於事正也。"③從語境上看,兩處"臨文不諱"并無差別,然則何以有二解?故孫希旦兼取兩説,以求全面。而"文章"之説,亦不爲無據。故《補正》駁孔疏有理,然而不够全面,"臨文"當包含臨禮文、臨簡牘律法文書及臨文章等諸事。

4.卷一《曲禮上》:凡卜筮日,旬之外,曰"遠某日",旬之内,曰"近某日"。

《集説》:疏曰:"今月下旬筮來月上旬,是旬之外日也。主人告筮者曰'欲問遠某日',此大夫禮。士賤職褻,時至事暇,可以祭,則於旬初即筮旬内之日,主人告筮者曰'用近某日'。天子、諸侯有雜祭,或用旬内,或用旬外,其辭皆與此同。"

《補正》:黄氏《日録》云:"案凡卜筮日,謂天子、諸侯、大夫、士。凡卜筮吉日,以行内外、事者,非祇謂大夫、士也,非但謂卜日行祭也。觀上文言内事、外事,下文言喪事、吉事,可見矣。又十日謂之旬,一月有上、中、下旬,何必今月下旬筮來月上旬,而後謂旬之外也?疏家謬矣。"④

按:此辯兩事,一爲卜筮日之禮於天子、諸侯、大夫、士是否有區别,二爲旬之外、旬之内是如何界定的。

先論第一事,孔穎達謂"主人告筮者曰'欲問遠某日'"爲大夫禮,士則筮旬日之日,是區别大夫、士之卜筮禮。《補正》引南宋黄震之論駁之,然其直陳結論,尚少論證。清代姚際恒則曰:"禮文本明,大半爲注疏解壞,其尤誤世者,多在强分天子、諸侯、大夫、士也。如既文

---

① 王鍔編纂:《曲禮注疏長編》,第 3 册第 1052 頁。
② 王鍔編纂:《曲禮注疏長編》,第 3 册第 1068 頁。
③ [漢]鄭玄注,[唐]孔穎達正義,吕友仁整理:《禮記正義》,中册第 1228 頁。
④ [清]納蘭性德:《陳氏禮記集説補正》,卷一第十三頁 A 面。

曰'凡'，則天子至士皆在其內矣。孔曰以'旬之外曰遠某日'爲大夫禮，
'旬之內曰近某日'爲士禮，執《儀禮·少牢》《特牲》以證，無論《少牢》
非專言大夫禮，《特牲》非專言士禮，而凡卜筮日之非專言祭日也。即下
云'喪事先遠日，吉事先近日'，豈大夫惟喪事，士惟吉事乎？不可通矣。
乃又謂喪事先遠日，雖士亦應今月下旬，先卜來月下旬，則亦不能堅持
其'旬外遠某日爲大夫禮'之説矣。'喪事先遠日'，本宣八年《左傳》云
'禮，卜葬先遠日，辟不懷'。"①姚氏結論同於《補正》，又增以論辯，勝
於《補正》。經文既言"凡"，則天子至士皆同，孔穎達强作區別，有違經
旨。

　　再論第二事，孔穎達謂"今月下旬筮來月上旬，是旬之外日也"，《補
正》則曰："一月有上、中、下旬，何必今月下旬筮來月上旬，而後謂旬
之外也？"其質疑不無道理，但是沒有給出結論。然則旬之外、旬之內究
竟如何界定？清代金榜曰："遠某日、近某日，命龜、筮辭也。《士喪禮》
卜葬日，則遠日也。其命龜，但曰'來日某'。《特牲》《少牢》筮日，則
近日也。其命筮，亦但曰'來日某'。此言'旬之外''旬之內'，蓋同日
改命筮、龜之辭。先遠日，如不吉，而卜旬之內，則曰'近某日'。先近
日，如不吉，而筮旬之外，則曰'遠某日'。然則旬之外、旬之內，皆據
先所卜筮之旬，分別而爲外內者也。"②此論可備爲一説。

5. 卷一《曲禮上》：定猶與也。

　　《集説》：疏曰："《説文》：猶，獸名。與，亦獸名。二物皆進
退多疑，人之多疑者似之，謂之猶與。"

　　《補正》：《説文》云：猶，獿屬。豫，象之大者。而"與"與
"豫"通，故疏以爲二獸。然《爾雅》但有猶名，《離騷》云"心猶豫
而狐疑"，亦以猶、豫對言，未嘗謂豫爲獸也。蓋猶獸多疑慮，健登
木，每聞人聲，輒豫上樹，久之無人，然後下，須臾又上，如此非
一。隴西又謂犬子爲猶，人行，每豫在前，待人不至，又反而迎候，
故凡遲疑不決者爲猶豫是也。至《老子》"與兮若冬涉川，猶兮若畏
四鄰"，則與"儼兮""煥兮"云云并舉，注家并不作獸解。③

　　按：此解"猶與"。孔穎達引《説文解字》之説，謂猶、與皆獸，《補

①　王鍔編纂：《曲禮注疏長編》，第 3 册第 1100 頁。
②　王鍔編纂：《曲禮注疏長編》，第 3 册第 1107 頁。
③　［清］納蘭性德：《陳氏禮記集説補正》，卷一第十四頁 A 面。

正》駁之，謂"與"非獸。孔疏固然有誤，然《補正》所駁亦未中的。訓解精當者，當推段玉裁，其曰："按古有以聲不以義者，如猶豫雙聲，亦作'猶與'，亦作'冘豫'，皆遲疑之貌。"①

6.卷二《曲禮下》：聞之始服衣若干尺矣。

《補正》："若干"之説有四：以"箇"釋"干"，謂當如此箇數者，顔氏之説也；以"求"釋"干"，謂"事不定，當如此求之"者，孔氏之説也；以"數"釋"干"，謂"方約其數之多少"者，方氏之説也；以"從一從十"釋"干"，謂"或如一，或如十"者，陳氏之説也。皆以意爲説，未見其必然。古來相傳之語，有可略説而不可詳求者，此類是也。故君子於其所不知則闕之。吕氏曰："若干者，數未定之辭，古有是語，如數射算曰'若干純'之類，其義未聞。"極得闕疑之意。②

按：此釋"若干"。《補正》除駁孔疏外，兼論顔師古、方慤、陳澔之非。

孔穎達釋"干"作"求"，曰："言事本不定，常如此求之也，故云'若干'也。"此誠臆説，《補正》駁之甚是。《補正》謂"古來相傳之語，有可略説而不可詳求者，此類是也"，意在闕疑。然則"若干"究竟何意？顔師古曰："干，箇也，謂當如此箇數。"③江永曰："'若干'之説，顔氏爲優。'干''箇'，一聲之轉。若干，猶云幾箇也。"④此言不無道理。

7.卷五《檀弓上》：古者不降，上下各以其親。滕伯文爲孟虎齊衰，其叔父也；爲孟皮齊衰，其叔父也。

《集説》：疏曰："滕國之伯名文，爲孟虎著齊衰之服者，虎是文之叔父也。又爲孟皮著齊衰之服者，文是皮之叔父也。言滕伯上爲叔父，下爲兄弟之子，皆著齊衰也。"

《補正》：周之滕國，其君侯爵，《春秋》降而爲子，今曰滕伯，必是周以前諸侯，故鄭注云："伯文，殷時滕君也。爵爲伯，名文。"孔疏不言殷時，以注已明耳。《集説》引疏而不引注，使讀者不明矣。又案吴氏云："'其叔父也'二句文同，不應异議。注、疏以上'其'

---

① 王鍔編纂：《曲禮注疏長編》，第3册第1128頁。
② ［清］納蘭性德：《陳氏禮記集説補正》，卷二第八頁B面。
③ 王鍔編纂：《曲禮注疏長編》，第4册第1742頁。
④ 王鍔編纂：《曲禮注疏長編》，第4册第1743頁。

字爲滕伯，下'其'字爲孟皮，不若馬氏以二'其'字爲二孟者，疑是。"馬氏曰："唐、虞、夏、殷之時，其禮猶質，故天子、諸侯以少長相及，不降上下。滕伯文乃二孟之叔父也，於其兄弟之子且不降，則爲諸父及昆弟可知矣。至周則立子以適不以長，故莫嚴於貴貴之際，一爲之君，則諸父昆弟皆不得以其戚戚之。若大夫爲世父母、叔父母子、昆弟、昆弟之子爲士者，猶降而爲大功也，而况天子諸侯之爲君。"愚謂馬氏以兩"其"爲一，勝注、疏多矣。然以爲指二孟，則非也。蓋指滕伯耳。當云孟虎、孟皮爲滕伯叔父，而滕伯皆爲之齊衰，不以己諸侯之貴而降其旁尊，則凡上下之親可知矣。或謂周無貴貴之禮，非也。既云"古者不降"，則今降可知矣。①

按：此釋"古者不降"，并訓二"其"字義。楊天宇先生曰："周代的喪服制度有降服的規定。如子爲母當服齊衰三年之喪，但如果有父在，就要爲母降服齊衰期。"②而本句則言"不降"，是指不降低喪服的等級。經文曰"古者不降，上下各以其親"，意思較爲明確，即古時候没有降低喪服等級的規定，尊卑上下都各自按照親疏關係來服喪。後一句滕伯文之事，是以其爲例説明前句經文。然歷代以來，對此二"其"字的訓釋則有不同見解。

鄭注於二"其"字無注。孔穎達則曰："謂滕國之伯，名文，爲叔父孟虎著齊衰之服。其虎，是滕伯文叔父也。'爲孟皮齊衰，其叔父也'，謂滕伯爲兄弟之子孟皮著齊衰之服，其滕伯，是皮之叔父也。言滕伯上爲叔父，下爲兄弟之子，皆著齊衰，是上不降遠，下不降卑也。"③此是將第一"其"字釋作滕伯文，將第二"其"字釋作孟皮。

馬晞孟曰："唐、虞、夏、殷之時，其禮猶質，故天子、諸侯以少長相及，不降上下。至周則文，致其詳矣。立子以嫡，不以長，故使嚴於貴貴之際。一爲之君，則諸父、昆弟皆不得以其戚戚之。若大夫爲世父母、叔父母、昆弟、昆弟之子爲士者，猶降而爲大功也，而况爲天子、諸侯之君？滕伯文乃二孟之叔父也，於其兄弟之子猶且不降，則爲諸父及昆弟可知矣。"④此釋第一"其"字爲孟虎，第二"其"字爲孟皮。

① ［清］納蘭性德：《陳氏禮記集説補正》，卷五第十一頁 A 面。
② 楊天宇：《禮記譯注》，上海：上海古籍出版社，2004 年 7 月，上册第 87 頁。
③ ［漢］鄭玄注，［唐］孔穎達正義，吕友仁整理：《禮記正義》，上册第 318 頁。
④ ［宋］衛湜：《禮記集説》，影印文淵閣《四庫全書》第 117 册，第 384 頁。

郝敬曰:"孟虎、孟皮皆伯文之叔父,爲士庶人者也。禮,昆弟之子爲叔父齊衰期,如昆弟子爲大夫,叔父爲士,則降爲大功。伯文於二子爲齊衰,是不降也,行古之道也。"①此釋二"其"字皆爲滕伯文。

以上是主要的幾種闡釋,而其餘注解則或因循,或批駁。如姚際恒曰:"孔氏謂上'其'字指滕伯文,下'其'字指孟皮。二句文同,不應异説。馬彦醇謂二'其'字皆指二孟,郝仲輿謂皆指滕伯文,郝説似長。"②這是贊成郝敬之説。

而《欽定禮記義疏》則曰:"略爵而專稱孟虎、孟皮者,明非諸侯、大夫尊同者也。殷道重親,故通遠與卑均服之,記兩舉上下,以盡其義。馬氏晞孟謂滕伯爲二孟叔父,吳氏澄謂二孟爲滕伯叔父,各執一邊。'古者不降'二句,都無著落。"③此言最爲明確。經文既曰"古者不降,上下各以其親",點明"上下",故其所舉之例當對應"上下",如馬晞孟、郝敬等説,或上或下,并未周全滕伯文之上下親屬,顯然皆誤。

《補正》謂二"其"字皆指滕伯文,是同於郝氏之説,亦誤。此句訓釋,固以孔疏爲是,《補正》駁之不當。

8.卷七《檀弓下》:是全要領以從先大夫於九京也。

《集説》:京,音原。

《補正》:鄭注以晋卿大夫之葬地在九原,"京"蓋字之誤,當爲"原"。孔疏:"鄭知京當爲原者,案《韓詩外傳》晋趙武與叔向觀於九原。又《爾雅》云:'絶高爲京,廣平曰原。'京非葬之處,原是墳墓之所,故爲原也。"九原山在山西絳州西北二十里,晋大夫葬處。愚謂指其冢之高曰京,指其地之平曰原,後人亦有擇山地而葬者,如淮陰侯葬其母行營高敞地是也。似不得謂京非葬處,而必改其字以從《韓詩》也。④

按:此釋"京"字。《補正》看似駁鄭,實則批孔。

《補正》謂"九原山在山西絳州西北二十里,晋大夫葬處",是承認鄭玄所言"晋卿大夫之葬地在九原"。其舉韓信葬母例,駁曰"似不得謂京非葬處",謂"京非葬處"者,孔疏也,鄭玄未嘗有是言。故《補正》

---

① [明]郝敬:《禮記通解》,《續修四庫全書》第97册,第141頁。

② [清]杭世駿:《續禮記集説》,《續修四庫全書》第101册,第204頁。

③ [清]乾隆敕撰:《欽定禮記義疏》,影印文淵閣《四庫全書》第124册,第332頁。

④ [清]納蘭性德:《陳氏禮記集説補正》,卷七第九頁A面。

此條實爲駁孔，其言"而必改其字以從《韓詩》也"，又繞回鄭注，是其自身思路含混。

孔穎達疏鄭注，舉《韓詩外傳》例，已能解釋清楚鄭玄訓作"原"之原因。然其接著又引《爾雅》之説，謂"京非葬之處，原是墳墓之所，故爲原也"，是畫蛇添足，且過於武斷。故《補正》舉一例即可駁倒。

9. 卷九《月令》：鷹化爲鳩。

《集説》：孔氏云："化者，反歸舊形之謂，故鷹化爲鳩，鳩復化爲鷹，如田鼠化爲鴽，則鴽又化爲田鼠。"

《補正》：陰陽推盪，因物形而移易之謂之化，非反歸舊形之謂也。鳩化爲鷹，見於《王制》《夏小正》，固可謂之反歸舊形矣。鴽又爲鼠，則《夏小正》未嘗謂之"化"也。①

按：此釋"化"字，兼及句意。《集説》所引孔疏，原在"田鼠化爲鴽"句下，并不在"鷹化爲鳩"下。且其原文曰："凡云化者，若'鼠化爲鴽''鴽還化爲鼠'，皇氏云：'反歸舊形謂之化。'按《易》云'乾道變化'，謂先有舊形，漸漸改者謂之變；雖有舊形，忽改者謂之化；及本無舊形，非類而改亦謂之化。故鄭注《周禮》云'能生非類曰化也'。"②故"反歸舊形"之説實出於皇氏，孔穎達引之爲證而已。孔氏又引《易》，釋"化"曰："雖有舊形，忽改者謂之化；及本無舊形，非類而改亦謂之化。"此乃釋"化"之情形。

而《補正》之説，則是重在闡釋"化"之原因，在於"陰陽推盪，因物形而移易之"。二者側重點略有不同。故《補正》駁孔穎達引皇氏説爲是，於孔穎達本人之説則不相涉。

三、《補正》駁議鄭注、孔疏析論

上文我們擇取了《補正》前十卷中駁議鄭注、孔疏的内容，逐條加以辨析。經統計，前十卷中，《補正》駁鄭注二十七條，駁孔疏九條，合計三十六條，數量上不可謂少。《補正》之駁議有什麽特點？其解經是否優於鄭、孔？《補正》對鄭注、孔疏的批評有什麽意義？下面對這些問題分別探究。

---

① ［清］納蘭性德：《陳氏禮記集説補正》，卷九第十頁 B 面。
② ［漢］鄭玄注，［唐］孔穎達正義，吕友仁整理：《禮記正義》，上冊第 646 頁。

（一）《補正》駁議鄭注、孔疏的特點

根據前文之辨析，可知《補正》駁議鄭、孔皆能切中要害。《補正》駁鄭、孔觀點，往往都是歷代注解衆説紛紜，有争議處。如上所舉卷四《檀弓上》"主人既祖，填池"條，鄭注之外，其他不同解説竟多至四家。故《四庫全書總目》贊《補正》"凡所指摘，切中者十之八九"，誠非虛言。

《補正》何以能够如此敏鋭地發現經文注解中有争議之處？ 這與其自身的解經思路是密不可分的。如前所述，陳澔《禮記集説》是一部彙集諸家説以闡釋經文之作，《補正》對其訂誤補闕，也是繼承了陳澔之法，於前人之説，廣徵博引，其又追溯澔説之所自，故而特能梳理清楚歷代注解之淵源脉絡。由此，凡經文之闡釋有不同者，自可瞭然於胸。

正是基於這種對歷代注解的整體觀照，《補正》對鄭注、孔疏的駁議也表現出了鮮明的特點，即其論證多徵引前人之説，其觀點則或爲繼承前人，或爲在前人基礎上進一步申述，而純粹抛開前人之論，自立新説者，則爲數不多。如前所述，就駁議鄭注來説，《補正》繼承前人觀點者，包括：

1[①].卷一《曲禮上》"拾級聚足"條，從吕大臨説。

2.卷一《曲禮上》"葱深處末"條，從郝敬説。

6.卷二《曲禮下》"天子未除喪"條，從陸元輔説。

7.卷三《檀弓上》"人之見之者，皆以爲葬也"條，從陸佃、張載説。

8.卷三《檀弓上》"有虞氏瓦棺"條，從吴澄説。

11.卷四《檀弓上》"行道之人皆弗忍也"條，從方愨、胡銓説。

12.卷四《檀弓上》"始死之奠"條，從陸佃説。

13.卷四《檀弓上》"冉子攝束帛乘馬而將之"條，從項安世説。

14.卷四《檀弓上》"衰，與其不當物也"條，從黄幹説。

15.卷四《檀弓上》"齊衰不以邊坐"條，從張載説。

22.卷八《王制》"其有中士、下士者，數各居其上之三分"條，從吴澄説。

23.卷九《月令》"天子親載耒耜，措之於參保介之御間"條，從吴澄説。

---

① 按：此序號是指上文"駁議鄭注辨析"一節中之序號，目的是方便讀者對應查找。

24.卷九《月令》"開府庫，出幣帛，周天下"條，從方愨、吴澄説。

25.卷九《月令》"命四監大合百縣之秩芻"條，從吴澄説。

26.卷十《月令》"盲風至"條，從方愨説。

以上合計十五條。此外，前所述第3、4、16、18、20等五條則爲申述前人之説。兩項加起來計有二十條，在總計二十七條的駁議鄭注中，占據了絶大的比例。因此，《補正》對於鄭注、孔疏的批駁絶不是毫無憑據，而是在繼承和發展前人研究的基礎上做出的判斷。

（二）《補正》解經是否優於鄭、孔？

《補正》駁議鄭注、孔疏是否在理？或者説《補正》之解經是否優於鄭注、孔疏呢？在分析這一點之前，我們首先要明確一個問題，即對於經書文本的解釋，往往會出現兩種懸而難決的情況，一是經文本身存在真僞問題，則對其注解往往不能達成一致意見。如前文所論駁議鄭注第7條，卷三《檀弓上》"人之見之者，皆以爲葬也。其慎也，蓋殯也"，此經文的真實性十分可疑，故而不同解説多達五種，任何一家都不能提出確鑿證據，祇能存異以備考。二是經文簡奧或者所記之事無法得到確證，諸家解説往往莫衷一是。前者如前文駁鄭第21條，卷七《檀弓下》"叔仲皮學子柳。叔仲皮死，其妻魯人也，衣衰而繆絰。叔仲衍以告，請總衰而環絰，曰：'昔者吾喪姑、姊妹亦如斯，末吾禁也。'退，使其妻總衰而環絰"，由於經文語言簡潔，故而導致了對文中所記人物關係的不同解讀，又無旁證，祇能存異。後者如前文駁鄭第27條，卷十《月令》"乃命司服，具飭衣裳，文繡有恒，制有小大，度有長短"，諸家解説冕服之章數，因典籍記載互有矛盾，又無實物可據，祇能是各憑己意闡述，難以定準。除前所述駁鄭之第21、27條外，還有第9條，性質大體類似。

排除以上兩種情況後，我們再來分析《補正》駁議鄭注、孔疏是否合理。根據前文之辨析，《補正》駁鄭注之二十七條中，鄭注確有不妥而《補正》之批評也能切中其要害者，有第5、11、13、17、20、22、24、26等，合計八條。而駁孔疏之九條中，合理者則有第3、4、6、8四條。兩種合計共十二條，占《補正》駁鄭注、孔疏總數之三分之一。

當然，我們也要明確，這十二條駁正，固然是切中了鄭注、孔疏的弊端，也揭示了二者之誤，但是并不代表《補正》對經文的注解一定就是對的或合理的。如其駁鄭之第22條，卷八《王制》"其有中士、下士者，數各居其上之三分"，鄭玄以"覲聘并會之序"解此經文，確實難以講通，《補正》對其批駁是合理的。然則此句經文當作何解？《補正》引吴澄之説，以錯簡釋之，雖能解明經文，但是改動經文，終無證據，不見得一定是正確的。又如其駁鄭第26條，卷十《月令》"盲風至"，鄭玄釋"盲風"爲疾風，孔穎達引皇氏"秦人謂疾風爲盲風"以釋之，實則皇氏之説亦未見有何文獻依據。故鄭説未必可靠。《補正》引方愨之説，從"盲"字入手訓釋，解作"閉暗之義"，則實有望文生義、牽强附會之嫌。"盲風"之解釋固當從蔡邕《月令章句》"秦人謂蓼風爲盲風"入手，輾轉相訓，釋作西風，實際即是秋風，方爲合理。因此，《補正》確實是能夠發現鄭注、孔疏的問題的，也能夠指出其問題所在，但是却未必能毫無瑕疵的重新解釋好經文。

而鄭注、孔疏本身并無問題，《補正》對其進行批駁，另立新説以求異，但是解説有誤者，也有一定數量。如前所述，其未能駁倒鄭注者，至少包括第1、3、10、12、14、15、16、18、19、25等條，其未能駁倒孔疏者，至少包括第7條。這裏之所以説"至少包括"，是因爲有些條目中，鄭注、孔疏之説本身不知何據，并不能判斷其正確與否。而同時《補正》之不同於鄭、孔之注解也不盡合理，或者就是錯的。如前文所述駁鄭第2條，卷一《曲禮上》"葱渫處末"，鄭玄釋"渫"字作"烝葱"，不知何據，因此難以斷定其是非。而《補正》引郝敬之説，釋"渫"作"屑"，訓釋本就有誤，故不足信。

此外，還有部分條目，《補正》雖名駁正，但是要麽實際上仍是遵從鄭注、孔疏，要麽實際上自身對鄭、孔之説徵引錯誤或未能領悟透徹，致使其批駁自然也有所不當。前者如前文所述駁鄭第19條，卷六《檀弓下》"咏斯猶，猶斯舞"，鄭玄訓"猶"爲"摇"，《補正》則曰："摇者，因咏歌而首動摇。"這實際上是對鄭注加以申説，是遵從鄭注。後者如前文駁鄭第8條，卷三《檀弓上》"有虞氏瓦棺，夏后氏堲周，殷人棺椁，周人牆置翣"，《補正》駁斥鄭玄"殷世始爲棺椁"之説，然此句實爲陳澔發明鄭注之語，乃陳澔之説，非鄭玄本意，故《補正》所駁實際與鄭注關係不大。

綜上所述，經過對《補正》駁議鄭注、孔疏之三十六條的分析，可以發現《補正》批評鄭、孔切中要害者爲數還是不少的。但是既能切中鄭、孔要害，同時自家注解又比較合理者，駁鄭類僅有第11、13、17、20、24等條，駁孔類中僅有第8條，二者合計僅有六條。其餘絕大部分條目，《補正》對經文的闡釋或多或少都不盡人意，要麽是錯誤的，要麽不如其後世之注解精善。當然，《補正》之闡釋不如後世注解精善，乃是受時代及學術發展的限制，并非其自身之過。因此，我們可以得出這樣的結論：《補正》針對鄭注、孔疏，能够敏鋭地發現其注解經文中的有争議之處，也能條理清晰地梳理出歷代争論之源流，并對其中一些觀點加以徵引利用。《補正》對鄭注、孔疏觀點的駁斥，相當一部分是能够切中要害的。但是就對經文的解釋來看，《補正》之闡發有相當一部分實際并不如鄭注、孔疏合理。綜合比較下來，我們認爲，就《補正》所駁議鄭、孔部分來看，其解經雖然自有獨到之處，但是并没有完全優於鄭注、孔疏。

（三）《補正》駁議鄭注、孔疏的意義

通過上文之論述，可知《補正》駁議鄭注、孔疏條目不少，但是其對於經文的闡釋却并没有超過鄭、孔，那麽這些駁議是否也就没有多大意義了呢？其實不然，以筆者之見，《補正》駁議鄭注、孔疏至少有如下三個方面的意義：

首先，《補正》對鄭注之批駁可謂不遺餘力，縱觀古往今來解經之作，對鄭玄觀點之批駁如此用力者，也不多見。《補正》之批駁，并非是如同漢宋之争之類，站在學術主張不同的立場上展開的，而是秉持解經之初衷，綜合前代注解，找出歷代注解於鄭注有争議處，加以揭示。這項工作，對於研習禮學者來説，可謂大大的恩惠。因爲鄭玄解禮，歷來受到推崇，乃至有"禮是鄭學"的贊譽[①]。後世研習禮學者，無論如何都繞不過鄭注，《補正》將鄭注中有争議之條目加以辨析，不管其結論正確與否，最終都能幫助研習者增加對鄭注以及經文的理解，這一點是無可置疑的。更何况《補正》之辨析并非一無是處，部分闡釋還是有可取之處的。

其次，歷代注解對於鄭注、孔疏往往有所批判，《補正》駁議鄭注、孔疏，大多也是建立在這些批判的基礎之上。因此《補正》針對鄭注、孔疏的辨證中往往徵引了不少他人的議論，諸家之説，彙於一處，免却研習者翻檢之力。同時，《補正》部分辨證中還梳理了各家觀點之先後源流，睹之一目瞭然，也爲研習者進一步考證提供了方便。如前所述駁鄭第22條，卷八《王制》"其有中士、下士者，數各居其上之三分"，《補正》之結論沿襲吴澄之説，但是同時也對吴澄説進行了分析，認爲其實際是取法於方愨、陸佃、胡銓三家，并備列三家觀點，源流清晰，明明白白。

此外，《補正》批駁鄭注、孔疏時所徵引之觀點中，有一部分是出自與其同時代學者之手，如前所述駁鄭第6條，卷二《曲禮下》"天子未除

---

① 按：自唐代孔穎達首倡"禮是鄭學"之後，歷代多同意此説。

喪,曰'予小子'。生名之,死亦名之",《補正》辨析遵從陸元輔之説,考陸氏於禮學有所研究,其同時代之陸隴、張樸村等學者其對其多有稱頌,但是陸元輔却未有相關禮學專著流傳下來,而《補正》中則徵引了陸氏的部分禮説,因此有保存文獻之功。

第三,從學術史的角度來看,《補正》對鄭注、孔疏的駁議尤有意義。我們前文已經論及,明末清初這一段時間是中國傳統學術由宋明理學轉變爲清代漢學的重要過渡期。很多學者逐漸摒棄了性理空談,轉重實證之學,最終促成清代漢學的興盛。

何謂實證之學呢?不少學者已經闡釋的非常明白了,實證之學在學術取向上的表現就是"用'古學'來取代'今學',用傳統的'儒學'來取代後世的'道學'"①。所謂"古學""儒學",自然是指漢、唐注疏之學。而注、疏之學的典型代表無疑是鄭玄注和孔穎達疏,因此對鄭注、孔疏的關注也就顯得格外重要了。而《補正》對於鄭注、孔疏的駁議之重要意義,也就在此。

那麼《補正》對鄭、孔的關注是有意識的嗎?這個問題實質上關乎《補正》在清初學術思潮轉變中處於什麼樣的地位——《補正》是清楚地認識到回歸"古學"的重要,從而作爲引領者關注鄭注、孔疏?還是不自覺的被學術思潮裹挟,其駁議鄭注、孔疏原本并無學術取向之意,但是却暗合學術"大道"的變化,無意中起到了推波助瀾的作用呢?皮錫瑞《經學歷史》於此有所斷言,其曰:"國初諸儒治經,取漢、唐注疏及宋、元、明人之説,擇善而從。由後人論之,爲漢、宋兼采一派;而在諸公當日,不過實事求是,非必欲自成一家也。"②張之洞、梁啓超等亦持此論。根據前文對《補正》解經特點的分析,我們可以判定皮氏等人的判斷是屬實的,《補正》作爲"漢宋兼采"類專著,其對於鄭注、孔疏的關注,純粹是出於解釋經文的需要,自身并未存有傾向漢學的意識。因此,《補正》對於鄭注、孔疏的徵引利用也好,批駁辨析也好,雖然主觀上并没有什麼傾向,但是客觀上却順應了清初學術思潮轉變的趨勢,甚至起到了推波助瀾的作用,《補正》對於清代漢學的興起也起到了一定助推作用。

---

① 黃愛平:《論明末清初學術向傳統經學的回歸》,《中國文化》2004 年第 01 期,第 48–57 頁。

② [清]皮錫瑞:《經學歷史》,第 305 頁。

小　結

　　本章主要探討《補正》對鄭注、孔疏的駁議。我們選取了《補正》前十卷中駁議鄭注、孔疏的内容，逐條加以辨析。在辨析中，將《補正》置於歷代注解的序列中加以考察，不僅分析其對鄭、孔的駁議是否切中要害，對經文的注解是否準確，還將其觀點與其他解經家之説相對比，以此判定《補正》解經之水準。通過分析，我們認爲《補正》能够十分精準地指出鄭注、孔疏的不足之處，這主要基於其對歷代注解的整體觀照，能够發現爭議的焦點。《補正》解經之結論，或繼承前人，或在前人基礎上進一步申述，而純粹抛開前人之論，自立新説者，則爲數不多。《補正》對經文的闡釋雖有獨到之處，但整體上還是遜色於鄭、孔。《補正》對鄭注、孔疏之駁議，有助於研習者對鄭注以及經文的深入理解；其辨析中廣泛徵引他人的議論，彙諸家之説於一處，免却研習者翻檢之力；《補正》對鄭注、孔疏的關注，客觀上順應了清初學術思潮轉變的趨勢，對漢學的興起有助推作用。

第六章 《陳氏禮記集說補正》總體評價

方今之時，禮學研究漸有興盛之勢，對禮學史之探索也不斷細化，至如清初這一階段的禮學成就，亦不乏專著深究，如林存陽先生《清初三禮學》一書，即爲代表。然而綜觀這些研究，其焦點主要集中於學術史梳理以及對部分巨著的專門探討，如《五禮通考》《讀禮通考》等。而《陳氏禮記集說補正》一書，則鮮有論及者，以致此書究竟有何不足、有什麼貢獻、意義及影響，尚停留於清人的認知水平，實爲遺憾。筆者不揣固陋，在前文的基礎上，對此問題試加探討，以期有補於禮學史、經學史研究。

一、《陳氏禮記集說補正》之不足

自古及今，注解《禮記》的著作沒有哪部稱得上完善的，鄭注簡奧，亦失之簡奧；孔疏典贍，然失之繁複；陳澔《禮記集說》號稱淺顯，然失之疏漏。《陳氏禮記集說補正》雖對陳澔之失有所救正，但是就其自身來說，也有所失，有的是《禮記集說》早已有之的，有的是新產生的，以下分而論之：

（一）所引諸家稱謂不明確、不統一

關於徵引諸家稱謂不明確的問題，陳澔《禮記集說》中就存在。稱程頤、張載、朱熹爲程子、張子、朱子，固然無可厚非，因爲所指對象明確。但是在其他人的稱謂上，俱以"氏"稱之，如劉氏、應氏、方氏、陸氏等，還有一個特例"石梁王氏"，這樣處理，陳澔本人自然是知道某氏即指某人，但是讀者卻不一定都明確。有時若所引諸家中有二人同姓的情況，那就更難以區分，殊爲不便。

《陳氏禮記集說補正》對陳澔所引諸家說往往有所溯源，理應注意到稱謂上不明確所帶來的不便，但是實際情況卻不然。首先，《補正》在稱謂上可以說十分混亂。一是在所有被徵引之人的稱謂上，沒有一個統一標準，有直接稱名、稱字、稱號的，如稱崔靈恩、陸菊隱、林次崖、鄭司農、陸農師之類；有稱"某氏"的，如鄭氏、孔氏、劉氏、方氏、陸氏之類，似是沿襲自陳澔《禮記集說》；有稱"某地某氏"的，如山陰陸氏、臨川吳氏、江陵項氏、廬陵胡氏、長樂黃氏之類；有稱"某氏某"的，如何氏孟春、陸氏元輔、徐氏師曾、陸氏德明之類；對程頤、張載、朱熹稱

呼皆用"子"字。二是在同一個人的稱謂上也不統一，如陸佃，其稱呼有陸氏、山陰陸氏、陸農師；郝敬，有郝氏、郝氏敬、京山郝氏；吳澄，其稱呼更多，有吳氏、臨川吳氏、吳臨川、吳幼清、吳文正、草廬吳氏、吳草廬，竟達到了七種。所有以上不統一稱謂，不僅使此書體例上產生漏洞，而且給讀者帶來了許多不便和困難。

實際上，《補正》在所引諸家稱謂上的不明確、不統一問題，并不是一個個案，清初之書多有之。是故以後學者，如孫希旦、朱彬等必定認識到了這個問題，從而加以糾正，孫希旦《禮記集解》中除鄭、孔、熊等稱"氏"，程、張、朱稱"子"外，餘皆稱"某氏某"，如葉氏夢得、陳氏澔、吳氏澄、萬氏斯大等，真正做到了徵引明確。

（二）愛博嗜奇，泛采异説

注解經書廣徵博引，固然是應該的，但是在引用諸家説時，若有些觀點互相衝突，則必須有所取捨，去其糟粕，取其精華，不可"見獵心喜"，統統網羅。《補正》在這方面有所失，《四庫全書總目》提要中已經指明：

> 凡澔之説，皆一一溯其本自何人，頗爲詳核，而愛博嗜奇，亦往往泛采异説，如《曲禮》"席間函丈"，澔以兩席并中間爲一丈，性德引《文王世子》"席之制，三尺三寸三分寸之一"駁之，是也。而又引王肅本文作"杖"，謂"可容執杖以指揮"，則更謬於《集説》矣。《月令》"群鳥養羞"，性德既云《集説》未爲不是，而又引《夏小正》"丹鳥羞白鳥"及項安世人以鳥爲羞之説，云"足廣异聞"，則明知《集説》之不誤，而强綴此二條矣。《曾子問》魯昭公慈母一條，既用鄭注、孔疏以補澔注，又引陸佃之謬解蔓延於《集説》之外，是正陸氏非正《集説》矣。凡斯之類，皆徵引繁富，愛不能割之故。[①]

《四庫全書總目》提要所指摘乃是著眼於《補正》解經義不專一，貪求廣備异文，反而有礙於讀者對經文經義的理解，如關於"席間函丈"之説，已引《文王世子》解之，十分確當了，又引王肅之説，反有畫蛇添足之嫌，且使讀者迷惑，不知究竟取哪一説爲是。這種批評自然是有的放矢，有其著眼點的，且有相當的見地。的確，徵引繁富一般説來不是什麼

---

① ［清］永瑢：《四庫全書總目》，上冊第 173 頁。

缺點，有時反而是優點，但是在解經的時候，泛采异説，不加抉擇，使讀者不知所從，就十分不可取了。也因爲這個原因，唐代纔會編定《五經正義》，使讀書人知有所宗。好在《補正》泛采异説的地方并不是非常多，瑕不掩瑜。

（三）徵引他説，間有不注明者

《補正》解經的顯著特點之一便是廣泛徵引他人之説，但是其行文中偶爾出現徵引他説而不加注明者，有關這一點，陳士銀已經予以指出："比如卷十七'居士錦帶'條，是書解讀幾乎原原本本照抄陳祥道的《禮書》，却又未標明出處。再如卷二十四'朝服十五升條'，是書補正之處照抄山陰陸氏之説，又未注明轉引自衛湜《禮記集説》。他如卷三十四'間傳'條，是書全抄自吳澄《禮記纂言》，又未予説明。"[①]凡此之類，確實有"攘善之嫌"。

二、《陳氏禮記集説補正》的意義與影響

《四庫全書》中收録了《補正》一書，足見該書之價值。《四庫全書總目》中也對該書給與了肯定，但是就總體評價來説，則僅曰"讀澔注者，又何可廢是編與"[②]，語焉不詳。《補正》究竟有什麼意義和影響，仍需進一步探討，下面試爲闡發：

（一）政治文化方面的意義與作用

根據前文之討論，我們知道《補正》成書的社會文化背景具有特殊性，彼時兩朝更替，又面臨著激烈的民族、文化矛盾。當時的統治者如順治、康熙等，不得不采取了一些政策，包括恢復科舉考試、開博學鴻詞科、奬崇儒學、推尊孔子、倡導朱熹理學等。同時還敦促滿清貴族學習漢民族文化，提高漢文化素養。這些政策實際是首先認同漢民族文化，以此籠絡廣大士子之心，消除滿漢隔閡；其次學習漢文化之精華，促進文化融合。而最終目的則是爲了鉗制漢人思想，消除來自漢文化思想方面的反抗勢力，從而維持穩定的統治。這些政治文化政策爲《補正》的創作成書提供了良好的社會環境，而《補正》的問世，無疑是配合了當時的文化政

---

① ［清］納蘭性德著，陳士銀點校：《禮記陳氏集説補正》，合肥：安徽教育出版社，2020 年 3 月，第 2 頁。

② ［清］永瑢：《四庫全書總目》，上册第 173 頁。

策，并且對其有所助益。這裏有兩點特別值得加以揭示：

首先是《補正》一書的作者身份，對緩和滿漢文化對立、促進滿漢文化由衝突到融合有特殊作用。前文我們已經對該書作者歸屬有所討論，認爲《補正》并非納蘭性德所作，極有可能是徐乾學代爲編纂。然而無論如何，該書最終刊刻署名爲納蘭性德，乃是歷史事實。而納蘭性德的身份是康熙朝權盛一時的寵臣納蘭明珠之子，滿洲正黃旗人。且性德長於詩詞，尤其是詞作有盛名，被後世尊爲"清詞三大家"之一。其與徐乾學共同編纂刊刻之《通志堂經解》更是薈萃諸家，典贍賅博，甫一問世，就受到高度重視。

納蘭性德作爲一個滿族人，在漢文化領域取得了如此成就，無疑是滿族人中認同學習漢文化的代表，堪稱表率。他的成就，是對當時清廷統治者提倡滿族貴族子弟修習漢文化的響應，反過來又作爲清廷政策的優秀成果激勵了其他滿人，也對滿漢文化政策的施行起到了推動作用。不僅如此，納蘭性德也受到了漢民族廣大士子的認同，讓原本秉持"夷夏之辨"的漢人看到了滿清統治者學習漢文化的真誠態度，無形中逐漸消弭了他們對滿人統治的反抗。由此，納蘭性德成爲了一座溝通滿人與漢人的橋梁，對促進滿漢文化由衝突到合流起到了相當重要的作用。從這個層面來説，《補正》一書縱然有代撰或僞作之嫌，但是署名納蘭性德，并非没有意義。

其次，《補正》作爲經學、禮學專著，是對清政府文教政策和社會秩序重整政策的一種響應，爲這些政策的施行起到了助推作用。

衆所周知，清初社會風氣是秉承明中晚期而來，彼時市民經濟繁榮，享樂之風盛行，吏治腐敗，禮教廢弛。康熙六年（1667），弘文院侍讀熊賜履即上奏指出國家有四病，"一曰政事紛更而法制未定，一曰職業隳廢而士氣日靡，一曰學校廢弛而文教日衰，一曰風俗僭侈而禮制日廢"[1]。熊氏建議"講明正學，非六經、《語》、《孟》之書不讀，非濂、洛、關、閩之學不講，敦崇實行，扶持正教"[2]。所謂"扶持正教"，指的是推崇儒學，此乃針對當時士子"經訓不明""沉淪二氏"而言。

清初理學名家陸隴其也對當時世風敗壞的情況有所批評，并分析原因，其於《周永瞻四書斷序》中言曰：

明中葉自陽明王氏倡爲良知之説，……王氏之學遍天下，……學

① ［清］清廷官修：《清實録》，北京：中華書局，1985 年，第 4 册第 307-309 頁。
② ［清］清廷官修：《清實録》，第 4 册第 307-309 頁。

術壞而風俗隨之，其弊也至於蕩軼禮法，蔑視倫常，天下之人恣睢橫肆，不復自安於規矩繩墨之内，而百病交作，……明之所以盛，程朱之學行也，其所以衰者，程朱之學廢也。①

康熙皇帝顯然對熊氏、陸氏等人的言論十分重視，於是幸臨太學，拜祭孔子，開經學講筵，授宋儒二程後裔爲"五經"博士。康熙九年（1670）更是頒布"聖諭十六條"，明確提出"黜異端以崇正學"，推尊程朱理學，以朱子配享孔廟。陸隴其則盛贊曰："今天子崇正學，程朱之學復行於世。"而歷史事實也是確如其所言。

清初程朱理學一度被立爲官學，科舉考試所用"御定教材"，正是程朱理學一脉之陳澔所著的《禮記集説》。而《補正》所補、所駁的對象也是陳澔《禮記集説》，這正與清廷的文教政策相契合。其針對陳澔之書所作的查漏補缺、駁正錯訛等工作，恰能彌補此"御定教材"的不足，皮錫瑞《經學通論》即稱贊《補正》"足匡陳澔之失"②。因此，《補正》也就對清廷的文教事業做出了貢獻。

針對清初社會敗壞、世風沉淪的情況，清廷同樣是用朱熹的學説作爲重整社會秩序的指導思想。此即理學家所講求的聖人可學而致、人倫日用、三綱五常等觀點。朱熹的這些思想，在闡釋儒家經典時亦有流露，特別是其對《禮記》的疏解中，體現的較爲明顯。如朱熹注解《禮記·檀弓》篇"子上之母死而不喪"一節，認爲子思不喪出母爲正禮，就蘊含了其人倫思想。而《補正》之内容，"考訓詁名物者十之三四，辨義理是非者十之六七"③，對於程朱理學所涉及的思想多有議論，其中不乏精闢見解，《四庫全書總目》贊其"綜核衆論，原委分明，凡所指摘，切中者十之八九"。因此，《補正》是有助於當時學者對程朱理學思想的學習理解的，從而也就間接地對政府重整社會秩序提供了助力。

綜上所述，《補正》的成書固然受到當時社會文化等因素的影響，但是反過來看，由於其契合當時政治文化的需求，故而問世以後又在緩和滿漢對立、促進滿漢文化融合、施行文教政策、改進社會秩序等方面，發揮了一定的作用。

---

① ［清］陸隴其：《三魚堂文集》，卷八，清康熙四十年（1701）刻本。
② ［清］皮錫瑞：《經學通論》，第 74 頁。
③ ［清］永瑢：《四庫全書總目》，上册第 173 頁。

（二）學術史方面的貢獻與影響

試觀歷來對《補正》的評價，基本都是沿襲自《四庫全書總目》，而《總目》對《補正》之評論祇是就書論書，雖然精到，但是仍有局限。如何從整個經學史、禮學史等層面對該書作出評判，把握其學術史方面的意義及影響，評定其禮學史上的地位，是目前研究需要解決的問題。根據前文研究，我們總結《補正》之學術史方面的意義與影響如下：

1.《禮記》經文詮釋方面

就《補正》之自身内容而論，其重要宗旨在於對陳澔《禮記集説》的訂補，故《四庫全書總目》評曰"讀澔注者，又何可廢是編與"[①]。然而《總目》這個評價却有局限性，因爲它僅僅把《補正》看做是專爲《禮記集説》而作，言外之意《補正》是《禮記集説》之附庸，《補正》之作用在於輔助理解陳澔之書。但是倘若我們從更廣闊的視角看去，無論《禮記集説》還是《補正》，本質上都是爲了注解《禮記》，都是爲了更準確地闡釋《禮記》經文，在這個意義上，二者的本質并無區别。由此，我們便可將《補正》納入《禮記》之歷代詮釋史這個序列中來考察其意義與影響了。

從詮釋《禮記》經文來看，《補正》確有貢獻：一是《補正》所摘取之經文，大多爲歷代闡釋有争議處，它把這些有争議的條目彙爲一編，研習《禮記》者讀此書則知《禮記》經文理解中之難點，省却翻檢功夫。

其次，《補正》對歷代之争議作了考察梳理，比較有特色的做法是追溯所要批駁之觀點的淵源，這是考鏡源流。研習者據此可以迅速地抓住争議的源頭，從而梳理出歷代注解的脉絡，當然，《補正》中實際對大部分條目已經作了梳理。

第三，《補正》對前人的批判的確多有切中要害處，比如《四庫全書總目》所舉《禮記·曲禮》"很毋求勝，分毋求多"之例，陳澔謂"况求勝者未必能勝，求多者未必能多"，《補正》則駁陳氏"不免計校得失。若是，則可以必勝、必多，將不難爲之矣"，確實擊中陳澔要害，誠如《總目》所言："是雖立澔於旁，恐亦無以復應也。"[②]又如其對鄭注、孔疏的批駁，多能找出其不合理之處，前文已設專章論述，此則不必贅言了。《補正》此類批駁，對於發現歷代注解中的問題無疑是有幫助的，也顯示出了該書作者眼界的高明。

---

① ［清］永瑢:《四庫全書總目》，上册第 173 頁。
② ［清］永瑢:《四庫全書總目》，上册第 173 頁。

　　第四，《補正》對於《禮記》經文的闡釋，往往能獨抒己見，多有發明。比如卷十一《曾子問》"曾子問曰：'當祭而日食，大廟火，其祭也如之何？'孔子曰：'接祭而已矣。如牲至未殺，則廢。'"條，《補正》曰：

　　　　此經可疑。日食雖當救，然猶可稍緩。至太廟火，則接祭於群廟，心固有所不安，無以盡孝子之敬。若正祭太廟，勢尤有不得不廢者，何接祭之能行？先儒未有疑及此者，不知何故。愚謂火未及於太廟之堂室，則可不迎尸而接祭。若火起堂室，則救火遷主爲急，祭固當廢矣。①

　　此例中涉及的是一個變禮的問題，曾子問正當祭祀的時候有日食，太廟着火了，應該怎麽辦？孔子説繼續進行祭祀而已，如果祭祀的犧牲還没殺，也停止祭祀。後儒没有對孔子的話有所懷疑，但是《陳氏禮記集説補正》却從實際情况出發，認爲如果太廟着火了，是一刻也耽誤不得的，需以救火爲急。所解合情合理，見人所未見，發人所未發。梁啓超曾在《清代學術概論》中分析清代戴震一派做學問的特點時，認爲它們能在經學研究上取得大成績的原因之一是"第一曰注意。凡常人容易滑眼看過之處，彼善能注意觀察，發現其應特別研究之點，所謂讀書得間也。如自有天地以來，蘋果落地不知凡幾，惟耐端（牛頓）能注意及之；家家日日皆有沸水，惟瓦特能注意及之"②。《補正》又何嘗不是如此。

　　另外，《補正》對經文之注解亦能言簡意賅而又不失精到，如前所舉《曲禮》"很毋求勝，分毋求多"例，歷來注解多從義理角度闡釋，《補正》亦然。《補正》曰："'毋求勝''毋求多'，乃不忮不求，懲忿窒欲之事。"言語雖簡，但是實際已經清楚明白道出兩句經文之禮。而反觀歷代注家之説，往往有長篇累牘反而未得其義者，如衛湜《禮記集説》引王子墨説："君子所以過人者，以其容物也，樂天也。待小人以君子，何所不容？彼狠也，而求勝之，則隘矣。得喪窮達之來，我何往而不樂？忘其分，而過望之，則戚矣。是二者，其患生於有我，有我，故與物爲敵，必至於好勝。有我，則不知天，必至於不安分。"③而較之《補正》晚出者，亦有不能後出轉精者，如方苞《禮記析疑》曰："己無以狠接人之禮，而人以狠

---

① ［清］納蘭性德：《陳氏禮記集説補正》，卷十一第三頁A面。
② 梁啓超：《清代學術概論》，南京，江蘇文藝出版社，2007年4月，第46頁。
③ 王鍔編纂：《曲禮注疏長編》，第1册第60頁。

來，亦不可求勝也。"①此釋"很毋求勝"，祇是就字面意思闡發，未能領會經義。難怪蔣超伯説方苞《禮記析疑》不如《補正》②。

《補正》成書之後，雖然收入《通志堂經解》中刊行，乾隆年間又被納入《四庫全書》中，清同治十二年（1873）復隨著《通志堂經解》而得以重刻，但是始終都未能有單行本面世，以至其被研讀使用的機會較少。這也是儘管有評論家謂其優於方苞《禮記析疑》，反而未能比《禮記析疑》更爲人所熟知及利用的原因。不過《補正》在《禮記》經文注解方面仍然是有影響的，今可見杭世駿《續禮記集説》、劉青蓮《學禮闕疑》、陸隴其《讀禮志疑》、汪紱《參讀禮志疑》、王懋竑《讀書記疑》等專著，都曾徵引過《補正》内容，其中杭世駿《續禮記集説》引用數量最多。此外，清人羅禮琮曾專爲《補正》作《禮記集説補正附論》③，可見對此書之重視。

2.禮學史方面

清代是經學研究復興的時代，而經學之復興，以"三禮"之學的興起發其先聲。梁啟超曾總結清代禮學研究曰：

> 試總評清代禮學之成績：就專經解釋的著作論，《儀禮》算是最大的成功。凌、張、胡、邵四部大著，各走各的路，各做到登峰造極，合起來又能互相爲用，這部經總算被他們把所有的工作都做盡了。《周禮》一向很寂寞，最後有孫仲容一部名著，忽然光芒萬丈。剩下的就是《禮記》，我們很不滿意。④

由此可見，梁啟超對清代《禮記》研究的狀況并不滿意，認爲該領域并沒有力能扛鼎的著作問世，比不上《儀禮》《周禮》方面的研究。但是清代《禮記》研究實際上是仍有可稱道之處的，即其數量較之前代有增無減。

據曾軍先生《清前期〈禮記〉學研究》之統計，清代《禮記》類專著計有250部，其中"全書研究占167部，單篇研究占83部。《四庫全書》清

① 王鍔編纂：《曲禮注疏長編》，第1册第65頁。
② 按：蔣超伯《南漘楛語》評《補正》曰："其書據理推求，隨文駁詰，詳明賅博，在方靈皋《禮記析疑》之上。"（《續修四庫全書》本第1161册，第287頁）
③ 按：羅氏此書今已不存，知有此作，乃是曾釗《面城樓集鈔》中有《禮記集説補正附論序》（《面城樓集鈔》卷二，清光緒十二年刻學海堂刻本）一文加以記叙。
④ 梁啟超：《中國近三百年學術史》，北京：新世界出版社，2018年6月，第193頁。

代《禮記》類正目收9部，存目14部。其質量也有很大提高"①。

清代之所以能湧現出如此數量的《禮記》研究著作，很重要的一個原因是清初的《禮記》研究爲之打下了很好的基礎。據曾軍先生之統計，"清前期《禮記》類著述共約78部，其中單篇研究約11部"②。而這些著述中，可以明確判定流傳至今者，僅有34部③，半數消亡。爲什麼這34部著述能够得以流傳呢？主要還是緣於其本身的學術水平經得起考驗，因此可以説，流傳至今的此34部《禮記》類專著是清代前期《禮記》研究的代表之作。而《補正》一書，無疑是這些代表作中的佼佼者，其被收錄於《四庫全書》中即是明證。

而《補正》之成書，在康熙年間，較之絶大部分清前期《禮記》類著作都要早。因此，該書以其成書之早和水平之高，在整個清代《禮記》研究，乃至禮學研究中，實際起到了先驅的作用。

3.經學史及經學史研究方面

前文已經論及，清初是經學研究由宋學向漢學轉變的過渡時期，這一時期的學術研究起到的是承上啓下的作用，其特點一方面是立足於對宋代以來義理之學的繼承，另一方面是對漢唐經學的重新利用。而《補正》正是突出代表。

《補正》對義理之學的繼承，主要體現如下：一是内容方面，辨義理是非者占全書之十分六七，這固然緣於其所批駁的《禮記集説》是以義理解經爲主，同時也要考慮到，《補正》詮釋經文的方式，更多的還是受宋明理學的影響，這是時代使然。二是《補正》解經所引用之材料，多出自理學家之手。據前文統計，《補正》引文所涉及之理學家包括張載、程頤、呂大臨、朱熹、劉礪、輔廣、應鏞、黄震、熊朋來、吳澄、胡廣、黄乾行、徐師曾、郝敬等十四人，這些人中，尤以引用吳澄之説爲最多。而其於朱熹之言論，雖偶有批評，但更多的是遵從。三是《補正》解經所遵從之觀點，仍以程朱理學家之説爲主。比如前文我們討論《補正》對鄭注之批駁，其結論繼承吳澄者也是最多。

《補正》對於漢唐經學的重視，則更多的是出於經解的需要，并非是專門重視鄭注、孔疏等以訓詁的方式闡釋經文。《補正》之内容中，以訓

---

① 曾軍：《清前期〈禮記〉學研究》，第34頁。
② 曾軍：《清前期〈禮記〉學研究》，第34頁。
③ 按：此數據是根據曾軍先生《清前期〈禮記〉類著述一覽表》(《清前期〈禮記〉學研究》第35-43頁) 統計而來。

詁解經者僅占全書之十分三四，例如我們前文設專章討論的對鄭注、孔疏的駁議，即是代表。《補正》訓詁内容雖然不多，但是在當時的學術環境中，却有重要的探索意義，對後來漢學思潮的興起也有推動之功。

因此，從經學史的角度來説，《補正》的作用正在於承上啓下，對宋明學術既是繼承，也是總結。而對於其後之漢學，則導其先路，對整個學術思潮的轉變起到推波助瀾的作用。

從經學史研究的角度來説，《補正》則起到了一個很好的研究樣本的作用。自張之洞以來，學界評清初學術，多言其有"漢宋兼采"者，《書目答問》中雖然列明了漢宋兼采類著作書單，但是各書具體是如何兼采漢宋的，却并無深入研究。通過本文之探索，我們可以看到《補正》之漢宋兼采，就詮釋經典的方法來説，是既繼承宋明義理，又利用漢唐訓詁。就對待漢唐及宋明學者之注解成果而言，則是對漢唐注疏有所利用，對宋明義理也予采納，但是同時對二者也都有批判，比如其專攻陳澔，又不乏駁議鄭注、孔疏處，就是表現。因此，《補正》作爲清初經學研究的代表作之一，我們對它進行探索，能够加深對經學史研究中"漢宋兼采"這一概念的認識。

小　結

本章我們討論了《補正》的不足之處，主要有三點，一是所引諸家稱謂不明確、不統一，不僅使此書體例上産生漏洞，而且給讀者帶來了許多不便和困難。二是愛博嗜奇，泛采异説，容易混亂經義，也會使研習者不知所從。三是徵引他説，間有不注明者，此類問題有竊取他人觀點以爲己説的嫌疑。儘管《補正》存在以上缺陷，但是仍自有其意義。表現在政治文化方面，一是其最終署名之作者爲納蘭性德，係滿清貴族，有文名，且得到漢族士子認同，對於滿漢文化由對立轉向融合有促進作用。二是《補正》作爲經學、禮學著作，對當時文教政策的實施以及社會風俗的改進，都有促進作用。表現在學術史方面，《補正》對於《禮記》經文的闡釋有其獨到之處：善於抓住歷代注解有爭議處，致力於追尋各家説法之源頭，梳理歷代注解之脉絡，闡發經文往往有新見，也能言簡意賅而不乏精到。雖受刊刻等因素的影響而流傳不廣，但是仍受到後世相關學者重視。禮學史層面，《補正》作爲清初的《禮記》學專著，爲清中葉禮學復興提供了助力，於整個清代禮學研究有先驅之功。經學史層面，《補正》作爲漢宋兼采類作品，承上啓下，爲清代經學研究思潮由宋學轉向漢學提供了推波助瀾的作用。

參考文獻

一、專著

（一）古籍①

［漢］許慎撰，［清］段玉裁注：《説文解字注》，上海：上海古籍出版社，2017年6月。

［漢］鄭玄注，［唐］賈公彦疏，賈海生點校：《儀禮注疏》，《中華禮藏·禮經卷》本，杭州：浙江大學出版社，2016年9月。

［漢］鄭玄注，［唐］賈公彦疏，彭林整理：《周禮注疏》，上海：上海古籍出版社，2011年10月。

［漢］鄭玄注，［唐］孔穎達正義，吕友仁整理：《禮記正義》，上海：上海古籍出版社，2008年9月。

［漢］班固撰，［唐］顔師古注：《漢書》，北京：中華書局，1962年6月版。

［漢］蔡邕著，［清］黄奭輯：《蔡邕月令章句》，《漢學堂經解》本。

［唐］徐堅《初學記》，影印文淵閣：《四庫全書》第890册，臺北：臺灣商務印書館，1986年。

［宋］歐陽修：《新唐書》，北京：中華書局，1975年。

［宋］衛湜：《禮記集説》，影印文淵閣《四庫全書》本，臺北：臺灣商務印書館，1986年。

［宋］項安世：《項氏家説》，影印文淵閣《四庫全書》第706册，臺北：臺灣商務印書館，1986年。

［元］吴澄：《禮記纂言》，影印文淵閣《四庫全書》本，臺北：臺灣商務印書館，1986年。

［元］陳澔：《禮記集説》，元天曆元年建安鄭明德宅刻本。

［元］陳澔：《禮記集説》，影印文淵閣《四庫全書》本，臺北：臺灣商務印書館，1986年。

---

① 按：大體以作者時代先後爲次排列。

〔元〕陳澔著，萬久富整理：《禮記集説》，南京：鳳凰出版社，2010年1月。

〔元〕陳澔著，金曉東校點：《禮記集説》，上海：上海古籍出版社，2016年11月。

〔明〕王陽明著，葉聖陶點校：《傳習錄》，北京：中國致公出版社，2018年9月。

〔明〕郝敬：《禮記通解》，《續修四庫全書》本，上海：上海古籍出版社，2002年。

〔明〕焦竑：《焦氏筆乘續集》，卷四，明萬曆三十四年刻本。

〔清〕黃宗羲：《黃梨洲文集》，北京：中華書局，1959年。

〔清〕顧炎武著，黃汝成集釋：《日知録集釋》，上海：世界書局，1936年。

〔清〕顧炎武：《亭林文集》，《續修四庫全書》第1402册，上海：上海古籍出版社，2002年。

〔清〕張爾岐著，郎文行校點，方向東審定：《儀禮鄭注句讀》，上海：上海古籍出版社，2016年11月。

〔清〕毛奇齡：《西河合集·經集·孝經問》，清康熙年間蕭山城東書留草堂刻本。

〔清〕季振宜：《季滄葦藏書目》，《續修四庫全書》第920册，上海：上海古籍出版社，2002年。

〔清〕陸隴其：《三魚堂日記》，《續修四庫全書》第559册，上海：上海古籍出版社，2002年。

〔清〕陸隴其：《讀禮質疑》，影印文淵閣《四庫全書》第129册，臺北：臺灣商務印書館，1986年。

〔清〕徐乾學：《傳是樓書目》，《續修四庫全書》第920册，上海：上海古籍出版社，2002年。

〔清〕愛新覺羅·玄燁：《聖祖仁皇帝御製文集》，影印文淵閣《四庫全書》第1298册，臺北：臺灣商務印書館，1986年。

〔清〕納蘭性德：《陳氏禮記集説補正》，《通志堂經解》本，康熙年間刊刻。

〔清〕納蘭性德：《陳氏禮記集説補正》，影印文淵閣《四庫全書》第127册，臺北：臺灣商務印書館，1986年。

〔漢〕納蘭性德：《陳氏禮記集説補正》，粵東書局重刻《通志堂經解》本，揚州：江蘇廣陵古籍刻印社，1993年。

〔清〕納蘭性德著，陳士銀點校：《禮記陳氏集説補正》，合肥：安徽教育出版社，2020年3月。

〔清〕納蘭性德：《通志堂集》，上海：上海古籍出版社，1979年2月。

〔清〕張樸村：《樸村文集》，《清代詩文集彙編》第175冊，上海：上海古籍出版社，2010年。

〔清〕乾隆敕撰：《欽定禮記義疏》，影印文淵閣《四庫全書》本，臺北：臺灣商務印書館，1986年。

〔清〕清高宗敕撰：《清朝文獻通考》，杭州：浙江古籍出版社，1988年11月。

〔清〕永瑢：《四庫全書總目》，北京：中華書局，1965年6月。

〔清〕王太岳等纂輯：《欽定四庫全書考證·經部》，影印文淵閣《四庫全書》第1497冊，臺北：臺灣商務印書館，1986年。

〔清〕方苞：《禮記析疑》，影印文淵閣《四庫全書》本，臺北：臺灣商務印書館，1986年。

〔清〕方苞：《方苞集》，上海：上海古籍出版社，1983年5月。

〔清〕江永：《禮記訓義擇言》，影印文淵閣《四庫全書》本，臺北：臺灣商務印書館，1986年。

〔清〕杭世駿：《續禮記集説》，《續修四庫全書》第101冊，上海：上海古籍出版社，2002年4月。

〔清〕王昶：《（嘉慶）直隸太倉州志》，《續修四庫全書》第697冊，上海：上海古籍出版社，2002年。

〔清〕翁方綱：《經義考補正》，《四庫未收書輯刊》貳輯第28冊，北京：北京出版社，2000年。

〔清〕翁方綱：《通志堂經解目錄》，上海：商務印書館，1937年。

〔清〕孫希旦撰，沈嘯寰、王星賢校點：《禮記集解》，北京：中華書局，2012年11月。

〔清〕秦瀛：《己未詞科錄》，《續修四庫全書》第537冊，上海：上海古籍出版社，2002年。

〔清〕法式善：《陶廬雜錄》，北京：中華書局，1997年12月。

〔清〕朱彬：《禮記訓纂》，《續修四庫全書》本，上海：上海古籍出版社，2002年。

〔清〕朱彬撰，沈文倬、水渭松校點：《禮記訓纂》，杭州：浙江大學出版社，2010年7月。

〔清〕阮元校刻：《十三經注疏（附校勘記）》，北京：中華書局，

1980年9月。

〔清〕王引之撰，虞思徵等校點：《經義述聞》，上海：上海古籍出版社，2016年11月。

〔清〕周中孚：《鄭堂讀書記》，北京：北京圖書館出版社，2007年8月。

〔清〕曾釗：《面城樓集鈔》，《清代詩文集彙編》第687冊，上海：上海古籍出版社，2010年。

〔清〕周壽昌：《思益堂日札》，北京：中華書局，1987年4月。

〔清〕郭嵩燾：《禮記質疑》，《續修四庫全書》本，上海：上海古籍出版社，2002年。

〔清〕蔣超伯：《南漘楛語》，《續修四庫全書》第1161冊，上海：上海古籍出版社，2002年。

〔清〕謝章鋌：《賭棋山莊詞話》，《詞話叢編》本，北京：中華書局，1986年。

〔清〕丁仁：《八千卷樓書目》，《續修四庫全書》第921冊，上海：上海古籍出版社，2002年。

〔清〕張之洞撰，范希曾補正：《書目答問補正》，上海：上海古籍出版社，2001年7月。

〔清〕皮錫瑞：《經學通論》，北京：中華書局，1989年4月。

〔清〕皮錫瑞：《經學歷史》，北京：中華書局，2008年8月。

〔清〕楊鍾羲：《雪橋詩話》，北京：北京古籍出版社，1991年8月。

〔清〕清廷官修：《清實錄》，北京：中華書局，1985年。

（二）近現代研究著作[①]

趙爾巽：《清史稿》，北京：中華書局，1977年8月。

王關仕：《儀禮服飾考辨》，臺北：文史哲出版社，1977年12月。

章鈺：《清史稿藝文志及補編》，北京：中華書局，1982年4月。

任銘善：《禮記目錄後案》，濟南：齊魯書社，1982年8月。

高明：《禮學新探》，臺北：學生書局，1984年11月。

唐圭璋編：《詞話叢編》，北京：中華書局，1986年。

錢玄：《三禮名物通釋》，南京：江蘇古籍出版社，1987年3月。

---

① 按：以出版時間先後爲序排列。

柯劭忞：《新元史》，北京：中國書店，1988年8月。

章太炎：《國學演講錄》，上海：華東師範大學出版社，1995年12月。

錢玄：《三禮通論》，南京：南京師範大學出版社，1996年10月。

楊向奎：《宗周社會與禮樂文明》（修訂版），北京：人民出版社，1997年。

楊天宇：《禮記譯注》，上海：上海古籍出版社，1997年4月。

林存陽：《清初三禮學》，北京：社會科學文獻出版社，2002年12月。

楊天宇：《禮記譯注》，上海：上海古籍出版社，2004年7月。

孫欽善：《中國古文獻學史簡編》，北京：高等教育出版社，2004年。

何俊：《南宋儒學建構》，上海：上海人民出版社，2004年。

楊天宇：《儀禮譯注》，上海：上海古籍出版社，2004年7月。

楊天宇：《經學探研錄》，上海：上海古籍出版社，2004年11月。

江慶柏：《清代人物生卒年表》，北京：人民文學出版社，2005年12月。

沈文倬：《菿闇文存》，北京：商務印書館，2006年6月。

陳祖武：《清初名儒年表》，北京：北京圖書館出版社，2006年8月。

王鍔：《〈禮記〉成書考》，北京：中華書局，2007年3月。

楊新勛：《宋代疑經研究》，北京：中華書局，2007年3月。

楊天宇：《鄭玄三禮注研究》，天津：天津人民出版社，2007年4月。

梁啓超：《清代學術概論》，南京，江蘇文藝出版社，2007年4月。

王鍔：《三禮研究論著提要》（增訂本），蘭州：甘肅教育出版社，2007年9月。

林存陽：《三禮館：清代學術與政治互動的鏈環》，北京：社會科學文獻出版社，2008年5月。

張宗友：《〈經義考〉研究》，北京：中華書局，2009年4月。

曾軍：《義理與考據》，長沙：岳麓書社，2009年8月。

許維遹撰，梁運華整理：《呂氏春秋集釋》，北京：中華書局，2009年9月。

閻步克：《服周之冕——〈周禮〉六冕禮制的興衰變异》，北京：中華書局，2009年11月。

林慶彰等編：《經義考新校》，上海：上海古籍出版社，2010年12月。

林慶彰：《清初的群經辨偽學》，上海：華東師範大學出版社，2011年5月。

呂友仁：《〈禮記〉研究四題》，北京：中華書局，2014年6月。

江慶柏等整理:《四庫全書初次進呈存目》,北京:人民文學出版社,2015年6月。

張濤:《乾隆三禮館史論》,上海:上海人民出版社,2015年12月。

瞿林江:《欽定禮記義疏研究》,揚州:廣陵書社,2017年12月。

梁啓超:《中國近三百年學術史》,北京:新世界出版社,2018年6月。

王鍔編纂:《曲禮注疏長編》,揚州:廣陵書社,2018年12月。

蘇正道:《江永禮學研究—以〈禮書綱目〉爲中心》,上海:復旦大學出版社,2019年6月。

二、論文[①]

曹錦清:《宋代疑經思潮與理學的形成》,《復旦學報(社會科學版)》1985年第1期。

林慶彰:《明末清初經學研究的回歸原典運動》,《孔子研究》1989年第2期。

高岸:《納蘭性德與〈通志堂經解〉》,《承德師專學報》1989年第4期。

劉復生:《北宋中期儒學復興運動》,《文獻》1991年第1期。

趙秀亭:《納蘭性德著作考》,《滿族研究》1991年第2期。

黃愛平:《論明末清初學術向傳統經學的回歸》,《中國文化》2004年01期。

張任政:《清納蘭容若先生性德年譜》,《經學研究叢刊·通志堂經解研究論集》,2005年。

王記録、李艷:《漢學、宋學和清代史學》,《山西師大學報》2005年第32期。

李夏:《淺論孔子“闕疑”治學法及其影響》,《烟臺師範學院學報》2006年第23卷第2期。

劉千惠:《陳澔〈禮記集説〉之疑經改經探析》,浙江大學古籍研究所編《禮學與中國傳統文化——慶祝沈文倬先生九十華誕國際學術研討會論文集》,北京:中華書局,2006年12月。

曾軍:《從民間著述到官方教材—從元陳澔〈禮記集説〉看經典詮釋的獨特現象及其思想史意義》,《華中師範大學學報》2007年第4期。

楊新勛:《論宋儒疑經與文獻學發展的關係》,《圖書與情報》2007年

[①] 以發表時間先後爲次排列。

第5期。

趙振：《北宋疑經思潮與二程經學》，《蘭州學刊》2007年第6期。

陳劍：《論縣制起源的時間》，《古籍整理研究學刊》2009年第4期。

汪學群：《清初經學的特色及影響》，《杭州師範大學學報（社會科學版）》2010年第5期。

王愛亭：《〈通志堂經解〉刊刻過程考》，《圖書館雜誌》2011年第1期。

蔣秋華：《〈陳氏禮記集説補正〉作者考》，《古文獻研究集刊》2012年第5輯。

郭畑：《求新解到疑經：唐代古文運動與經學變古》，《貴州文史叢刊》2013年第2期。

熊健：《淺説〈禮記·王制〉的爵禄制度》，《邢臺學院學報》2013年第4期。

袁勝文：《棺槨制度的産生和演變述論》，《南開學報》（哲學社會科學版）2014年第3期。

毛國民：《清中期的禮學研究與荀學復興—以汪中與凌廷堪的相關思想爲中心》，《哲學研究》2014年第6期。

孔祥玲：《對劉知幾的疑經思想的再探析》，《長春理工大學學報（社會科學版）》2014年第10期。

莊會彬、王有芳：《樸學：清儒的理學批判與經學發展》，《平頂山學院學報》2015年第4期。

王暉：《西周春秋"還（縣）"制性質研究—從"縣"的本義説到一種久被誤解的政區組織》，《史學集刊》2017年第1期。

侯婕：《"曾子吊於負夏"舊解發覆》，《古籍整理研究學刊》2018年第4期。

楊國彭：《〈通志堂經解〉及其書版入藏内府考》，《故宮博物院院刊》2019年第7期。

羅檢秋：《學統觀念與清初經學的轉向》，《清史研究》2020年第2期。

馮建民、陳會玲：《清初"辟王尊朱"經學思潮的形成及其對科舉考試的影響》，《貴州師範大學學報（社會科學版）》2020年第4期。

三、學位論文

林存陽：《清初三禮學》，中國社會科學院2000年博士學位論文，指導教師：陳祖武教授。

曾軍：《清前期〈禮記〉學研究》，華中師範大學2005年碩士學位論文，指導教師：張三夕教授。

馮素梅：《試論清代"三禮"學研究》，山西大學2007年碩士學位論文，指導教師：馬玉山教授。

劉千惠：《陳澔〈禮記集說〉之研究》，私立東吳大學中國文學系碩博士班2008年碩士論文，指導教師：陳恒嵩教授。

王愛亭：《崑山徐氏所刻〈通志堂經解〉版本學研究》，山東大學2009年博士學位論文，指導教師：杜澤遜教授。

戴雅萍：《陳澔〈禮記集說〉平議》，南京師範大學2012年碩士學位論文，指導教師：王鍔教授。

秦泗岩：《陽明心學評議》，黑龍江大學2016年博士學位論文，指導教師：張錫勤教授。

徐玉梅：《元人疑經改經考》，東吳大學中國文學研究所碩士論文。